U0102378

陳文帝傳

CHEN WEN DI ZHUAN

龙耳东◎著

中国文史出版社

图书在版编目（CIP）数据

陈文帝传 / 龙耳东著 . -- 北京：中国文史出版社，2022.1

ISBN 978 - 7 - 5205 - 3469 - 7

Ⅰ. ①陈… Ⅱ. ①龙… Ⅲ. ①陈蒨（520 - 566）- 传记 Ⅳ. ①K827 = 392

中国版本图书馆 CIP 数据核字（2022）第 014826 号

责任编辑：程　凤

出版发行：**中国文史出版社**

社　　址：北京市海淀区西八里庄路 69 号　　邮编：100142

电　　话：010 - 81136606　81136602　81136603（发行部）

传　　真：010 - 81136655

印　　装：廊坊市海涛印刷有限公司

经　　销：全国新华书店

开　　本：1/16

印　　张：24.25

字　　数：360 千字

版　　次：2022 年 5 月北京第 1 版

印　　次：2022 年 5 月第 1 次印刷

定　　价：72.00 元

目录

目录

第一章　撑危局陈蒨登基

　　一彪飞骑，带着急如星火的敕令，奔驰在苍茫的夜色中……陈武帝猝然驾崩，使新生的陈朝，面临着十分严重的危机！

　　在中国历史上，陈武帝享有很高的声望，被史学家誉为"南朝第一英主"。他以微弱的国力，顽强抵抗北齐、北周两个强大的鲜卑外族的入侵，誓死捍卫华夏文明、艰难地守卫着南中国的经济繁荣。陈武帝英勇善谋，不拘古法，独出心裁。每临军机大事，都能正确地制定破敌取胜之道。陈武帝处理政务，崇尚宽和简朴。如果不是军旅急务，一般不轻易调发军队。他出身寒族，以节俭朴素为修身之本。平常膳食只有几样小菜而已。私人宴会用瓦器、蚌盘。后宫的妃子、宫女没有披金带翠的服饰，不设女乐。这在中国两千多年的封建王朝中，实为难得！

　　可惜，陈武帝积劳成疾，突然病逝，置新生的陈王朝于风雨飘摇之中……此时的陈朝态势十分严峻！北方的两大鲜卑强敌北齐、北周正对江南虎视眈眈；内有军阀割据的王琳占据湘州，还有野心勃勃的地方豪强熊昙朗、留异、周迪、陈宝应等人相互勾结，图谋趁时而起；有经验的老成干将侯瑱、侯安都、徐度、程灵洗都领兵在外；朝中没有重臣；整个首都建康，只有中领军杜棱掌管着宫廷宿卫军。而最具继承皇权正统地位的皇太子陈昌，却被鲜卑敌国北周扣押在遥远的长安。陈霸先从即位起，就数次派使节前往长安，请北周释放嫡子陈昌和侄子陈顼。北周的权臣宇文护，深知陈昌对于陈朝和陈霸先的重要性。他虽然表面同意了陈霸先的请求，但并未真正放行。历经多年战乱的陈霸先的身体熬不住了，永定三年（559）六月十二日，陈霸先病重。六月二十一日，陈霸先在璇玑殿病逝，享年57岁。陈霸先从发病到逝世，仅九天的时间。仓促之间，把一个巨

大的难题，摆在了章皇后章要儿的面前！

在这历史关键的时刻，笔者要介绍一下章皇后。她是一位颇有传奇色彩的皇后。据史载：章氏，名要儿，吴兴乌城人。本来姓钮，父亲景明被章氏收养，所以改姓章。景明在梁朝任职，官至散骑侍郎。

章皇后的母亲苏氏，曾经碰见一名道士送给自己一个小乌龟，色泽斑斓晶亮，说："三年后可应验。"到了第三年，章皇后出生时，紫色光芒洒满产房，从此小龟就不见了。

章皇后年轻时聪明伶俐，容貌端庄秀美，手指甲长达五寸，白里透红，每逢丧事要穿丧服时，就有一根手指甲会突然折断。高祖（陈武帝）原先娶了同郡的钱仲方之女为妻，由于钱氏早死，后来才娶了章皇后。章皇后喜好文字与筹算，能背诵《诗经》和《楚辞》。

陈霸先从广州南征交趾时，吩咐章皇后和衡阳王陈昌一起跟随沈恪从海路回到长城。侯景之乱时，陈霸先挥师讨伐侯景，章皇后被侯景囚禁。侯景之乱平定后，陈霸先被封为长城县公，章皇后被授为夫人。

高祖登基，永定元年（557），被立为皇后。追封皇后的父亲景明为特进、金紫光禄大夫，加戴金质图章紫色丝带，授皇后的母亲苏氏为安吉县君。永定二年，安吉君去世，与皇后的父亲景明合葬于吴兴。次年，追封皇后的父亲为广德县侯，食邑500户，谥号温。

高祖驾崩之时，皇子陈昌远在北周。陈昌为什么在北周？说来话长，侯景之乱平定后，在江陵的湘东王萧绎登基称帝，是为梁元帝。他对陈霸先并不放心，以任职为名，使陈霸先把儿子陈昌和侄子陈顼送到江陵，相当于被梁元帝押作了人质。

梁元帝治国无方却狂妄无比，毁约背盟，招致了西魏军队进攻。江陵失守，梁元帝兵败出降被杀。陈昌和陈顼也被西魏军队押到长安。西魏禅让于北周后，陈霸先数次派使节前往长安，请北周释放陈昌和陈顼，但北周权臣宇文护深知陈昌对于陈霸先的重要性，虽然表面同意而实际不放行。章要儿自然舍不得儿子，但又无可奈何，她更没有想到的是，当初，她与儿子陈昌一别，竟成永诀！

陈武帝驾崩后，章皇后强忍万箭穿心的悲痛，急召中领军杜棱和中书侍郎蔡景历入宫，商定主意。蔡景历提议秘不发丧，朝廷的一切文书诏敕，仍然按平时的样子宣布颁行。火速从南皖召陈武帝的亲侄儿、临川王陈蒨回京主持朝政。章皇后同意了。

当时的天气非常炎热，必须做一个较大的棺材安顿陈武帝的遗体。因为担心斧头砍削木头的声音传出宫外，引发外敌间谍和国内豪强军阀们的猜测。蔡景历亲自和宦官、宫人一起，秘密地用蜡制成一个装殓尸体的器具。

尽管章太后和中书舍人蔡景历秘不发丧，但是陈朝兴宁县侯荀朗的弟弟荀晓在京都还是稍有所闻。荀朗，字深明，颍川颍阴人。当年梁敬帝时，陈霸先辅佐朝政，北齐派萧轨、东方老等人率大军入侵梁都，占据石头城。荀朗从宣城率部属前来赴战，与侯安都等人一起大破北齐军。永定元年（557），赐爵兴宁县侯，食邑2000户。不久，陈武帝派荀朗随陈蒨去南皖修筑栅寨，抵御王琳。

因为荀朗之兄荀昂为左卫将军、弟荀曶为太子右卫率，因此，荀朗之弟荀晓对陈武帝的驾崩，有所耳闻。于是，荀晓密谋乘虚叛乱，他竟率家丁袭击皇宫台城。中领军杜棱率禁卫军保卫台城，迅速击溃荀晓。蔡景历当机立断，诛杀荀晓，又拘囚其兄弟荀昂、荀曶。

此时，国内的豪强和野心家蠢蠢欲动；国外的鲜卑强敌虎视眈眈，陈朝政权能否平稳过渡，关系到南中国华夏唯一正统的江山能否坚守得住！自从西晋末年"衣冠南渡"以来，经过宋、齐、梁朝的更替，现在，南陈这片土地，已是最后的华夏汉文明的衍生、庇护之地！

凡是经过"衣冠南渡"的华夏汉族后裔们，其感受是痛彻心扉的！当年晋惠帝时，晋室"八王之乱"导致华夏汉族政权实力大伤。胡人趁机起兵，侵扰中原。百余年间，先后由胡人、鲜卑人等部族建立了数十个强弱不等、大小各异的政权，史称"五胡乱华"。"五胡"指匈奴、鲜卑、羯、羌、氐五个胡人的游牧部落。事实上五胡是西晋末年各乱华胡人的代表，数目远非五个。"五胡乱华"是华夏汉民族第一次面临亡国灭种的危机，更是中国人的千年噩梦！

西晋后期，永嘉五年（311），匈奴大军发动战争，在宁平城之战中歼

灭了晋军主力。匈奴野蛮之军攻破晋朝的首都洛阳，俘获晋怀帝司马炽，杀晋帝和太尉王衍及诸王公、士民3万余人。晋怀帝被匈奴杀死后，司马邺于长安即皇帝位，改元建兴。匈奴大军又攻入长安，杀死晋愍帝，导致西晋灭亡。史称"永嘉之乱"。

由于胡人的野蛮、落后、残暴统治，中原的华夏汉族大规模地南迁避难，从黄河流域进入长江流域。皇族宗室的司马睿慌忙渡江，一大批文人士大夫以及庶民也随之南迁。

西晋朝廷的权臣王导，依赖南渡的北方士族，团结江东豪强，协助司马睿建立了东晋政权。司马睿在建康（今南京）称帝，史称晋元帝。"永嘉之乱，衣冠南渡"是中原正统的王朝政权和华夏汉文明的首次南迁。也是华夏汉民族第一次大规模南迁避难并落地生根的辛酸事件！

陈武帝驾崩后，如果华夏汉人连南陈这最后一片土地都坚守不住，使残暴落后的鲜卑族吞并了南中国，那么，华夏版图上的汉族精英们将退无可退！或被赶下大海，漂泊于东南亚等地；或以先进文明的华夏汉族反而被落后野蛮的鲜卑部族用残暴血腥的武力所征服所取代，出现人类文明历史的倒退，这着实考验着南朝陈国精英们的智慧！

正在南皖驻军的陈朝临川王陈蒨，接到章太后的飞马急报，顿时惊呆了！他不敢相信，那么威武、神明的陈武帝，就这样突然撒手人寰！他感到无比的震惊！万分的悲痛在猛烈地冲撞着他的胸膛！巨大的惶恐和忧虑压在他的心头！

陈蒨，本名陈昙蒨，字子华，号荃菁，吴兴长城（今浙江省长兴县）人。是陈武帝之兄陈道谭的长子，陈顼的长兄。南梁时，其父陈道谭出任梁朝的官员，官至东宫直阁将军。侯景围攻京城，陈道谭率领弓弩手两千，驰援京都台城，在石头城内，中流矢而亡。

陈蒨年少时沉着敏锐，气度不凡，容貌仪表俊美，举止潇洒高雅，留心经史典籍，行为必遵礼法。深受叔父陈霸先的赏识与栽培，常称道"此儿为吾宗之英秀"。

梁朝太清初年，陈蒨梦见有两个太阳，一个大，一个小，大太阳的光灭坠落地，颜色为正黄，像斗一样大，陈蒨取了三分之一揣在怀里。侯景之乱时，陈蒨所在的乡里人多倚凭山湖之险掠夺强取，唯独陈蒨不骚扰他人。侯景之乱越来越严重，陈蒨便移住临安。曾经躲避在临安县郭文举的旧宅里。

陈霸先高举义旗，率兵南下，侯景派吴兴太守信都遵去收捕陈霸先的家人，把陈昌、章要儿和侄子陈蒨、陈顼押往建康。陈蒨的衣袖里密藏小刀，准备在见到侯景的时候杀了他。却因侯景战事紧张，就令部将郎中王翻关押他们。陈蒨没有机会刺杀侯景。

后来，陈霸先率大军围攻石头城之时，侯景曾多次想杀害陈霸先的家人，多亏华皎等人的极力周旋和保护。华皎是晋陵暨阳人，世代为小吏。侯景之乱时，他投靠侯景的军师王伟。华皎知陈霸先率大军讨伐侯景，兵锋所指，捷报频传。因此，华皎依仗王伟的势力，处处对关押在建康的陈霸先的家人多加关照。对陈蒨、陈昌、陈顼等人非常友善。

陈霸先大军迅速击溃侯景的主力。侯景于乱军之中，仓皇败逃。陈蒨等人才得以赶赴陈霸先的军营。

侯景之乱平定后，陈蒨担任梁朝吴兴太守。绍泰元年（555），参与平定杜龛、张彪的叛乱，梁敬帝授陈蒨为会稽太守。陈武帝即位，册封陈蒨为临川王。陈蒨是唯一跟随陈武帝南征北战，独当一面的嫡亲侄儿。

陈蒨接到叔父陈武帝突然病逝的急报后，他火速把军中事务移交给部将，准备快马回奔京城。

恰巧这时，侯安都率军回朝，经过南皖。南皖位于安徽省南部，北与沿江平原相连，东南与江苏、浙江交界，西南与江西为邻。两晋南北朝时期，南皖地区分属宣城郡和新安郡。

沿平原丘陵区以南的山地丘陵地带，其东、南、西三面分别与浙江省西部和江西省北部的低山丘陵连成一片，中间有明显的三条西南至东北走向的山系，即九华山山系、黄山山系和皖浙边界的天目山山系（如清凉峰），这一带为皖南山区，山川险阻，北抗长江，可与北敌相遥应，东连三吴，南接豫章，可通浙东，是沟通江东与南方各地往来的枢纽，其战略地位十分重要。沿江重镇芜湖，北抵中原，西达荆湘，"江东先有建业，次有芜湖"，足见其军事重要性。

此前，侯安都奉陈武帝诏令，去协助周文育阻击王琳。而周文育却不幸被熊昙朗杀害，侯安都痛惜老战友之死，愤怒地截住王琳的部将一阵狂打，然后奉旨班师。

侯安都经过南皖，特来拜见临川王陈蒨。当听到陈武帝驾崩的消息时，侯安都感到极度的震惊、痛心和忧虑，他立即率军，与陈蒨一同回朝。

陈蒨到了京城建康后，奉章皇后的旨意，入居中书省。侯安都与众臣同僚商议，决定拥戴临川王陈蒨继承皇帝位，陈蒨坚决不敢接受。章皇后也因为皇子陈昌还活着的缘故，迟迟不肯下达懿旨。但是，深明大义的章皇后也同样知道，如今国内的形势紧急，实在不适合千里迢迢把太子陈昌迎回。强敌北周肯定会提出天价的交换条件；甚至，北周会趁机起百万大军入侵江南，重演当年破江陵、杀萧绎（梁元帝）的悲剧。陈朝作为当时华夏唯一的正统王朝，就会遭到覆亡的危险！

当时的南陈危机四伏！整个江南四分五裂，北方有两大强邻环伺，太子陈昌的回归又遥遥无期。如果帝位长期空悬，随时会引发不测！陈武帝刚刚去世，正是陈朝最为衰弱之时！陈朝大臣们非常着急：要想稳定局势，增加筹码，就要学当年的楚国，立刻拥立新君。使北周、北齐和国内的豪强们断了野心和念头。可是，由于陈蒨的坚决拒绝，使章皇后心念亲子陈昌，更加犹豫。大臣们议论纷纷，犹豫着不能做出决定。

此时，镇西将军侯安都又急又恼，他站出来大声道："今四方未定，何暇及远，临川王先帝犹子，有大功于天下，须共立之。今日之事，后应者斩。"

侯安都当机立断，手扶剑柄，走入宫殿，请章皇后拿出玉玺，立陈蒨为帝。章皇后虽然心念儿子陈昌，但迫于当时的局势刻不容缓，陈朝诸臣拥立陈蒨，也是最好的应对举措。章皇后只得同意，交出玉玺。

侯安都亲手解开陈蒨的头发，推他站到了皇位继承人的位置上，并令人把陈武帝的棺材，迁到太极殿西阶，隆重地为陈武帝发丧。侯安都的做法很正确，他的举动或许有些莽撞，但事急从权，解决南陈当时最大的危机才是最重要的。于是，章皇后颁下命令，让陈蒨继承皇帝大位。

章皇后令曰："皇天不恤，降下灾祸。大行皇帝倏然离世，举国哀痛，普天之下如丧考妣，恨天怨地，已然不及。皇子远隔他乡，返国之日遥遥无期，应该立长子为君，以安宁天下。侍中、安东将军、临川王蒨，受先皇垂爱，养为继嗣，在改朝换代的战役中建立了莫大的功勋，裁定叛乱弘扬盛业，在皇上辅佐朝政的日子里以及在皇上君临天下的日子里，都曾辅佐皇上建立太平盛世，共同创建大业，社稷大系，远近归心。宜于继奉宗庙，承继帝位，使宗庙有祭祀之主，使天下百姓得到安宁。"

章皇后下令后，陈蒨仍然推辞。众臣再三请求，陈蒨这才在太极前殿即帝位。史称陈文帝。此后的历史证明，陈文帝确实是南朝一位难得的有为明君。

陈蒨当天即位，颁令大赦天下。诏曰："皇天降下灾祸，忽然降临我邦国，大行皇帝升天而去，普天心痛，若丧考妣。我偶然承继皇位。国运正当扰攘不安，军政大事急需处理，在内需治国之君，在外需与别国交往，现在我继承大位，恩被四海。可大赦天下，犯罪无论轻重，一概全免，拖欠的旧债，吏民所欠的税赋，可不必再征收。文武内外百官，酌情加官晋爵。孝悌力田及为父后者，各赐爵一级。希望能兢兢业业，公卿一同尽心竭力，这样以仁心就可感化作恶之人而不必再动用刑法的太平之世，指日可待。我说着说着哽咽于心，深感悲痛欲绝。"又诏令州郡一并停止奔丧。

秋七月初　，陈文帝尊章皇后为皇太后。从初四开始，先后对朝中大臣进行了晋升：

镇南将军、开府仪同三司、广州刺史欧阳頠晋号征南将军；

平南将军、开府仪同三司周迪晋号镇南将军；

平南将军、开府仪同三司、高州刺史黄法氍晋号安南将军；

镇南将军、开府仪同三司、桂州刺史淳于量为征南大将军；

侍中、车骑将军、司空侯瑱为太尉；

镇西将军、开府仪同三司、南豫州刺史侯安都为司空；

侍中、中权将军、开府仪同三司王冲为特进、左光禄大夫；

镇北将军、南徐州刺史徐度为侍中、中抚军将军、开府仪同三司；

晋升侍中、护军将军徐世谱为特进、安右将军；

侍中、忠武将军杜棱为领军将军；

平北将军、南徐州刺史留异为安南将军、缙州刺史；

平南将军、北江州刺史鲁悉达晋号安左将军。

接着，陈文帝封皇子陈伯茂为始兴王，继奉昭烈王后。改封始兴嗣王陈顼为安成王。立皇子陈伯宗为皇太子，王公以下赐帛各有等差。

陈文帝诏立妃沈氏为皇后。沈皇后名妙容，吴兴武康人。其父沈法深，是梁代安前中录事参军。沈皇后十几岁时，于梁代大同年间嫁给陈蒨。陈霸先兴义兵讨伐侯景之时，陈蒨当时正在吴兴，侯景派人收捕陈霸先的家人包括陈蒨和沈氏。侯景之乱平定后，陈霸先的家人才得以自由。陈霸先称帝，永定元年（557），沈氏被封为临川王妃。陈文帝即位，封沈氏为皇后。追赠沈皇后的父亲沈法深为光禄大夫，加金章紫绶，封为建城县侯，谥号为恭。追赠皇后的母亲高氏为绥安县君，谥号为定。

秋八月甲申日，陈朝葬陈武帝于万安陵，庙号为高祖。万安陵位于今江苏省南京市江宁区东山街道上坊社区，北距南京南大门中华门 10 多千米。万安陵神道石刻在江宁区东山街道石马冲。陵前有二兽：北兽似天禄，长 2.50 米、高 2.57 米，南兽似麒麟，长 2.72 米、高 2.28 米。天禄被认为可禳除灾难，永安百禄，古人把它们对置于墓前，既有祈护祠墓、冥宅永安之意，亦作为升仙之坐骑。麒麟是中国传统的瑞兽。古人认为，麒麟出没处，必有祥瑞。有时用来比喻才能杰出、德才兼备的人。二兽均有翼无角，头有鬣，双翼，又类辟邪。张口垂舌，须拂胸际，身上的纹饰比较简练，二石兽体形较大，造型朴实，线条简洁，风格独具。据《建康实录》载，万安陵原有华表。

当初，陈武帝登基后，追谥哥哥陈道谭为始兴昭烈王，让他的第二个儿子陈顼继承封号。陈文帝陈蒨即位时，陈顼与太子陈昌仍被押在北周的长安，陈文帝因为他自己继承了皇位，本宗缺乏主祭的人，于是，陈文帝于戊戌（十四日）下诏，改封陈顼为安成王，封皇子陈伯茂为始兴王，让陈伯茂供奉陈道谭的祭祀。

陈文帝虽然撑起了陈朝的危局，但南陈王朝的内忧外患实在严重：北方两大鲜卑强敌北齐、北周虎视江南；境内四分五裂：北周扶植的傀儡政权西梁萧詧占据江陵、北齐扶植的傀儡政权萧庄和王琳占据湘州；境内山头林立，豪强横行。临川周迪、豫章熊昙朗、东阳留异、建安陈宝应等豪强割据一方，不听朝廷号令。或叛或附，为所欲为，对陈朝在江南的统治构成严重的威胁！

陈蒨在陈武帝的灵位前，暗自落泪！陈武帝"收复失地，平定天下"的壮志未酬！南朝陈作为华夏汉民族唯一的正统政权，能否守得住华夏汉文明最后一片天地？这千钧重担，压在了陈武帝的继任者——陈文帝的肩头！

第二章 少年英雄露峥嵘

却说当年，侯景攻陷南梁京城建康、囚梁武帝于台城之后，又派兵攻下吴兴郡城。

陈霸先在南方举起义旗，讨伐侯景。侯景震怒，令部将在吴兴搜捕陈霸先的家属。当初，陈霸先奉旨平定交趾之乱时，令沈恪护送霸先的妻章要儿和子陈昌回到老家吴兴，以为老家比较安全。谁知世事难料，叛贼侯景攻破建康后，吴兴反而成了最危险的前沿。

侯景部将把陈霸先的家属带到建康作为人质。陈蒨悄悄把短刀带在身边，伺机刺杀侯景。章要儿也随身带了一把锋利的剪刀，以作防身之用。

亏得上天保佑！侯景忙着守城和征战，没来得及亲自来审讯陈霸先的家属，便令贼兵部将严加看管，待他有空了就亲自来审讯。侯景的部将得此命令，不敢大意，派兵严加看守。这样，反而免去了一些兵将的侵扰，从而保护了陈霸先家人的安全。也正是因为陈霸先率军大破贼兵，屡战屡胜，使得看管的贼兵将领担心以后遭到清算，不敢怠慢陈霸先的家属。

陈霸先与王僧辩联军，打败了侯景部将侯子鉴之后，王僧辩听从陈霸先的建议，连夜追击，不给敌人有喘气、或组织抵抗的机会。陈王盟军一鼓作气，所向披靡，沿途的历阳等城镇之敌，都没来得及集合兵马抵抗。叛军仓促之间，就降的降，逃的逃……

陈、王盟军连夜追击到了京城建康的外围。王僧辩扎营在建康城西南面的张公洲，陈霸先扎营在建康城西南方向的蔡洲。这里是长江中沙洲，为六朝屯军之所。两营成掎角，互为接应之势。

次日清晨，侯景登上石头城，观察追兵形势。石头城位于南京市鼓楼区，有"东吴第一军事要塞"之称。筑于楚威王七年（前333），东汉建安十六年（211），吴国孙权迁至秣陵（今南京），在石头山金陵邑原址筑城，取名石头城。它扼守秦淮河与长江的交汇口，"因山以为城，因江以为池，地形险固，尤有奇势"，是保障首都建康城西部安全的军事重镇，也是兵家必争之地，素有"石城虎踞"之称。

侯景见陈、王盟军结营有序，攻防有度，旌旗猎猎，兵强马壮。他心中十分担忧，便问身边将领如何攻击？一将领指张公洲营盘，道："此营约15万之众，势大，不可贸然直攻。"转而指蔡洲营盘，道："此营兵约5万众，可先攻此地。"

侯景极目眺望，细看蔡洲方向，竟然有紫气缭绕营地，上空隐隐有五色云气。神色大惊，指蔡洲营盘，对左右道："此营上空有五色彩云，营盘紫气缭绕。此天子之气也！不可当，难胜矣！"言罢，侯景神情低落，转身下城楼。令卢晖略镇守石头城，纥奚斤捍卫宫城。逼军将的家属统统搬进台城内，与讨逆联军决一死战。

陈霸先令诸将分头到几个地方布置部队，断敌后路、分割包围。霸先刚布置好部队，侯景就率军冲击王僧志的战阵，王僧志有意让队伍稍稍退却。陈霸先派安陆人徐度带领2000弓箭手绕敌后面，截断敌军的后路。陈霸先率军攻击叛军西面两城。徐度下令放箭，顿时箭密如雨，遮天蔽日。侯景兵众惊慌而退，死伤无数，四处逃散。此时，陈霸先和王琳、杜龛率领铁甲骑兵迅速追击，王僧辩指挥大军压了过来。侯景军队一部被分割包围。另一部士兵败退下去，逃回营栅固守。

侯景手下的仪同三司卢晖略负责守石头城，他看到侯景败局已定，便打开北门，向王僧辩投降，王僧辩大喜，迅速率兵将长驱直入，冲入石头城，占据城内，立即布置四门防卫。

此时，霸先仍在城外，与侯景主力奋战。杀红了眼的侯景自知生死一搏，就在今日，所以，他使出全身的本领，凶神恶煞般地与陈霸先展开了白刃战。戴冕、曹宣等众将又夺得贼兵果林一带的四座城栅。不料，侯景败而复还，率众兵拼命死战。义军仓促之间难以抵抗，竟然被侯景夺回四座城栅。陈霸先见状，知胜败存亡在此一举，他一马当先，吼声如雷，道："酬君报国，就在此时，跟我冲啊——"陈霸先神威大展，拍马挥刀，

杀向敌军。众将士也明白决战的关头到了，个个奋勇冲击，跃过栅栏，刀枪剑戟，横砍直刺……一场血肉横飞的白刃战，就此展开……侯景更加明白此战决定他的身家性命。他久经战阵，凶猛顽强，亲率100多骑兵，扔了长矛，手执短刀，披着短甲，只管往下砍人和马的腿脚。侯景曾经用这一猛招，打败了东魏骁将慕容绍宗。

这次与陈霸先大军对决之时，侯景又故技重演，率百名精锐骑兵，在陈霸先的队伍里左冲右杀，冲击陈霸先的阵脚。陈霸先骑着白马，挥动双剑，如蛟龙翻腾，勇猛迎战侯景。周文育、杜僧明等诸将威猛无比，兵来将挡，水来土掩。直杀得天昏地暗，日月无光。

陈霸先军队早就研究透了侯景的"三板斧"战术，面对侯景的短兵短甲突袭，陈霸先的部将们相互配合，远挑、近劈；左闪、右杀。侯景的兵众反而陷在陈霸先队伍里左冲右突，无法施展。周文育、杜僧明等将领长戟齐挥，斩截稍远的侯景的短兵短甲；杜龛、王琳等诸将抢起大刀，迎头劈向近处的侯景的短兵突袭者。

恰此时，侯安都、陈蒨率一彪军杀了过来。当初，陈蒨与章要儿、陈昌、陈顼等家属被侯景囚于建康。陈霸先兵围建康时，担心侯景狗急跳墙，以妻儿来要挟。即令智勇双全的侯安都想办法率兵众潜入建康，既做内应，又可营救陈蒨及家属。此刻，侯安都领着陈蒨一彪军马，如波涛翻涌，直向侯景冲杀而来。陈蒨一心想要杀死侯景，以雪俘囚之耻！侯景兵众遇之者即死，连连闪避，贼兵阵营因此动摇。

陈霸先看得真切，又担心侄儿陈蒨有失，大吼一声："宫城已破，活捉侯景！"杜僧明、周文育等诸将会意，引军大喊。众义军边喊边杀，声势大振。而叛军听罢，斗志顿消。侯景正与霸先交锋，突闻宫城已破，当下心慌，虚晃一刀，打马就逃。

陈霸先策马直追，周文育等诸将一齐发力，全线冲锋。侯景众军或逃或降，或者被杀，或者自相践踏而死。侯景军彻底崩溃。陈霸先指挥各路兵马追击败兵，一直追到京都宫城内的西明门。侯景仅剩几十匹铁骑仓皇败逃……

陈蒨与周文育率几名亲兵去台城宫阙接章要儿和陈昌，看到王僧辩的兵众随性糟蹋百姓，陈蒨于心不忍，便问那些凄惨号哭的百姓，才知道：台城到建康有数万的百姓被义军兵众奸淫烧抢，流落街头。陈蒨非常气愤，但也没办法，只好在混乱的人群里，接了他的大妈章要儿和堂弟陈昌回陈霸先的军营。

陈霸先自从当年南征交趾李贲时，安排章要儿和陈昌随沈恪回吴兴，到现在，章要儿和陈昌都一直没有见过陈霸先。更何况，陈霸先东讨侯景时，章要儿和子陈昌、陈蒨和弟陈顼都被侯景囚禁。其中的惊惧、曲折和思念之情，可想而知。幸亏在侯安都的接应下，陈蒨最先逃出。如今京城克复，亲人重逢。章要儿和陈昌的内心是多么的兴奋啊！

陈霸先听了侄儿陈蒨和周文育讲述王僧辩的兵众害民之事，浓眉紧蹙，道："早有诸将来讲此事。我非常气愤！百姓盼着我们来救拔，我们怎能与叛军一样糟蹋百姓？"

陈霸先传令约束本军，闭营勿出。又派人送信王僧辩请他约束全军不要扰民。但，使者传王僧辩的回话，说："诸将兵众出生入死，努力除贼，克复都城，实有大功！但，本军无力赏赐他们，奈何？只能让他们随性抢掠一点，以慰军心。我也无法，请见谅！"

霸先闻此言，怒击案台。自此，陈霸先对王僧辩有了意见。

侯景之乱平定后，陈蒨出任吴兴太守。

就在陈蒨从建康前往吴兴任职之时，他看到有一美丽少年，年若16，容貌艳丽，纤妍洁白，如美妇人，与众人在一起等候部队的车辆，想搭便车回乡。陈蒨惊异地问道："你想求富贵吗？就跟着我，好吧？"

那美少年抬头见是一个英俊的年轻将军在跟自己说话，相信他能够为自己带来好运，或许是心灵相通，便应道："鄙姓韩，本名蛮子，会稽山阴人，三代为农，靠做鞋为生。正欲寻车回故乡。愿随将军驱使。"

陈蒨嫌他名字太俗，便让他改名子高。韩子高两臂修长，善于骑射，形体俊美，肌肤诱人，实在是英武异常，令人痴迷而不能自拔。韩子高不仅勇武善战，还足智多谋。后来成为闻名朝野的散骑常侍、右卫将军。

陈蒨到任吴兴太守之后，他任命华皎为都录事，负责掌管军府粮草钱帛之事。华皎聪明敏慧，于文书账册之事十分卖力。

这个时候，来了一位旧友——章昭达。可是，他却挂着拐杖，一步一拐地走了进来。章昭达是陈蒨年少时认识的好友。陈蒨见了旧友，高兴地问长问短。原来，章昭达在侯景之乱中，防守台城，被乱箭射瞎了一只眼睛，正在养伤中。

据史载：章昭达，字伯通，吴兴郡武康县人。祖父章道盖，是齐朝广平太守。父亲章法尚，是梁朝扬州议曹从事。章昭达性情卓越豪迈，轻视财物而崇尚义气。年轻时，曾经遇到一位算命先生，他对章昭达说："您面相很好，必须经历一次小摧残，然后就能富贵。"

梁朝大同年间，章昭达任东宫直候，因为醉酒从马上摔下来，鬓角处受了轻伤，章昭达对此很高兴。可是，算命先生却说："这点轻伤，不算。"

后来，侯景叛乱时，章昭达率领招募起来的乡民援救台城，被乱箭射中，瞎了一只眼，算命先生见了他，却高兴地说："您的面相好，不久就会富贵。"

也算是章昭达走运。他回乡养伤，却碰上了好友陈蒨出任吴兴太守。陈蒨见到章昭达非常高兴，委任他做将帅，恩宠超过其他的人。章昭达后成为陈蒨麾下的征南大将军。

陈蒨出任吴兴太守没多久，有宣城（今安徽宣城）的乱军头领纪机、郝仲等各聚集千余人，到郡境内抢掠、侵扰。陈蒨率兵讨平了他们，维护了境内治安。

梁承圣二年（553），梁元帝授任陈蒨为信武将军，监管南徐州（今江苏省镇江市）。梁承圣三年（554），陈霸先北征广陵（今江苏省扬州市），任命陈蒨为前军先锋，陈蒨真个是攻防有序的将才，每战必胜。

陈霸先奉湘东王萧绎之意，镇守京口。不久，萧绎即位，史称梁元帝。

梁元帝为剪除兄弟争位，竟然请西魏派兵相助。结果，引狼入室。西魏伺机攻陷江陵，梁元帝被杀。陈霸先与王僧辩只好拥立梁元帝之子萧方智为帝，建都建康（今南京）。

可是，北齐的鲜卑皇帝高洋，竟然令上党王高涣拿着刀枪，逼着王僧辩接受北齐送来的傀儡皇帝萧渊明。

陈霸先着实愤怒了：北齐也欺人太甚！一旦南梁接受了这个傀儡皇帝，那梁朝就名存实亡了！梁朝成了鲜卑北齐的粮仓和金库。江南民众任由鲜卑人烧杀抢掠。最可怕的是，未经文明教化的鲜卑人野蛮残暴的屠杀和落后势力的摧残，华夏汉族和汉文明面临着被灭绝的危险！在国家和民族的大义上，陈霸先别无选择！——他要站出来力挽狂澜！

陈霸先当机立断，留下王僧辩派来的使者江旰，紧急进行了军事布置。陈霸先将要讨伐王僧辩时，先召侄儿陈蒨一起商议。并令陈蒨速回守吴兴，照顾家小。当时王僧辩的女婿杜龛占据吴兴，兵势很强盛。陈霸先密令陈蒨返回长城县，立起寨栅来防备杜龛。接着派周文育率一支小分队去义兴郡，防备韦载、王僧志等作乱。霸先又派沈恪回到武康，招集兵员。事后证明，陈霸先这步棋，非常有预见性！

陈霸先安排了陈蒨、沈恪、周文育分兵去吴兴、武康、义兴之后，接着召集侯安都、周文育、徐度、杜棱四位爱将前来议事，密谋策划举兵袭击王僧辩，迎立梁武帝之孙、梁元帝之子萧方智为帝。

陈霸先成功地兵袭石头城，杀了王僧辩。把北齐送来的傀儡皇帝萧渊明赶下台，复位于萧方智。史称梁敬帝。

梁敬帝复位时，梁朝的势力范围不过建康附近。依据史料，勾画一下：江南梁朝，经侯景之乱后，实际已四分五裂，国内的大小藩镇各个军阀割据称雄。比如岭南的萧勃等并不归服梁朝。

外部势力东魏与西魏两国，也分别被北齐、北周禅代。北周在江陵扶持萧詧的"后梁"小王朝，长江北岸是北齐属地。北齐后来扶持王琳割据湘州，拥立长沙幼童萧庄（梁元帝之孙）为帝。也就是说，北周（前身西魏）和北齐（前身东魏）在江南的土地上，分别扶持了两个傀儡王朝，把野蛮残暴的势力延伸到了江南。这不仅仅是挤压了梁朝军民的生存空间，而且严重威胁着华夏汉人血脉的延续和华夏汉文明的存亡！

以汉人为代表的硬骨头陈霸先，开始了东征西伐，北抗强齐，西拒西魏（北周），南定萧勃，在极其艰难的局势中，庇护着华夏遗族和华夏文明。陈霸先驾崩后，他的继承者甚至一度打过长江以北，大败北周大将贺

若敦，收复湘州全境，平定武陵、天门、南平、义阳、河东、宜都各郡。尽毁北周、后梁各军战舰，狼奔豕突。这是后话。

当时的江南梁朝政权危机四伏，险象环生。梁敬帝复位后，刚与北齐订立了"友好"盟约，内部叛乱又起——震州刺史杜龛、义兴太守韦载相继造反了！

梁敬帝看了一眼神色惊慌的大臣们，转问陈霸先如何平叛？霸先胸有成竹，平静地说："圣上莫慌，臣早有预防。臣起兵京口之时，已备兵吴兴、义兴了。"

梁敬帝闻言，这才稍微镇定下来。满朝文武大臣也消退了慌乱之色。

陈霸先确实是有先见之明。当初，他在袭杀王僧辩之前就已预料到了。他的故乡湖州乃至吴郡、义兴等"三吴"地区、会稽、临海，直到江西豫章（南昌）都是王僧辩的亲戚或心腹大将据守。他密派亲侄儿陈蒨到吴兴长城、沈恪回到武康、得力将领周文育到义兴。为了集中兵力对付王僧辩，陈霸先只给了陈蒨五名骑兵，周文育一支小分队。但授权他们在当地招兵买马，扩充军力……

杜龛是王僧辩的女婿。王僧辩把吴兴改为震州，任命杜龛为震州刺史，又任命自己的弟弟侍中王僧愔为豫章太守。他们听到王僧辩被杀，立即商量起兵反叛。他们又联络义兴太守韦载一同起兵。这三郡声势相连，几乎包括了京口东南的整个江南地区。

杜龛，杜岑之子。年轻时就很骁健勇猛，善于用兵，他是在太清年间与伯父叔父们一同归附湘东王萧绎。授为持节、忠武将军、郧州刺史，封为中庐县侯，食邑 1000 户。

杜龛的叔父杜幼安一同跟随王僧辩征讨河东王萧誉，平定了叛乱。又跟随王僧辩沿江而下，继徐文盛军之后到达巴陵，听说侯景袭击攻陷郢州，正逆江而上，向西进军，将要来到巴陵，杜龛和王僧辩等人守住巴陵等待侯景来攻。侯景到巴陵，围攻了数十天，不能攻克。

杜龛迁任太府卿、安北将军、督定州诸军事、定州刺史，加授通直散骑常侍，增加食邑 500 户。杜龛继续跟随王僧辩追击侯景直至江夏，围攻江夏城。侯景手下将领宋子仙弃城逃跑，杜龛追到杨浦，活捉了宋子仙。

大宝三年（552），陈霸先、王僧辩率大军到达姑孰，侯景手下将领侯子鉴迎战，杜龛与陈霸先、王琳等人率领精锐士卒进击，大败侯子鉴。陈、王大军直追到建康石头城。侯景亲自率叛军会战，杜龛与陈霸先各路人马齐心奋击，大破侯景叛军，侯景败溃，向东逃跑。考察军功，杜龛为上等，萧绎授为平东将军、东扬州刺史，增加食邑1000户。

承圣二年（553），杜龛又与王僧辩到长沙征讨陆纳等人，迫使陆纳等人投降。又到西陵征讨武陵王萧纪，平息了叛乱。后来，西魏兵攻陷了江陵，梁元帝萧绎投降后被处死。陈霸先与王僧辩拥立梁元帝子晋安王萧方智为帝。可是，北齐国却把贞阳侯萧渊明送来让他继承梁国帝位。王僧辩屈从于北齐的军事压力，使贞阳侯登上了帝位。授杜龛为镇南将军、都督南豫州诸军事、南豫州刺史、溧阳县侯，给鼓吹一部；又加授散骑常侍、镇东大将军。

杜龛依仗自己是王僧辩的女婿，又是久经战阵、军功卓著的老将，很多皇亲国戚他都没放在眼里，更不要说寒门出身的陈霸先和其家族了。在杜龛任吴兴郡守时，常常对陈霸先宗族中的人，寻找由头，欺侮他们，族人也无处申诉。陈霸先忍之又忍，因此对杜龛深怀怨恨。

后来，陈霸先要讨伐王僧辩之前，便秘密地派他的侄子陈蒨潜回长城县，修筑营栅，扩充队伍，以防备杜龛。当时杜龛占据吴兴（今浙江省湖州市），兵势很强盛。

陈蒨潜回故乡，只招到几百人，军械装备又少。此地民风朴实、彪悍。陈蒨筹备兵器，抓紧训练。挖深沟、修栅栏，积极进行防御。并择地形紧要处扎下营寨，严密注意杜龛等人的动向。

杜龛以吴兴优厚的经济资源作为财力物力，来支撑自己的军事割据所需。还串通义兴太守韦载带郡中的部队起来响应杜龛。吴郡太守王僧智是王僧辩之弟，也占据城池抗拒。

杜龛派遣自己统军副手杜泰到长城（长城县，霸先与其宗族世居之。今浙江省湖州市长兴县）进攻陈蒨。杜泰带精兵5000人突袭，陈蒨的兵众面面相觑，大惊失色。陈蒨却谈笑自若，越发沉着冷静，清楚明确地部署分派军队。章昭达跟随陈蒨一起，安排滚木、礌石、弓箭等。众人见

状，心里才安定下来。

杜泰了解到陈蒨寨内兵少，日夜猛攻。陈蒨激励将士，亲自上阵。待叛军近前，陈蒨令将士放箭、滚木、投石，直打得杜泰兵众哭爹叫娘，血肉横飞，狼狈败退。当时杜泰兵众很多，占据要路，水军和步兵连营结阵。陈蒨井井有条地指挥兵众们应战。借助有利地形，凭险坚守。

杜泰领兵到长城袭击陈蒨时，提前奉霸先之令回武康召集兵马的沈恪，带兵到县城之外捕杀杜龛的党羽。杜泰昼夜苦攻几十天，仍攻不下来。

这时，徐嗣徽、任约率北齐精兵突袭建康，梁朝京师危在旦夕！

陈霸先沉着冷静，恩威并用，收服了韦载，平定了义兴，并从容地布置军队：派部将黄丛率兵前往截堵前来增援的齐军。命周文育率军去帮助陈蒨平定杜龛。

正在围攻长城县的杜泰，闻知陈霸先派周文育率军前来增援，慌忙率叛军撤走了。陈蒨命将军刘澄、蒋元举领兵追击杜泰。与周文育一道杀出郡城，恰好沈恪的军队也到了，杜泰兵众大败而逃。民众亲见陈蒨打了胜仗，纷纷来投军。数日之内，便得8000人，兵威大振。

陈霸先率东征大军从义兴连夜轻甲还都，采用韦载之策，截断北齐军的粮道，扼守交通要道，集中局部的优势兵力，猛攻北齐军的薄弱点，困敌于石头城，很快打败了北齐军。

北齐军求和，陈霸先不答应。北齐军都督萧轨派使者转求梁敬帝。梁敬帝和朝中大臣都想议和。最终两国签订和平协议，北齐军全部撤走，凡是与任约、徐嗣徽同谋的人，一概不予追究。梁朝送陈霸先的侄儿陈昙朗、萧庄等人到北齐做人质。

而此时，震州（吴兴郡）刺史杜龛还占据吴兴，对抗梁庭。陈蒨、周文育把军队合并在一起，攻打杜龛。杜龛有勇而无谋，又爱喝酒，一天到晚总是醉醺醺的。周文育暗结杜龛的部将杜泰，作为内应，一面诱杜龛出战。杜龛约杜泰出城与陈蒨等人交战，两下交锋。杜泰按兵不动，杜龛独力难支，败回城中。杜泰便劝说杜龛投降，杜龛答应了。但是，他的妻子王氏说："陈霸先和我们王家结仇结得这么深，怎么可以向他求和！"于是，王氏拿出私财赏赐招募战士，把私财、首饰全都用来犒军，与陈蒨、周文育的梁军决一死战。杜龛的军士得了重赏，统是感激，情愿效死，开城出战，以一当十，梁军大败，陈蒨率军退到 10 里外下寨。

周文育诱使杜龛部将杜泰投降了陈蒨。杜龛嗜酒，每饮必醉，此次打了胜仗，便开心畅饮，整日里醉意醺醺。哪知杜泰打开城门，引梁军冲入城里。而杜龛还酒醉没醒，妻王氏急唤不应。王氏也顾不得他了，拿起剪刀，把长发剪掉，化装成秃头妇人，趁乱混了出去，到庙里做尼姑去了。陈蒨率军杀入府中，搜捕杜龛。见他鼾声如雷，还在梦中。陈蒨派人把他背出来，在项王寺前把他斩首了。王僧智和他的弟弟豫章太守王僧愔都从后门逃出，投奔北齐了。

东扬州刺史张彪也是王僧辩的党羽，一向被王僧辩所宠爱看重，所以不肯归附梁庭。张彪起兵围攻临海太守王怀振。王太守急派人来求救。二月庚戌（初五），陈蒨、周文育派轻装士兵奔袭会稽，张彪迎战。张彪大败后，逃入若邪山（浙江省绍兴市）。张彪在若邪山聚众起兵，陈蒨派他的部将、吴兴人章昭达率军追击、搜捕张彪。

张彪，不清楚是什么地方的人，他自己称是襄阳人，或许是左卫将军、衡州刺史兰钦的外弟。年少时就亡命在若邪山为盗（今浙江省绍兴市南），颇有部曲。临城公萧大连出掌东扬州，张彪率所部投奔，被任命为中兵参军，礼遇甚厚。后来，侯景叛乱，侯景的部将宋子仙攻下东扬州，张彪投降了宋子仙。

赵伯超兄子赵棱是侯景的山阴令，离职跟从张彪。后怀异心，算计张彪，请张彪歃血为盟，拿刀子披心出血自歃。张彪相信他了，也取刀刺血回报之。刀锋刚到心脏，赵棱竟然以手按下，直入张彪的心脏。幸而刀斜，伤得不深。赵棱重新取刀，再刺张彪的头和脸面。张彪伤重顿绝。赵棱以为张彪死，就外出宣告张彪诸将，说："已杀张彪，欲与大家共求富贵。"张彪的心腹韩武不相信，进入室内查看，张彪已苏醒，细声说："我尚活，可与手。"于是韩武杀了赵棱。张彪没死，奉表投奔梁元帝。到侯景之乱平定，王僧辩对张彪的待遇更加厚宠，以张彪为东阳太守、安东将军。

贞阳侯萧渊明（萧明）践位，张彪为东扬州刺史，并给他一套鼓吹乐队。室富于财，昼夜乐声不息。郯令王怀之不从，张彪前去征讨。留长史谢岐居守。

陈霸先剿灭王僧辩，张彪不服从朝廷号令。陈蒨已剿灭杜龛，据守了震州（太湖地区），将征讨会稽（今浙江省绍兴市南），张彪派遣沈泰、吴宝真回到州城帮助谢岐守城。沈泰等人反而与谢岐一起迎陈蒨入城。张彪趁其未定，率兵入城。陈蒨只得仓促离城，张彪又占据了城守。沈泰告诉陈蒨说："张彪的家口都在香岩寺，可前往收取。"

陈蒨立即率部前往，把张彪家人全部抓获。张彪的部将申进，秘密与沈泰相知，背叛张彪。张彪再次败走，不敢回城。张彪为了逃命，只好逃进深山。他身边的人相继背叛，张彪只好把身边的人全都打发走，只留下一条名黄苍的狗在张彪前后，未曾舍离。

陈蒨派章昭达领 1000 多兵众搜捕张彪，张彪正在睡觉，黄苍忽然狂吠不止。原来，章昭达的军队找到了张彪的藏身之处。黄苍不但叫醒了主人，还咬死了一个近前抓捕张彪的人。面对众多敌人，张彪知道难逃一死，他跟妻子杨氏诀别："生死从此而别，若见沈泰、申进等为语曰，功名未立，犹望鬼道相逢。"后，张彪与弟张昆仑被章昭达斩首。

陈蒨、周文育连续平定杜龛、张彪之乱，东阳郡（浙江省金华市）郡长留异颇能识时务，上表归降了梁朝，并送来 3000 石粮食给陈蒨。陈霸先任命留异为缙州（州政府东阳）刺史。

留异是东阳长山人。世代都是望族。在乡里有号召力，常聚集一帮恶少，欺凌贫苦者，官吏们都视他为患。侯景作乱时，他引兵杀了与他有矛盾的东阳郡丞和他的妻子儿女。京城陷落，留异便追随临城公萧大连，被封为司马。留异生性残暴，没有远大谋略。留异在萧大连军中私树威福，众人都嫉恨他。侯景部将宋子仙到浙江，留异投降于宋子仙，并为宋子仙做向导，去捉拿萧大连。侯景封留异为东阳太守，将其妻儿收为人质。

侯景行台刘神茂兴义军抗拒侯景，留异表面上赞同刘神茂，而暗地里却与侯景勾结。到刘神茂失败，被侯景所杀，唯独留异获免。侯景之乱平定后，王僧辩派留异慰劳东阳郡臣。留异却纠合乡人，修造据点，设置路障，手下人一时甚多，州郡都害怕他。西魏攻陷荆州、元帝被杀后，王僧辩以留异为东阳太守。陈蒨平定会稽，留异极言喻时务，转运粮食给陈蒨。因为他仍有一郡之权，拥兵在身，陈蒨也只能以抚慰为主。梁敬帝以留异有应接之功，任持节、通直散骑常侍、信武将军、缙州刺史，兼东阳太守，封永兴县侯，食邑 500 户。后又升任散骑常侍、信威将军，增邑300 户。陈霸先甚至把陈蒨的长女丰安公主许配给留异第三子贞臣。

陈蒨连续参与平定杜龛、张彪等人的叛乱，因功被梁元帝授为持节、都督会稽等十郡诸军事、宣毅将军、会稽太守。

山越一带是深山老林，环境险恶。山越人还没有归附南梁朝廷，不时外出侵扰抢掠。

山越是汉末三国时期分布于孙吴诸郡县山区的山贼式武装集团的统称。山越一词也常与"山贼""山民"等共同出现。其生产方式以农业为主，种植谷物，又因"山出铜铁"，而常常"自铸兵甲"。他们大分散、小聚居，好习武，以山险为依托，组成武装集团，其首领有"帅""大帅""宗帅"等诸多称谓。山越人处于较为原始的状态，但也出现社会组织。一般都称呼为"宗"，其首领就称为"宗帅"，普通民众就是"宗民"，在一些人口较为稠密的"宗"里，还有着"万户""千户"的职位。山越人对于中央封建政权处于半独立的状态。

白翠琴亦在《魏晋南北朝民族史》中指出，山越主要分布于吴郡、会稽郡、新都郡、鄱阳郡、丹阳郡、东阳郡、豫章郡、临川郡、庐陵郡、衡阳郡、长沙郡、始安郡、桂阳郡等东吴的扬州诸郡和曹魏的庐江郡。他们平时躲藏在山林间，构建山寨、洞穴栖身，同时在山脚、山腰处种植粮食。

山越具备一定的军事动员能力，他们可以冶金，有自己的首脑组织。山越的首脑，每次动乱都可以动用上万，甚至数万青壮。山越之民，生长于山林之间，民风彪悍，大多擅长攀爬、格斗，力大无穷，轻则洗劫周边村寨，重则攻城破邑，劫掠州府。山越危害可见一斑。

陈蒨与众将商议，山越虽然有组织、有体力，民风彪悍，但缺乏系统的战阵、谋略和部署，空有勇力，而难以发挥实战威力。往往呼啸于山林

之间，劫掠于乡镇之所，深为百姓所恶。陈蒨利用民众厌恶山越人的抢掠，收集山越人的行踪轨迹。引诱、捕捉一些年轻的山越人，编入陈蒨的军队中，成为精锐的突击队员。因为山越人都擅长攀爬、格斗，力大无穷，是组建精锐军马的绝佳人选。

　　陈蒨一边令军人抢先收割山脚处的山越人种的稻谷，以断绝山越人的给养；同时令精锐军人埋伏四周。等山越人看到粮食被人抢收了，立即呼啸成群冲下山来，与抢收粮食的人缠斗。这时，只听得一声号令，埋伏在四周的精锐军队包围了上来。这样，一次小规模的胜利，就可以收获上千人的山越青壮年。把这些山越青壮年编入军伍，进行训练。再利用这些军人去分兵出击，对付山越劫匪。陈蒨采取"以武力征伐为主，以安抚收编为辅"的策略，逐渐将山越各部落全部平定。从此，陈蒨威名和德声大振。

第三章　"荷叶包饭"传千秋

谁也没有想到，大战前夕，南方将士们临时用荷叶包饭，竟成流传千古的地方美食！

那是梁敬帝太平元年，公元556年三月二十三日，毫无信义的北齐再次撕毁与南梁朝廷签订的友好盟约，举10万大军进犯南梁！

北齐皇帝高洋总是惦记着江南梁朝。他知道这个硬骨头的陈霸先不比服软的王僧辩好对付。王僧辩贪权得利，因此愿意梁朝当齐国的"藩国"；而陈霸先敢于对抗强大的北齐淫威。齐皇高洋知道，以陈霸先为代表的汉族精英辅佐的梁庭，初始的"臣服"只是缓兵之计，一旦梁朝经济、军事实力恢复过来，就会把鲜卑北齐打趴下。因此，北齐鲜卑帝高洋是决不会给新生的梁朝恢复实力的机会，他要掐死新生的江南梁朝！

北齐派仪同三司（宰相级、正二品）萧轨、库狄伏连、尧难宗、东方老等会同南梁的叛将任约、徐嗣徽，集结大军10万，对南梁发动大规模的攻击。

北齐军从芜湖（安徽省芜湖市）出发，进入丹阳县（安徽省当涂县东北小丹阳），进抵秣陵故治（江苏省江宁县南秣陵乡）。陈霸先派周文育驻防方山（江宁县东南）、徐度驻防马牧场（江宁县西南秦淮河西畔）、杜棱驻防朱雀桥南，严阵以待。

齐军在秦淮河两岸，搭建木栅便桥，命士卒往南进发。夜晚就到了方山。徐嗣徽等把船舰停泊青墩（安徽省当涂县西南的青堆沙），一直排列到七矶（秦淮河入长江处），用以切断梁朝将领周文育的退路。

周文育擂动战鼓，率军呼喊着冲锋，攻击敌人，北齐军暂时退却。徐嗣徽夜里以守为主，引军后退。天亮后，周文育引军再战徐嗣徽齐军。徐

嗣徽部将鲍砰非常勇猛，单乘一舰作为后卫，周文育也驾一小艇与他近战，纵身跳到鲍砰小舰上，一刀斩杀了鲍砰，还拖着小舰而回。徐嗣徽众军大为震骇！

徐嗣徽明白江南水军厉害，北齐军的优势在陆地上的骠骑兵。急忙把船舰留在芜湖，率军从丹阳上岸，弃水战而发动陆上攻击。齐军从方山，向建康城东南进发。齐军的侦察兵已出现在建康台城的城墙下了。京都震动，人心恐慌！梁敬帝亲率皇家禁卫军出宫，驻扎长乐寺，内外戒严。

陈霸先紧急命令梁山的守将侯安都、徐度迅速撤回建康，增援京师。又召周文育率部且战且退，收缩兵力，火速回援京都。准备迎接空前激烈的建康大决战。

陈霸先知道，北齐将要掐死江南梁朝。这是一场真正的生死之战！

从整个战局着想，陈霸先谋算着如何打赢这场实力悬殊的战役？齐军可谓兵强马壮，而梁国力量有限，军粮筹措不易。粮草是关键！如果把敌军的粮食劫来，等同于我军得了双倍的粮食。既断了敌粮，又增添了自己的力量。

北齐军队进至莫府山（今江苏省南京市城西25里），陈霸先撤下杜泰的3000精兵，密令杜泰悄悄渡过长江，在瓜步洲袭击北齐行台部队，缴获战船100余艘，粮食1万斛，悄悄运到台城，进行必要的储备。接着，陈霸先又派机动部队将领钱明率舰队从江乘（今江苏省南京市东北）出击，截断北齐军粮食供应线，把北齐满载食米的船只全部俘获。这样一来，北齐军队没有粮食吃，只好杀战马、驴子充饥。

第二天，齐军主力赶到，北齐军队翻越钟山，陈霸先与众军分头驻扎在乐游苑东边和覆舟山北边（覆舟山在玄武湖东南畔，乐游苑在覆舟山南麓），扼住北齐要害，切断了北齐军队的交通。

陈霸先的这两步棋十分厉害！令急欲增援南岸的齐军援兵大为受挫。这一天的战斗可谓是精彩至极！陈霸先以劣势兵力，四面出击，仍然大获全胜。陈霸先对战局的判断和把握，证明了他是足可以依靠的领袖人物。

大战的阴霾再次笼罩建康。京城军民心中惶恐，传言不断。陈霸先为了让梁敬帝和建康城的文武官员认清鲜卑北齐的野心，同时坚定军心和民心，同仇敌忾抗击入侵的北齐，霸先提议皇族宗亲和朝廷大臣，在大司马门外白虎阙下，祭告上天：齐人背信弃义，撕毁盟约，虽梁庭一忍再忍，送去人质，却还是杀我人民，占我领土，欲覆梁庭，灭汉种族，毁汉文明。霸先慷慨陈词，悲痛泪下！文武大臣和民众都深有所感，丢掉苟且退让的幻想，决死抗敌！无论兵将和臣民围观者都士气高昂！

陈霸先上城楼观察敌军动态，见建康城的东、南、西都被北齐军包围，北面是长江天险。北齐兵力占很大优势，士气正高。陈霸先便采取"避其锋芒，逐处应战，保存实力"的作战方针。以战术上的优势来弥补战略上的劣势，同时不断用游骑骚扰齐军的补给线。

陈霸先也算定了天时、地利，还有江南民众反对鲜卑齐人烧杀奸淫的反抗意志和民心。当周文育、侯安都等将领焦急地看着地图时，陈霸先却抬头看天，数着指头，轻松地说："你们准备好雨具，梅雨快来了！"

果然，当天夜晚，大雨倾盆，雷震山冈，电闪风狂，暴风把树木拔起，平地水丈余。江南的梅雨季节终于发飙了！大雨连绵，数日不停，平地积水一丈有余，城外积水过膝。

围城的北齐军处在低洼地带，又都是北方人，显然不适应这样的天气，到处都湿漉漉水叽叽的，北方人很难在大雨瓢泼的环境中生火做饭，士兵只能吃生马肉、生驴肉等食物。即使生火做饭，也只能冒着绵绵雨水，把锅悬挂起来煮。雨水浇得柴草湿湿的，不容易着火。浓烟熏得兵将们眼泪直落。齐军日夜生活在泥泞水浆之中，脚趾都泡溃烂了。这还不算，梁军时常来袭击，扰得齐军日夜不得休息，精神更是疲惫不堪。

可是，城内的梁军居在高处，无水患。守卫在宫城（台中）及潮沟（人工渠）以北，建筑完好，排水设施齐全，没有淹水，路面干燥。南梁军不淋雨，可以从容避雨、休息，恢复体力。梁军官兵夺得了敌军的粮食，吃得饱，睡得好。

一场绵绵梅雨，使得两军实力的天平，开始倾斜。在天时地利方面，陈霸先占了优势。

六月十一日，天气转晴，这也意味着，决战的时刻来了！

由于霪雨连绵，已死守建康一月有余的梁军，粮食也已吃完。外面的

粮食也运不进来。建康一带民众东流西散，无法征收粮赋。天已稍稍放晴，陈霸先准备开战，向商人征调了一些麦子，做成麦饭分给军中士兵，但粮食太少，每人只分得一小把，还不够塞牙缝。霸先很着急：马上要决战了，总不能让兵众饿着肚子去死战吧？

就在生死决战的紧要关头，陈蒨像天神一般地出现了！

陈蒨率军带着 3000 斛米，1000 只鸭子，赶到了建康城。《南史》《梁书》《陈书》《资治通鉴》都记录了此事。但这些粮食、鸭子是怎么来的呢？1500 年来众多史料都没有对此加以说明。原来，陈蒨平定杜龛后，带着东阳郡（今浙江省金华市）郡长留异送的 3000 斛米，急忙率军乘船奔向建康。可是，建康城已被北齐军四面包围。陈蒨无法进城援助霸先的军队，于是下令军士探路。他自己率船队回旋在建康附近的水域。

由于梅雨期间，大雨连绵，河水猛涨。在汪洋一片的河面上，偶尔露出几处荒芜的沙滩。沙滩上，栖息着密密麻麻的野生的水鸭子。水军兵众们扯起捕鱼的网，抛向天空。水鸭子受到惊吓，扑腾腾地往天上飞起。哪知捕鱼的网凌空撒落，把刚要飞起的水鸭子捕了一个正着。这也是水军们特别喜欢的业余活动。不多时，这些捞鱼摸虾的能手，竟然也捕捉了上千只野鸭子。

晚上，负责探路的士兵回来，向陈蒨报告：建康城东、南、西面都有敌军把守，只有北面的滔滔长江，无敌人守卫。由于连续十几天的大雨，使建康城泄水道的排水量充足。有一处地下泄水道比较宽大，可以载舟入城。若在平时，地下泄水道的排水量不大，舟船无法行驶。恰巧梅雨季节连日大雨，地下泄道排水量猛增，正好可以行船。而且，齐军为了避雨，夜晚防守不严。陈蒨听后，大喜，急令水军连夜开船。趁齐军避雨之机，又有夜幕的掩护，陈蒨率水军从建康城北面长江的入江排水道顺利进城了。

陈蒨运来了大米和鸭子，陈霸先大喜过望，立即命令蒸米饭、煮鸭子。决战在即，不宜轮流用餐。数万兵众，碗筷一时之间难以筹齐。怎么办？此时正值夏季，荷叶满塘，荷花飘香。士兵们用荷叶包着米饭，饭的上面再放几块香喷喷的鸭肉，津津有味地吃饱了饭，抖擞精神，大战齐军。这就是流传千年的地方美食"荷包饭"的由来。

陈蒨在建康保卫战的关键时刻，送来3000斛大米和1000只鸭子，不仅赢得了六朝170多年第一场也是最后一场京城保卫战的大捷，还成就了这个地方美食小吃的典故，至今仍在江浙一带流传。

陈霸先和将领们商定的反攻策略是：先用骑兵冲垮敌军营栅，这叫"中间开花"，然后令吴明彻对敌军实施"斩头"战术，沈泰率骑兵配合侯安都对敌军实行"截尾"打击。同时，霸先亲率大军形成三面包围之势，将齐军赶到长江边挤踏、淹死。杜僧明、杜棱、徐度分别领军进攻江乘、摄山、钟山之敌，在运动战中歼灭敌人。

乙卯（十二日）拂晓，天还没亮，士兵们都坐在草席上用饭，等到天一亮，陈霸先就率领下属将士出兵莫府山南侧（今江苏省南京市城西25里），吴明彻、沈泰等各部军队首尾一同出击，放开兵马与敌大战，侯安都从白下领兵横击敌军阵后。他率数千名铁甲骑兵突击队，悄悄地出了建康门。侯安都的任务是冲乱敌军的阵地，制造混乱。为霸先的大军掩杀，创造条件。

侯安都回头看了看身后猛将萧摩诃，道："将军骁勇有名，安都久仰，但百闻不如一见，今日之事……"萧摩诃朗声道："今日使明公一见！"萧摩诃说着，即随着安都杀入敌阵。侯安都率千名骑兵向齐军阵营发起进攻。借着幕府山的地势，士气高昂的梁军骑兵犹如猛虎下山直扑齐军阵地。

齐兵本就又饥又饿，雨水泡烂了双脚，见侯安都来势凶猛，急忙射箭，侯安都不肯退却，冒着箭雨向前，身上受了数箭，但不是致命伤，他还忍受得住。偏偏他骑的马眼中了一箭，马疼痛狂跃，将侯安都掀落在地。齐军一见侯安都坠马，争来擒捉。猛听得一声大吼，一彪飞马直向北齐军士冲来，北齐士兵纷纷避开。飞将军萧摩诃如天神一般杀到。齐人纷纷避退，萧摩诃救起侯安都。侯安都勇猛异常，翻身夺过敌马，挥刀就砍。齐军被这种气势所震慑，心惊胆战，纷纷败退。

陈霸先见敌军阵营被侯安都的铁骑军冲击得一片混乱，于是，令全军趁机发动冲锋，吴明彻、沈泰等众军一起怒吼着、高呼着向敌人冲锋。梁

军将士头尾齐举，全面出击，猛打猛冲，气势如虹，北齐兵纷纷溃逃。梁军追杀败逃的北齐兵，一直追到临沂。被杀被俘的有几千人，互相踩踏而死的人不可胜计。徐嗣徽坠马，徐嗣宗援兄，被梁军杀死。徐嗣彦被陈霸先的军众所擒。

有关徐嗣徽的介绍，史载不尽详细。能找到的史料也很简单：徐嗣徽，高平人（郡治今山东金乡），其父徐云伯从河北青县南归，最后的职位是新蔡太守。侯景之乱，徐嗣徽归于荆州，梁元帝授他为罗州刺史，及弟徐嗣宗、徐嗣彦一并留用在军队。徐嗣徽跟从大军征讨巴丘，以战功授为太子右卫率、监南荆州。徐州败退后，任秦州刺史。徐嗣彦先是在建邺，徐嗣宗从荆州沦陷中逃到京都。从弟徐嗣先是王僧辩的外甥，又被比丘慧暹帮助隐藏，才得以脱离险境。后来，王僧辩被杀，徐嗣先兄弟抽刀裂眦，志在立功，都逃到堂兄徐嗣徽处，密结南豫州刺史任约和王僧辩的故旧部将，图谋杀陈霸先。陈霸先派从事中郎江旰去劝说徐嗣徽，让他回南方来。徐嗣徽把江旰抓起来送到了北齐邺城，乞求援军。

北齐国主高洋授徐嗣徽为仪同，命他引北齐兵将入侵南梁。到后来，徐嗣徽在石头城被陈霸先所打败，徐退而复请援兵于齐，与任约、王晔、席皋一起再次渡江。最后，又被陈霸先指挥梁军所打败，徐嗣徽在忙乱逃跑中坠马，当场被冲锋而来的梁军杀死。徐嗣宗为援救其兄徐嗣徽，也被冲上来的梁军当场生擒。陈霸先传令把生擒的徐嗣徽之弟徐嗣宗，当场斩首示众，以号令敌众军。徐嗣彦被陈霸先大军所擒，因他不投降而被杀死。北齐兵看到主帅相继阵亡，顿时军心大乱。纷纷逃往江边，想乘船渡江。不料，侯安都早已从白下城带领一支军队烧掉了北齐的战船，切断了北齐军的后路。

陈霸先令所有梁军全线追击！他催马扬鞭，亲率大军乘胜追杀北齐兵将，使敌人没有喘气和组织反击的机会。梁军沿途擒获甚多。连齐大都督萧轨，也逃走不及，被梁军将领活捉。东方老、王敬宝、李希光等将帅共46人无舟渡江，均被绑俘。只有任约、王僧愔两个人跑得较早，捡了性命。

北齐数以万计的败军逃到江边，后有追兵，前有长江天堑，北齐兵慌乱不堪，争相逃命。但船少人多，互相践踏而死，不计其数；又有把芦苇扎成筏子想渡江，但到江中心，苇筏就被浪打水冲而散开了，无数士兵落入水中，沉溺而亡。北军不习水性，被江水淹死者无以数计。尸体随江水漂流到京口一带，浮尸覆盖了水面，堆满了江岸。

这是梁敬帝绍泰二年（556）六月乙卯（十二日）的事。这是六朝170多年来第一场也是最后一场南方汉政权的京城保卫战赢得的空前大捷！

北齐大败后，高洋气得暴跳如雷！他怎么也不服气，陈霸先以不足3万人的兵力，竟然打败了10多万兵强马壮的北齐军！高洋发誓要荡平南梁，可眼下惨败之后，又没那么多实力了，只好请求梁朝允许北齐赎回萧轨等俘虏。《陈书卷十四·列传第八》："齐果背约，复遣萧轨等随嗣徽渡江，高祖与战，大破之，虏萧轨、东方老等。齐人请割地并入马牛以赎之，高祖不许。及轨等诛，齐人亦害昙朗于晋阳，时年二十八。"北齐惨败，派使者向梁朝请求割让土地，并送马、牛，以赎人。史书上说，是陈霸先不答应。这个史料记载是错误的！

对于此点，有史学者研究后认为：梁敬帝和朝臣们担心这些被俘的北齐将领"放虎归山"以后，还会不断地骚扰、入侵梁朝。特别是萧轨、东方老、王敬宝、李希光等人，数年来一直充当北齐侵扰南梁的急先锋，血腥屠杀江南民众，残酷摧毁江南经济和文明，对华夏民族犯有滔天大罪。梁敬帝和朝臣们想永绝后患，把他们全部斩杀。而陈霸先却想趁机换回在北齐做人质的侄子陈昙朗和永嘉王萧庄等人。但，北齐国主高洋不允。高洋只是想以割让土地和送马牛来赎回这些被俘将领，不以俘虏交换人质。

据史料记载：高洋刚登基几年还很有作为，但稳固政权后，就胡作非为。他对舞女薛妹妹非常宠爱。有一次，淫乱之后，高洋看着她性感的玉体，突然想起她曾经与高岳也上过床。高洋顿时妒火中烧，令卫士直接把她裸体拉出去斩首。高洋却将她血淋淋的人头，藏到自己怀里（古人宽袍大袖）。然后出宫参加东山（邺城东）的宴会，在敬酒的时候，高洋却掏出一个人头，扔到盘子里，吓得众人魂飞魄散。细看才认出是漂亮的薛妹妹。高洋令人割她大腿上的肉，把玩她的大腿骨，当琵琶来弹唱。座席上

的人皆惊。高洋收拾薛妹妹的人头、大腿，流泪哭泣，道："佳人难再得！"然后，把薛妹妹的尸体放到车上离开，高洋披头散发，跟随在车后，一边哭一边步行。

典御史李集当面进谏，甚至把高洋比拟为夏桀、商纣。高洋下令把李集捆起来放到流水中去，让他没入水里很久，再下令把他拽出水面，问他说："你说，我比夏桀、商纣怎样？"李集回答说："看来你还比不上他们呢！"高洋又下令把他没入水里，拽出来又问，这样折腾了多次，李集的回答一点也没变。高洋哈哈大笑说："天下竟然有你这样呆痴的家伙，我这才知道龙逄、比干还不算出色人物呢！"于是释放了他。过了一会儿，李集又被拉着进来见高洋，他似乎又想有所进谏，高洋下令拉出去腰斩。高洋喜怒无常，想要杀人还是想要赦免，没有人能猜想得到。

在高洋这种淫威下，宫廷内外，大家都敢怒不敢言，心怀怨恨。但高洋对事物一向能够暗暗熟识，牢牢记忆，然后加以严格的裁决判断，所以群臣在他面前惶恐战栗，不敢为非作歹。

齐主高洋听闻梁朝陈霸先领受了梁敬帝的圣旨，把俘虏的齐军46名将领全都斩首，顿时恼羞成怒！当即虐杀了押在齐国充当人质的陈霸先侄子陈昙朗！

高洋残暴而变态，他把大锅、长锯、锉刀、石碓等刑具放在院子里，每次饮醉，必亲手杀人来娱乐。丞相杨愔不敢制止他，只好把邺城所有的死囚犯，用来供应高洋在酒后的杀人娱乐节目。高洋就是这样神经质的杀人魔王，齐朝上下无不胆战心惊！

如果让鲜卑北齐吞并了南朝这片土地，让华夏汉民生活在高洋这种残暴、变态、神经质的统治下，可想而知，那会是什么后果？！

徐嗣徽投降鲜卑北齐后，积极充当了鲜卑族入侵江南的打手和屠杀江南百姓的杀手。最后，徐嗣徽不仅身死，还连着堂弟徐嗣宗、徐嗣彦也一起受死。

此次建康大捷，对北齐是一次沉重的打击！是南梁军民屡遭北方野蛮欺负几十年来的第一次辉煌胜利！基本摧毁了北齐的主要军事力量，从此以后，北齐军力不振，没敢再对南梁发动大的军事攻击。基本消除了北齐对江南梁朝最大的军事威胁！

而在这场生死大决战的前夕，陈蒨像天神一般送来的 3000 斛大米和 1000 多只野生的水鸭子，竟然成了这场大捷中浓墨重彩的一笔，也算是中国古代战争史上的一段传奇！

陈蒨跟随陈霸先东征西战，累积战功。陈霸先接受了梁敬帝的禅让。封陈蒨为临川王，食邑 2000 户，拜官侍中、安东将军。他梦到梁武帝将一把宝刀交给自己。周文育、侯安都在沌口失败以后，陈武帝诏令陈蒨入都护驾。把军队的储备和警戒事务，都交给他掌管。

不久，陈武帝命令陈蒨领兵去皖口设置城栅，派钱道戢把守。陈蒨征南川兵，江州刺史周迪、高州刺史黄法氍沿江设防，追剿熊昙朗，同时防备王琳。

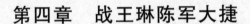

第四章　战王琳陈军大捷

陈武帝病逝后，王琳以为是吞并陈朝的最佳时机。

于是，王琳任命少府卿吴郡人孙玚为郢州刺史，使孙玚总揽留守事宜，王琳则拥奉梁永嘉王萧庄出兵，把军队屯驻在濡须口。

王琳投靠鲜卑北周、北齐，成为这两大鲜卑强敌渗透到南中国的爪牙势力，与华夏汉民族正统的南陈政权继续为敌。

王琳在鲜卑族北齐皇帝的任命之下，向北齐请求迎南梁人质萧庄回国为梁主。北齐皇帝高洋派兵护送萧庄到达王琳所在湘州。鲜卑族的北齐皇帝诏命王琳为梁丞相、都督中外诸军、录尚书事。又派中书舍人辛悫、游诠之等带上玉玺文书到江南表彰他们的功劳，自王琳以下都有赏赐。王琳派遣他哥哥的儿子王叔宝率他势力范围内十州刺史的子弟到北齐都城邺城为质，并拥立萧庄在郢州篡梁为帝。

濡须口，是长江以北的濡须河流入巢湖的河口，实指濡须山和七宝山之间的水口。濡须山在今含山县东关镇境，临河设关谓东关；七宝山在今无为县黄龙乡境，临河设关谓西关。两山对峙，形势险要，为巢湖的出口，曾为吴魏相争的古战场。传说，濡须口有一条大船，船身沉没在水中，水小的时候，它就露出来了。老人们说："这是曹操的船。"曾经有一个渔夫，夜里停宿在它的旁边，把自己的船缚在这条大船上，只听见那船上传来吹奏竽笛、弹拨丝弦以及歌唱的声音，又有非同寻常的香气飘来。渔夫刚入睡，便梦见有人驱赶他说："别靠近官家的歌妓。"传说曹操载歌妓的船就沉在这里。濡须水出濡须口至黄雒河口折南流，经今仓头镇至马口闸进入上、下九连圩之间的马口河，于神塘河口入长江。

当年曹魏三代帝王先后四次攻打濡须水口，前后延续40年之久。曹魏军曾经在建安二十二年（217）的濡须战役中打败了东吴，但缺乏渡江的条件，于是退出濡须，并将战略重点移向了汉中。而在其他的几次进攻中，魏军始终未能突破东吴的濡须坞防线。这道屏障有力地保障了江东的平安，免遭战火洗劫。

王琳驻大军于濡须口，注定了也会像曹操的歌妓船一样沉舟于此。也注定了王琳的军队，无法打破濡须坞防线。

北齐鲜卑皇帝为了支持王琳对陈朝的大举进攻，派扬州道行台慕容俨、仪同三司刘伯球带兵 1 万多人，帮助王琳水战。鲜卑北齐又派了行台慕容恃德的儿子慕容子会带领 2000 名铁甲骑兵，屯驻在芜湖西岸的博望山南，以壮王琳的声势。

十一月初二，王琳大军气势汹汹地杀向陈境的大雷地区……

大雷，在今安徽省望江县。晋朝设置大雷戍。南朝陈天嘉年间（560—566）升新冶县为大雷郡，属江州。位于安徽省西南边缘，皖赣交界处，长江下游北岸。一面负山，三面临水，素有"水乡泽国"之称；地势由西北向东南缓斜，西北部为丘陵，中部是低岗地，东南部是沿长江分布的冲积平原，土地肥沃。呈北亚热带季风气候，四季分明。

南朝宋时的文学家鲍照曾在大雷写了一篇《登大雷岸与妹书》的骈体书信。信中描绘了九江、庐山一带山容水貌和云霞夕晖、青霜紫霄的奇幻景色。比如："东顾五州之隔，西眺九派之分；窥地门之绝景，望天际之孤云。""腾波触天，高浪灌日，吞吐百川，写泄万壑。轻烟不流，华鼎振渮。弱草朱靡，洪涟陇蹙。""夕景欲沈，晓雾将合，孤鹤寒啸，游鸿远吟。"被人赞叹为"全篇文采瑰丽，笔调细腻，写景生动。"

如此优美的河山，决不能使鲜卑北齐以及北齐扶植的傀儡政权王琳之流任意践踏。陈文帝诏令太尉侯瑱、司空侯安都和仪同徐度带兵迎战，阻击王琳和北齐的军兵。安州刺史吴明彻率水军从江中溯流而上，乘夜袭击溢城。王琳派巴陵太守任忠进攻吴明彻，把吴明彻的水军打得大败。吴明彻几乎全军覆没，他只逃出了一条命。

王琳打败吴明彻之后，他以战胜之威势，趾高气扬，引兵东下。陈朝境内的地方割据豪强，也趁机蠢蠢欲动。陈朝举国震惊，危机四伏……

当时的陈朝，形势极其恶劣：仅长江中下游地区就有三国并立：建康的陈、郢州的梁（王琳）和荆州的后梁（萧詧）。这两个附庸梁国（王琳、萧詧）分别是齐、周两国在南方的爪牙。

陈朝新遭国殇，又面对来势汹汹的强敌，陈朝的精英们组成了一股强大的力量。陈文帝诏太尉侯瑱率军抵抗。侯瑱与侯安都、徐度等人商议，因王琳兵锋太盛，决定避其锋芒，引军退守芜湖。

侯瑱、王琳曾经同为王僧辩手下部将，王僧辩死后，两人分道扬镳：一个投诚梁敬帝、拥华夏正统的陈王朝；一个投靠鲜卑北齐、拥北齐傀儡为梁主。侯瑱深晓王琳用兵之道，并不与他硬拼，督统各军在江东的芜湖与王琳相持，从头一年的十一月拖到了第二年的二月。

侯瑱作为一名叛将，却忠心耿耿地在陈武帝的麾下征战沙场。甚至在陈武帝病逝后，仍忠心于陈朝的继承人，其大功彪于青史！

侯瑱曾一度与陈霸先耍滑头，玩了一出"听调不听宣"的把戏，陈霸先很是恼火。最后，由于侯瑱内部的叛乱，使侯瑱无家可归，无处可依，他才不得不低下头颅，彻底效忠于陈霸先。《资治通鉴·梁纪》二十二有载："江州刺史侯瑱本事王僧辩，亦拥兵据豫章及江州，不附霸先……僧度劝之奔齐，会霸先使记室济阳蔡景历南上，说瑱令降，瑱乃诣阙归罪，霸先为之诛侯平。丁亥，以瑱为司空。"

这里有必要介绍一下侯瑱。据史载：侯瑱，字伯玉，巴西充国人。父亲侯弘远，世代为西蜀首领豪杰。蜀的叛贼张文萼占据白崖山，有人马1万，梁朝益州刺史、鄱阳王萧范命令侯弘远讨伐他。侯弘远战死，侯瑱坚持请求替父亲报仇，每次作战都在前冲锋陷阵，于是杀了张文萼，因此被众人所知。萧范委任他为将帅，山谷中的夷獠有不归附的，都派侯瑱去征讨。因多次立功被授职为轻车府中兵参军、晋康太守。萧范任雍州刺史时，侯瑱被任命为超武将军、冯翊太守。萧范迁职镇守合肥，侯瑱又跟随他。

侯景围攻台城，萧范于是派侯瑱辅佐他的大儿子萧嗣，去援救京都。京城陷落，侯瑱和萧嗣退回合肥，又随萧范去镇守湓城。不久萧范和萧嗣都去世了，侯瑱统率他们的人马，投靠豫章太守庄铁。庄铁怀疑他，侯瑱害怕，不能安宁，假装拉庄铁商量事情，借此机会杀了他，据有豫章之地。

侯景的部将于庆向南侵夺地盘到豫章，城邑被攻下，侯瑱走投无路，于是向于庆投降。于庆把侯瑱送到侯景处，侯景因为侯瑱和自己同姓，委身为宗族，待他很厚，把他的妻子儿女和弟弟留作人质。派侯瑱随于庆去平定蠢南各郡。

侯景在巴陵战败时，侯景的部将宋子仙、任约等都被西军俘虏，侯瑱于是杀了侯景的党羽来回应义军，侯景也把侯瑱的妻子儿女和弟弟全部杀死。

梁元帝任命侯瑱为武臣将军、南兖州刺史，封他为郫县侯，食邑1000户。又跟随王僧辩讨伐侯景，一直为前锋，每战皆胜。收复台城后，侯景逃向吴郡，王僧辩派侯瑱带兵追击，与侯景在吴淞江交战，大败侯景，缴获了侯景的全部军器。又进军钱塘，侯景的部将谢答仁、吕子荣等都投降。按功劳被授职为南豫州刺史，在姑孰镇守。

梁承圣二年（553），北齐派郭元建从濡须而出，王僧辩派侯瑱带领3000披甲士兵，在东关筑垒抵御，大败郭元建。侯瑱被任命为使持节、镇北将军，送给一部鼓吹，食邑增至2000户。

西魏进攻荆州，王僧辩派侯瑱为前军，赴援荆州，还没有赶到，荆州就已陷落，侯瑱去九江，护卫晋安王回都城，承皇帝旨意以侯瑱为侍中、使持节，都督江州、晋州、吴州、齐州四州诸军事，江州刺史，改封侯瑱为康乐县公，食邑5000户，晋号车骑将军。司徒卢法和占据郢州，带领北齐兵进犯，于是派侯瑱统率众军向西讨伐，还没有到达，卢法和率领所部人马北渡进入北齐。北齐派慕容恃德在夏首镇守，侯瑱勒马引兵西还，水陆联攻，慕容恃德粮食没有了，求和，侯瑱返回镇守豫章。

王僧辩派他弟弟王僧愔率军和侯瑱共同讨伐萧勃。到陈霸先杀王僧辩时，王僧愔暗地里想图谋侯瑱并夺取他的军队。侯瑱知道后，全部拘捕了王僧愔的同党，王僧愔逃奔北齐。

梁绍泰二年（556），侯瑱以原来的称号晋升为开府仪同三司，其他官衔不变。此时，侯瑱占据中游，兵力强盛，又因为原来侍奉王僧辩，虽然

表面上表示臣服，但实际上没有入朝的意思。起先，余孝顷任豫章太守，到侯瑱镇守豫章后，余孝顷就在新吴县另立城栅，与侯瑱对峙。侯瑱把妻子儿女留在豫章，命令堂弟侯籫主持留守事宜，自己率全部人马攻打余孝顷。从夏天到冬天，未能攻克，于是长久围困，把他的庄稼全部收获。

可是，侯籫和他的部下侯平不和，侯平率领所部人马攻打侯籫，掳掠了侯瑱军府的妓妾和金玉，归依陈霸先。

侯瑱已经失去了立足的根本，军队溃散了。他回到豫章，豫章人阻止他入城。侯瑱又去到溢城，投奔部将焦僧度。焦僧度劝侯瑱投奔北齐，侯瑱认为陈霸先宽宏大量，一定能够宽容自己，于是，侯瑱就到建康朝廷来服罪，陈霸先为了安抚他，把背叛他并且先来归降的侯平杀了，并上奏梁敬帝恢复了侯瑱的爵位。以开府仪同三司侯瑱为司空。侯瑱从此心悦诚服地跟随陈霸先南征北战。

永定元年（557），任命侯瑱为侍中、车骑将军。永定二年，升任司空。王琳到达沌口，周文育、侯安都覆没，陈武帝以侯瑱为都督西讨诸军事。侯瑱率军到达梁山镇守。

陈武帝病逝后，陈文帝晋侯瑱职为太尉，增加食邑 1000 户。当王琳率大军到达栅口，进攻陈境时，陈文帝以侯瑱为都督，侯安都、徐度等将领都隶属于他。这表达了陈朝廷对侯瑱的充分信任。

王琳在两大鲜卑政权北齐、北周的支持下，置民族大义于不顾，充当进攻华夏正统王朝的急先锋，率大军直扑陈境，攻入栅口。

王琳是什么人呢？据史载：王琳，字子珩，会稽山阴人，出身军人之家。梁元帝萧绎做湘东王时，王琳的姐妹都成为萧绎的妻妾并受到宠爱。王琳因他姐妹受湘东王宠爱的关系，不到 20 岁便能跟随在萧绎左右。王琳从小好武，于是就做了军官。

太清二年（548），元帝派他送 1 万石米到京城。可是，王琳还没赶到，都城已经被侯景攻陷了。于是，王琳就把 1 万石米沉在江心，轻舟回荆州。

后来，王琳逐渐升任岳阳内史，凭军功封建宁县侯。当侯景派部将宋子仙率军攻占郢州之时，王琳率军与宋子仙大战，攻克了郢州，擒获宋子仙。王琳随王僧辩围攻侯景，后来官拜湘州刺史。

王琳果敢、强劲，超越常人，又能折节下士。他所得到的赏赐，多分给部下。他部下 1 万多人，大部分是江淮一带盗贼。他仗恃平定侯景有功，在建康横行暴虐，纵容兵士抢劫民财，又失火烧了建康宫殿的珍宝和藏书楼。王僧辩禁止不住，怕王琳作乱，便奏请湘东王萧绎杀了他。萧绎便令王琳到江陵晋见。

王琳也疑心招祸，令他的长史陆纳带领他的军队到湘州。王琳不带武器，独自一人到江陵见湘东王萧绎。

王琳临行前，向陆纳等人说："我要是回不来，你们怎么办?"众人都回答说："愿和你同死。"王琳与陆纳等部将挥泪而别。

王琳到了江陵，萧绎果然把他交给司法官吏处置。并派遣廷尉卿黄罗汉、太舟卿张载到王琳军中宣布处置王琳的命令。陆纳等人和兵士们对使者大哭，不肯接受这命令。陆纳令军士扣押黄罗汉，杀了张载。张载性情刻薄，被萧绎信任，荆州人却恨他如仇人。陆纳顺应众人的心意，抽出张载的肠子，系在马腿上，让马围着他转，把张载的肠子抽尽，张载气绝而死。众军士又把张载的肉一块块割下来，用尽五刑而斩首。

萧绎闻知，大怒，派王僧辩前去讨伐陆纳。陆纳等人败逃长沙。当时，陆纳在湘州的反叛还没有平定，又遭到武陵王萧纪举兵的进攻，萧纪的兵盛势大。萧绎所在的江陵，上下惶恐不安，人人都另有打算。

陆纳上书申述王琳无罪，请求恢复他原来的职位，自己甘愿做奴婢。在这种形势下，萧绎只好把王琳用铁链锁起来，押送前线，交给王僧辩。

当时，陆纳正出兵交战，碰上王琳押到。王僧辩把王琳送到楼车顶上，让陆纳等军众看。陆纳等人都扔下兵器下拜，全军痛哭，说："请求放王郎入城，我们就出城投降。"

于是，王僧辩把王琳放进城内，陆纳等人便投降了。湘州平定，恢复了王琳以前的职位，让他去抗击武陵王萧纪。平定萧纪后，萧绎委任王琳为衡州刺史。

萧绎生性爱猜忌，即帝位后，更加担心王琳的部众势大，又能得军心，就把王琳派到岭南去，任命他为都督、广州刺史。王琳对他的主书李

膺说："我承蒙提拔，常想尽力效命以报国恩。如今天下尚不太平，把我调到岭南，如果万一国家有急难，怎能使我效力呢？我想皇上不过是怀疑我罢了，我的欲望有限，难道还能和他争做皇帝吗？为什么不让我做雍州刺史，使我坐镇武宁。我自然会让兵士从事耕种，也能作为国家的屏障，如果有紧急情况也可让朝廷得知，强似远放岭南，相距万里，一旦国家有变故，该怎么办！我不愿长期待在岭南，正是出于为国家考虑罢了。"

李膺赞同他的话，却不敢替他上奏给梁元帝（萧绎），因此王琳还是率领他的部众镇守岭南去了。

后来，梁元帝被西魏围攻进逼，才想起征召王琳来救援，委任他为湘州刺史。王琳率军赶到长沙时，已听说西魏攻下了江陵，杀了梁元帝。王琳为梁元帝举哀，三军戴孝。派遣别将侯平率领水军攻后梁。

王琳屯兵长沙，向四方传送檄文，制定进攻后梁的计划。当时长沙的藩王萧韶和镇守长江上游诸将推举王琳为盟主。侯平虽然不能攻过长江去，却屡次打败后梁军队。侯平知道王琳鞭长莫及，便翻脸不受他的指挥。

王琳派兵讨伐侯平，反被侯平打败。加上长期作战，军队劳累不堪。王琳只好派使者到北齐奉表称臣，并献驯象；又派使者到西魏表示归附，要求归还他的老婆孩子；同时也到梁朝称臣。王琳这种投机似的"三家称臣"，充分表明了他是一个没有民族大义、没有做人原则的军阀！

后来，梁朝的太尉王僧辩屈从鲜卑族北齐的威胁，把此前他和陈霸先共同拥立的皇帝萧方智废掉，迎立北齐的傀儡萧渊明回到梁朝建康，即位为帝。置南中国汉政权于名存实亡的境地。

陈霸先为民族大义，从京口起兵，袭杀了王僧辩，拥立萧方智为帝。梁敬帝以侍中、司空的官位征召王琳。王琳不从命，并大量修造船舰，准备进攻南梁。陈霸先派大将侯安都、周文育讨伐王琳。

陈霸先受梁敬帝禅位，代梁称帝。侯安都、周文育率水军在长江大浪里逆风迎战王琳，战败被擒，王琳把侯安都、周文育等将领用长链锁起来，关押在王琳所乘的舰船底舱，派一名太监看守他们。侯安都、周文育等人收买了王琳的看守，逃回建康。陈武帝赦免了他们战败之责，重新加以重用。

王琳在北周、北齐的支持下，长期与陈朝为敌。陈朝大都督侯瑱率军阻击王琳。王琳远来之敌，急于决战。而陈朝在国殇之时，采取避其锋芒，相持、阻击、拖延之策，以消耗敌军，待敌自乱，再寻机歼敌。这不失穷国弱兵的取胜之道。侯瑱率军在芜湖一带，与王琳大军相持100多天，以消耗来犯之敌的粮草和士气。

就在敌军压境的状况下，迎来了公元560年的新春。

正月初一，陈文帝大赦天下，改换年号为天嘉。诏书说："朕以愚昧无能之身，继承宏大帝业，哀痛在身，治国之道不能明了，仰思先帝之德，处理政事得心应手，垂衣拱手而治，我希望能够无改父王之风。尽管宏图大业已有美好典范可资借鉴，随着岁月推移而日见光大，然而人去楼空，英灵远逝，追寻往日之遗迹，心中一片茫然。今国运亨通，得天地人和谐之美，华夷争相来朝，敬献金银玉帛和马匹，广施恩泽，播之于天下万民。大赦天下。改永定四年为天嘉元年。鳏寡孤独不能自己养活自己者，每人赐谷五斛。孝悌力田及殊行异等，各加爵一级。"

接着，陈文帝于大年初二，分遣使者，抚慰四方。初九，陈文帝亲临南郊祭天，诏书说："朕祭奉上天，敬献供品，大祭礼毕，诚敬备至。况且12天连日阴雨，雨散云收重见天日，天清气朗，风和日丽，普天同庆，百姓欢悦，思量让老百姓同享幸福的时光。可赐民爵一级。"

随后，陈文帝亲临北郊祭地。当天出现日冠，大臣们认为是吉祥之兆头。

可是不久，传来一个消息：高州刺史纪机从侯瑱的军队里逃回宣城，占据了宣城的郡城，呼应王琳。泾县县令贺当迁，奉命率兵，讨平了纪机。

春雨连绵，使东关一带的水位高涨，船舰可以通航了。

王琳急不可待地带领合肥、巢湖一带的部众，乘兵船沿江排列而下，舳舻首尾相连，船只依次序而下，军势很强大。

侯瑱率领陈朝水军进到虎槛洲，王琳也把兵船排列在长江西岸，隔着虎槛洲停泊。翌日交战，王琳的部队稍稍退却，退守长江西岸以自保。到

了晚上，刮起了很强的东北风，吹打王琳的船舰，船舰在狂风大浪中相互碰撞，有的撞坏了，有的沉没在水中，有的搁浅在沙滩上，还淹死了数百人。王琳的船舰因浪大，回不到岸边，半夜又有一颗流星坠落在军营中。直到天亮时分，风浪才平息下来。王琳到江边收拾船只，用获船堵塞河流的入江口，又用障碍物围绕在水岸，不敢出兵。

侯瑱等人也带着军队退入芜湖。这时，听说西魏大将军史宁到了王琳的上游了，侯瑱知道王琳不能维持多久了。于是，侯瑱收军退据湖边，等待王琳失败。

原来，北周闻知王琳率大军进攻陈朝，即令都督荆、襄等52州诸军事及荆州刺史史宁带兵数万乘虚袭击郢州。王琳的部将孙场留守郢州，他环绕城墙设防，采取固守待援之策。同时急报王琳，以求援军。

王琳接到急报，忧军心不稳。于是，下令水师东下，直入陈境，到了离芜湖10里地，才停泊下来。王琳军中敲击木柝打更报时的声音，传到陈朝军营都能听得见。

鲜卑族的北齐皇帝，为了支持王琳对陈朝的大举进攻，也是拼了老本。

王琳不仅得到北齐的支持，他还向北周和北周扶植的傀儡政权后梁求援。据《周书卷四十八·列传第四十》记载：王琳与陈朝的军队相持不下，又向后梁国主萧詧称臣，乞求援军。萧詧答应了王琳的要求，援军派出，尚未出发，王琳就已经被陈朝军队打得大败。王琳逃奔于齐国。这一年（陈文帝天嘉元年，560）二月丙申十四日，萧詧的太子萧岿来北周京师长安朝见。詧之六年夏，地震，前殿崩塌，压杀200余人。

当时，王琳有了北齐军的水、陆并进的支援，又得到北周和北周傀儡政权后梁的支持，更加急切、更加大胆地向陈朝开战。王琳带领人马杀向梁山，想越过陈朝官军，去占据险要地形。

陈朝太尉、大军都督侯瑱命令军队清晨烧火做饭，在草席上吃饭，分兵驻扎在芜湖洲尾，严阵以待王琳军队的进犯。

当时西南风刮得又急又猛，王琳自以为得到天公的帮助，便猖狂地率领大军，径直逼近陈朝的首都建康。

侯瑱等人慢慢地从芜湖出来，跟在王琳的兵船后头。结果西南风反而被侯瑱利用了。王琳让士兵扔火炬去烧陈朝军队的兵船，因为逆风，反而烧了自己的兵船。

定州刺史章昭达乘坐平房大舰，在长江中流前进，率所部将士担任先锋，发拍石打中敌舰，又拨动抛物机抛火烧中贼舰。其余的冒突舰、青龙舰，也都攻向敌舰。又用艨艟小船撞击敌舰，并把熔化的铁水投洒向敌舰。

王琳军队大败，军士溺水而死的有十分之二三，其余的都扔下船逃上岸，被陈朝军队拦住，砍杀得几乎一个都不剩。

北齐的步军布置在西岸，看到陈朝士兵呼喊着追杀王琳的兵将，北齐兵也吓得连忙撤退。慌乱中，北齐军众陷入了芦荻泥泞之中；那些骑兵只得扔下马匹逃跑，他们在泥潭里自相践踏，乱成一团，只有十分之二三得以逃生。

陈朝军队抓获了刘伯球、慕容子会，杀死和俘虏敌军数以万计，王琳大军和北齐军的军用物资和兵器也全被陈朝军队缴获了。王琳和他的党羽潘纯乘坐舴艋小船落荒而逃。王琳跑到溢城，妄想把逃散流离的军士收拢起来，但再也没有人愿意归附他。王琳只好带着妻妾和左右亲信十几个人，逃奔北齐。

王琳战败之前，派侍中袁泌、御史中丞刘仲威去做永嘉王萧庄的侍卫。当王琳战败后，萧庄左右的人也都逃散了。袁泌用轻舟把萧庄送到北齐边境，刘仲威护卫萧庄逃奔北齐。袁泌拜辞萧庄之后，投降陈朝。樊猛和他的哥哥樊毅也带着部众前来投降陈朝。

当初，北周的军队刚到之时，王琳的部将、郢州留守孙玚率军民固守待援。而助防张世贵却策动外城的军民去接应北周军队，逃失的军民共有3000多人。北周人堆起土山，架起长梯，日夜不停地攻城，并乘风纵火，烧掉了郢州内城南面的50多座楼。孙玚手下的士兵不足1000人，但他能亲自安抚慰劳士兵，为士兵散酒送食物，士卒们都愿为他死战。

北周人攻城不下，于是便授予孙玚柱国、郢州刺史之职，封为万户郡公，以诱降他；孙玚假装答应归顺，以为缓兵之计，而暗地里抓紧修整防

御工事，一天之内就修整完备，又接着抵抗固守。

不久，北周人听说王琳兵败，陈朝的大军就要过来了，于是就解围走了。孙玚把将士官佐们集合在一块，对他们说："我和王琳一起扶助萧庄，也够勤劳辛苦的了；现在时局发展成这样，难道不是天命吗？"

于是，孙玚就派使者带上表章，表示愿以长江中游之地来归降陈朝。陈文帝欣然接受，并委以官职，天嘉元年（560）三月甲子日，陈文帝授孙玚为使持节、散骑常侍、安南将军、湘州刺史，封为定襄县侯，食邑1000户。

如此优厚的待遇，令孙玚内心不安，一再请求入朝以表明自己并无异心。于是，陈文帝征召他为散骑常侍、中领军。孙玚还没有赴任，陈文帝从容平静地对孙玚说："以前西汉的朱买臣希望在故乡吴郡为官，你是否也有这样的意愿呢？"

于是，陈文帝改任他为持节、安东将军、吴郡太守，赏赐鼓吹乐一部。当起程赴任的那天，天子亲自到城郊为他饯行，乡亲邻里也为之感到光荣。

为了瓦解敌人，吸引人才。陈文帝颁下诏书说："不论是有身份的士族文官，还是将帅士兵，凡是陷进王琳一党里的，回来了都赦免其罪，按照他们的才能予以选拔任命。"

陈文帝诏告天下："夫五德更始改朝换代，乃是天地人钟情垂爱所至，历代君王因而有改创之举，殷周更迭所以能得众人之拥戴。朕继承皇位，兴隆大业，攸关国家气运，气数所在，岂是侥幸所能做到，岂是占卜祝告可得。所以可知帝王神器之重，必有天命。所以秦末诸人纷争帝位，空贻后世讥笑，只有汉高祖斩蛇起义，奠定大业，乱臣贼子，历代同声谴责他们。王琳见识短浅知识浅薄，比驴子还蠢，违背法纪扰乱纲常，自取颠沛流离之祸，而缙绅君子，多被劫持羁縻，尽管清白与污浊同流，香兰与鲍鱼同处一肆，考查其中内情，还是有胁从之人。今细网既设，笼盖八极，吞舟之鱼虽已漏网，天网恢恢岂能逃脱。至如马伏波经游说归服光武，永为汉之藩篱，韩延寿脱身逃回，最终做了魏地太守，百里奚本为虞国大夫终为秦用，杞梓皮革本为楚材也能为晋所用，出世为官或者退隐，哪里有什么定规，应该以宽厚仁义示之，以显示浩荡皇恩。如有士族子弟，参与叛党，一概赦免；将帅士卒，也一样宽赦，并且依才授官，使人尽其用。"

又诏告："凡战争以来，将士为国捐躯者，都追赠谥号。"接着诏令："前者凶徒恣行暴虐，众军进讨，战船军需，暂且烦劳百姓，出师已历时多日，劳役也太久了。今妖氛荡清，应该广施恩惠。可免除人丁赋税。夫妻三年，死于服役中者，免除其妻子儿女的赋税。"

陈文帝优抚从军将士，善待回归才俊，实施惠民政策，赢得了广大军心民心的拥护。陈朝的政局迅速稳定下来，经济、文化开始从战乱中复苏……

王琳被平定后，章昭达记为功劳最大。陈文帝任章昭达使持节，散骑常侍，都督郢州、巴州、武州、沅州诸军事，智武将军，郢州刺史，增加食邑至1500户。不久晋号平西将军。

为嘉奖陈朝太尉侯瑱率军大战王琳之功劳，陈文帝诏任太尉侯瑱都督湘州、巴州、郢州、江州、吴州等五州军事，镇守湓城（今江西省九江市浔阳东）。

第五章　擒乱贼斩首熊昙朗

当王琳趾高气扬，率兵船东下，进攻陈朝的时候，鲜卑北齐也派出 1 万步兵和 2000 铁骑来援助王琳。陈境内的军民一片恐慌，而那些地方豪强更想趁乱而起……

当时，陈文帝下令征召南川的军队一起来抵抗王琳的进攻。江州刺史周迪、高州刺史黄法氍率领水军将要赴敌。而地方军阀熊昙朗却占据了豫章城池，排开军舰，堵塞周迪等人的进军路线。

豫章城，即南昌古城。南昌位于鄱阳湖与赣江交汇处，是整个江西地区的地理要冲和行政重心，为赣江上最重要的城市，华东大埠，自古富庶。南昌历史上一度称豫章，南昌城也是豫章郡、豫章国的治所所在。

南昌是一座悠久的历史文化名城。南昌境内的安义曾出土过 50 万年前的旧石器。

早在 5000 多年前，就已有人在此生产生活。至 3000 年前的南昌当时的土著居民有"三苗"之称，三苗为炎帝神农氏后裔。三苗时期南昌北至艾溪湖，南至青云谱，这一弧形地带形成了古代南昌居民的聚集区。

《禹贡》属扬州地。春秋属吴。战国属楚。南昌地处吴、楚交界，吴楚相争多于此。《左传》记载：昭公七年（前 553），楚令尹子荡伐吴师于豫章。战国时期，南昌先民已掌握熔铁、铸铁技术和使用耐火材料等先进工艺。

古代典籍中将南昌城称为豫章城，如应劭《汉官仪》："豫章城之南门，曰松阳门，门有樟树，高五丈五尺，大二十五围，枝叶扶疏，垂荫数亩。"豫章亦为传说中异木名。高千丈，围百尺。斫之可占九州吉凶。《神异经·东荒经》中说："东方荒外有豫章焉，此树主九州。其高千丈，围百尺，本上三百丈，本如有条枝，敷张如帐，上有玄狐黑猿。枝主一州南北并列，面向西南，有九力士操斧伐之，以占九州吉凶。斫之复生，其州有福；创者州伯有病；积岁不复者，其州灭亡。"

两晋及南朝时为豫章郡、豫章国。这一时期，伴随着中原文化南渡，南昌城得到了很大发展，逐渐成为中国古代版图上的重要城市。

南昌的气候，冬季多偏北风，夏季多偏南风。市内热量丰富、雨水充沛，光照充足，农作物生长旺季，雨水和光照较好，为农业生产提供了有利气象条件，素有鱼米之乡的美誉。南昌赣菜口味以鲜辣为主，《后汉书》中的《豫章记》称江西"嘉蔬精稻，擅味八方"。赣菜主食为米饭，肉食品有猪、牛、鱼、鸡、鸭、鹅等。蔬菜种类繁多，食油有菜油、茶油等植物油，亦食猪板油。调味以食盐、酱油为主，兼用辣椒、醋、糖、桂皮等。农村有冬至日酿米酒、晒冬粉、杀猪腌肉，冬至后晒干鱼、腌鸡、制板鸭等习惯。南昌特色小吃流行于南昌及周边地区的小吃主要有：油炸小品、白糖糕、糖画、豫章酥鸭、李渡酒、鄱阳湖银鱼、石头街麻花、瓦罐汤和拌粉、牛舌头、金线吊葫芦、芥菜团子、酿冬瓜圈、家乡锅巴、大回饼、木瓜凉粉、伊府面、吊楼烧饼、状元糕、如意糕、麻辣烫、南昌米粉、军山湖大闸蟹、葛粉、麻辣藕片、万寿宫马打滚、万寿宫糊羹、风味烤卤、鄱阳湖狮子头、三杯脚鱼、竹筒粉蒸肠、藜蒿炒腊肉。

南昌地处长江以南，中国华东地区、江西省中部偏北，赣江、抚河下游，鄱阳湖西南岸。全境以鄱阳湖平原为主，东南相对平坦，西北为丘陵；全境山、丘、岗、平原相间，东南相对平坦，西北丘陵起伏，水网密布，湖泊众多。

南昌不仅是江西省的政治、经济、文化、科教和交通中心，而且，自古以来就有"粤户闽庭，吴头楚尾"，被誉为"襟三江而带五湖，控蛮荆而引瓯越"之地，南昌水陆交通发达，形势险要，具有军事战略地位。

正是南昌城（豫章郡）有如此重要的军事战略地位，熊昙朗占据豫章城，割据一方，对抗陈朝廷，鱼肉百姓，为所欲为。他早先就与王琳勾结，杀了陈朝大将周文育，导致染病的陈武帝因悲痛过度而病逝。现在，为了策应王琳大军对陈朝的攻击，竟然排开船舰，堵塞通道，阻止陈朝将

领周迪、周敷、黄法氍等人率部开赴前沿赴敌。

对于熊昙朗的这种霸道行为，周迪、周敷、黄法氍等人非常愤怒！于是，周迪、黄法氍他们与周敷一起，把熊昙朗的城池包围起来……

提起这个熊昙朗，恨的令人牙帮子都疼！

此人放荡不羁，体力过人，容貌却生得非常壮美。据《南史》载：由于熊昙朗家世代为豫章南昌郡的显姓，趁侯景之乱，他聚集年轻人占据丰城县，立栅建营。凶暴狡猾之人和强夺盗窃之徒大多归附他。

这个丰城县，隶属江西省宜春市，位于江西省中部、赣江中下游，鄱阳湖盆地南端，东汉献帝建安年间属豫章郡南昌县管辖。

丰城于东汉建安十五年（210）置县，时名富城县。晋太康元年（280），因原治"城郭未竣，人口未集"，移治丰水西（今荣塘墟），改名丰城县，属豫章郡。传说晋永平（291）年间，丰城县治曾有"紫气冲斗牛星"，县令雷焕挖狱基得春秋干将、莫邪雌雄宝剑。因此，丰城别名"剑邑""剑城"。

丰城地势南高北低，由西南向东北逐渐倾斜，中部相对低平，赣江蜿蜒其间，形成河谷冲积平原，西北和东南地形起伏，为丘陵地区。气候温和，四季分明，雨量充沛，光照充足，霜期较短，生长期长。有利于谷物、油料、棉花、蔬菜的种植。农业、手工业和商业都比较兴盛。

南朝梁武帝大同二年（536），以县大难治，因割县之东境，分立广丰、新安二县，别隶抚州总管府巴山郡。

熊昙朗趁梁朝廷多灾多难，官府无力控制，他便聚集奸猾之人，打造兵器，占据县城，盘剥民众，横行一方。

当年，梁元帝萧绎为笼络熊昙朗，任命他为巴山太守。西魏攻陷江陵，杀了梁元帝，熊昙朗自恃兵力强盛，更加无法无天，横行乡里，劫掠邻县，把居民捆起来，令家属出钱来赎人。当地村民称他是山谷之中最大的祸患。

当侯瑱在豫章镇守时，熊昙朗表面上表示服从，暗地里打算图谋侯瑱。在他的挑拨和主谋下，侯平背叛侯瑱，使侯瑱进退无路。待到侯瑱兵败逃跑时，熊昙朗趁机掠获了侯瑱的很多马匹、器械和女子。

后来，萧勃起兵反叛梁朝，越过大庾岭，令欧阳頠为前军。熊昙朗欺骗欧阳頠一同去巴山袭击黄法氍。但背地里又去报告黄法氍，希望联合打败欧阳頠，相约说："事情成功后，给我马匹器械。"

到出兵时，熊昙朗与欧阳頠分兵而进，成掎角之势。他又欺骗欧阳頠说："余孝顷打算突袭我，要分出奇兵留下，马匹器械太少，恐怕不够用。"欧阳頠给熊昙朗送去300件铠甲，以援助他。等到欧阳頠率军抵达城下，即将开战之时，熊昙朗假装败退，黄法氍率军追击。欧阳頠失去熊昙朗的援兵，仓皇退败。熊昙朗趁机夺取了欧阳頠的马匹器械后，逃跑了。

巴山陈定也拥兵立寨。熊昙朗假装把女儿许配给陈定的儿子为妻。对陈定说："周迪、余孝顷都不希望这桩婚事能成，你必须派精兵来迎娶。"

陈定派精锐的披甲将士300人和土豪20人去迎亲，熊昙朗却把他们捉起来，缴了他们的马匹武器，全部要论价赎回。能昙朗就此大赚了一笔。

梁绍泰二年（556），梁敬帝为了安定境内豪强，破例任命熊昙朗为游骑将军。不久任持节、飙猛将军、桂州刺史，兼丰城令。历任宜新、豫章二郡太守。王琳派李孝钦等人跟随余孝顷在临川攻打周迪，熊昙朗率所领人马赴援。梁敬帝任命熊昙朗为持节、通直散骑常侍、宁远将军，封为永化县侯，封邑1000户，送给一部鼓吹。又因为抵御王琳之功，被任命为平西将军、开府仪同三司，其他职务不变。

当初，周迪虽然平定余孝顷，但是余孝顷之子余公飏、弟弟余孝劢仍在南方作乱。永定二年（558）十月，陈武帝派周文育、周迪、黄法氍前去讨伐，豫章内史熊昙朗也出兵相助。次年（永定三年），周文育命吴明彻率水军为周迪运粮，自己率军入象牙江，驻扎在金口。余公飏诈降，想趁机抓住周文育，被周文育察觉。周文育将余公飏囚送建康，然后由陆路进据三陂。

周文育驻军三陂的时候，有流星坠下地来，响声如雷，地陷下一丈见方，当中有碎炭几斗。又军镇中忽然听见小孩子的啼哭声，全镇都大惊，细听哭声来自地下，军队挖掘之后，找到一具棺材，长三尺，周文育很感

厌恶。

这时，王琳派曹庆救援余孝劢。曹庆命常众爱抵抗周文育。王琳率兵击败周迪、吴明彻。周文育听闻周迪兵败，退守金口。

熊昙朗见陈军兵败，便想谋害周文育，投降王琳的部将常众爱。周文育的监军孙白象觉察此事，便建议周文育先下手除掉熊昙朗。周文育却道："我们自己的兵马少，来助战的军队多，如果杀了熊昙朗，会引起客军惊慌，这对我们很不利。我们不如推心置腹的安抚他们。"早先，周迪被打败，弃船逃走，不知下落。这时，音信全无的周迪送来一封书信。周文育收到周迪送来的信以后，大喜，就单身一人，拿着周迪的信，去到熊昙朗的军营，给熊昙朗看。以商量与熊昙朗一起出兵，攻击余孝劢所部。

熊昙朗正愁没有机会杀了周文育，投靠常众爱。见周文育单身赴营，连忙布置刀斧手隐藏在帘后。周文育坐定后，熊昙朗假言几句，突然一声呼喝，众刀斧手围上就一阵乱砍，周文育回身不及，当场殒命。

熊昙朗把周文育的头割下来，拿去号令并威胁周文育的军队。熊昙朗将陆山才等人囚禁起来，跟着他去投靠王琳的部将常众爱。尚未到达，侯安都在宫亭湖打败王琳的将领常众爱，陆山才得以返回，任贞威将军、新安太守。陆山才是周文育的长史，周文育出镇南豫州，有关政事的上书、奏、疏之类文书，全部委托陆山才办理。周文育向南讨伐，打败萧勃、生擒欧阳頠，计谋筹划多出自陆山才。周文育向西征伐王琳时，留下陆山才代理江州事务，又镇守豫章。周文育和侯安都在沌口战败，余孝顷从新林进犯豫章，陆山才收拢剩下的人马，依附周迪。活捉了余孝顷、李孝钦等人，陆山才把他们从都阳的乐安岭送到京师。

熊昙朗杀害了周文育，占据新淦县，环江立城。新淦以县有淦山淦水得名。隶属于江西省吉安市，位于江西省中部，是吉安市的"北大门"。地势由东南向西北呈蹊径状倾斜。县境北部、西部以平原为主，东部、南部和中部以山地、丘陵和低岗为主。

陈武帝听到周文育遇害的消息后，痛心疾首！即日为他举行哀礼，追赠为侍中、司空，谥为忠愍。

周文育是最早跟随陈霸先南征北战的左臂右膀，为陈朝的开国立下了汗马功劳！周文育原名项猛奴，新安寿昌县（今浙江建德）人，年幼时父亲去世，家中贫苦，但是精通水性，11 岁便能来回游数里，跳五六尺高。

后来，义兴的周荟出任寿昌浦口戍主，途中遇到周文育，对他很好奇，便召他来问话。周文育道："母亲年迈，家中贫困，哥哥姐姐都已长大，家里受困于赋税和徭役。"周荟很可怜他，便跟他回家，在征得其母同意后，将他收为养子。

周荟任职期满后，带着周文育返回建康（今江苏南京），并请太子詹事周舍为他起名。周舍便给他起名文育，字景德。周荟还让侄子周弘让教周文育读书写字。周文育对周弘让所教的诗文不感兴趣，道："谁学这些东西，谋取富贵只有依靠大槊。"周弘让认为他很有志向，便教他骑射功夫。

再后来，周荟被陈庆之任命为前军军主，前往新蔡悬瓠慰劳白水蛮。蛮人打算抓住周荟后，归附北魏。结果事情泄露，周荟和周文育领兵抗拒。当时蛮人众多，战况激烈，一天之内大战数十回。周文育在前面冲锋陷阵，勇冠全军。周荟不幸战死在阵地上，周文育勇猛无畏地拼死抢回他的尸体。蛮人吓得倒退数里，都不敢进逼周文育。

直到夜幕降临，双方各自领兵离去。周文育身受重伤，向陈庆之请求送周荟回乡安葬。陈庆之很欣赏周文育的节操，厚加馈赠，派兵送他回乡。周文育将周荟安葬后，随南江督护卢安兴征战俚僚，因功被封为南海县（今广东番禺）县令。

卢安兴病死后，周文育先后尊其子卢子雄、卢子略为主。梁武帝大同八年（542），因卢子雄被冤死，周文育随卢子略攻打广州府。当时，陈霸先担任高要太守，得知此事后，便率兵救援广州府，生擒周文育与杜僧明。陈霸先见他们义薄云天，武艺高强，便把他们释放，让他们统率兵马。

后来，监州王劢让周文育担任长流参军，很得信任。当王劢被人替换时，周文育打算和王劢一起去，到大庾岭，拜访占卜的人，卜者说："您去北方不过当令、长一类的小官，到南方却可以为公侯。"周文育说："有足够的钱财就行了，哪个还奢望当公侯。"卜者又说："您过一会儿应该能

突然得到银子2000两，如果不相信，凭此事验证。"

当晚，他们住在旅馆里，有一个商人要和周文育赌博，周文育赢了，得到2000两银子。第二天天亮时，周文育向王劢辞别，王劢问其缘故，他告知占卜之事，王劢于是让他去了。

陈霸先住在高要，听说周文育又回来了，大喜，派人迎接他，重重赏赐，分出一部分人马交给他。

陈霸先征讨侯景时，周文育和杜僧明为前军。他们战胜了兰裕，救援欧阳頠，都立有战功。陈霸先在南野与蔡路养交战，周文育被蔡路养所围困时，四面敌军重重包围，利箭飞石有如雨下，他所骑的马被射死。周文育便用右手和敌人搏斗，左手解开马鞍，突围而出。他和杜僧明等相遇后，合力又齐头并进，大败敌军蔡路养。陈霸先上表请求任命周文育为府司马。

当时，高州刺史李迁仕占据大皋，命杜平虏在灏石用鱼梁筑城。陈霸先派周文育出击，杜平虏弃城而逃跑，周文育占领了该城。李迁仕得知杜平虏战败后，将老弱残兵留在大皋，全部挑选精兵亲自率领来攻打周文育。李迁仕的军锋锐势很盛，周文育的军士害怕了。周文育出战，李迁仕稍稍后退，两军正相持不下，恰好陈霸先命杜僧明来援，打败李迁仕的水军，李迁仕的部队溃逃，不敢经过大皋，直接逃向新淦。周文育因功，被梁湘东王萧绎（后即位为梁元帝）封为假节、雄信将军、义州刺史。

不久，李迁仕又与刘孝尚一起抵抗陈霸先，陈霸先命周文育、杜僧明、徐度、杜棱在白口筑城抗敌。周文育多次出战李迁仕，终于生擒李迁仕。

陈霸先从南康出发，命周文育领兵开通江路。周文育击退侯景部将王伯丑，占据豫章（今江西南昌）；因功封为游骑将军、员外散骑常侍、东迁县侯。陈霸先到达白茅湾（今江西九江东北），命杜僧明与周文育为前锋，扫平南陵（今安徽南陵）、鹊头（今安徽铜陵）等城。到姑孰（今安徽当涂）后，周文育击破侯景部将侯子鉴。侯景之乱平定后，周文育被封为通直散骑常侍、信义太守，改封南移县侯。此后，周文育又历任南丹阳太守、兰陵太守、晋陵太守、智武将军、散骑常侍。

王僧辩屈服于鲜卑族北齐的威胁，迎立北齐的傀儡萧渊明回梁朝做皇帝，置华夏唯一正统的汉政权于名存实亡之境地。陈霸先为民族大义，起兵京口之前，先召侯安都、周文育、徐度、杜棱商议。陈霸先率兵出动后，人们以为陈霸先是要去抵御北齐，没有引起怀疑，而知道真相的只有周文育等四人。

不久，陈霸先诛杀王僧辩，命周文育与侄子陈蒨会师吴兴，围困杜龛（王僧辩女婿）。杜龛部将杜泰投降，杜龛被杀。周文育又渡江袭击会稽太守张彪。后来，陈蒨被张彪偷袭，周文育的军队正驻扎在城北的香岩寺。陈蒨便连夜跑到周文育处，张彪随即赶到。周文育苦战一场，终于消灭了张彪。

周文育奉命讨伐侯瑱，袭击溧城，并被加封为都督南豫州诸军事、武威将军、南豫州刺史。周文育尚未攻下溧城，便因徐嗣徽引北齐军入侵而被召回京。当时，徐嗣徽的战舰从青墩（今安徽当涂西南）一直排到七几（今安徽芜湖西北），切断周文育的退路。

当晚，周文育的军队大声喊叫着出发，徐嗣徽等人无法制止他们。天亮时，周文育反攻徐嗣徽，徐嗣徽部将鲍砰独乘小船殿后抵挡。周文育也乘坐一艘单舸舼作战，跳进鲍砰的小舰中，斩杀鲍砰，并牵着这条小舰回去，敌众大惊失色。徐嗣徽慌忙将船留在芜湖，改由丹阳陆路进攻。当时，陈霸先正在白城（今方山北）抵挡徐嗣徽，恰好周文育赶到，与其会合。

两军交战前，忽起大风，陈霸先说："兵法说，箭不逆风。"周文育说："事态紧急了，当立即决战，何必用古法。"说罢提槊上马，率兵进军。这时，风向也发生转变，徐嗣徽大败，退据莫府山。周文育也将军队转移和敌军对峙。多次作战，周文育的战功最大，晋封周文育为平西将军，晋爵寿昌县公，赐鼓吹一部。

当广州刺史萧勃举兵反对陈霸先，领兵越过南岭时，朝廷诏令周文育总督众军讨伐。这时新吴洞主余孝顷起兵回应萧勃，派他的弟弟余孝劢镇守郡城，余孝顷出兵豫章，占据石头。萧勃派其子萧孜与余孝顷会合，又派欧阳颁驻守苦竹滩，傅泰据守土庶口城，以对抗梁朝官军。当时官军船

少，余孝顷有舴艋小舟300艘，战舰100多艘在上牢的地方，周文育派军主将焦僧度、羊柬带军队秘密地前往偷袭，夺取他们的全部船舰，仍回豫章设水栅固守。陈军粮草用尽，都打算退兵。周文育不肯，写信给临川内史周迪，陈说利害，并与他结为兄弟。周迪大喜，答应馈送粮草。周文育于是用旧船将老弱运走，沿江而下，烧毁在豫章所建起来的栅垒，佯装退兵。余孝顷望见以后，信以为真，因此毫不戒备。周文育则又由小路日夜兼程，一夜抵达并占据芊韶（今江西丰城东北）。

当时，芊韶上游有欧阳頠、萧孜，下游则有傅泰、余孝顷，周文育占据当中，筑城垒大宴将士，贼众大惊。欧阳頠退入泥溪（今江西新干西南），建城垒自防。周文育派严威将军周铁武和长史陆山才袭击欧阳頠，被严威将军周铁虎擒获。周文育却大举陈设兵马甲仗，和欧阳頠一起乘着船饮宴，在傅泰据守的城下巡游，并进而攻打傅泰，攻下城池，活捉了傅泰。

萧勃在南康得知欧阳頠等兵败，非常害怕，引起军中惊慌。不久，萧勃被部将谭世远斩杀。谭世远准备归降，却被人杀害，谭世远的属下夏侯明彻持萧勃首级出降。萧孜、余孝顷仍占领着石头城，陈霸先派侯安都去协助周文育进攻，周文育又在侯安都的协助下击败萧孜、余孝顷。萧孜投降了周文育，余孝顷退守新吴。广州平定后，周文育回师豫章，因功被封为镇南将军、开府仪同三司、江州刺史。

王琳拥重兵占据长江上游，梁敬帝诏令侯安都为西道都督，周文育为南道都督，于武昌会合。在沌口和王琳作战时，周文育、侯安都、周铁虎等将领被王琳捉住了。王琳用长链将他们锁住，命亲信宦官王子晋看守。王琳出屯白水浦（今九江西），侯安都趁机向王子晋许以厚赂。王子晋便在晚上以乘船钓鱼为名，将周文育、侯安都、徐敬成等人送上岸。周文育等人回朝向皇帝陈霸先请罪（陈霸先此时已受禅称帝）。陈霸先将他们赦免，官复原职。不久，周文育被任命为使持节、散骑常侍、镇南将军、开府仪同三司、寿昌县公。

当周迪打败余孝顷后，余孝顷的儿子余公飏、弟弟余孝劢仍占据旧栅垒，在南面捣乱，陈霸先又派周文育和周迪、黄法氍等前往征讨。豫章内史熊昙朗也带领部众前来会合。

谁也没有想到，征战千里，战功卓著的周文育，竟然被一个流氓似的地痞豪强熊昙朗所杀，真令人惋惜至极！

陈武帝伤心、悲痛之情，难以言表，当即下诏，追擒熊昙朗这个乱臣贼子。陈武帝自此一病不起，以致猝然驾崩！

陈文帝即位后，王琳在鲜卑族北齐、北周的支持下，率大军顺江东下，向新生的陈朝发起毁灭似的进攻。

陈文帝征召南川的部队，阻击敌军。江州刺史周迪、高州刺史黄法氍立即率部出征。可是，这个猖狂的熊昙朗与王琳勾结，以为陈朝大势已去，竟然占据城池，排列战舰，阻断道路。

周迪、周敷等人愤怒至极，和黄法氍一起，带领南中军队，筑城围住熊昙朗，隔断他与王琳的信使往来。

熊昙朗没有想到军威盛大的王琳竟然惨败而逃。熊昙朗的党羽和部众人心涣散。周迪、黄法氍率军乘势攻下了豫章城，俘虏男女人口1万多人。熊昙朗兵败而逃，躲藏于村庄之中。村民把他杀了，将熊昙朗的首级，传送到建康京师，悬挂在朱雀观。熊昙朗的家族全部拘捕，不论长幼，全部斩杀，弃尸街头。

命运往往就是这样，冥冥之中，似乎有着天意！周文育因为得到周迪的书信，才去找熊昙朗求援军，因而被熊昙朗所害；最终，周迪率部围攻熊昙朗，收捕并斩杀熊昙朗全家，也算为陈朝开国功臣周文育将军报了血仇！

天嘉二年（561），陈文帝诏令，将周文育配祭于陈武帝的享庙中。周文育的儿子周宝安继承了周文育的封号。周文育本族的族兄周景曜，因为周文育而官至新安太守。

熊昙朗的首级被传送到建康，他的家族全部被斩。守在鲁山（今湖北省武汉市汉水南岸）的齐军为之胆寒，弃城逃跑了。

陈文帝下诏，派南豫州刺史程灵洗去守卫该城。当时王琳的前军先锋东下，程灵洗在南陵打垮了他们，俘虏了王琳的兵卒，并且缴获青龙船舰10余艘。因有战功被任命为持节、都督南豫州缘江诸军事、信武将军、

南豫州刺史。后来，侯瑱等军将在栅口打败了王琳，程灵洗乘胜追逐王琳和北齐之败敌，进据鲁山（今湖北省武汉市汉水南岸）；陈文帝天嘉元年（560）三月戊午初七日，天子征召他为左卫将军，其余封赏仍旧。

随后，陈文帝分遣使者，携带玺书，抚慰四方。诏曰："自丧乱以来，已有十多年了，国家的编户散失，万户剩不了一户，从中原来的百姓，已所剩无几。近来骚乱接连发生，赋税繁多，况且兴师北伐以来，日费千金，国库亏空，入不敷出。近来所置办的军用物资，本来是用来充实军备的，现在元凶已经铲除，天下已经安宁，刀兵入库，如释重负，思量让百姓享受轻徭薄赋的生活，今年的军粮一概减少三分之一。由尚书省向各地颁发，以表朕哀怜之心。地方长官明加劝耕，务必以农桑为急务，让老百姓过着饱食嬉游、天真自然的日子，就在今日。"

王琳败逃北齐后，他的御史中丞刘仲威带着萧庄投奔到历阳，又把他送到寿阳。王琳与萧庄一同拜见北齐皇帝。齐孝昭帝派王琳到合肥，纠集旧部，再图进取。

王琳修理战船，分派人去招募淮南民众。陈朝的合州刺史裴景晖，是王琳的哥哥王珉的女婿，请求用自己私人下属为齐军做内应。齐孝昭帝委派王琳和行台左丞卢潜率兵前去接应。王琳迟疑不决，裴景晖怕事情泄露，就投奔了北齐。

萧庄是一个悲剧性的人物，也是历史的一颗弃子。他的父亲萧方等被祖父湘东王萧绎所嫌弃，萧方等战死后，萧绎称帝（是为梁元帝）后，追谥其子萧方等为武烈世子，封孙子萧庄为永嘉王。可是，不久，西魏攻陷江陵，杀了梁元帝萧绎，萧庄当时年仅7岁，逃匿于民家之中。之后，被王琳发现，将萧庄护送回到建康（今江苏南京）。承圣四年（555），萧庄的九叔萧方智正式登基称帝，史为梁敬帝。将萧庄作为人质送往北齐。

陈霸先受禅为帝，建立南朝陈政权后，王琳等人请求北齐送还萧庄。在北齐皇帝的支持下，王琳拥立萧庄为帝，年号天启，设置百官。北齐皇帝诏任王琳总管"梁朝"的军国大事，其势力范围在长江中上游地区。王琳和萧庄积极充当北齐鲜卑势力的爪牙，与华夏唯一正统的、独立自主的汉政权——陈王朝为敌，持续交战。当王琳听闻陈霸先病逝后，立即率大军攻打陈朝。北齐也派步兵 1 万、铁骑 2000 前来为王琳助战。没料到，王琳竟然被陈朝大都督侯瑱率军击溃，兵败逃回北齐。最后，萧庄在邺城怨愤而终。

北齐孝昭帝赐王琳印封文书，让他镇守寿阳，准许他部下将帅还都跟从他，任王琳为骠骑大将军、开府仪同三司、扬州刺史，封他为会稽郡公。又增发他军饷，还赐给他一班铙吹乐器。

王琳水陆军严阵以待，准备待机而动。这时陈朝与北齐修好外交关系。因此，北齐皇帝令王琳暂时不动，以后再做打算。

第六章　北齐宫变杀杨愔

北齐的朝政，自从高洋死后，就一直在动荡中……

高洋，是东魏实权人物，也是北齐奠基人高欢的第二个儿子，生母是高欢的结发妻子娄昭君。在历史上，北齐高家是公认的高颜值家族，但高洋却长得比较丑，而且沉默寡言，根本不像他那个英俊威武的父亲高欢，所以高洋的几个同胞兄弟，包括哥哥高澄、弟弟高演、高湛等经常嘲笑他，还嘲笑他不是父亲高欢的亲生儿子。

虽然几个兄弟都嘲笑高洋，但高欢对这个儿子格外看重，而且看得出来高洋习文练武都比其他儿子要勤奋用功，于是决定给高洋找个最漂亮的妻子。结果，高欢选中了出身贵族、堪称北齐第一美女的李祖娥。

高欢死后，长子高澄接替了高欢的位置。高澄做了几年的权臣，已经准备好篡夺东魏皇位，自己做皇帝，但在篡位前夕突然被家奴刺杀而死。这个时候，那个其貌不扬、沉默寡言的高洋接替了高澄的位置，并在公元550年篡夺皇位，北齐正式建立。

本来高洋已经下定决心灭掉北周和南梁，完成统一中国的梦想，但不知为何，从公元555年开始，高洋从勤政爱民的明君变成酗酒滥杀的暴君，并且做出一些禽兽不如的事情来。

高洋经常在宫中酗酒撒野，浪荡不堪。有时候还跑到城外的街巷里欺压老百姓，残暴无道，怨声无数。高洋的癫狂变态，连太后也不认得。一次他喝醉酒以后，竟拿起木棍把太后打得在地上翻滚。太后的脸上、胳膊上都是鲜血，大哭大叫地喊宫人来救她。

高洋酒醒后对自己的行为深感负罪，悲痛不已，他要抱起木材纵火烧死自己。太后惊恐得不得了，又哭又跪的求他不要自杀。随后高洋命其差使棍杖责己，他说："棍不染血，不可停止，使劲打我！不要手软，我要戒掉自己酗酒的毛病。"

但是江山易改本性难移，高洋是狗改不了吃屎，照样喝酒行乐，无恶不作。全天下的老百姓没有一人不知高洋天子癫狂变态，与禽兽无异。

有一次高洋喝醉了酒，看见皇后李祖娥的姐姐李祖猗姿色美艳，顿时就起了淫心，立刻强行就犯。这样还不够，只要他想到了李氏，就跑到她的家里，不顾李氏的丈夫元昂在场，抱起李氏就入帐。作为臣子的元昂对君主如此不堪，也很是无奈，元昂只好躲出去避开他们。高洋想把李氏纳入后宫为嫔，就下令把元昂处死了。高洋居然当着众人的面，在元昂的灵堂前与李祖猗强行做那苟且之事。

高洋痴痴癫癫，变态至极，真不知如此一禽兽为何也能称王？真是天不造化，祸害子民。他身边的忠臣宰相，无论何时进谏，何时上奏折，他都一副视而不见的样子，迅速打发他们离开朝堂。

高洋前后判若两人的性格，动不动就做出禽兽不如的事情，后世推测：高洋很有可能是患了精神病；而且这种精神病是家族遗传性，所以后面的北齐皇帝个个都像高洋一样，动不动就做出禽兽不如的事情。

高洋长久以来酗酒过度，荒淫无道，使天下的老百姓怨声不绝，恨之入骨。后来，高洋的身体渐渐不行了，终日只能饮酒，不能进食，身体消瘦，手无缚鸡之力。直到形如枯槁，眼黑面黄，于公元559年死在晋阳宫中。终年33岁，庙号"显祖"，谥号"文宣皇帝"。高洋死后，群臣只是敷衍着号哭几声，没有一个人为他伤心流泪。

高洋死前，知他的弟弟高演、高湛是不好惹的人，很有可能会篡位，于是便在临死前对高演说道："皇位你想要就拿去，但请不要杀了我儿子。"此时的高演当然要赌咒发誓效忠于高殷，不然很可能要被高洋提前收拾了。高洋病情加重，还时常担忧高演、高湛二王野心膨胀，威逼其子。杨愔便与尚书左仆射平秦王归彦、侍中燕子献、黄门侍郎郑子默受遗诏辅政。

高洋死后，皇后李祖娥所生的年仅15岁的长子高殷，于十九日在晋阳宣德殿即帝位，大赦天下，内外百官普加一阶，失官失爵的，可以恢

复。尊皇太后为太皇太后，皇后为皇太后。诏九州军民年在 70 岁以上的给予板授官职，武官年 60 岁以上以及癃病不堪使役的，全部放还回家。并停止所有的土木营造和金铜铁诸种杂作。以太傅、常山王演为太师、录尚书事，以太尉、长广王湛为大司马、并省录尚书事，以尚书左仆射、平秦王归彦为司空，赵郡王叡为尚书左仆射。下诏书令各元氏良家人口发配宫中以及赐给人为奴的，一同释放免罪。

高洋去世以后，常山王高演住在宫禁之中，料理丧事。娄太后原想立高演为帝，但有杨愔、燕子献、郑子默受遗诏辅佐朝政，因此，没能实现。

太子登了皇位之后，高演才到朝廷百官中去就列。因为天子居丧，便下诏让高演居住在东馆，大臣们想启奏皇帝的事，都先到高演那儿请示，朝中政事都由高演决断。杨愔等人因为高演与长广王高湛地位很高，与皇帝又是亲属关系，恐怕他们对嗣主产生威胁，所以对他们心怀猜忌。（这种情况，与后来陈文帝病逝后，南陈朝的刘师知、到仲举猜忌陈顼的情形相似。）

当初在晋阳，以大行皇帝高洋在殡，天子高殷守孝，议定常山王高演入住东馆，帮助天子高殷处理朝政，20 天才止。高殷依然打算让常山王随梓宫前往邺城，留下长广王镇守晋阳。

邺城，是古代著名都城。始筑于春秋齐桓公时，曹魏、后赵、冉魏、前燕、东魏、北齐先后以此为都。邺城遗址范围包括今河北临漳县西（邺北城、邺南城遗址等）、河南安阳市北郊（曹操高陵等）一带。遗址主体位于河北省临漳县境内。

"邺"之名始于黄帝之孙颛顼孙女女修之子大业始居地（今临漳县香菜营乡邺镇一带。邺，业之居住地之意）。

邺本有二城。邺北城为曹魏在旧城基础上扩建，东西七里，南北五里，北临漳水，城西北隅自北而南有冰井台、铜雀台、金虎台三台，即今河北临漳县西南香菜营乡邺镇、三台村以东邺城遗址。邺南城兴建于东魏初年，东西六里，南北八里六十步，较北城大，在今漳河南北两岸（今临漳县境内）。

曹丕代汉建魏后定都洛阳，魏以洛阳为京师，长安、谯城、许昌、邺城、洛阳为"五都"，足见邺之重要。

邺城的建筑，全城以中轴为主，王宫、街道整齐对称，结构严谨，分区明显，这种布局方式承前启后，影响深远。特别是它对后来的长安、洛阳、北京城的兴建乃至日本的宫廷建筑，都有着很大借鉴和参考价值。

北魏中期，邺县又扩大到今林州市。东魏天平初年（534），把荡阴、安阳划入邺县，治所在邺城（北周治所东迁）。这时的邺城两县都很大。北齐的设置与前朝相同，《北齐书》曾有"邺、临漳、成安三县同治邺城"的记载。

杨愔等执政者们又生疑心，令高演、高湛二王都跟着梓宫到了邺城。燕子献定计，想让太皇太后居住北宫，并归政皇太后。又由于天保八年（557）以来，爵赏太滥，到这个时候，杨愔主动上表请求解除自己开府封王的资格，很多人的恩荣奖赏也跟着宣布作废。这样一来，那些受宠失职之徒，全部投靠了高演、高湛二王。

平秦王高归彦总管禁卫军，先前与杨愔、燕子献、郑子默等辅佐大臣是一德同心的。但杨愔宣布敕令，留下随驾的5000名精兵在晋阳，暗中准备对付非常事件。作为禁军总管的高归彦竟然当时不知道，到达邺城几天后，高归彦才知道这种安排。高归彦很讨厌杨愔跳开他调动禁卫军的做法，产生了怨恨之心。高归彦从此背叛了杨愔，把杨愔、燕子献疏远、猜忌二王（高演、高湛）的种种迹象全部密告了二王。

高演在东馆住了一阵子之后，就搬回他自己的宅第。从此之后，有关诏书敕令的事大多不再干预了。有的客人对孝昭帝说："凶猛的鸷鸟一旦离开窝巢，鸟蛋就有被掏的危险。在如今这种形势之下，大王您怎么可以经常外出呢？"

中山太守阳休之去拜见高演，高演托词不见他。阳休之对常山王友王晞说："过去周公早上读一百篇书，晚上会见七十个士，还恐怕做得不够。常山王避什么嫌疑，竟这样拒绝宾客？"

早先，文宣帝在的时候，群臣人人不能自保。待到济南王高殷立为皇帝，高演对王晞说："皇上现在亲自执政了，我们也能托福保住悠闲的日

子了。"因此又说："皇上宽和施仁，真是能继承基业、光大教化的良主啊。"

王晞回答说："先帝时，东宫太子那儿还曾委派一个胡人去辅导他呢。现在皇上年龄还小，骤然承担起处理纷繁的军国大事的重任，殿下正是得早晚陪在他身边，亲自听取皇上的言语圣旨。如果放任外姓之人去传递诏命，国家大权必然会旁落，那时殿下虽然想守住自己的藩国，还能如愿吗？即使您能如愿以偿，急流勇退，但请想想，高家的国祚还能够千秋万代永在吗？"高演听了，默不作声，想了很久，才问："那我该怎样自处呢？"

王晞进言说："过去周公曾抱着成王摄政七年，然后才把政权归还成王，明确表示自身引退，希望殿下好好想想！"高演说："我怎么敢自比为周公呢！"王晞回答说："以殿下今日的地位声望而言，您想不当周公，能行吗？"高演听了没有应声。文宣帝常常派胡人康虎儿保护太子，所以王晞的话里提到这件事。

北齐国主高殷将从晋阳出发去邺城继位，当时的舆论认为常山王高演必定会留守在晋阳这个国家的根本之地。但杨愔、燕子献、郑子默等辅佐朝政者想让常山王高演跟随高殷去邺城，留下长广王高湛镇守晋阳。不久，又对高湛产生了怀疑，于是下令高演、高湛二王都跟从幼帝高殷去邺城。朝廷内外的人听到这种安排，没有不感到害怕惊愕的。接着又下一道敕令，让王晞去当并州长史。高演既已出发，王晞到郊外为他送行。高演恐怕有人暗中窥视监察，命令王晞快回城去，临别，拉着王晞的手说："望你努力自我保重！"然后，高演跳上马奔跃而去。

领军大将军可朱浑天和，是可朱浑道元的儿子，娶了废帝高殷的姑母东平公主为妻，他总是说："如果不杀了二王（高演、高湛），少主绝不可能平安执政。"燕子献谋划着把太皇太后安置到邺城北宫去，使国家政权归皇太后掌管。

乾明元年，高演跟随幼帝高殷到邺城，住在领军府。当时杨愔、燕子献、可朱浑天和、宋钦道、郑子默（郑颐）等人因孝昭帝威望已经很高，心里害怕权力受到威胁，请求幼帝高殷任命高演为太师、司州牧、录尚书事；长广王高湛为大司马、录并省尚书事（晋阳，并州，故曰并省），解除京畿大都督。

侍中宋钦道是宋弁的孙子。文宣帝派他住在东宫，教育太子熟悉吏事。宋钦道当面启奏废帝说："两位皇叔威权已经很重，应该设法尽快除去他们。"废帝不许可，对他说："你可以和令公杨愔共同详细了解这件事。"

杨愔等人又商议说不能让二王都出去当刺史，于是就启奏，请求让长广王高湛镇守晋阳，任命常山王高演为录尚书事。二王拜领了官职以后，乙巳（二十三日），在尚书省会见百官。杨愔、燕子献等人将去赴会，散骑常侍兼中书侍郎郑颐阻止了他们，说："这事的深浅不可测量，不宜轻率。"杨愔说："我等对国家一片至诚，岂有常山王拜职而不去赴会的道理！"

高演因是皇帝地位尊贵的亲属而被猜疑排斥，于是约长广王高湛出来打猎，在野地里，他们设下了计谋。

三月甲戌，高演刚刚到官署。早上，高演从领军府出发，大风突起，刮坏了所用的车幔，高演十分憎恶。到了官署，见朝中官员都会集在一起。

长广王高湛一早就在后室中埋伏了几十个家童，并对参与宴会的勋贵贺拔仁、斛律金等几个人关照说："敬酒敬到杨愔等人时，我对他们每个人各劝双杯酒，他们必定起来致辞。我头一次说：'拿酒'，第二次说：'拿酒'，第三次说'为什么不拿！'你们就动手把他们抓起来！"

到了宴会时，众大臣都坐好了，酒喝了几巡，高湛果真照计划行事。在座位上把尚书令杨愔、右仆射燕子献、领军可朱浑天和、侍中宋钦道等抓了起来。

杨愔被抓时大声说："诸王造反谋逆，想杀害忠臣良将吗？我等尊奉天子，削弱诸侯，赤胆忠心为国家，有什么罪！"常山王高演想缓和一点。高湛说："不行。"于是拳头棍棒乱打，杨愔、可朱浑天和、宋钦道都被打得满头满面流血，每人被 10 个人按住，一点也动弹不得。燕子献力气大，头发又很少，一下子挣脱，狼狈地推开众人跑出门去，斛律光追上去捉住

了他。燕子献长叹说："大丈夫用计迟了一步，终于落到这步田地！"二王又派太子太保薛孤延等到尚药局去抓郑颐。

高演穿着铠甲和平原王段韶、平秦王高归彦、领军刘洪徽从云龙门进入宫中，在中书省前遇到散骑常侍郑子默，又抓了起来，郑颐说："这帮人不听智者的话以至于此，这难道不是命吗？"

高湛命令先诛杀杨愔、燕子献、郑颐等人，然后，高演、高湛、高归彦、贺拔仁、斛律金他们才闯入云龙门。

遇见了都督叱利骚，便招呼他过来，他不来，高演便派骑兵去杀了他。开府仪同三司成休宁抽出刀来呵斥高演，高演派高归彦去说服他，成休宁声色俱厉地抗议，表示绝不服从。高归彦长期以来担任领军总管，军士们一向对他很敬服，这时都放下兵器不再抵抗，成休宁叹息着让开了。

高演等一行人进了皇宫，来到昭阳殿，高湛和高归彦停在朱华门外。幼主高殷、太皇太后娄昭君、皇太后李祖娥都出来，太皇太后娄昭君坐在宫殿上，皇太后李祖娥和废帝高殷站在两侧。高演把头抵在殿砖上，边叩头边说：

"臣与陛下是至亲骨肉，杨遵彦（杨愔）等人想独自垄断朝廷大权，作威作福，自王公以下的文武百官无不蹑足屏气，莫敢吱声；这帮人互相勾结，串通一气，已经成了动乱的祸根，如果不早日除掉他们，必定会成为宗庙社稷的大害。我与高湛以国家安危为重，贺拔仁、斛律金珍惜献武皇帝开创的事业，所以才共同行动，抓住了杨遵彦等人入宫见皇上。我等没有事先请示就行事，专断之罪，实在罪该万死。"

当时宫廷中和两边走廊里有卫士2000余人，都披着甲胄、拿着兵器等待废帝的诏令。武卫娥永乐，武艺力气超群，过去一向为文宣帝高洋所看重厚待，这时用手敲着刀刃，抬起头来仰视废帝，期待他下令。但废帝有意不看他。废帝平素就口吃木讷，这时仓促之间更不知该说什么好。太皇太后下令卫兵放下兵器退下，卫士们不退。太皇太后又厉声喝道："你们这些奴才不听令，立刻就让你们掉脑袋！"卫士们这才退下了。娥永乐把刀插入鞘内痛哭起来。

太皇太后这才发问："杨郎现在在哪里？"贺拔仁回答说："他一只眼

睛的眼球被打出来了。"太皇太后怆然涕下，说："杨郎能有什么反抗之力呢，留着他以待使唤难道不好吗？"于是责备废帝，说："这些人心怀叛逆，想杀害我的两个儿子，接着就将要杀害我，你为什么纵容他们？"

废帝此时心里又急又气，更加说不出话来。太皇太后既非常生气又悲伤难禁，她说："怎么可以让我们母子受这汉族老太婆的算计呢！"

皇太后李祖娥是汉人，太皇太后娄昭君明摆着就是在骂她——原来，此前，杨愔等人商议把高演、高湛二王派出去当刺史，但考虑到幼帝高殷天性慈爱仁厚，恐怕不会批准他们的奏请，于是就直接启奏皇太后李祖娥，详尽讲述了二王构成的威胁以及皇上的安危。宫人李昌仪，是高仲密的妻子。皇太后李祖娥因为她和自己同姓李，又同是汉人，便和她很亲近，十分喜爱她。就把杨愔等人递上来的奏折给她看。谁知李昌仪却秘密地把杨愔上奏的内容报告了太皇太后娄昭君。这就是娄太皇太后说的是"汉族老太婆的算计"。

皇太后李祖娥听懂了太皇太后的话中之意，当场又不能辩解，只好跪下谢罪。太皇太后转而又为常山王高演发誓说："高演并没有夺位的异志，只是想除去自身的威胁而已。"高演在下面不断叩头。

太皇太后娄昭君对废帝说："还不赶快安慰你叔叔！"废帝这才说出话来："天子也不敢为叔叔的事而惜身不前呀，何况这些汉人！只要给侄儿一条命，我自己下殿走开，这些人交给叔叔，由你们处置。"有了幼帝高殷的这句话，高演、高湛等更加无所顾忌了。

长广王高湛因为记恨郑颐过去曾经在皇帝面前进他的谗言，就特别凌虐他，先把他的舌头割掉，又砍下他的手，然后才杀死他。高演命令平秦王高归彦把原来的侍卫兵士带到华林园去，另换京城一带的军士来宫中担任守卫，把卫士娥永乐在华林园杀害了。

乾明元年二月（乙巳二十三，560 年 4 月 4 日），杨愔遭高演诛杀。时年 50 岁。据《北齐》史载：

杨愔，字遵彦，小名秦王，弘农华阴人氏。父津，魏时官至司空、侍中。杨愔孩提时，好像不能说话，但风度深敏，出入门闾，不曾嬉戏。六岁学史书，十一接受《诗》《易》，喜欢《左氏春秋》。他幼年丧母，曾在

舅源子恭家生活过一段时间。子恭同他一块吃饭，问读什么书，答："《诗》。"子恭说："读到《渭阳》篇了吗？"杨愔便号哭不止，子恭也跟着杨愔唏嘘感叹，这样，一顿饭也没有吃完。子恭后来对杨津讲："我们常说秦王不聪明，从今天开始，当刮目相看。"

杨愔家一门四世同堂，家道隆盛，兄弟读书的30多人。学馆庭院中有棵李树，李子掉到了地上，儿童们都争着去抢，只杨愔一个人坐着不动，其叔父杨暐刚好有事来学馆，看见此景后大为嗟叹，回过头来对宾客们说："此儿恬适，有我们家的家风。"宅园中有茂竹，杨暐就为杨愔在竹林边做了一间房子，让他独处其中，常常用铜盘盛最好的饭菜送给他吃。并且督促别的孩子说："你们如果也像遵彦那样谨慎好学，自然就会得到竹林别室、铜盘鱼肉之食的。"杨愔的从父兄黄门侍郎杨昱尤其器重他，曾对人夸赞道："这小家伙乳齿未落，已是我家的龙文。再过十年，当求之千里之外。"杨昱曾和10多个人在一块赋诗，杨愔看了这些诗一眼后，马上背诵，没有遗漏。长大了，能清谈，且声音节奏优美，风神俊悟，容止可观。士人见了，莫不敬仰，有识者则认为他前程远大。

正光中，跟随父亲杨津到了并州。由于杨愔的个性好恬默，又乐山水，因而就入晋阳西边的悬瓮山读书。孝昌初，其父杨津做定州刺史，杨愔也随父赴任。杨津因军功升为羽林监，赐爵魏昌男，不拜。当中山被杜洛周攻陷，杨愔全家便遭到囚禁。不久，洛周败灭，却落入葛荣之手，葛荣想把女儿嫁给杨愔，又用伪职引诱。杨愔便称病，口含牛血，在众人面前呕吐，还装扮成哑巴。葛荣信以为真，才没有逼他。永安初，回洛阳，拜通直散骑侍郎，只有18岁。元颢入洛，此时杨愔从父兄杨侃为北中郎将，镇守河梁。杨愔跑到杨侃处，告知乘舆失守，杨侃便来到黄河边上。杨侃虽奉迎皇帝北渡，但内心里想跑到南方，经杨愔反复劝说，他才回心转意。这样他们就扈从车驾抵达建州。授通直散骑常侍。杨愔因时事艰难，志在隐退，于是装病，同朋友中直侍郎河间人邢邵隐居到嵩山。

当庄帝诛杀尔朱荣时，杨愔从兄杨侃参与帷幄，朝廷拜杨愔父津为并州刺史、北道大行台，杨愔随父杨津到任。邯郸人杨宽，请求跟随在杨津左右，杨愔便劝其父亲收纳他。不久孝庄幽崩，杨愔刚好想回京城去，走到邯郸，路过杨宽的家，却被杨宽抓住。押解到相州，拜见刺史刘诞，刘诞认为杨愔为名家之子，甚是哀怜，交付长史慕容白泽拘禁。之后，派队主巩荣贵护送进京。抵安阳亭，杨愔对荣贵说："仆家世代忠臣，忠心魏室，家亡国破，以至于此。虽说是囚虏，还有什么面目去见君、父的仇敌？请让我自缢而死，再将头颅送去，这便是你对我的恩惠。"荣贵被他说服了，两人一同逃亡。杨愔于是投奔了高昂兄弟。

逃窜民间数年后，恰逢神武抵达信都，杨愔便向辕门投送名刺。很快得到召见。杨愔赞颂义举，陈诉家祸，言辞哀壮，涕泪俱下，神武为之动容，马上署为行台郎中。大军南攻邺城，经过杨宽村庄，杨宽在杨愔的马前叩头请罪。杨愔说："人不知道恩义，大概也是一种常情。我不恨你，你也不必惊恐。"此时未能攻下邺城，神武就请杨愔作祭天之文，祭文刚焚烧完，城就被占领了。由是转任大行台右丞。此时霸图草创，军国事繁，文檄教令，皆出杨愔之手。因家遭难，杨愔常自居丧礼，所食只有盐米之类，哀毁瘦弱。神武可怜，经常开导劝慰他。韩陵大战时，杨愔时常冲锋在前，朋友同僚都觉惊奇，说："杨氏儒生，一下子成了武士，仁者必勇，实非虚语。"

不久，上书请求辞职归家处理葬事。一门之中，赠太师、太傅、丞相、大将军的2人，太尉、录尚书及中书令的3人，仆射、尚书的5人，刺史、太守的20多人。追荣之盛，古今未有。当丧柩出门，吉凶仪卫连绵20多里，赶来送葬的多达万人。这天寒风凛冽，风雪交加，杨愔却赤脚号哭，见者没有不哀怜他的。很快被征召到晋阳，依然充任原职。

杨愔从兄幼卿为岐州刺史，因直言忤旨被诛。杨愔听到这个消息十分悲恸，突然发病，派人火速赶往雁门求温泉水治疗。郭秀向来嫉妒他的才能，便写信恐吓说："高王想把你送到皇上那边去。"还劝他逃走。杨愔于是将衣服帽子弃置在水边，佯装投水自尽的样子，改换名姓，自称刘士安，进嵩山，与沙门昙谟征等隐居起来。又潜赴光州，向东入田横岛，以讲诵为业，海边的人们称他为刘先生。太守王元景则暗暗地护佑着他。

神武明白杨愔还活着，派杨愔从兄宝猗带着书信慰抚，还遣光州刺史奚思业搜寻查访。杨愔依礼答报。神武见后十分欢悦，委任他做太原公开

府司马，转长史，再授大行台右丞，封华阴县侯，迁给事黄门侍郎，还妻以庶女。又兼散骑常侍，做过聘梁使主。当其往梁，抵杨愔郊戍时，州内有自家的旧佛寺，便入精庐进行礼拜，看到太傅遗像，悲感恸哭，呕血数升，病发不能赶路，坐车返回邺城。过了很长时间，才以本官兼任尚书吏部郎中。武定末年，因其声名美好，超拜为吏部尚书，加侍中、卫将军，依然是侍学、典选。

天保初，杨愔以本官领太子少傅，别封阳夏县男。又诏监太史，迁任尚书右仆射。又拜开府仪同三司、尚书左仆射，改封华山郡公。九年（558），杨愔迁尚书令，又拜特进、骠骑大将军。十年，封开封王。

杨愔为贵家公子，早著声名，风度仪表，学识人品，为朝野称道。家门遭祸，只有二弟一妹以及兄之孙女几人幸免于难，他抚养孤幼，慈旨温颜，都在众人之上。重义轻财，凡朝廷赐赠，多分发给了亲族。跟着他生活的十几个弟妹侄子，都等着他生火做饭。杨愔不断地遭受厄运，凡受人一顿饭之惠，必定重重酬谢。若是仇敌，他则是舍弃不问。主持20多年的选拔人才，举荐贤能，以奖擢才俊为己任。不过，杨愔取士多重言论容貌，以至于遭受谤语，时人认为他的用人，就像穷人买瓜，选大的拿。杨愔听说后，并不放在心上。杨愔博记强识，过目不忘。召问举子时，对他们或是称姓，或是呼名，从来没有搞错过。杨愔自从娶公主后，身穿紫罗袍，腰束金缕大带。路遇李庶，深以为耻，解释说："我穿的这身衣服，都是内裁，突然遇见子将，不能没有羞愧。"

及杨愔为宰相，权综机衡，千头万绪，井井有条。自天保五年（554）之后，文宣帝（显祖高洋）丧德，维持匡救，不可或缺。每当天子临轩，杨愔便令公卿跪拜，发号施令，宣读诏册。杨愔温文尔雅，神仪秀发，百僚听观，莫不悚动。自居高位之后，家门里禁绝私交。轻财货，重仁义，前后赏赐，累积巨万，散发九族，箱柜之中，只有数千卷书。太保、平原王高隆之与杨愔隔壁，杨愔曾看见高隆之的门外有几位富胡，就对左右道："我的门前幸亏没有这种东西。"谨小慎微，常常感觉自己的不足。每每提任新的官职，总是愀然变色。

高洋驾崩，杨愔更是悲不自胜。济南王嗣位后，礼遇更重，凡朝章国命，就是他一个人办理，推诚体道，时无异议。乾明元年（560）二月，杨愔遭高演诛杀。时年50。天统末，追赠司空。

太皇太后亲自参加杨愔的丧事，哭着说："杨郎是因为忠君才获罪的呀！"她让人用御府的金子做了一只眼睛，亲自放到杨愔眼眶里去，说："以此来表达我痛惜的心意。"高演也后悔杀了杨愔。于是下诏宣布杨愔等人的罪状时，加上了这样一句："这些人的罪由他们个人负责，家属不予问罪。"过一阵子，又根据簿册逮捕杨愔、可朱浑天和、燕子献、宋钦道、郑颐等五家的人。王晞一再劝谏，于是五家各抄斩一房，小孩也斩而不留，兄弟们则全被除名。

先是有童谣曰："白羊头鬈秃，殺雍（勃）头生角。"又曰："羊羊吃野草，不吃野草远我道，不远打尔脑。"又曰："阿么姑祸也，道人姑夫死也。"羊为愔也，"角"文为用刀，"道人"谓废帝小名，太原公主尝作尼，故曰"阿么姑"，愔、子献、天和皆帝姑夫。

中书令赵彦深代替杨愔总理朝廷机要大事。鸿胪少卿阳休之私下对人说："这真是将要跋涉千里的时候，却杀掉了骐骏而换上跛足老驴呀，真是太可悲了！"

常山王高演杀了杨愔、燕子献等人后，戊申（二十六日），幼帝高殷封高演为大丞相、都督中外诸军、录尚书事，封高湛为太傅、京亲畿大都督，封段韶为大将军，平阳王高淹为太尉，平秦王高归彦为司徒，彭城王高浟为尚书令。

常山王高演回到并州，就宴请王晞，说："我当初不听您的话，使众小人弄权，几乎到了国家倾覆。如今皇上身边的坏人虽然已清除掉了，但我到底应当怎样自处呢！"王晞回答："殿下过去以自己的地位名望，还可以根据名教纲常进退出处；看如今天下形势，已经是关系到天时天命，再也不是以人间常理可以处置的了。"

北齐丞相高演考虑到王晞儒雅，动作迟缓，担心他不称武将们的心，便每夜用车载他进来议事，白天则不和他说话。又曾经把王晞叫进密室，对他说："近来王侯及诸位贵族每每对我进行敦促逼迫，说我违反天意而不即位，很不吉祥。恐怕这样下去会有变乱发生；我想依法治他们鼓吹篡

逆之罪，你以为如何呢?"

王晞回答说："皇上近来对亲戚非常疏远，殿下不久前仓促间所实行的诛灭杨愔等人的举动，已不是为人臣的人该做的事。现在是芒刺在背，上下互相怀疑，这种局面怎么能长久? 殿下谦逊退让，视国家神器为糟糠，其实恐怕是违背了上天的旨意，毁坏了先帝留下的基业。"

高演说："你怎么敢说这样的话，我要把你按国法论罪!"王晞说："天时人意，都没有不同，所以我才敢冒犯斧钺诛戮来进言，这怕也是神明所赞许的吧!"高演说："拯救国家于危难，匡扶时世，正等待圣哲出现呢，我怎么敢私下议论呢? 你就别再多说了!"丞相从事中郎陆杳将要出使，握着王晞的手，让他去劝进。王晞把陆杳的话告诉了高演，高演说："如果朝廷内外都有这种意思，赵彦深早晚都在我身边，为什么他一句话也不说?"

于是，王晞利用公事的间隙悄悄探问赵彦深的意思，赵彦深说："我近来也为这种舆论而吃惊，每每想把自己的意见加以陈述，但临言噤口，心惊肉跳。现在你既然发端说出来了，我也要冒着一死披露一下肝胆了!"于是与王晞共同向高演劝进。

高演于是就把群臣劝进的话告诉了太皇太后娄昭君。赵道德在一边说："相王您不效法周公辅佐成王的往事，而想行骨肉相夺之事，难道不怕后世说你篡逆吗?"太皇太后也说："赵道德说的话是对的。"过一阵子，高演又去启奏说："现在天下人心不安定，我担心变乱突然发生，必须早日确定名位。"太皇太后这才答应了。

八月，壬午（初三），太皇太后发布敕令，废北齐国主高殷为济南王，让他搬到别宫去住。让常山王高演入朝登基，并且告诫高演说："可不能让济南王有其他不测之事!"

高演在晋阳即皇位，大赦天下。史称孝昭帝，改换年号为皇建。太皇太后恢复皇太后的称号;皇太后则称为文宣皇后，她的宫室叫昭信宫。

第七章　放陈昌北周施诡计

北方的两大鲜卑政权，力量开始倾斜。北齐自从文宣帝高洋死后，朝政开始混乱和衰落；西魏被北周取代后，反而开始兴盛起来。

西魏恭帝三年（556），西魏政权的实际掌握者宇文泰死后，权臣宇文护扶植宇文泰的长子宇文觉继任大冢宰，自称周公。次年初，宇文护废西魏恭帝，拥立宇文觉即位。史称孝闵帝。

宇文护执政时，司会李植和军司马孙恒他们二人担心会被宇文护杀掉，于是就与宫伯乙弗凤、贺拔提等人一起在国君宇文觉的面前说宇文护的坏话。李植、孙恒说："宇文护自从杀了赵贵（曾计划谋杀宇文护，后被宇文护所杀），权力大增，依臣等观察，宇文护想图谋篡夺权位，望陛下早日做出计划，除掉他以绝后患。"

孝闵帝宇文觉点头称是。乙弗凤、贺拔提又说："我们的先王明察秋毫，能把朝政委托给李植、孙恒，可见这二人确有才能。陛下如果把除掉宇文护的事情交给这二人，还怕事不成吗？而且宇文护常常把自己比作周公，这不是把你放在一边，他自己专权吗？"孝闵帝听了，又点头称是，于是，多次带武士在宫廷后园练习如何捕捉捆绑人。

李植等人又勾结宫伯张光洛当同谋，不料，张光洛把密谋告诉了宇文护。宇文护为了瓦解他们的同盟，就调李植出宫，任梁州刺史，孙恒为潼州的刺史。不久，孝帝想念李植等人，总想召见他们。宇文护知道后，痛哭流涕地对孝闵帝说：

"天下最亲的莫过于兄弟。自家兄弟都不信任，何况外人呢？太祖因为陛下您年轻，把后事交代给我，我对您的忠诚是双重的，既有兄弟之托，又有君臣之义。如果陛下能够亲自察览万机，威权加于四海，那么，

我即使死了也值得。可是，恐怕把我除去之后，奸贼小人趁机得志，非但对您不利，也将对社稷不利，使我没面目去见太祖于九泉之下。"宇文护停了停，又说："我既然是陛下的叔叔，官位也做到了宰相，还有什么可贪求的呢？愿陛下不要听信谗言，不要抛弃骨肉之亲。"

孝闵帝见宇文护痛哭流涕的样子，心也有所感动，就停止召见李植等人，但心里对宇文护还有点不放心。乙弗凤等人见此情状，越发害怕，于是加紧了密谋策划。张光洛把这个计谋告诉了宇文护。

宇文护召集朝臣贺兰祥、尉迟纲等重要人物商量对策。贺兰祥等人劝宇文护废了孝闵帝另立新皇帝。当时，尉迟纲总领宫廷禁卫兵，宇文护就派他召集乙弗凤等人商量国事，等他们来了就抓住送到宇文护宅第里，同时把原来的宿卫兵全部撤换、遣散掉了。

孝闵帝觉察到情况不妙，躲在一边，让宫人们在周围护着他。宇文护派贺兰祥进宫逼孝闵帝退位，囚禁了他。宇文护把百官召集起来商议大事，公卿们说："这是您的家事，我们岂敢不听命！"于是，就把乙弗凤等人斩首于宫门之外，孙恒也伏法被诛。把孝闵帝废为略阳公，把岐州（今陕西岐山县）刺史宇文毓迎来立为皇帝。

当时，李植的父亲柱国大将军李远镇守外地，宇文护下令召李远和李植回朝廷。李远怀疑朝廷里有非常事情，沉思好久，才说："大丈夫宁可做忠臣之鬼，怎么可以做叛臣呢？"于是接受了征召。回朝廷后，宇文护考虑李远名望很高，还想保全他的性命，就把他叫来见面，对他说："您的儿子陷入与朝廷异心的阴谋，不只是要杀害我，而且要颠覆宗庙社稷。对这样的叛臣逆子，您可以早点为他准备一个处理办法。"

于是把李植交给李远处理。李远平时很喜欢李植，李植又声称自己未参与阴谋，就信以为真。第二天，李远带着李植去拜谒宇文护。宇文护以为李植已被处死，但身边的人告诉他李植也在门口，宇文护大怒道："难道阳平公（李远）不相信我吗？"于是把李远召进来，让他和自己同坐，并叫废掉的孝闵帝和李植在李远面前对证。李植辞穷智竭，只好对李远说："我参与谋反，本是为了安定社稷，有利于国君。今天到这个地步，还有什么好说的呢？"

李远一听扑倒在座位上，说："如果真是这样，实在是罪该万死。"于是宇文护命人把李植杀掉，并逼迫李远自杀。

李植的弟弟叔诣、叔谦、叔让也被杀死，李远的其他儿子因年幼被宽免。当初，李远的弟弟李穆知道李植不是保家的角色，劝李远杀了他，李远不肯接受。等到李远临刑前，才哭着对李穆说："我悔不听你的劝谏，才有今天这样的下场！"李穆本来也应治罪，但因有从前规劝李远的话而获免，只除去官名，削职为民，他的子弟也都被免职归家。

武成元年（559）八月十四日，宇文毓以称天王不足以威天下，故改称皇帝，史称周明帝。追尊父亲宇文泰为文皇帝，大赦天下，年号武成。

宇文毓外表文弱，其实心里极是明敏有主见。他不肯处处听命于宇文护，宇文护假意归政后，宇文毓开始行使一部分的权力处理国事、进行改革，但是兵权还是牢牢掌握在宇文护的手里。宇文护见周明帝宇文毓英明聪敏，有见识、有肚量，不好控制，便设法暗害宇文毓。当时，有一个叫李安的人，以艺得宠于宇文护，被提升为膳部下大夫。武成二年（560）四月，宇文护悄悄命令李安在宇文毓的食物糖饼里下毒。宇文毓吃了糖饼后，毒发，弥留之际，口授遗诏 500 多字，而且说："我的儿子年幼，不能负起治国大任。鲁公，是我的大弟弟，为人宽仁，大度，声望传于海内，能弘扬我家帝业的，一定是这个孩子！"周明帝遗诏传位于四弟鲁国公宇文邕之后，就在延寿殿去世，时年 27 岁。

鲁公宇文邕自幼就胸怀大志，气度不凡，性格深沉，有远大识见。他整天不随便说话，但言必切中事理或有精辟见解。因有宇文毓的亲口遗诏，宇文护只得遵命，立宇文邕为帝，是为北周武帝。但北周的实权仍掌握在宇文护的手中。

当初，西魏攻陷江陵时，陈霸先的世子陈昌及中书侍郎陈顼都被西魏兵众所俘虏。西魏杀了梁元帝萧绎后，树立傀儡皇帝萧詧为梁帝，史称后梁。

随后，西魏把江陵数万民众掳至长安为奴。陈霸先的儿子陈昌和侄子陈顼也被押到了西魏长安。陈昌是陈霸先的第六子，生母为章要儿。陈霸先升任高要郡守，奉命讨伐交趾叛首李贲。陈霸先担心此行凶多吉少，便

命章要儿带着儿子陈昌返回老家吴兴。

陈霸先历经两年的艰苦战斗，终于平定李贲的叛乱。然而，就在他率军北返不久，侯景之乱爆发了。陈霸先举兵讨伐侯景，而留在吴兴老家的妻子、儿女均被侯景的乱军扣押。侯景想以此来要挟陈霸先。陈霸先不为所动，起兵后，听从湘东王萧绎的号令，与大将王僧辩一起合力讨伐侯景。侯景在败亡前，曾命令处死陈霸先的家眷，但命令并未得到执行，因此，陈昌等人得以生还。

平定侯景之乱后，萧绎继位为帝（史称梁元帝），命陈霸先率大军抵御南侵的北齐军队。为了笼络陈霸先，梁元帝便拜陈昌为长城国世子、吴兴太守。据史载，陈昌容貌伟丽、神情俊朗，在出任太守时虽然很年轻，但雅性聪辩、明习政事，很快便显出超强的适应能力。

陈霸先为了栽培儿子，便派心腹干将谢哲、蔡景历辅佐陈昌，又派吴郡大儒杜之伟做他的老师。陈昌天资聪颖、过目不忘，书本只要读过一遍便能背诵下来，在跟老师讨论经学时，往往能明于义理、剖析如流，令杜之伟赞叹不止。承圣三年（554），西魏攻陷江陵并残杀萧绎（梁元帝），同时将城中的人口掳往北方。而被梁元帝召至江陵的陈昌、陈顼便被西魏兵押送到北方。

陈武帝即皇位后，多次请求鲜卑北周政权的实力派人物宇文护，把陈昌、陈顼他们放回来。宇文护口头上答应，却实际上并不放人。他正盘算着怎么去敲诈陈朝，至少也能用陈昌换回几座城池。没想到陈武帝突然病逝，更没想到陈朝在极短的时间内，竟然平稳地完成了朝政的过渡。陈蒨顺利登基即位，而且君臣内外，举国上下，井然有序，出现一片生机。特别在北齐大军压境、王琳长驱直入芜湖的情况下，陈文帝竟然处变不惊，一边令侯瑱率军阻击王琳等来犯之敌；一边有条不紊地处理朝政。祭天、耕耘，宣抚四方。

陈文帝陈蒨能够得到朝中大臣们的支持，继承皇位，主要原因有三：一是他在文化上与士族保持了一定的趋同性。从而得到了士族的支持；二是在梁末战乱中建立了功勋；特别是在抗击鲜卑北齐的"建康保卫战"中，陈蒨及时运来3000斛米和1000只野鸭子，使决战的梁军官兵用荷叶包饭，精神抖擞地投入战斗，赢得了六朝170多年来第一场也是最后一场抵抗鲜卑族入侵的京城保卫战之大捷！三是陈朝重用宗室的政策，此为深层原因。除此之外，陈武帝之子陈昌入质北周，未及时还朝，则为陈蒨继位提供了独一无二的有利契机。

当时，陈昌在北周长安，听闻陈蒨即位，不明详情。陈昌以为陈蒨夺了他的基业，不胜愤怒！于是，哀求、恳请北周皇帝放他南归故里。北周权臣宇文护正愁找不到一个借口去搅乱陈朝，经陈昌一番恳切请求，宇文护马上想到一条令陈朝不攻自乱的妙计！

于是，宇文护灵机一动，立即放归陈昌，令他与堂兄陈蒨为争夺帝位而火并，北周正好坐收渔人之利。到时候北周鲜卑人可以突起大军，一举扑灭南中国唯一的华夏正统的汉政权陈朝。重演攻陷江陵之悲剧！

陈昌的南归之路，也不顺畅。

割据一方的王琳，已占据长江中流。王琳在北齐、北周的支持下，率大军攻打陈朝。通往建康的道路被切断，陈昌只好暂住安陆。

听说多年未见的儿子终于要归家了，章太后章要儿可真是兴奋得做梦都是甜的啊！可是，深明大义的章太后，却愁眉紧锁，非常担忧：陈昌是陈霸先的独子，是名正言顺的皇太子。北周以前不放他回，而恰恰这个时候把他放回，挑拨和引发陈朝内乱的意图非常明显。她默默祈祷聪明的孩儿陈昌，在这大是大非的关键时刻，你千万不要犯糊涂啊！

可是，陈昌这个素以智慧闻名的皇太子，却偏偏在这个关键的时刻，犯了糊涂！以至于白白地丢了性命！王琳兵败后，陈昌从安陆出发，将要渡江时，写了一封信给陈文帝，信里责备陈蒨，不待他陈昌回来，就擅登大位。现在他已回来，请陈蒨知趣点，早点让位给他。陈昌的言辞傲慢不逊，陈文帝阅信后，非常不高兴！

陈文帝再三思考：陈昌写给他的这封信，不仅仅是陈昌自恃皇太子的身份，非常不客气地要求他让位；而很有可能与陈昌受了北周的鼓动或武力支持有关，陈昌才有如此强硬的态度。这不得不让陈文帝联想到，当年北齐扶植傀儡皇帝萧渊明的往事……

北齐皇帝高洋想把战俘萧渊明扶植为北齐傀儡，送到梁朝立为皇帝。

于是，写信给当年梁朝的权臣王僧辩，认为萧方智年幼，梁朝处在多事之秋，应该推立长君，北齐在寒山之战中，俘虏的梁朝将领萧渊明年龄较大，又是梁武帝的亲侄子，推他做皇帝较为适宜。北齐实质上是谋求通过扶植傀儡皇帝，使梁国成为附属国。这种要求遭到王僧辩等人的拒绝。北齐于是派高欢第七子高涣领兵护送萧渊明过江。由于王僧辩无力抵挡高涣的大军，只得要求立萧方智为太子，得到萧渊明同意后，便迎立北齐傀儡萧渊明回梁朝即位为帝，王僧辩被封为大司马，领太子太傅、扬州牧。

王僧辩面对强敌时意志不坚定和软弱，还被迫把第七个儿子王显、王显的儿子王刘和他弟弟的儿子王珍送到北齐充任人质。王僧辩被北齐军势所慑，屈事北齐，迎立北齐扶植的傀儡萧渊明为梁帝，引起了陈霸先的反感。

陈霸先苦劝王僧辩无效，为民族大义，陈霸先与徐度、侯安都、周文育等从京口起兵，袭杀王僧辩，废黜北齐的傀儡皇帝萧渊明，拥立萧方智为帝，改元绍泰，是为梁敬帝。陈霸先北抗强齐，西拒西魏，杀叛废梁，慨然担当，艰难地庇护着南中国唯一的汉政权和汉文明延续之地。

陈蒨长期跟随陈霸先征战沙场，不仅善于用兵布阵，还有丰富的从政经验。而陈昌与陈蒨相比，就缺乏军事、政治斗争实践。陈文帝看了陈昌的书信，越发感到担忧：陈昌对建立陈朝既无一战之功，又无一策之力。此番回国，身边无军力相佐，又无谋士所倚，仅凭书生意气，岂可托之以天下？

陈蒨深知，他跟随叔叔陈武帝艰难征战才打下了陈朝天下，建立陈朝，这是多么的艰辛，如果就此把陈朝江山交由毫无军事、政治经验的陈昌来治理，特别是在外有两大鲜卑强敌、内有军阀割据豪强横行的情况下，后果不堪设想。

但是，又能怎么办呢？陈昌毕竟是陈武帝的唯一嫡子，是唯一正统的皇位继承人。如今，陈昌将回，陈蒨不能拒之。如若不然，臣民必议论汹汹……

陈文帝召来心腹大将侯安都，从容不迫地对他说："太子将要回来就位了，我须另外求得一块封国，作为归老的地方。"侯安都说："自古以来，哪有被替代的天子！臣下很愚昧，不敢接受这个诏令。"

侯安都向陈文帝密语，道："陛下当年辅佐先帝平定天下，立有不世之功，理应继承帝位，而太子连尺寸之功都未建，有什么资格要求陛下退位？况且，自古以来被取代的天子，有得以善终的吗？请将此事交给微臣来处理。"于是，侯安都请求去迎接陈昌。

朝中大臣听闻陈昌太子将回，群臣们联名上表，请求文帝给陈昌封爵并任命。巴陵王萧礼等率百官上奏表说：

臣知道分封诸子为王连城以卫国，是周代的美好规范，封邦建国，是汉代的宏规，所以周代得以世代相传长久不衰，是以邢、卫诸国为基础，汉代得以国运长久，实在是有赖河、楚诸国。

伏惟陛下英明睿智，昭明大业，圣德钦明，道德与日月同光，与天地媲美。先前本朝创业之初，国运艰难，献王陈昌参与国家大谋，集结重义轻生之人，匡定天下，对外用兵声震四方，对内定国神明威武，所以能使国家再度安宁，使百姓得以蒙受恩惠。

自从武帝升天，王师远征未还，太子隔在外地，不能回来继位，国家危难，国事垂危，前途未卜。不久平乱返都，公卿谋立新天子，从此奠定了我朝基业，国家兴旺昌盛，民心归附，无愧于列祖列宗，国家未来之中兴，关键在今天，人心所向天意所钟。王琳叛乱，亡命已久，现在他勾结外敌，顺流直下，肆无忌惮，战船兵众，水陆并进，军民疲惫不堪，国库空虚，朝廷内外骚动不安，危机四伏。您操劳国事，根据品位授任官职，百官各尽其职，凶恶之徒自取灭亡，澄清四海，涤荡八极，雄图大略远近皆钦，仁德之声望传遍天下，德教所及，百姓相率从善，所以能够功业比伯禹还深厚，仁德比大尧还崇高，岂止是让国家得到安宁，让百姓有所依托。

第六皇弟昌，近年以妙龄入北齐为质，被他们扣留，远隔关山万重，毫无自由。陛下兄弟感情既很深厚，谦让之心又切。伏以大德之人无私心，常怀至公之心，怎么能恋恋于匹夫之常情，而忘了王业之根本大计。效法历时惯例，依照典章制度，仰遵周汉旧制，分封戚属建立方国。湘中地理位置优越，为水陆要冲，安置守卫疆土的将帅，非亲属不行，应该任

命献王昌去平复衡山、九疑一带，同时提高他的爵号。臣等协同商议，以献王昌为使持节、散骑常侍、都督湘州诸军事、骠骑将军、湘州刺史，封为衡阳郡王。食邑5000户，加给皂轮三望车，后部鼓吹一部，班剑20人。启可奉行。

当巴陵王萧礼及百官的奏文送到陈文帝案前时，陈文帝诏曰："可。"于庚戌（二十八日），任命陈昌为骠骑将军、湘州牧，封他为衡阳王。

三月，陈昌到达陈朝辖境。陈文帝诏命主书、舍人沿路迎接。并在建康城张灯结彩迎接陈昌，沿途各路官员都在路旁等候。

陈昌虽然聪明过人，但个性并不沉着冷静。他孤身一人，既无左右谋士，又无心腹护卫。更没有政治、军事斗争的经验。面对身经百战、文武兼备、战将如云的堂兄陈蒨；面对刚刚打败王琳10万大军的陈文帝，陈昌就显得太弱了！他如果真的聪明，就应该暂留北周，静待时机，再图归国。如果陈昌实在要回国，他只有放下身段，放低姿态，安然保命才是上策。

可是，毫不冷静的陈昌，身无尺寸之功，又无大臣和军队拥护，竟然贸然与地位稳固、又刚刚打败王琳10万大军的陈蒨争夺帝位，岂不是自寻死路？陈昌还以强硬的口气，写信给陈文帝，责令他让位。且不说陈蒨让不让位，即使陈蒨让位，以当时陈朝新建不久，国内豪强林立，国外强敌环伺的情况下，恐怕朝中大臣也不会臣服于陈昌。

且说侯安都请旨前去迎接太子陈昌，非常客气和尊敬地请陈昌登舟渡江。毫无防备的陈昌，哪里知道船中侍从，都是侯安都的心腹之人。当船行到江心的时候，侯安都与陈昌指点江山，谈诗赋词。乘其不备，突然将其推入江中。陈昌猝然落水，虽奋力挣扎，奈何船上之人，名为营救，实为用竹竿、船桨把他往水里按，使之沉江。不需几分钟，陈昌就溺死于水中。可怜陈昌，死时年仅23岁。

良久之后，侯安都才命人捞起陈昌的尸体。向朝廷报告：船坏，溺死太子。

更可怜的是章皇太后章要儿，她满心欢喜地期盼着母子团聚。可谁知，传来恶讯，陈昌溺亡！章太后自然是悲痛万分！……侯安都对外宣称：船到江心，船坏，前太子溺亡。可为什么同船的其他人都安然无事？就连与陈昌同行回朝的毛喜等人都安然活着，唯独陈昌沉尸江中？

事后，负责迎接陈昌的官员，无一受罚。侯安都及其家族反而无比荣恩。章皇太后明知这是陈蒨和侯安都做的手脚，但陈蒨地位已经稳固，她不能触动分毫。章皇太后没有办法，只能忍气吞声。

从客观上来讲，放归陈昌，本来就是北周宇文护的阴谋。欲使陈朝内乱，北周坐收渔人之利。如果陈蒨不让出皇位而又留着陈昌，北周有可能会以兵力和财力扶植陈昌与陈蒨争夺帝位。那陈昌迟早会是陈朝国内的巨大隐患！如果只是单纯地以宗室相争来指责陈蒨的残忍，是有失公允的。明眼人一看即知，陈昌的背后，站着的是北周！除去陈昌，却是稳定陈朝政局的最好办法。

侯安都在陈霸先活着的时候，无疑是忠心耿耿、战功累累；在陈霸先死后，侯安都仍是忠于陈霸先和他建立的陈朝。侯安都不希望陈昌成为北周的爪牙，起而与陈蒨争帝位，导致陈朝内乱，使华夏衣冠最后的立足之地被鲜卑族的北周所吞并。侯安都忠于陈霸先，忠于陈霸先所建立的南陈，为了陈朝国内的安定，侯安都必须干掉陈霸先唯一的儿子陈昌！这是多么讽刺而残酷的现实！

侯安都必须除去陈昌，或许还有另一个原因，就是陈蒨即帝位，是侯安都力主支持上位的。陈昌如果在北周的支持下夺位成功，那陈昌第一个要杀的人，就是侯安都。侯安都同时也会想到，他为陈文帝扫除了障碍，也是大功一件。因此，对侯安都来说，无论于公于私，他都不允许陈昌活着回到京城。

但是，另一个角度看：以陈蒨的品行和一直以来的仁义作为，他应该无意杀陈昌；而侯安都却有邀功之嫌！

四月初九，陈昌的灵柩运到京师建康。陈文帝亲自出城迎接其灵柩，悲痛哭丧，并下诏曰：

贵宠之章服是用来褒扬美德的，礼仪等级是用来尊亲的，乃是历代之常规，是先王之美范。新任使持节、散骑常侍、都督湘州诸军事、骠骑将军、湘州刺史衡阳王陈昌，聪哲敏慧，少年出众有美德，在家中默默孝敬

双亲，在外聪明睿智过人。梁末多灾多乱，社稷覆亡，西京江陵沦没，身陷关陇。等到我朝大业初创，诸侯叛乱，来往受阻，音讯不通，想到将来架通回乡之桥，将与白头翁为邻了。现在诸公同心协力，荡除各种灾难，轻车返国，无需借道。周朝重修旧好，献王陈昌车驾回朝，高兴的是孜孜以求的愿望终于实现了，又可以快乐地与家人团聚了。说什么因果报应简直是空话，辜负了你培养仁德之努力，你是离我而去了，灾难困苦却还是环绕着我，突然之间就去世了，我实在倍感伤痛。就像汉明帝那样在津门亭空洒吊亡之泪，像古人那样悲祭于恒山曲也难以追回已逝的英魂，我静下心来默默地想，心里如刀割一样。应举行隆重的盛典，使无辜于其美善之道。可追赠为侍中、假黄钺、都督中外诸军事、太宰、扬州刺史。给东园温明秘器，九旒鸾辂，黄屋左纛，武贲班剑百人，前后部羽葆鼓吹。送葬之礼节，一律依照汉东平宪王、齐豫章文献王旧例。再派大司空持节迎护丧事，大鸿胪辅其仪仗，殡葬所需费用，随时置办。

陈朝众大臣上谥号献。因陈昌无子，陈文帝将第七皇子陈伯信，过继到陈昌名下，承继其嗣。四月丁亥（初六）日，陈朝立皇子陈伯信为衡阳王，让他承继献王陈昌的祭祀。据《陈书卷二十八·列传第二十二》："衡阳王伯信，字孚之，世祖第七子也（是刘昭华所生）。天嘉元年（560年5月5日），衡阳献王昌自周还朝，于道薨，其年世祖立伯信为衡阳王，奉献王祀。寻（不久）为宣惠将军、丹阳尹，置佐史。"

侯安都因为有"迎"陈昌之功，晋爵，为清远公。侯安都的父亲侯文捍任始兴内史，死于任上。陈文帝迎接侯安都的母亲到建康，他母亲坚决要求留在乡里。乙卯（初五），陈文帝在始兴重置东衡州，任命侯安都的堂弟侯晓为东衡州刺史。侯安都的儿子侯秘，才9岁，陈文帝任命他为始兴内史，并让侯秘在乡下侍奉他的祖母。

由此可见，陈文帝对侯安都和侯氏家族，极尽恩宠和尊荣。

陈霸先作为一代英主，南征北战，艰辛建立的国家，竟然没有嫡系后人，这的确令人感到悲凉！

但是，千百年来，自称陈武帝后裔的却不乏其人。这究竟是怎么回事呢？据南京陈刚于2011年2月27日发布在陈氏宗亲网上的调查，有了新的发现——

据查阅浙江《上虞祁山陈氏宗谱》（清光绪元年版）载："霸先（受梁禅即帝位国号陈）——克、立、权（均早夭）、昌（封衡阳王，史载于天嘉元年被诛，旧谱云自隋平，昌由武康徙居上虞小越）——定、泰、仁，仁——悦——似银——栖筜——景煦——楚瑄——奉昕——永源——周砥——怀容——秉伦——元積——荆玉——纯——好古（行四、另第，为六支始祖）。"

其嘉靖十六年《原序》载："谨按累代事略，我陈氏先世吴兴武康人，有讳霸先者梁末任丞相，遭时屯剥，及台城告变，选将用兵，临戎制胜，剿除元恶，英谋独断，三四年间遂移梁祚。自永定，迄祯明。享国三十余年，传三世五帝。祚复播迁。隋高祖恤其子孙，分置外郡，给田以安。之传至如昌，流寓上虞之小越，生定、泰、仁。定、泰早夭无传，而仁则析居余姚之西，得非其支派，仁殁于隋开皇二十年正月，葬于姚。仁子悦为唐太中常侍，世系散佚，弗遑统计。"

按《南史》《陈书》之《衡阳献王陈昌传》载："衡阳献王陈昌字敬业，为高祖第六子。梁太清末年，高祖南征李贲，命陈昌和宣后随沈恪回吴兴。高祖东讨侯景时，陈昌与宣后、世祖都被侯景囚禁。侯景之乱平定后，拜官长城国世子、吴兴太守，时年十六岁。"

这样算起来，陈昌出生于 537 年，按以上《陈氏宗谱》之《原序》载，假设陈昌之子陈仁，殁于隋开皇二十年（600），计 40 岁。则陈仁就是出生于 560 年，则陈昌 23 岁生陈仁。

而《陈书》之《衡阳献王陈昌传》载："天嘉元年（560）二月，昌从安陆出发，经鲁山渡江……三月，到辖境，诏命主书舍人沿路迎接。十五日，渡江，于中游船坏，献王陈昌溺薨。"

这就发现一个问题：陈昌生子陈仁，与陈昌"溺亡"的时间相同，都是 560 年。如果《陈氏宗谱》载事是真，那么，陈昌当年（560）应该没有"溺亡"。侯安都迎棺回京的应该是一只空棺，陈昌本人则带着怀孕的妻子，跑回了老家吴兴。在当时盛大而隆重的前皇太子陈昌的安葬仪式上，应该没有任何人（包括章皇太后）去开棺验明正身。这，就是一个漏

洞！也是一个空子！这里不排除侯安都奉旨劝说陈昌以大局为重，隐居于世！以陈昌的聪明和智慧，他也不会被北周所利用，与堂兄争皇位而致陈朝内乱。陈昌隐居于世，也可躲避北周间谍的追踪和其他势力的追杀。

从事后的侯安都、毛喜等人的反应来看，特别是章皇太后和一帮忠心于陈霸先的文臣武将们的反应来看，笔者可以大胆推测：陈昌的确没有死，而隐居于世。陈朝君臣共同参演了一场"大戏"给敌国的北周看。按谱载"自隋平，昌由武康徙居上虞小越"推断时间，陈昌生于537年，到隋平陈589年，彼时陈昌"由武康徙居上虞小越"已有52岁。因此浙江省上虞县的《上虞祁山陈氏宗谱》所载，应该是真！

无独有偶，在《义门陈氏宗谱》上，也有如下记载：

第62世祖："谭先长子 蒨公 字子华。一谱名昙茜，少沉敏有识量，武帝甚爱之，称吾家英秀才，临川王继武帝庚辰建元天嘉，丙戌改元天康，在位七年殂，寿四十五岁，葬宁陵，庙号世祖文皇帝。姚氏，生子十一：柏宗、伯山、伯茂、伯固、伯恭、伯信、伯仁、伯义、伯礼、伯智、伯谋。"

"谭先次子 顼公 字绍世。一谱名昙顼，封安成王，宽宏大度灵敏轩豁，己丑践位，建元大建，在位十四年（569—582），正月殂，寿五十三岁，庙号，高宗宣皇帝。皇后五：柳氏、黄氏、何氏、谢氏，五妃未详。生子四十二，封王藩者三十一：叔宝、叔陵、叔英、叔坚、叔卿、叔明、叔献、叔齐、叔彪、叔文、叔重、叔俨、叔达、叔慎、叔雄、叔虞、叔平、叔敖、叔宣、叔穆、叔俭、叔澄、叔兴、叔韶、叔纯、叔谟、叔显、叔垣、叔隆、叔荣、叔真。"

"霸先之子，昌兢，容貌俊伟，神气清馨，读书一览成诵。江陵陷于周，文帝天嘉元年自周归，封衡阳王。生子三：季凤、季麟、季祥。"

第63世祖："蒨公长子 柏宗 字奉业，嗣位二年，丁亥建元光大二年戊子废为临海王，寻卒，年十九，史称为废帝。生子一：奇儿。"（蒨生十一子，宗谱皆系载。本书为节省篇幅，此处略）

"顼公长子 叔宝 字元秀，嗣位癸卯，建元至德，丁未改元祯明，在位七年，大业归隋，殂于隋文帝仁寿四年（604），寿五十二岁，葬洛阳之茫山，赠长城公，谥曰炀，史称后主。生子十一：深、允、嶷、彦、虔、祈、兢、庄、俭、藩、恬。"

"项公六子 叔明 字子服，号愚叟，一谱名子昭，仪容美丽，举止宽和，大建五年（573）封宜都王，寻授将军置左史，七年授中郎将、东阳州刺史，寻为轻车将军卫尉卿，十三年出为持节云麾将军、南徐州刺史，又为侍中翊右将军，至德四年追号安右将军，祯明三年（589）避隋乱，入闽仙游县，后隋召入为鸿胪少卿。妣万氏、孙氏、赵氏，生子七：志高、志能、志铉、志龙、志熙、志静、志范。"（叔明为"义门陈"之始祖，宗谱详载。项公余下31子，宗谱有载。本书为节省篇幅，此处略）

"昌兢长子 季凤 妣孔氏，生子一：天生。

昌兢次子 季麟 迁居武平。

昌兢三子 季祥，生子四：烜、辉、煌、炳。"

第64世祖：（蒨公、项公之子宗谱详载，此处仅录昌公之后裔）

季凤之子 天生 妣许氏，生子一：绍国。

季祥长子 烜公 妣张氏，生子一：浮。

季祥次子 辉公 妣盛氏，生子一：海。

季祥三子 煌公 妣张氏，生子一：润。

季祥四子 炳公 生子一：泽。

从宗谱上看，《义门陈氏宗谱》所载比较翔实，其流传范围也是最广的。由于宋神宗三次下旨，分迁义门陈于全国72庄。因此，《义门陈氏宗谱》不仅全国各地均有谱载，而且此谱系载早已遍布世界各地。

据2021年4月16日临海新闻网载《印象小岭下村》文："小岭下村陈氏，为南朝陈霸先之后。隋灭陈后，陈霸先后裔浮海避居健跳浮门。"据南宋嘉定《赤城志》载："浮门，在宁海县南190里。土著多陈姓，盖六朝时霸先之后。隋灭陈，尽室避乱于此。"

又据《钱江晚报》2016年6月2日载《金华有个村几百年前就有义务教育 自称是南朝陈武帝的后代》文："金东区曹宅镇官田村，如今村里居住着700多人，其中陈姓族人占了将近95%——他们自称都是南北朝时期陈武帝的后人……和其他地方的宗祠不同，官田村的陈氏宗祠的牌匾

上，写的是'陈武帝祠'。陈武帝，也就是历史上赫赫有名的陈霸先，南北朝时陈朝开国皇帝，在位三年，死后将皇位传给了侄子。村民们说，官田村已经有八九百年的历史了，当年，祖上是从浦江一带迁过来的……除了每年的祭祖仪式，《陈氏宗谱》中的家规家训在村民心中也有很重的分量，让陈元棋记忆深刻的，是一条'书田条约'。所谓'书田'，就是族中为了供年轻人读书置办的田产，所收的租金全部用于培养读书人。"

千百年来，史书的记载与族谱的记载，相互映衬和参照。族谱，由于血缘的维系和伦理的约束，通常不会认错祖宗。其可信程度比较高！可以说族谱是第二本国史。而往往国史，因为是胜利者所写，出于政治原因和当时的需要，所以难免有些隐讳。这就需要后世的史学者去考证、勘误。

第八章　风光大葬梁元帝

且说陈朝在风光大葬了衡阳献王陈昌之后，又隆重地安葬了南梁第四位皇帝（552—555 年在位）萧绎，史称梁元帝。

据《陈书卷三·本纪第三·世祖》记载：壬辰，诏曰："梁孝元遭离多难，灵榇播越，朕昔经北面，有异常伦，遣使迎接，以次近路。江宁既有旧茔，宜即安卜，车旗礼章，悉用梁典，依魏葬汉献帝故事。"

说起梁元帝的灵柩，也真是曲折多难。先是当年西魏攻陷江陵，杀了梁元帝之后，用草席裹了埋在城郊。后来，西魏又把梁元帝的灵柩运到长安。王琳投靠西魏（北周禅代）后，请求宇文护归还梁元帝的灵柩。王琳迎回梁元帝的灵柩还没安葬，就引大军攻击陈朝。反被陈朝大军一举击败。王琳逃往北齐，再也顾不上梁元帝的灵柩了。

陈文帝出于人之道义，正如他在诏书上所说的：我往日曾经为梁元帝之臣，如果把梁元帝的灵柩置之不顾，也有违人伦常情。于是，天嘉元年（560）六月，陈文帝诏令把梁元帝萧绎安葬在江宁。丧事中的车旗礼仪，全部采用梁朝旧制，极为隆重。陈朝隆重安葬前朝的梁元帝，也是为了安抚江南士族和梁朝旧臣们，稳定社会基础的需要。

据《南史》《梁书》所载：梁元帝，名绎，字叫世诚，小字叫七符，是武帝的第七个儿子。起初，梁武帝梦见有个瞎眼和尚，手拿香炉，自称要托生在王宫。随后，宫中有一名采女侍奉梁武帝，刚一揭开门帘，就有一股风掀起她的衣襟。梁武帝心意一动，就与她欢合。

采女梦见月亮落在了她的怀里，于是就怀孕了。天监七年（508）八月初六生了萧绎，当时整个房间飘着异香，竟是一个奇特的紫胞。梁武帝感到奇怪，于是就赐采女姓阮，晋升她为修容。天监十三年，梁武帝封萧

绎为湘东王。梁武帝太清元年（547），调萧绎任使持节，都督荆、雍、湘、司、郢、宁、梁南、北秦九州诸军事，镇西将军，荆州刺史。

太清三年三月，侯景叛乱，攻陷南梁的京城建邺。四月，萧绎的世子萧方等率军从建邺回到江陵，萧绎才知道京都台城已经失守。萧绎命令萧方等给江陵城做上栅栏，周围长70里。

镇西长史王冲等写信请求湘东王萧绎担任太尉、都督中外诸军事，受命充当盟主。萧绎不准许，说："我在天下地位并不低贱，难道还要等待都督的名号？皇帝之子的尊贵，何需借助高官的地位？作这种提议的应该斩首！"撂下笔流出了眼泪。王冲等重又请求，萧绎仍然不答应。又请求他担任司空，来领导诸侯，也不听从。萧绎建立了镇西府，征召天下士人。然后，萧绎向湘州刺史河东王萧誉征调军队，萧誉认为你我同是王爷，各守地界，你为何征调我府的军队和粮草？因此萧誉拒绝服从萧绎的命令。

不久，太子萧纲的舍人、上甲侯萧韶从京都建邺来到江陵，传达梁太子萧纲三月十五日的密诏，授予萧绎为侍中、假黄钺、大都督中外诸军事、司徒承制，其他的职务照旧。于是，萧绎便在南郡建立了行台，并设置了办事机构。并派遣世子萧方等讨伐河东王萧誉，反而被萧誉打败，萧方等战死在阵地。萧绎又派镇兵将军鲍泉讨伐萧誉。萧誉向弟弟萧督求援，于是，雍州刺史岳阳王萧督于九月初三，发兵进攻萧绎的江陵。不料，萧督自己的部将杜岸兄弟投降了湘东王萧绎。萧督只好逃走。

鲍泉攻打萧誉的湘州，没有攻下；又派左卫将军王僧辩代任指挥。后来简文帝即位，改变年号为大宝元年（550）。正月，萧绎派小儿子萧方略到西魏国去做人质，想引西魏兵来帮助自己。但西魏没有接受萧绎的人质而和他结为兄弟。

夏五月二十三日，王僧辩攻下了湘州，将河东王萧誉斩首，湘州被平定。萧誉的弟弟雍州刺史岳阳王萧督为自保而投靠西魏，做了魏朝的藩国，自称梁王，并请西魏派兵帮助攻打萧绎的襄阳。此前，萧绎已得知梁武帝被侯景所囚，饿死台城的消息。但萧绎为了打赢湘州之战，封锁了这个消息。直到攻下湘州，杀了宗亲萧誉后，萧绎才在正厅内哀哭。

侯景派将领宋子仙、任约袭击萧绎所辖的郢州，俘虏了萧绎的儿子刺史郢州萧方诸。王僧辩率军屯驻在巴陵。湘东王萧绎派将领胡僧佑、陆法和支援巴陵。

胡僧佑等击破侯景将领任约的军队，活捉任约，侯景解围，连夜逃走。萧绎封王僧辩为征东将军、开府仪同三司、尚书令，率军追击侯景，所到之处全打胜仗。进军围攻郢州，俘获了侯景贼军将领宋子仙等。

这一年的十月初一，紫色的云彩如同华盖罩临江陵城。本月，南梁简文帝萧纲逝世，开府仪同三司王僧辩等上呈奏表劝萧绎即帝位。萧绎居丧，隆重哭吊三天，百官都穿着白色的孝服。司空南平王萧恪率领宗室众人，领军将军胡僧辩率领朝廷众官，江州别驾张佚率领一般官吏，一起劝萧绎即帝位，萧绎坚持辞让，回答所上奏表说："孤以不德，天降之灾，枕戈饮胆，扣心泣血。风树之酷，万始不追；霜露之哀，百忧总萃。甫闻伯升之祸，弥切仲谋之悲。若封豕既殄，长蛇即戮，方欲追延陵之逸轨，继子臧之高让，岂资秋亭之坛，安事繁阳之石。侯景，项籍也；萧栋，殷辛也。赤泉未赏，刘邦尚曰汉王；白旗弗悬，周发犹称太子。飞龙之位，孰谓可跻；附凤之徒，既闻来议。群公卿士，其谕孤之志，无忽！"

当时，侯景未灭，大敌在前。萧绎没有打算即皇帝位，但是四方的劝即帝位奏表，前后相继。他令众官停止上表劝进。承圣元年（552）二月，王僧辩、陈霸先联军大败侯景，摧毁侯景主力。侯景逃亡被杀，悬首于江陵。王僧辩等又再次上表劝萧绎即帝位，表奏说：

各路大军于本月二十日，总集在建康城，叛贼侯景如鸟趴伏，似兽穷困，我们频繁进击，频繁挫敌，贼寇奸计用完，欺诈施尽，只好深挖城壕以自保。为臣等人分别率领雄师，百路并进，突击骑兵短刀利刃，犀皮铠甲钢铁盾牌，结集队伍千群，手拿矛戟百万，逼迫纣王仅有七步，围困项羽已至三重，轰隆一声彻底崩溃，成群顽敌四方全歼。京城老少，齐呼万岁。长安的酒肉食品，一时间价格升高。全国云开，天下清朗，况且百姓，谁不欢跃！

却念陛下遭遇痛苦悲哀，承受愤恨艰难。自从朝廷受到胡兵侵扰，宫墙之内战马云集，哭泣流血指挥军旅，卧薪尝胆率众誓师。而吴国、楚国

结为一家，便与七国一齐谋反；管叔、蔡叔制造流言，又以三监共同作乱。西凉的忠义群众，因横阻塞而不相通，并州的广大遗民，因远跨飞狐而被隔绝。豺狼当路，不止一人，鲸鲵未除，转眼五载。英武君主重振国家，仇怨耻辱一并洗雪，长久地身受霜露，他如何能够承担？为臣等人于是依据旧时典范，修缮社庙以便祭祀土神，使者手持符节，分别祭告各园陵诸位先帝。后来英灵升天，枢车尚未出殡，太子阳光掩熄，棺木不知何处。一起随同情况办理，认真对待重大丧事，四海共同哀悼，六军左袒痛哭。圣明情感孝顺友悌，内心悲痛理所当然。

　　往日，各级官员，希求御览，认为赏赐圭璋的功劳，既然归于有道之人，掌管玉玺的权力，理当属于圣明之主。但是优厚的诏令内涵谦虚，沉静深远，飞龙可以高升云天，而《乾》卦尚在四爻有待发展，天廷门卫听到喊叫，而天门仍然尚未打开。我们现在再次进行讴歌，翘首等待圣明之主定夺。这是效法越国人态度执着，烟熏丹穴以寻求国王；周朝人拥戴圣贤，越过岐山而追奉明主。汉高祖不即帝位，无法使功臣尊贵，光武帝只做萧王，怎能称延续祖业？黄帝巡游到襄城，尚在探访治国的道理，放勋闲居在姑射，仍然重视礼器的放置。此为无意得来，哪里是圣人的欲求，帝王应运即位，实际是难以推脱。伏案阅读印玺文书，寻求背诵圣上意旨，只是一番超然的情怀，未能得到仁慈的指令。陛下额中似日面相如龙的姿容，聪慧机敏名扬四方的时日，红云昼聚素灵夜哭的祥瑞，开始应对事物变化的初期。论学识渊博广大无人能比，论言语深沉光照文章之林。忠为美好品德，孝可感动上天。更加上英勇威武、韬略丰富，目标宏远、军事精通，亲自指挥则丹浦不战而胜，斜目顾视则阪泉自行荡平。地维断绝而重新接好，天柱倾倒而再加换置。在孟门开凿河津，百川重新疏导，用五石填补苍天，万物得以再生。纵然陛下拂锦绣衣服而出游广成猎场，登西方崦山而离开东土人间，群臣们向谁去汇报情况，众苍生在哪里归顺仁人？况且祭天以祖宗配享的郊祀仪式已经久未举行，斋祀之宫和清静祖庙中的匏笙箫笛已经久停演奏。仰望出现皇上的车辇，已经不止一朝一夕，希冀见到万岁的銮驾，简直就是如饥似渴。怎么可以长久地拖延公众的建议，一直地不合普通的法则！旧时州郡已经光复，函关、洛阳已经平安、高奴、栎阳，宫馆虽然毁坏，黄河、渭水，佳气依然留存。宫城门高大巍峨，甘泉宫四面宽敞，建土圭测量日影，铸仙人举盘承露。这乃是九州中的华夏，六合内的中枢。博士手捧图书逐渐还归，太常制定礼仪已经确立，哪能不肃清道路而前往名都，备好车驾而返回正寝？从前东周迁都以后，镐京旧地便一直没再恢复，长安一经大乱，郏县、洛阳便永为定居处所。夏禹会合诸侯而使万国前来朝拜，文王凭借六州而使天下安定统一，陛下好似他们一样，立足百里之地，手持三尺宝剑，利用残余的楚地疆土，抗拒凶蛮的六族戎夷，仅率领一旅士兵，便铲除三支叛逆，太平安定，大驾东归。在冀州宰杀五条大牛，在谯郡喂足皇家六马，缅怀往昔各代，先例哪可求得？秉承弘扬天命，大德无可推辞，深刻道理存在其中，冒昧重新奏请即位。

萧绎接表后，仍是不肯即位，回道："孤闻天生蒸民而树之以君，所以对扬天休，司牧黔首。摄提、合雒以前，栗陆、骊连之外，书契不传，无得称也。自阪泉彰其武功，丹陵表其文德，有人民焉，有社稷焉，或歌谣所归，或惟天所相。孤遭家多难，大耻未雪，国贼则蚩尤弗翦，同姓则有扈不宾，卧而思之，坐以待旦，何以应宝历，何以嗣龙图。庶一戎既定，罪人斯得，祀夏配天，方申来议也。"

直到宣猛将军朱买臣奉萧绎的秘密指令，杀害了豫章王萧栋和他的两个弟弟萧桥、萧樛，萧绎才有在江陵即位的意向，而这时，远在成都的皇室宗王益州刺史、假黄钺、太尉武陵王萧纪在蜀地僭登帝位，年号为天正。

萧绎派遣兼司空萧泰、祠部尚书乐子云前往瞻仰皇家陵墓，修复社稷、宗庙。随后，下令解除戒严。在江陵的街市把侯景的同党左仆射王伟、尚书吕季略、少府卿周石珍斩首，下令在境内实行赦免。二十日，世祖下令说："军容不入国，国容不入军。虽子产献捷，戎服从事，亚夫弗拜，义止将兵。今凶丑歼灭，逆徒殄溃，九有既截，四海平安。汉官威仪，方陈盛礼，卫多君子，寄是式瞻。便可解严，以时宣勒。"这一月，任命东阳太守张彪为安东将军。

这时，北齐的将领潘乐、辛术率军进攻秦郡。陈霸先亲率精兵前去援

助紧守在秦郡的严超达。王僧辩也派遣将领杜荭前去抵御北齐军。秦郡保卫战大胜，萧绎封陈霸先为征北大将军、开府仪同三司、徐州刺史，任命开府仪同三司、江州刺史王僧辩为司徒。

秋八月，武陵王萧纪在儿子萧圆照的忽悠下，率领巴、蜀部队东下，想一举平定江陵，消灭萧绎势力。萧绎派遣护军将军陆法和屯兵巴峡抗拒萧纪。兼任通直散骑常侍和聘魏使徐陵在建康给萧绎上奏表说：

"历代的圣贤之人，最终应即位为帝。不应该让显赫的世姓埋没，而让不才之人得逞。陛下已有即位的能力，而且也是上天和神的意思。应该顺应圣人之意，和于君子之德，以训诫天下百姓。

自从叛乱发生以来，皇位遭轻视，国家受灾难，地方兵戎兴起。百姓对天子的遭难痛心不已。为报国报家，陛下起兵平乱，秉忠孝之义，消灭了叛军的首领，使皇室宗庙因而得以保存。远近的人都来臣服于陛下，文武官员也纷纷归附。功业已经建立，应寻找根据而成帝业。距此月前二十天，兼散骑常侍柳晖等人到邺地来，告知陛下下旨谦逊，说国中尚未平复，暂不称帝。臣认为，不必等到据有了国都再建帝业，只要有权力在手，不怕天人不臣服。

臣唯独希望陛下顺应民心，拯救国家的命运，不要再三犹豫推辞。昔日苏秦、张仪等人离乡背俗，还能招纳三方的人士为赵国效力，率六国的诸侯唯秦国是尊，更何况臣下等人是奉皇亲朝命。而且四方交好，休戚与共。臣以区区微言，谨奉上奏表让陛下知晓。"

王僧辩为惩罚王琳，密告王琳纵容士兵失火烧毁了京城建康的藏书馆和抢掠民众的恶行。萧绎召王琳来江陵。等王琳一到，就在大殿里逮捕了他。消息传到湘州，王琳的长史陆纳及其将领潘乌累等起兵反叛，攻陷湘州。

在这种内乱未平，外乱又至的情况下，众公卿将领又上表章奏劝萧绎即位，前后陆续不断。萧绎便下了一道命令："《大壮》承乾，《明夷》垂翼，王旋度亟移，玉律屡徙，四岳频遣劝进，九棘比者表闻。谯、沛未复，茔陵永远，于居于处，寤寐疚怀，何心何颜，抚兹归远。自今表奏，所由并断，若有启疏，可写此令施行。"

冬十一月十二日，萧绎在江陵即位。

承圣元年（552）冬十一月十二日，萧绎在江陵登上皇帝位，是为梁元帝。这天，萧绎不升正殿，公卿大臣只是陪列在两旁。梁元帝下诏书说："树立一君主，以管理百姓。朕拯救国家的危难，恢复了皇室统治，群公卿士和吏民百姓都认为天命不可以长久地被掩滞，皇位不可久空无人主，因而将国家权力集于我一身。朕虽说是拨乱反正，但不是开创基业，因而可改年号太清六年为承圣元年。对拖欠租债的人，准许贷款；孝顺义气的子孙，都可赐爵，不法的囚徒特别给以宽大；禁锢劳力的做法，一律扫除。"

十三日，任命平北将军、开府仪同三司萧循为骠骑将军、湘州刺史，其余职务照旧。十五日，立世祖之子湘东郡王太王萧方矩为皇太子，改名为元良。立皇子萧方智为晋安郡王，萧方略为始安郡王。追尊萧绎的生母阮修容为文宣太后。改忠壮太子的谥号为武烈太子，封武烈太子的儿子萧庄为永嘉王。

本月，陆纳派遣将军潘乌累率军在渌口击败萧绎的衡州刺史丁道贵。丁道贵败逃到零陵。

陆纳分兵袭击巴陵，湘州刺史萧循将他击败，陆纳逃走。

近期各地出现怪异的事情。在天门山抓到一个野人，出山三天就死掉了。在吴郡有星星陨落。在淮南有野象数百头，毁坏居民的房屋。在宣城郡猛兽残暴地吃人。江夏宫南门的锁和钥匙不翼而飞。有两条龙出现在湘州西江。

承圣二年（553）春天的正月初二，梁元帝诏令王僧辩讨伐陆纳。夏季的五月二十三日，西魏大将尉迟迥兵逼萧纪的辖境巴西，潼州刺史杨乾运将据守的城池一起投降，并打开城门接纳了尉迟迥的军队入城。武陵王萧纪闻讯大惊，担心后方不保，欲回军救成都。但是，世子萧圆照鼓动其父萧纪继续率军进至西陵，十分天真地想要一举荡平江陵，一统天下。

三月初八，梁元帝下诏说："吃饭是民众的大事，农业为治理国家之根本，流传了数千年，留给数百位的君主，没有哪个不恭敬地给予百姓以时令，躬身耕种帝王的土地。所以种庄稼是一件很重要的事，《周颂》里

有赞颂稼穑的条章。如果稻麦收成不好，鲁国的史书还要将其记载下来。秦国专门开设农业耕种方面的考试，汉朝开辟屯田以获得利益。一整年没有囤积粮食，灾难就会接踵而至，战争不停息，我就不能休息，广泛垦种土地的命令，郡国内都好像没有听到似的，担任军中将帅的，官方也很少知道。现在首要的坏事清除了，海内刚刚归于一统，再大力保护百姓的利益，才能拯救破坏的局面。有一户耽误了农时，就心中不安，一个农夫荒弃了农田，盐碱之地就都会无人治理了。国家富足而刑法清明，家庭丰足了，那些从事耕作的劳力，也就跟着免除了穷苦。向外宣示这些想法，表示朕的意见！"

六月二十四日，王僧辩平定湘州。梁元帝诏令陆纳、王琳共拒萧纪。秋七月十一日，巴人苻瘅、徐子初杀掉萧纪军中的城主公孙晃，全城的军队投降。萧纪的军队大崩溃，萧纪被杀。八月五日，王僧辩率领军队胜利返回江陵，下诏命令各部分军队返回原镇守的地方。

八月初八，西魏尉迟迥平定了蜀地。九月，齐国派遣郭元建以及将领邢杲远、步大汗萨、东方老率军停驻合肥。为抵御北齐军，冬季的十一月初三，王僧辩留下镇守姑孰，豫州刺史侯瑱据守东关垒，征调吴兴太守裴之横率军增援。

十二月，北齐宿预当地的人东方光把占据的城池全部投归梁元帝，齐江以西的州郡都起兵响应。十四日，陈霸先派遣晋陵太守杜僧明率领部众援助东方光。齐派遣将领王球率领部众700人攻打宿预，杜僧明迎面还击，大败王球的军队。

承圣三年（554）三月，梁元帝公主的衣库中出现一条黑蛇长约一丈，几十条小蛇跟随着它，昂着头，高一丈多，望着南方，过了一会便消失了。梁元帝又与宫人游览玄洲苑，重见大蛇盘屈在面前，一群小蛇围绕着它，全是黑色的。梁元帝很厌恶它们，宫人说："这并不是怪物，恐怕是钱龙。"于是，梁元帝令人取了几千万钱堆在蛇盘的地方以满足它们。又举办法会，赦免囚徒，救济穷困。梁元帝退居在栖心省，又有一条蛇从屋顶坠落在梁元帝的帽子上，一转眼便消失了。又在龙光殿上皇帝所乘的轿中也见到有小蛇盘在里面，把轿中膝前的金龙顶在头上。见到人后迅速跑掉，追它不上。在护城河中有龙升腾而出，五色斑斓，飞入云端，六七条小龙相随飞去。大群的鱼也腾跃而起，却落下来摔死在陆地的道路上。龙飞起的地方出现一个数百斛大小的窟窿。过去大城的上空常浮有紫气，到这时渐渐消失了。

十八日，梁元帝任命司徒王僧辩为太尉、车骑大将军。任命护军将军、郢州刺史陆法和为司徒。任命征北大将军、开府仪同三司陈霸先为司空。

六月二十八日，有黑气形状如龙出现在大殿内。秋季的九月初八，梁元帝在龙光殿讲述《老子》的含义。在此之前，魏朝的使者宇文仁恕前来聘问，齐国的使者又来到江陵，元帝接待宇文仁恕时礼仪有所欠缺，魏朝的宰相安定公对此十分恼恨。二十二日，派遣柱国于谨率军前来攻击梁元帝所在的江陵。

冬季的十月十三日，西魏的军队开到襄阳，梁王萧詧率军与他们会合。接到警讯，梁元帝于十四日停止讲经，朝廷内外一律戒严。凡兵车出入的通道都用木栅栏围起来，当天，刮大风把木桩都拔了起来。二十三日，讲经继续，百官们都穿着军服听讲。下诏令征发王僧辩等人率领军队待命。

十一月初二，来到津阳门讲习武事，设置了南北两个城主。任命领军胡僧祐都督城东城北的诸项军事，右仆射张绾为副将，左仆射王褒都督城西城南的诸项军事，直殿省元景亮为副将。王公卿士各自都有守备的任务。初四，元帝亲自检阅，风雨交加，部署尚未贯通，旗帜飘乱，元帝驱车返回，军众乱了次序。风雨随即停息，大家都暗自惊诧。皇太子巡行了城楼，差遣城中居民帮助运送水石等战备物资，各个要害的所在地，都增加了兵力防备。

初五，西魏的军队开到城外栅栏下。十四日，征调广州刺史王琳前来援助。十五日，刮起大风，城内失火，烧毁民房数千家。官府认为这是一个妇女的罪责，将她斩首陈尸。这一天，元帝仍然在作诗而不停止。封胡僧佑为开府仪同三司。

十八日，信州刺史徐世谱、晋安王司马任约的军队驻扎在马岸头。这

天夜里，有流星坠落城中，元帝拿蓍草对此进行占卜，卦成以后，又采用龟壳占卜加以验证，随后便扔在地上说："我若死在这里，岂不是命运吗？"于是扯下一块丝绢写成一封信催促王僧辩说："我现在忍受着死亡的逼迫等待着你，你可以过来了。"

二十六日，胡僧佑、朱买臣等出战，朱买臣战败。二十九日，魏军大举进攻，元帝从枇杷门出来亲自临阵督战。胡僧佑被流箭射中而死，军队战败，反叛者杀死西门的守卫兵卒放进魏军。梁元帝被捉住，押到了梁王萧詧的军营，受审讯和侮辱。有一天，萧绎见到魏朝的仆射长孙俭，他欺骗长孙俭说："我曾经在城内埋藏了黄金1000斤，想赠给你。"

长孙俭便把元帝带进城中去，梁元帝于是叙述了萧詧侮辱自己的状况，对长孙俭说："先前不过是骗你，想这么说罢了，哪有天子自己埋黄金的呢？"长孙俭便把元帝留在公主的衣库里。

十二月初四，徐世谱、任约率军退回巴陵镇守。十九日，西魏杀了梁元帝，时年47岁。次年，梁王萧方智秉承元帝旨意，追尊他为孝元皇帝，庙号为世祖。

梁元帝萧绎生性聪明颖悟，神气俊朗，富有天才，讲话发表议论，声音响亮如钟。五六岁的时候，武帝曾经问他读的什么书，他回答说："能背诵《曲礼》。"武帝让他背诵，他就背诵了《曲礼》的上篇。左右的人听了无不惊叹。幼年的时候，曾患眼病，越治越重，武帝便根据自己的想法进行治疗，结果一只眼睛失明。于是回忆起了以前梦中的情景，对元帝更加怜悯和喜爱。长大后喜欢学习，极力博览群书。武帝曾经问他说："孙策在江东，当时年龄多大？"回答说："17岁。"武帝说："正是你现在的年龄。"

梁元帝生性不好娇声美色，而追慕高名，在做荆州刺史的时候，建造了州学宣尼庙。曾经设置儒林参军一人，劝学从事二人，学生中有30人，由官府增加粮食供给。元帝工于书法、善于绘画，自己完成了孔子画像，写了赞词并且书写下来，当时的人们称为三绝。他与裴子野、刘显、萧子云、张缵以及当时的高才士人结为普通的朋友。常常自比为诸葛亮、桓温，只有张缵表示赞同。

萧绎素来爱好伪装，多猜忌，遇到名誉不肯让给别人。如有略微胜过自己的人，一定要加以诋毁和陷害。元帝的姑姑义兴昭长公主的儿子王铨兄弟八九人享有盛名。元帝妒忌他们的美誉，于是就把他的宠姬王氏的哥哥王珩改名为王琳，使和前者的父亲同名。他嫉妒刘之遴的学问，便派人用毒酒把他毒死。类似的情况很多很多，即便是他的骨肉近亲也普遍遭到他的残害。起初他为文宣太后居丧，仿照汉代孝子丁兰的办法做了一个他母亲的木刻像朝夕供奉。到了武帝去世后，却对丧事保守秘密一年多，才发布了不幸的消息，用檀木刻了一个肖像，放置在百福殿内，供奉得十分恭谨。每天进献蔬菜，做什么事一定要预先禀报，他就是这样的虚伪做作。

　　他素性喜爱书籍，患了眼病以后，大多不再自己拿书，安置了读书者在身边伺候，轮流值班，昼夜常读，一刻不停，即使睡觉，书也不肯放手。五个人各侍奉一更，总是读到天亮。常常睡熟鼾声大发，身边的人也有时打瞌睡，读错了顺序，或者漏掉卷数空翻页码，元帝必然惊觉醒来，重新让他们追读，并且加以抽打。虽然军旅紧张，事务繁忙，军书檄文，文章诏书，点笔即成，几乎从不歇手。他常常说："我立身于文士，愧不如武夫。"评论者以为说得颇为恰当。

　　当初，萧绎在浔阳，梦见有人说："天下将会大乱，大王必能支撑。"又背上曾生黑子，巫婆见了说："这是大贵之相，不可明说。"梁武帝曾任命贺革为帝府咨议，让他讲解《三礼》。贺革后来要西上江陵，他心里很不愉快，先到了御史中丞江革那里去告别。江革告诉他说："我曾梦见皇上接见各位皇子，到了见湘东王时，便脱下帽子授给了他。这个人以后必当国君，您只管去吧。"贺革点头赞同。

　　后来，太清年间发生侯景动乱，萧绎能够战胜叛军收复国土，因此远近的人都很乐意推崇萧绎为帝，然后接受他的任命。自从遭到侯景之难，州郡大半归入西魏，自巴陵以下到建康，沿着长江作为边界。荆州的边界北面最远到武宁，西面拒守峡口；自山岭以南，又被萧勃所占据。梁元帝所辖之境，近在千里，户籍注册的人口，不满 3 万。梁朝中兴的盛况，到此完全结束了。

　　武陵平定以后，有人提议借着他们的舟舰迁都建邺，宗懔、黄罗汉都是楚地人，不愿迁移，元帝以及胡僧佑也都没打算搬动。仆射王褒、左户尚书周弘正屡次阐述都城在楚地很不方便。宗懔和御史中丞刘懿则认为建邺的王气已经穷尽，况且古老渚宫的洲景已经多达上百处，于是便留下来了。不久木星处在井宿，火星居于心宿，元帝观后十分感慨地对朝中的文武大臣说："我观看了天象，恐怕将要出现乱贼。但是吉凶出在我这里，命运则由上天来决定，躲避它有什么用处？"

　　梁元帝对于各种技艺方术无所不通。他曾经很久得不到南方的消息，就进行占卜，遇到了《剥》卦转为《艮》卦，他说："南方的消息已经到了，现在应当派身边像汉代季心那样的勇士前去观看。"事实果然和他说的一样，宾客们都对他的妙算感到惊诧。凡是他所占卜判断的事情都是这样。起初他跟随刘景学相面术，便询问自己的年命，刘景回答说："不到50的时候，会有一次小灾，举行祭祀加以襄除，即可避免。"元帝说："如果真有命定的遭遇，进行襄除又有什么用处？"他到这时已经47岁了，禁忌特别多，墙壁倒塌，房屋毁坏，如果年月的吉凶不方便，他就到底也不肯修理。

　　起初，承圣二年三月，有两条龙从南郡城西升天，百姓聚集观看，五彩分明。江陵的元老旧臣私下互相哭着说："从前有龙出于建康秦淮河，而天下大乱，现在重又出现，灾祸很快就要到来了。"元帝听说后十分厌恶，过了一年便遇上了祸患。又传闻江陵先前曾有99个沙洲，自古相传说："洲满一百，当出天子。"桓玄曾当荆州刺史，心内曾有篡逆的企图，便派人凿破了一个洲，以应合一百这个数目。随后就崩毁了，结果无所成就。宋文帝做宜都王，是一个藩国，一个沙洲自己出现了，不久文帝篡夺了皇位。后来遇到了元凶劭之祸，这个洲又沉没了。太清末年，枝江的杨之阁浦又生了一个沙洲，众僚友上书庆贺，第二年萧绎就即了皇位。承圣末年，那个洲与大岸相通，还是99个。

　　到了魏军进逼江陵的时候，朱买臣按剑启奏说："只有把宗懔、黄罗汉斩首，才可以拿来向天下百姓致歉。"元帝说："先前其实是我的主意，宗、黄两人有什么罪呢？"二人退到了众人当中。

到了魏人火烧栅栏的时候，朱买臣、谢答仁劝元帝乘天黑逃出包围圈到沈约那里去。元帝平时不熟习骑马，便说："事情肯定不能成功，徒然增加耻辱罢了。"

谢答仁又请求由自己帮助逃走，元帝就此事询问仆射王褒，王褒说："谢答仁，原是侯景的党羽，哪会这么可信？成就他的功勋，还不如去投降。"于是，萧绎下令，把收集的图书10多万卷全部烧毁。

谢答仁又请求守卫内城，收拾残兵可以得到5000人。元帝答应了，就授给他城内大都督的职位，赠予他皇帝的乐队，并把公主许配给他。随后又召王褒前来谋划，谢答仁请求进入而不能够，口吐鲜血离开了那里。接着，萧绎便派皇太子、王褒出城作为人质请求投降。

不久，黄门郎裴政冲破门禁出城。元帝骑着白马、穿着白衣走出东门，抽剑砍击门扇说："萧世诚竟落到了这种地步！"西魏军队到达共280天，萧绎四方征兵，大军未到而京城已破。

梁元帝在被囚禁期间，他要了酒来喝，写成了四首绝句。

其中第一首说："南风且绝唱，西陵最可悲。今日还蒿里，终非封禅时。"

其中第二首说："人世逢百六，天道异真恒。何言异蝼蚁，一旦损鲲鹏。"

其中第三首说："松风侵晓哀，霜雾当夜来。寂寥千载后，谁畏轩辕台！"

其中第四首说："夜长无岁月，安知秋与春？原陵五树杏，空得动耕人。"

后梁国主萧詧派尚书傅准监督行刑，元帝对他说："很幸运您为我宣告出行。"傅准手捧着诗，眼泪禁不住流了出来，献上一个土袋子而把他压死。

梁王萧詧让人用布头巾缠住尸体，用蒲席加以收殓，用茅草加以捆束，用一辆车子拉着，葬在了津阳门外面。愍怀太子萧元良以及始安王萧方略等人，都被害死。将军裴畿、裴畿的弟弟裴机、谢答仁这三个人互相抱着，共同被杀。

徐世谱、任约从马头逃往巴陵。任约后来投降了齐朝。汝南王萧大封、尚书左仆射王褒以下，都被俘获送归长安。又选了男女百姓数万口，分别作为奴婢，年幼体弱的则统统杀掉。

萧绎著有《孝德传》《忠臣传》各30卷、《丹阳尹传》10卷、注《汉书》115卷、《周易讲疏》10卷、《内典博要》100卷、《连山》30卷、《词林》3卷、《玉韬》《金楼子》《补阙子》各10卷、《老子讲疏》4卷、《怀旧传》2卷、《古今全德志》《荆南地记》《贡职图》《古今同姓名录》1卷、《筮经》12卷、《式赞》3卷、文集50卷。

史臣说：梁朝那时的祸乱，大量的叛军凭借着壁垒，世祖（萧绎）当时地位居长又兼军事首领，有保全楚地的资格，应亲自率领众诸侯王，做好准备来开辟平叛的道路。虚张自己的势力以求得外援，事情不同于勤政于所封王，而在于在军事上的行动，曾非百舍。后来歼灭平定叛军的元凶，使国家得到安宁，在南部掌握中国的形势，光大开启国家使之兴旺，也是世祖强有力的才能和英明的战略，才继续这一好运。

但世祖秉性好猜忌怀疑，对下属不分亲疏，领导部下没有方法，像一个人踩到冰上去时也不知道害怕，因此就像一只凤凰没有司晨鸣叫的本事，像烈火没有照见里面的美德。按照世祖的天性聪明睿智尤为博学，如果专心于治国之道，不害怕那些邪佞之说，迁徙国都到金陵，左边有强大的叛军，怎么会达到自己的目的呢？所以上天没有纠正祸乱，而在动荡中覆亡世祖的生命，真是可悲啊！

陈文帝隆重安葬前朝的梁元帝，不仅获得了梁朝旧臣民的拥护，对安定民心，稳定政局有深远的意义，更重要的是警示陈朝君臣要吸取梁元帝败国亡家丢性命的惨痛教训！朝野上下，齐心协力，励精图治，把华夏汉文明赖以延续的最后一片国土，守卫住建设好！

再说北周权臣宇文护原想利用陈昌，使陈昌与陈文帝争夺帝位，从而引发陈朝国内动乱。没想到陈朝君臣竟然齐心协力化解了内争。陈文帝地位稳固如山，陈国社会稳定，经济复苏，生机勃发。

宇文护一怒之下，令北周司马贺若敦率领部众1万人，突然进犯到陈朝的武陵地区。陈朝武州刺史吴明彻不能抵抗，带着兵马退守巴陵……

第九章　战北周贺若敦退兵

北周放归陈昌，原想坐山观虎斗。殊料，陈朝政局稳若磐石。

北周权臣宇文护一怒之下，令北周司马贺若敦率领部众 1 万人，突然进犯到陈朝的武陵。武州刺史吴明彻不能抵抗，带着兵马退守巴陵……

陈朝初年，南中国的政局十分复杂。北周（557 年灭西魏而立）扶植萧詧在江陵建立傀儡政权后梁；北齐扶植王琳势力在湘州拥立萧庄为梁王；这两股势力代表着北周、北齐，与陈朝势力角逐争雄。

陈永定二年（558）冬，后梁萧詧乘王琳引兵东下与陈朝相斗之机，派大将军王操攻略沅湘，占领了长沙、武陵等郡。

陈永定三年（559）陈武帝病逝，其侄陈倩即位，是为陈文帝。面对气势汹汹的王琳率大军压境，陈文帝令陈军太尉侯瑱率侯安都、徐度等众将，同仇敌忾，一举打败趾高气扬的王琳大军和北齐 1 万多步军及 2000 多骑兵。陈朝取得了辉煌胜利。

接着，陈文帝诏令太尉侯瑱为都督湘巴等五州军事，与北周争夺湘州。湘州对于南朝来说，地理位置十分重要。不仅是因为湘州是南京西线的战略屏障，还是南朝的大粮仓，战争物资的重要产地。

湘州辖境，从晋到南陈，几经变化。东晋咸和四年（329），湘州七郡并入荆州。义熙八年（412），分湘州长沙、衡阳、桂阳、零陵、营阳、湘东、邵陵、始兴、临贺、始安十郡复置湘州。湘州增辖今广西壮族自治区东北部湘江上游、漓江和贺江流域以及广东省北部北江流域大部。义熙十二年（416），湘州十郡并入荆州。

南朝宋永初三年（422），分荆州十郡复置湘州。梁承圣二年（553），永阳郡还属湘州。至此，湘州领七郡：长沙郡、衡阳郡、湘东郡、邵陵

郡、零陵郡、永阳郡、乐梁郡。

南陈在与北周争夺湘州之前，北周南界扩张到了襄樊一带，并在江陵一带扶植了完全听命于己的"后梁"：萧詧政权。

周、陈的军事分界线在今湖北中部，两国之间，共有长江之险。无奈之下，陈朝只能以洞庭湖地区为核心，组织湘州北部的防御。

起初，北周趁陈朝与王琳内战，派一部兵力进攻郢州（今武汉），在王琳部将孙玚拼死抵抗之下不果而退。但随着王琳的败没，北周指使后梁萧詧政权进攻王琳原据之地，连克南平（今湖北公安）、武陵（今湖南常德）等地。

南陈朝的京都在建康，只有两个重要的军事防御方向——北向，先守淮河，再守长江。西向，先守汉中，再守西川，再守荆、郢、湘三州。而荆州的辖区大幅缩水后，比以前的荆州，重要性略有下降，郢州又不与广州（省级）、江州（辖今江西、福建）直接接壤。所以，湘州的战略价值不断上升。

湘州的战略价值，东晋元帝司马睿曾经告诉谯王司马承说："湘州占据长江上流之势，北控荆州、南控广州与交州（越南北部），若失去湘州，后果不堪设想。"

可惜的是，南朝梁武帝萧衍晚年糊涂，接纳东魏叛将侯景，引发灾难性的"侯景之乱"。北齐和西魏趁机南下掠地，北齐占据淮南；西魏（北周）则占据西川、荆襄，以及湘州。

北周占据湘州，对刚成立就处在风雨飘摇之中的南朝陈，产生致命威胁。如果北周大军以湘州为根据地，向东进攻江州，向南进攻广州，则南朝陈就剩下"江东六郡八十一州"，势必危矣！

真是上天眷顾华夏汉文明，南朝陈国出现了一位英武、贤明的陈文帝陈蒨。陈文帝早就看出了湘州对于陈朝的重要军事地位。他即位不久，于天嘉元年（560）八月，诏令陈朝的武州刺史吴明彻部沿江西上，想收复湘州地区。

北周闻讯，迅速派军司马贺若敦与开府将军独孤盛率军来救，兵力大概在6000至1万间。（见《陈书·侯瑱传》《周书·贺若敦传》）

贺若敦极善用兵，果敢勇猛，为时人所称赞。贺若敦率军击败以水军为主的吴明彻部，乘胜南下，攻占湘州长沙城。北周虽未全取湘州之地，但自南平至长沙，这一带地区像一把尖刀深深扎进湘州腹地，给陈朝带来极大被动。

陈文帝意识到，长江中游以荆州为重，但荆州已被北周和后梁占据，湘州事实上无险可守。陈朝的国防形势极为恶劣：湘州之重在长沙、巴陵，过长沙则湘州以南直至广州北界再无重镇；过巴陵则顺长江东下直迫江州，江东之势危如累卵。而湘州作为战略屏障，其军事地位之重要不言而喻。

北周和陈都意识到了这个问题，所以北周的贺若敦拼死也要保住湘州长沙，而陈朝夺取湘州，却攸关生死！所以，在吴明彻败后，陈文帝即遣大将侯瑱、侯安都、徐度等顶级大将率军进攻湘州。

天嘉元年（560）九月，湘州北部连降大雨，湘州流域涨水，贺若敦与独孤盛的大军以步骑为主，水师数量又少，面对水师精锐的陈军，北周的劣势立时呈现了出来。

陈朝太尉侯瑱挥师西进，围逼湘州，断绝了北周粮道。北周权臣宇文护急命军司马贺若敦率领马步万余渡江援救。这里，要交代一下北周权臣宇文护这个人。宇文护，是北周的权臣。此人对西魏、北周的影响太大，有必要在此特别介绍一番。据史载：

宇文护，字萨保，幼年时为人方正，颇有志气度量，特别受到他的祖父德皇帝所喜爱。他17岁从晋阳到达平凉，宇文泰把家务交给了宇文护管理，内外肃穆。宇文泰任命宇文护为都督，一起打败侯莫陈悦。又迎立魏文帝元宝炬立功，被朝廷封为永池县伯。跟着宇文泰打败窦泰，收复弘农，攻破沙苑，征战河桥，都建有军功。

邙山之役，他被东魏的军队包围，依赖都督侯伏、侯龙恩救援，才突出包围。因作战失利被免去官职。后，迁任大将军。与于谨征讨江陵，率军直至江陵城下。攻克江陵后，他又率军讨平襄阳蛮族首领向天保等1万多人。

宇文泰西巡驾崩，宇文护护送他的遗体到长安后才发丧。此时强敌压

境，人心浮动。宇文护总揽朝廷内外，抚慰文武大臣，人心才稳定下来。

宇文泰任西魏丞相，建立左右十二军，归丞相府统领。宇文泰去世后，这些军队都由宇文护管辖，凡是有征发调动，非得有他的文书才行，他屯兵在京城，分布在皇宫各处。朝廷事情不论大小，都由他先行决断，再奏闻天子。宇文护认为天命归周，劝西魏天子禅让。北周孝闵帝宇文觉即皇帝位，封他为晋国公，食邑 1 万户。赵贵、独孤信等人密谋袭击他，他利用赵贵入朝的机会将其抓获，赵贵的同党都被诛灭，朝廷封他为大冢宰。

后，司会李植、军司马孙恒等秘密游说闵帝，多次率武士在后园，想杀掉宇文护。宇文护知其阴谋，便谏止闵帝，说："天下最亲密的，都不超过兄弟。如果兄弟之间互相猜疑，别的人怎么可以亲近呢？只恐怕将我除掉后，奸佞们的目的便可以达到。不仅对陛下您不利，也会危害国家。"说着便哭了起来。闵帝对他仍然猜忌，密谋更加频繁。

宇文护派贺兰祥逼迫闵帝退位，他召集公卿大臣，说："先王为王业辛劳了 30 多年，天下的贼寇还未平定，就已去世。我就像他的儿子，临终前他将朝廷大事托付给我。因为略阳公宇文觉是正出的长子，所以，我与诸位一起拥立他称帝，革去魏国，建立大周，他成为天下的君主。但是，他自即位以来，荒淫无度，亲近一群邪恶小人，疏远和猜忌骨肉兄弟，想把重要的大臣将领都杀掉。如果这个阴谋得逞，国家必然被颠覆。我如果死掉，有什么面目到地下去见先王！今天，我宁负略阳公，也不能有负天下！宁都公宇文毓年轻有为，道德卓异，仁孝慈爱，现在我想废去昏庸，拥立圣明，你们认为怎么样？"

朝臣们都说："这是您家里的事情，我们敢不唯命是听！"于是，将乙弗凤等人在门外斩首，并诛杀李植、孙恒。不久杀掉闵帝，从岐州迎立明帝。

明帝聪明睿智，有见识和度量。宇文护很害怕他，便下药毒死明帝，立宇文邕为帝。宇文护权倾一时，朝廷百官都听从他的指挥。

开初，宇文泰创业时与突厥实行和亲，想互为犄角，共同打败高欢。这一年，宇文护派柱国杨忠联合突厥东伐北齐，攻破齐的长城，到达并州还师，准备后年再举进攻，以南北呼应，夹击齐军。北齐天子大为恐惧，主动送回宇文护的母亲阎氏与皇室的四姑，以及流落在北齐的周朝大臣将领的亲属们，借此修好两国关系。

这一年，突厥又率领军队按期会合，准备联合进攻北齐。宇文护因为母亲刚被齐国送还，不想马上就出发。但又担心失信于突厥，不得已，便请求东征。宇文护本来就缺乏战略头脑，这次出兵又不是出于他的本愿，所以，出师无功，他与各位将领伏首请罪。

宇文护为人十分宽厚平和，然而，在大的问题上他都不甚明白。他自认为建立了功勋，长时间掌握国家的权柄，但任用的人都很不恰当。加上皇室诸子贪婪残忍，僚属们为所欲为，无不为政肆虐，残害百姓。武帝因为他专权凶暴急慢，暗中与卫王宇文直密谋想除掉他。天和七年三月十八日，宇文护从同州归来，周武帝在文安殿接见他完毕，引他到含仁殿拜见皇太后，并从怀中掏出一份《酒诰》交给他，说："用这个劝谏太后。"宇文护进入含仁殿，按照武帝的要求，将《酒诰》读给太后听。还没有读完，武帝用玉镯从背后猛砸他的后脑，宇文护猝然倒地。卫王宇文直事先藏在殿内，便跳出来杀死宇文护。

杀死宇文护后，周武帝立即逮捕并杀了宇文护的儿子、亲信和同党。直到建德三年（574），北周朝廷才下诏恢复宇文护以及他的儿子们先前的封爵。这其实已没什么意义了。宇文护当权之时，可能也没想到这些后事吧。

当初，雍州刺史萧詧引西魏兵南下，于谨、宇文护等将领率西魏兵众攻陷江陵，杀梁元帝萧绎之后，巴州、湘州一带的土地都归属了西魏（禅代后的北周）。

陈文帝诏令太尉侯瑱为西讨都督，率兵逼近湘州。贺若敦带步兵骑兵去救援，打败侯瑱，乘胜挥师深入，在湘川驻扎下来。

贺若敦，代地人。父亲贺若统，任东魏的颍州长史。大统三年（537），拘执刺史田迅，举州来降。到长安后，魏文帝对他说："自从你在颍川跟随我，我一天也没有忘记你。"当即授他为右卫将军、散骑常侍、兖州刺史，赐爵当亭县公。不久，授北雍州刺史。其父去世后，追赠侍

中、燕朔恒三州刺史、司空公，谥号为"哀"。

贺若敦从小有气量才干，善于骑马射箭。其父贺若统策划捉拿田迅时，考虑再三，难下决心，又因为家室拖累，犹豫不决，思虑很长时间。贺若敦当时 17 岁，献计说："父亲从前侍奉葛荣，已经位居将帅；后来加入尔朱氏军队，礼遇优厚。韩陵之战后，被迫为高欢效力，既非旧交，又无功劳，如今的委任，同从前一样，正因为天下尚未平定，需要借英雄效力。一旦天下平定，难道还能兼容？按我的愚蠢想法，恐怕将来会有危亡的担忧。希望您保全性命，远避灾祸，不要再考虑其他了。"贺若统流着泪，听从了他的意见，于是决定归附太祖（宇文泰）。

当时群盗蜂起，各自占据山谷。大龟山贼人张世显暗中前来袭击贺若统，贺若敦挺身而出，亲手杀死七八人，贼人退走。贺若统大喜，对左右僚属说："我从小参军，多历战阵，像这样的年龄而有如此胆量谋略的，我还没有见过。不仅可成为我家后继之人，也当成为国家名将。"次年，跟随河内公独孤信，在洛阳被包围。贺若敦挽三石硬弓，箭无虚发。独孤信大为惊奇，告诉太祖（宇文泰）。太祖认为他是奇才，召到身边，授都督，封安陵县伯，食邑 400 户。

曾经跟随太祖在甘泉宫围猎，当时参加围猎的士兵人数不齐，野兽大多逃走，太祖大怒，人人都害怕得大腿发抖。包围圈内只剩下一头鹿，随即也突破包围圈逃去，贺若敦跃马追赶，鹿逃上东山，贺若敦下马，步行追到山腰，拽住鹿下山。太祖大喜，众将因此免受责备。多次升迁，历任太子庶子、抚军将军、通直散骑常侍、大都督、车骑大将军、散骑常侍、仪同三司等职，晋封广乡县侯。

贺若敦会武艺，太祖一直想任命他为将帅。魏废帝二年（553），授右卫将军，不久，加骠骑大将军、开府仪同三司衔，晋封公爵。当时，岷、蜀归附不久，民心尚有阻隔。巴西人谯淹占据南梁州，与梁国的西江州刺史王开业互相呼应，煽动各蛮族叛乱。太祖命令贺若敦率军讨伐。山路艰险，人迹罕至。贺若敦走在将士前面，攀树爬崖，加倍赶路，出乎敌军预料。又派仪同扶猛在白帝击败敌军别帅向镇侯。谯淹与王开业及其党羽泉玉成、侯造等人率兵 7000 人，家属 3 万人，沿垫江而下，投奔王琳。贺若敦截击，大败贼众。

谯淹又依山立栅，向南勾结蛮帅向白彪作为后援。贺若敦设下离间之计，挑拨贼党之间的关系，趁其懈怠，再次击败他们。斩谯淹，将其部众全部俘虏。贺若敦因功晋封武都公，食邑增至1700户，授典祀中大夫。不久，出任金州都督、七州诸军事、金州刺史。

向白彪又与蛮帅向五子等人聚众作乱，包围信州。诏命贺若敦与开府田弘赶去救援，尚未赶到，信州已经沦陷。贺若敦进兵与向白彪等人交战，击败敌军，俘虏、杀死2000人。继续进兵追击，平定信州。

当年，荆州蛮帅文子荣自称仁州刺史，裹胁当地百姓，据守沮水、漳水反叛。诏令贺若敦与开府潘招讨伐，活捉向子荣，将他的部众俘虏。

武成元年（559），入朝任军司马。从江陵平定后，巴、湘一带全部划归魏朝，大多派遣梁国人镇守。

陈文帝诏令将领侯瑱、侯安都等人围逼湘州，截断粮援。宇文护也命令贺若敦率领步兵、骑兵共万余兵马渡过长江，前去救援。

侯瑱等人认为贺若敦孤军深入，策划要击败他。贺若敦每次都设下出人意外的埋伏，连续击败侯瑱，乘胜前进，一直抵达湘州。

九月金秋乙卯（初七），北周将领独孤盛率水军去巴、湘，与贺若敦的北周步军一起水陆并进，直向陈境挺进。陈朝太尉侯瑱从浔阳出发前往抵御。陈文帝诏令仪同三司徐度带兵在巴丘与侯瑱会合，共同进讨巴、湘之北周军。

当时，大雨不止，秋水泛溢，淹没了道路。陈朝军队渡过长江，截断了长江的通道。独孤盛、贺若敦粮援断绝，北周军队人心恐惧。北周将领贺若敦就分派士兵，四处抢劫，以充军用。

贺若敦担心陈军将领知道他的粮食少，就在军营里堆起很多土堆，上面盖上一层米。集合各营军士，每人手里都拿着口袋，派官员装作分粮的样子。又乘机召集附近村民进营，假装找他们了解情况，然后又打发他们离开，有意让村民把看到的假米屯说出去。

侯瑱听信了，以为北周军队的粮食很多，不敢轻易向周军发起进攻。侯瑱等人于是据守险要之处，打算多耗时日，使贺若敦军队疲惫。贺若敦

又增修了很多营垒；建造了很多房屋，作出久留之假象。如此一来，使湘州、罗州一带因为准备打仗的缘故，农田荒芜，农业耕种和生产也都荒废了。侯瑱虽然心里着急，也没有别的办法。

先前，当地百姓多次划着小船，装载粮食、鸡、鸭，来慰劳陈朝侯瑱的军队。北周主将贺若敦对此很害怕，也派人伪装成当地百姓的样子，乘坐小船，埋伏兵甲在船舱内，来到陈军驻地。陈朝军队的兵士远远望见，以为又是当地村民运粮饷的船来了，毫无防备地上前迎接，争先恐后地拿东西。这时，贺若敦的北周兵众突然冲出船舱，杀死和俘虏了侯瑱的陈军兵士。

贺若敦的北周军队，多次有人叛变，骑马投奔侯瑱，都被陈军接纳了。贺若敦为了制止北周军人的叛变，他另找一匹马，牵着它走近船。当马将上船时，就让船上的人迎着马，用鞭子胡乱抽打那匹马。如此反复多次，那匹马一见船就害怕，不敢上船。

然后，贺若敦就在江边埋下伏兵，让人乘这匹害怕上船的马，去引诱侯瑱的陈朝军人，假装说是来投降的。侯瑱派出士兵来接应，争先来牵马。可那马见船就害怕，硬是不肯上船。延宕之间，贺若敦指挥北周的伏兵乘机冲来袭击，把前来接应的陈朝士兵全杀了。

从此以后，真正来送粮饷的船和真正来投降的骑兵，侯瑱也以为是贺若敦设下的诡计，干脆都拒绝接受，一律予以痛击。结果，贺若敦的北周军众尽管"粮援断绝"、军心不固，又丧失民心，但仍然与侯瑱的陈军相持了半年之久。

冬季，十月癸巳（十五日），陈朝的西讨都督侯瑱，在杨叶洲西江口交战，打败了独孤盛的北周军队。掳掠北周将领独孤盛的人马和器械，不可胜数。按功劳授侯瑱为使持节，都督湘州、桂州、郢州、巴州、武州、沅州等六州诸军事、湘州刺史，改封为零陵郡公，食邑7000户，其他职衔不变。

独孤盛收拢败兵登上江岸，修筑城垣以自保。随后，陈文帝下诏，命令司空侯安都率领军队去和侯瑱会合，向南征讨。北周湘州城主殷亮投降陈国，湘州被平定。

侯瑱与贺若敦两军相持时日越来越长,侯瑱等人无法取胜。于是,借船把贺若敦送过长江。贺若敦怀疑其中有诈,予以拒绝。

侯瑱又派使者对贺若敦说:"将军在此已久,如今打算给船相送,您为什么不离开?"贺若敦回答说:"湘州是我国辖地,被你侵逼。我来到这里,就是打算消灭你们。既然尚未决一死战,因此不愿离开。"

隔了一天,侯瑱又派使者前来,贺若敦对使者说:"如果一定要我回去,可以距我百里之远,我就为你而去。"

于是,侯瑱等人在江上留下船只,率军离开渡口百里。贺若敦侦察到确实无假,才从容整理舟楫,率军拔营北归。独孤盛率余部也从杨叶洲潜逃。据《陈书卷三·本纪第三·世祖》:"秋七月丙午,周将贺若敦自拔遁归,人畜死者十七八。武陵、天门、南平、义阳、河东、宜都郡悉平。"贺若敦渡江北归。陈军遂全据湘州(长沙郡除外)之地,将国境线一举北推至长江,与后梁隔江而望。

湘州争夺战,周军虽然全师而返,但没有争到湘州数州之地,可谓不败而败。陈军却依靠并不出色的战绩,硬生生把周军磨走,场面虽然不甚好看,却得到实惠,可谓不胜而胜。这个奇怪的结果是陈朝开国之锐气所致,也是南朝求稳求强的大势所致。

接着,天嘉二年(561)陈军占领长沙郡。南朝陈收复湘州全境,最大限度缓解了陈朝的生存危机。有了湘州,南朝陈就可以固守广州,南线无忧。同时又能作为国都南京的屏障,西线亦无忧。当然,湘州入陈,陈朝有了重要的粮食及军用资源基地,在周齐陈的三国鼎立格局中大有作为。

至此,陈文帝成功地从北周手里,收复了武陵(今湖南省常德市)、天门(今湖南省常德市石门县)、南平(今湖北省荆州市公安县)、义阳(今河南省信阳市)、河东(今湖北省荆州市松滋市)、宜都(今湖北省宜昌市枝城市)等原梁朝的属地。

贺若敦率北周军队离去后,北周巴陵城主尉迟宪投降,北周湘州城主殷亮来降。由此,巴陵、湘州也都被陈朝收复了。陈朝疆域迅速恢复到梁朝旧境。

　　贺若敦率军返回北周后，晋公宇文护因为贺若敦既失去土地，又没有战功，便把他撤职黜为平民。

　　陈朝派巴州刺史侯安鼎守巴陵，任命太尉侯瑱为车骑将军、湘州刺史，都督湘、巴、郢、江、吴等五州诸军事，镇溢城。

　　天嘉二年（561），陈朝太尉侯瑱因病，上表请求回朝。三月，南陈太尉、车骑将军、湘州刺史侯瑱（零陵壮肃公）在归途之中病逝，时年52岁。

　　陈文帝于是就以徐度代替侯瑱担任都督湘（今湖南省长沙市）、沅（今湖南省沅陵县）、武（今湖南省常德市）、巴（今湖南省岳阳市）、郢（今湖北省武汉市）、桂（今广西桂林市）六州诸军事、镇南将军、湘州刺史。

　　徐度，是一位跟随陈武帝南征北战、战功累累的老将领。据《陈书列传》记载：徐度字孝节，安陆人。世代在京师居住。年轻时洒脱自在，不拘泥于小节。长大后，身材魁伟，喜欢喝酒、赌博，经常派小仆役和职业卑贱的人闹事。梁朝始兴内史萧介去到郡上，徐度跟着他，率领士兵，征讨各处山洞，因骁勇闻名。高祖（陈霸先）征讨交阯，用厚礼征召他，徐度于是归顺高祖，随陈霸先转战南北。

　　侯景之乱时，高祖攻克平定广州，平定蔡路养，打败李迁仕，计划大多出自徐度之手。徐度又统率士兵，每次打仗都立有战功。回到白茅湾，梁元帝任命他为宁朔将军、合州刺史。侯景被平定后，追录前后的战功，晋升为通直散骑常侍，封为广德县侯，食邑500户。后又迁任散骑常侍。

　　高祖镇守朱方时，徐度任信武将军、兰陵太守。高祖派衡阳献王去荆州，徐度率领所部人马跟随前往。江陵陷落，徐度抄小路东归。高祖平定王僧辩时，徐度和侯安都为水军。绍泰元年（555），高祖向东讨伐杜龛，侍奉敬帝驾临京口，由徐度总管宫中警卫，并且主持留守事务。

　　徐嗣徽、任约等前来进犯，高祖和敬帝回到京都。当时敌人已占据石头城，市廛居民，却都在南去的路上，离朝廷很远，担心被敌人追击，于是派徐度率军镇守于冶城寺，筑垒阻断敌人。敌军全部出动，大举进攻，未能攻克。高祖陈霸先率军连夜轻装还都，前来援救徐度，大败任约等。

翌年，徐嗣徽等人带引北齐军渡江，徐度随大军在北郊坛打败敌人。按照功劳授职为信威将军、郢州刺史，兼任吴兴太守。不久迁任镇右将军、领军将军、南徐州沿江诸军事、镇北将军、南徐州刺史，送给他一部鼓吹。

周文育、侯安都等向西讨伐王琳，战败，被王琳囚禁，于是以徐度为前军都督，在南陵镇守。世祖继位，迁任侍中、中抚军将军、开府仪同三司，晋爵为公。尚未行礼授职，出任使持节、散骑常侍、镇东将军、吴郡太守。

天嘉元年，增赐徐度食邑 1000 户。因为平定王琳有功，改封徐度为湘东郡公，食邑 4000 户。任期满后，调入朝廷担任侍中、中军将军。又调出京城担任使持节、都督会稽（今浙江省绍兴市）、东阳（今浙江省金华市）、临海（今浙江省台州市西北章安镇）、永嘉（今浙江省温州市）、新安（今浙江省淳安县）、新宁（今安徽省歙县）、信安（今浙江省衢州市）、晋安（今福建省福州市）、建安（今福建省建瓯市）九郡诸军事、镇东将军、会稽太守（文帝天嘉元年六月丁酉十七，560 年 7 月 25 日）。还没有启程赴任，因侯瑱病逝，陈朝只得改任徐度代替侯瑱之职。

后来，陈文帝诏任他年轻时的好朋友华皎为湘州刺史。华皎会做"生意"，陈文帝让华皎在湘州多挖资源，供给朝廷开销。《陈书·华皎传》记载，湘州特产丰富，什么粮食、竹子、木材，还有铜矿，至于吃油菜之类，更是多不胜数。华皎在湘州把这些特产集中起来，送到南京，解决了南朝陈的经济大问题。湘州木材多，陈文帝就命华皎利用湘州之木营造200 多艘金翅舰，准备进攻荆襄，并向西攻取西川。

由此，看得出陈文帝经略天下的雄才大略！可惜，陈文帝英年病逝……虽然攻打北周之事，未能在陈文帝有生之年付诸现实，但这也说明了湘州对于南朝陈在经济上、军事上的重要性！

从争夺湘州的战役中，北周、北齐也看到了南朝出现了一个前所未有的强力政权！以后，北周、北齐还想从南朝夺取城池，如同虎口拔牙！这两大北方的鲜卑人政权，看到了不一样的竞争对手！

随后，陈朝以侍中、中权将军、特进、左光禄大夫、开府仪同三司王冲为丹阳尹；丹阳尹沈君理为左民尚书，领步兵校尉。

　　陈朝以镇东将军、会稽太守徐度为镇南将军、湘州刺史。分荆州之南平、宜都、罗、河东四郡，置南荆州，镇河东郡。以安西将军、武州刺史吴明彻为南荆州刺史。又以安左将军鲁悉达为安南将军、吴州刺史。

　　鲁悉达（《南史卷六十七·列传第五十七》），字志通，扶风郡郿县人。祖父鲁斐，是齐朝的通直散骑常侍、安远将军、衡州刺史，封阳塘侯。父亲鲁益之，是梁朝的云麾将军、新蔡义阳二郡太守。

　　鲁悉达早年以孝道而远近闻名，在家中以平民的身份出任为梁朝南平嗣王中兵参军。

　　侯景作乱，鲁悉达把乡人纠合起来，保护新蔡（江州有南新蔡郡，郡所置于今蕲州界），又组织农民努力种田，蓄存粮食。当时战祸连接灾荒，京都和上川的人饿死了十分之八九，活下来的老百姓扶老携幼去归顺他。鲁悉达对投奔他的人，都分给粮食，救济了很多人。接下来他在新蔡修建住所让流民住下来。这样就把晋熙等五郡的人民都召集在了他的周围，这五郡的土地也都归他管理了。鲁悉达又派他的弟弟鲁广达领兵随从王僧辩讨伐侯景。侯景之乱被平定之后，梁元帝萧绎任命他为持节、仁威将军、散骑常侍、北江州刺史。

　　梁敬帝萧方智即位后（敬帝元年二月癸丑初二，555年3月10日），王琳控制了长江上游，留异、余孝顷、周迪等也在各地蜂起反叛，鲁悉达安抚五郡，很得民众拥戴，士卒都心甘情愿地为他效力。王琳任命鲁悉达为镇北将军，高祖陈霸先也派赵知礼任命他为征西将军、江州刺史，各方又都赐赠了鼓吹乐和歌姬舞女，鲁悉达接受了两方的任命，但却拖延时日观察形势，不表态归附任何一方。

　　高祖陈霸先派安西将军沈泰暗中进兵突然袭击，却没能打败他。北齐高洋派遣行台慕容绍宗率兵3万进攻郁口各集镇，兵势非常强盛，鲁悉达与之大战，打败了北齐军，慕容绍宗只身逃脱。

　　王琳打算顺江而下向东进军，但因为鲁悉达控制了中游（鲁悉达据新蔡城，今湖北省黄冈市黄梅县南），担心他会阻挠作梗，于是多次派遣使者招引诱惑他归顺，鲁悉达始终不答应。王琳无法东进，就与北齐人联合，互为呼应互相支援，齐人派遣清河王高岳帮助王琳。双方相持一年多，恰遇偏将梅天养等有罪害怕惩治，就勾引齐军攻入城内。鲁悉达指挥部下数千人渡过长江，归顺南陈高祖陈霸先。高祖陈霸先见了他，非常高兴，说："怎么来得这样迟啊？"鲁悉达回答说："我在上游镇抚，希望成为保护陛下的屏障，陛下给我以官职，恩惠是很大的了，但派沈泰袭击我，威力也是够厉害的了，然而我主动地归顺陛下的原因，是我确实认为陛下胸怀开阔气度宽宏，跟汉高祖相同的缘故。"

高祖陈霸先赞叹地说："你的话说对了啊！"于是任命他为平南将军、散骑常侍、北江州刺史（宣城郡南陵县，陈朝置北江州。今湖北省武汉市黄陂区北），封为彭泽县侯。世祖陈文帝即位，提升鲁悉达的官号为安左将军。

鲁悉达虽然任性行事，喜欢打抱不平，却不会因为自己富贵就鄙视别人，而且很爱好词赋，还招揽礼遇贤才，与他们聚会共同鉴赏辞章。

天嘉二年（561）四月庚寅十五，鲁悉达升任安南将军、吴州刺史。遭逢母亲去世而服丧，哀伤过度以致形销骨立，因而得病而亡，这年38岁。陈文帝追赠他为安左将军、江州刺史，谥号是孝侯。儿子鲁览继承。弟弟鲁广达，另外有传。

由于侯瑱平定北齐扶植的王琳和北齐步兵和骑兵，又阻击北周将领贺若敦、独孤盛，收复了巴、湘等地。侯瑱因病逝世后，陈文帝追任侯瑱为侍中、骠骑大将军、大司马，追送羽葆、鼓吹、班剑20人，送给东园秘器，谥号壮肃。当年九月，配享陈武帝高祖庙庭，其子侯净藏嗣爵。

天嘉二年（561）九月甲寅（十一日），陈文帝下诏道："姬姓基业始创时，从渭滨迎来姜尚，汉代建国，是从圮上老人的事开始。像这样星宿显现，五岳降灵，风云感动，真是梦寐以求的，这就像渡海凭舟楫调味靠盐梅一样，君臣互为表里，建立永久的政权，没有不是这样的。直到铭刻大臣功德，立庙祭祀，遗传后世，永垂不朽。前皇治理天下，裁就体制，神灵甄选恩赐，我荣承大宝，即使深谋明智，也得依靠文武贤臣，里外相助，光大伟业。已故的大司马、骠骑大将军侯瑱，已故的司空周文育，已故的平北将军、开府仪同三司杜僧明，已故的中护军胡颖，已故的领军将军陈拟等人，有的在艰难中一起创业，历经危险；有的冲锋陷阵，为正义

而牺牲；有的协助谋划，运筹帷幄；有的劳苦披荆，始终勤勉；无不竭诚尽力，不论艰难还是安泰都如此。我仅凭粗浅的见识嗣承大位，永远怀念这些忠烈，想弘扬他们作为训典，就照以往的例子盛赞宣扬，可一起供在高祖庙堂配享，使这些大功臣永垂后世。"（原文可见《陈书卷三·本纪第三·世祖》）

陈文帝诏令侯瑱、周文育、杜僧明、胡颖、陈拟等战功卓著的将领配享陈武帝高祖庙庭，是对忠烈之士的褒奖，对激励陈朝军人为民族为国家立功，有着很现实的作用。

第十章 "文化外交"睦南北

　　天嘉元年四月，跟着陈昌一起回朝的毛喜，向陈文帝进献了与北周和睦亲善的计策。《陈书卷二十九·列传第二十三》有载：世祖陈蒨登位后，毛喜从北周还，向朝廷进献了与北周人和睦亲善的计策。朝廷于是派周弘正等去和北周修通友好。到陈顼返国，毛喜在郢州奉迎。陈朝又派毛喜入关，以家属为请。北周冢宰宇文护执着毛喜的手，说："能结两国之好者，是你啊。"

　　据史载：毛喜，字伯武，荥阳阳武（今河南原阳）人，汉族。毛喜年少时好学，善写草书隶书。陈武帝一向赏识他。起家于梁朝中卫西昌侯行参军，不久改任记室参军。陈霸先平定侯景之乱，镇守京口之时，梁元帝（萧绎）征召陈霸先子侄入侍。陈霸先命令徐度与世子陈昌、毛喜与侄子陈顼同往江陵。梁元帝即以陈顼为领直，毛喜为侍郎。不料，西魏突袭江陵，陈昌、陈顼和毛喜被俘，押往长安。而徐度则从小路逃回京口。

　　陈文帝即位后，毛喜于天嘉元年（560）跟着陈昌一起从北周返回。对于前太子陈昌"溺水而亡"，毛喜作为当事人之一，他应该是最为清楚的。同船而渡的有侯安都、陈昌、毛喜和其他随行的地方官员。既然船到江心而坏，那为何偏偏只有陈昌一个人"溺亡"？这是疑点之一。还有，疑点之二是，陈昌的灵柩被迎回京城，陈文帝隆重地安葬了陈昌，其间，没有任何人有机会去"开棺验尸"。这就留下了很大的漏洞和空子，令人猜测其中的谜团。

　　但不管怎么样，陈昌从此退出了历史的舞台；而毛喜自从向陈文帝提出了与北周修复两国关系之后，受到陈文帝的重视。随着陈文帝胞弟陈顼回朝，毛喜也跟着陈顼享受着殊宠。

陈文帝看了毛喜进谏的和好之策，很是高兴！于是，便派侍中周弘正去与北周修通友好关系。

陈朝的周弘正，奉陈文帝之命，按着毛喜献上的修好两国关系的外交策略，于天嘉元年出使到了北周。因为周弘正的博学早已闻名遐迩，所以周朝君臣也很尊敬他。

据《周书卷四十一·列传第三十三》记载：当初，王褒与梁国处士汝南人周弘让交好。西魏攻陷江陵，杀梁元帝之后，把王褒等大臣和民众数万人押到长安。西魏后被北周禅代。到陈文帝即位时，南陈大臣周弘让之兄周弘正从陈国前来北周访问时［明帝武成二年（560）三月］，周武帝宇文邕允许王褒等人与南陈的亲戚朋友互通音讯。

久在北周的王褒非常思念南朝的亲友，于是，赠送诗篇给周弘让，又写信倾诉思念之情（见《与周弘让书》）：

嗣宗穷途，杨朱歧路。征蓬长逝，流水不归。舒惨殊方，炎凉异节，木皮春厚，桂树冬荣。想摄卫惟宜，动静多豫。贤兄入关，敬承款曲。犹依杜陵之水，尚保池阳之田，铲迹幽蹊，销声穷谷。何期愉乐，幸甚！幸甚！

弟昔因多疾，亟览九仙之方；晚涉世途，常怀五岳之举。同夫关令，物色异人；譬彼客卿，服膺高士。上经说道，屡听玄牝之谈；中药养神，每禀丹沙之说。顷年事道尽，容发衰谢，芸其黄矣，零落无时。还念生涯，繁忧总集。视阴愒日，犹赵孟之徂年；负杖行吟，同刘琨之积惨。河阳北临，空思巩县；霸陵南望，还见长安。所冀书生之魂，来依旧壤；射声之鬼，无恨他乡。白云在天，长离别矣，会见之期，邈无日矣。援笔揽纸，龙钟横集。

周弘让收到从北周送来的书信，也很感慨！立即回信曰：

甚矣悲哉！此之为别也。云飞泥沉，金铄兰灭，玉音不嗣，瑶华莫因。家兄至自镐京，致书于穷谷。故人之迹，有如对面，开题申纸，流脸沾膝。江南燠热，橘柚冬青；渭北沍寒，杨榆晚叶。土风气候，各集所安，餐卫适时，寝兴多福。甚善！甚善！

与弟分袂西陕，言反东区，虽保周陵，还依蒋径，三姜离楗，二仲不归。麋鹿为曹，更多悲绪。丹经在握，贫病莫谐；芝术可求，恒为采撷。昔吾壮日，及弟富年，俱值邕熙，并欢衡泌。南风雅操，清商妙曲，弦琴促坐，无乏名晨。玉沥金华，冀获难老。不虞一旦，翻覆波澜。吾已惺阴，弟非茂齿。禽、尚之契，各在天涯，永念生平，难为胸臆。且当视阴数箭，排愁破涕。人生乐耳，忧戚何为。岂能遽悲次房，游魂不反。远伤金彦，骸枢无托。但愿爱玉体，珍金箱，保期颐，享黄发。犹冀苍雁颓鲤，时传尺素，清风朗月，俱寄相思。子渊，子渊，长为别矣！握管操觚，声泪俱咽。

正是因为有了王褒、周弘让这些文人的思念情怀，才有了陈朝与北周的"文化外交"。据《北史卷八十二·列传第七十一·文苑》所载：

王褒，字子渊，琅琊临沂人。曾祖父王俭，曾在齐国担任侍中、太尉，封南昌文宪公。祖父王骞，在梁国担任侍中、金紫光禄大夫，封南昌安侯。父亲王规，在梁国担任侍中、左民尚书，封南昌章侯。在江东都享有盛名。

王褒见识广博，气量通达，性格深沉文静。风度潇洒，善于谈笑，博览史传，尤善于写文章。梁国国子祭酒萧子云，是王褒的姑夫，特别精于草书、隶书。王褒少年时候，由于亲戚关系，常去他家，于是向他学习书法。不久，名气仅次于萧子云，都被时人所推崇。梁武帝喜欢他的才能技艺，就把弟弟鄱阳王萧恢的女儿嫁给他为妻。

最初担任秘书郎，转任太子舍人，袭爵南昌县侯。过了一段时间，升任秘书丞。

宣成王萧大器，是梁简文帝的嫡长子，又是王褒姑姑的儿子。当时大选僚属，就让王褒担任文学。随即升任安成郡守。

侯景渡过长江后，建邺动乱，而王褒能安定部属，被时人称赞。梁元帝萧绎秉承皇帝旨意，将王褒转任智武将军、南平内史。

梁元帝萧绎在江陵继位后，打算破格提升王褒。王褒当时还在郡守任上，诏令王僧辩以礼送行。王褒于是携家西上。梁元帝与王褒从前就有交情，彼此相处很好。授侍中，先后升任吏部尚书［南梁武帝（元帝）太清六年正月甲戌初五，552 年 2 月 15 日］、左仆射［湘东王承圣二年

（553）正月，帝纪作"右仆射"]。

王褒出身于贵族世家，文章出众，学问渊博，时人都十分推崇他，所以一月之间，就升任尚书省长官。王褒受宠，恩遇日深，但他更加谦虚，不因官职地位高而瞧不起别人，当时的舆论对他十分称赞。

当初，梁元帝平定侯景，活捉武陵王萧纪以后，由于建邺破败，尚待修复，江陵富足繁华，想定都江陵。又因为他原来的部属都是楚人，都希望在荆、郢一带选定京师。梁元帝召集群臣商议。领军将军胡僧佑、吏部尚书宗懔、太府卿黄罗汉、御史中丞杨愔等人说："建邺虽是旧都，但帝王气象已尽，又与北部强敌相邻，中间只隔一条长江。如果有什么意外，后悔莫及。臣等又曾听说，荆南之地，有天子气象。如今陛下承继大业，恐怕就是应验这个吧？天象人事，均有如此祥兆。臣等认为，不宜迁徙。"梁元帝十分赞同。

当时王褒与尚书周弘正都在座。梁元帝问王褒等人道："你们认为怎样？"王褒生性谨慎，知道梁元帝多有猜忌，不敢公开指出不当之处，当时只得恭敬地顺着应了几句。后来乘机秘密劝谏，言词十分恳切。梁元帝也愿意采纳。但梁元帝喜好荆、楚，已决定采纳胡僧佑等人的计谋。第二天，梁元帝当着众臣，对王褒说："你昨天劝我返回建邺，不是没有道理。"王褒认为，宫中所言，岂能向众人泄露？知道皇帝不用自己的建议，就不再说什么了。

西魏大军攻陷江陵时，梁元帝萧绎任命王褒为都督城西诸军事（湘东王承圣三年十一月甲申初二，554年12月11日）。王褒原来以文雅出名，一旦出任将帅，自我勉励，竭尽忠诚。被包围以后，上下互相猜疑提防，梁元帝只对王褒还十分信任。

朱买臣率军出宣阳西门（十一月戊申二十六，555年1月4日），与大军交战，朱买臣大败。王褒监督进攻，但无法控制军队，降职为护军将军（十一月己酉二十七，555年1月5日）。大军攻克城外栅栏，又攻占外城，王褒跟随梁元帝进入子城，还打算坚守。不久，梁元帝出城投降，王褒也与众臣全部出城。

见到西魏柱国于谨，于谨待王褒很有礼貌。王褒曾经写过《燕歌行》，巧妙地写尽了关塞寒苦的情景，梁元帝与众文士都曾和作，竞相堆砌凄切之词。到这时才有了验证。

王褒与王克、刘钰、宗懔、殷不害等数十人，都被西魏兵押送到长安。西魏权臣宇文泰高兴地说："从前晋国平定吴国的好处，是得到陆机、陆云兄弟二人。今日平定楚地，各位贤才全部来了，可说是超过古人了。"又对王褒、王克说："我是王家的外甥，你们都是我的舅氏。应当念及亲戚之情，不要因为离开家乡而难受。"于是任命王褒、王克、殷不害等人为车骑大将军、仪同三司。王褒常常位居上席，待遇十分优厚。王褒等人也都感恩戴德，忘了自己流落异乡。

孝闵帝宇文觉登基（孝惠宗元年正月辛丑初一，557 年 2 月 15 日），封王褒为石泉县子，食邑 300 户。

世宗宇文毓即位（明帝元年九月甲子二十八，557 年 11 月 5 日），喜好文学。当时，王褒、庾信才名最高，被宇文毓特别亲近。宇文毓每次巡游饮宴，都命令王褒等人写诗谈论，在身边陪侍。不久，加开府仪同三司衔。保定年间，授内史中大夫。周武帝宇文邕写了《象经》，命令王褒作注。引证丰富详备，很受称赞。

王褒有见识有气量，十分了解治国的体要。他家在江东世代为辅政大臣，高祖也因此而器重他。从建德年间以后，经常参加朝廷政议。凡是重要的诏书，都命令王褒起草。

设立东宫后，授太子少保，升小司空，仍然掌管诏诰文书。皇帝乘车巡视，王褒常常跟随身边。

不得不承认，北周与南陈的两国修好，王褒、周弘让、周弘正等人的"文化外交"起了很大的作用。

据《南史》《陈书》之记载：周弘正，字思行。父亲周宝始，是梁朝的司徒祭酒。周弘正幼年成为孤儿，和弟弟弘让、弘直都为伯父周舍所抚养。10 岁时，通晓《老子》《周易》。周舍每当和他谈论，就感到非常诧异，说："看你谈话说理精辟，后世知名，一定会在我以上。"

河东的裴子野对他非常赏识，请求把女儿嫁给他。15 岁，周弘正被召为国子生。他在国学里面讲《周易》，学生们便传习他的解释。他在晚

春入学，初冬应举，学司因为日子太短而不允许。博士到洽说："周郎20就能讲经，难道还需要等待策试？"

梁朝普通年间，初设司文义郎，在寿光省值勤，以周弘正为司义侍郎。周弘正丑而不陋，吃而能谈，诙谐如同优人，刚肠好似直生，善谈玄理，为当世所推崇。有个藏法师在开善寺演讲，门徒数百人，周弘正年少，还不出名，穿着红裤子，头扎锦带，坐在门口听讲，众人都很蔑视，但是并没有赶他走开。

随后，他就抓住机会进行驳难，在座的人都被吸引，法师怀疑他不是世间凡人，等认清他就是周弘正之后，非常欣赏和亲近。

初任梁太学博士。晋安王为丹阳尹时，召引弘正任主簿。出任郯县县令时，因母亲去世离职。丧期满后，历任曲阿、安吉县令。普通年间，开始置官司文义郎，管辖寿光省，周弘正任司义侍郎。

中大通三年（531），梁昭明太子薨，其嗣子华容公没能立为太子，而是立晋安王为太子，弘正便上奏章说：

我听说谦逊之天象，起源于伏羲、轩辕所创之爻画，禅让之根源来自尧舜禅让之制，其来历已很久了，请让我详细地说。大凡在朝在野，殊途而同归，后稷、后契、巢父、许由，姓名不同而其道一致，出世者奉之为首领，居官者称之为外臣，无不内与外互相资凭，互为表里，以成治世之业，这大抵是万代同一规范，历百王而不会更改的。到了三代之时，由于王室衰微，礼制崩坏，各亲其亲，各子其子。以至于有七国争雄，楚汉相争。汉朝鼓扇其俗，两晋张扬其波，谦让之风废弛，已是年长月久。以朴实代替虚伪，以淳朴替代浮薄，回归古代淳朴之世，现在是时候了。

伏惟明大王殿下，天资卓越，超凡脱俗，聪明睿智神态英武，真乃百官领袖，四海之内归附其仁德。所以皇上颁布德言，下达明诏，以大王为国之太子，此乃天下之根基所在。即使是夏太子储、周太子诵、汉太子储、魏太子丕，这些人，又哪里能够与大王您相比呢。我希望殿下您能够效仿宋之子鱼，以仁义之怀弃帝位不居，像子臧那样执守临难不苟的节操，避开皇位而不居，抛弃万乘之尊如脱鞋那样随便，希望能一改浮薄之风，以光大太伯之遗风。古有其人，今闻其语，能身体力行的，舍殿下又有谁人？能使无为之教化，像上古那样复兴，禅让之道，不绝于后世，岂不是圣德之业吗？

弘正乃浅陋之书生，不能通今博古，祖籍汝、颍，世代以忠烈相传，先人在燕朝任决曹掾时曾多次上书直谏，在万岁面前显现出节义，在三府面前严词正色，虽然盛德之业将要断绝，然而疏狂之风未泯。所以冒昧说出我心中之言，放纵我之愚见。如果能让我这些粗浅的言语，为您所听取，即使是让我置身于烹鼎之上，丧命于肺石之上，虽死犹生。

周弘正的抗言直谏，坚守正义，显示出他耿直刚正的性格。他常常自称有才无相，仆射徐勉掌管选拔官员，因为他长得丑陋，不能充当尚书郎，他便上书给徐勉，其中言论十分恳切。后来逐步调任国子博士。学校中有南朝宋元劭讲《孝经》碑，历代不改，周弘正刚刚到任，就上表删除。当时在城西立有士林馆，周弘正住在那里进行讲授，听讲的人倾尽朝野。周弘正上表提出《周易》疑义共 50 条，又请求解释《乾》《坤》二《系》，武帝复诏作了回答。

后来他做了平西邵陵王府咨议参军，因为犯了罪应该流放，诏令赐他前往丁陁利国。没有前往，囚禁在尚方狱中。他在狱中给武帝呈上了一首《讲武诗》，降旨赦免了他的罪过，仍然恢复本来的官位。

周弘正知识广博，懂得玄象，善于占候。大同末年，他曾经对弟弟周弘让说："国家的困厄就在数年之间，当会有兵乱出现，我和你不知道往哪里逃走。"后来武帝招纳了侯景，周弘正对周弘让说："祸根就在这里了。"台城陷落，周弘正诣附王伟，又和周石珍合族，避侯景的忌讳，改姓姬氏，任命为太常。侯景将要篡位的时候，让他掌管礼仪。

后来王僧辩东讨，元帝对王僧辩说："君王的军队驻扎近处，朝中的士人谁会首先过来？"王僧辩说："可能是周弘正吧。周弘正智力不落后于时机，体力能够胜利到达，无妻子儿女的顾虑，有独自决断的精明，其余的碌碌之辈不能相比。"很快前面军中传禀周弘正到来，王僧辩飞马迎了上去。见了以后，极为高兴，说："我本来就知道王僧达不是落后于时机的人，您可以坐在我的膝盖上。"回答说："可以说进前，而如果是坐在膝盖上，老夫怎么能当得起？"王僧辩当天就启奏元帝，元帝写了手书送给

周弘正，便派使者前去迎接，然后对朝士说："晋朝平定吴国，喜获二陆，现在我来讨贼，也得了两周。"来到以后，礼仪十分隆重，朝臣们无可比拟。授予他黄门侍郎，值勤侍中省。随即升为左户尚书，加官散骑常侍。他夏天只穿犊鼻裤、朱红衣，被有关部门所弹劾。他就是这样地放达。

元帝曾经著有《金楼子》，并说："我在诸僧中特别看重招提寺的琰法师，在隐士中特别看重华阳的陶真白，在士大夫中特别看重汝南的周弘正，他对于义理清转无穷，确是一时的名士。"

当时朝廷议论迁都，但是元帝两次来到荆陕一带，前后20余年，感情上安宁留恋，不想回建邺。加上旧时府中的臣僚都是楚地人，都想定都江陵，他们说："建康因为是旧都，已经极其凋敝荒芜，而且王气已尽，加上与北国只隔着一条长江，如果有什么意外，后悔莫及。而且我们又听说荆南有天子气，现在就要应验了。"元帝没有离去的意思。当时尚书左仆射王褒及周弘正都在旁边，元帝回头对他们说："你们的意思如何？"王褒等人因为元帝猜忌，不敢在众人面前公开说明，点头答应而已。王褒后来因为清闲，秘密劝谏迁回丹阳十分迫切，元帝虽然听从了，但脸上却很不高兴。到了第二天，他在众人面前对王褒说："您昨天劝谏返回建邺，不是没有道理，我昨天夜里想了，还是怀有疑惑。"王褒知道不会采纳，才放下了。

而周弘正就正色劝谏说："士大夫略知古今者，知道帝王所都本无定处，不会有什么想法。至于普通百姓，如果不看见舆驾入建邺，还以为是列国之诸王，不是所谓天子。现在应该从百姓之心愿，从四海之愿望。"元帝当时表示同意。

周弘正退下以后，黄罗汉、宗懔便说："周弘正、王褒都是东方人，劝告东下，不是为国家考虑。"周弘正暗中知道了他们的话，一天便在皇上面前当面质问他们二人，说："如果东方人劝迁往东方，是为了私利，那么西方人劝留在西方，也是为了私利吗？"众人都不说话，而人们的情绪，都在劝告迁都。皇上又曾经在后堂大集文武官员，参加聚会的四五百人，元帝想普遍地测试人们的心情，便说："劝我迁走的祖露出左臂。"随后祖露左臂的超过半数。武昌太守朱买臣，是皇上从前的侍从，是个太监，很有干才，受元帝提拔重用。他也劝告皇上迁都，说："我朱买臣家在荆州，难道不愿意皇家常住？但却恐怕是买臣富贵，而不是官家富贵！"元帝深深为他的话所感动，而到底也没有采用。

后来，果然被敌国西魏攻陷了江陵，元帝被杀。周弘正突围而逃出，回到京师建康，梁敬帝以周弘正为大司马王僧辩的长史，代理扬州事务。太平元年（556），任命他为侍中，兼任国子祭酒，调为太常卿、都官尚书。陈武帝任命周弘正为太子詹事。

天嘉元年（560），升任侍中、国子祭酒，去长安迎陈顼。天嘉三年（562）从北周回到南陈，诏授金紫光禄大夫，加金章紫绶，兼慈训太仆。

此前，北周的王褒与南陈的周弘让之间的文人书信往来交流，为北周与南陈的"文化外交"打下了一个良好的基础。随后，陈文帝派周弘让之弟周弘正去北周，修复两国的友好关系，也是知人善任，正当其时！

当然，两国执政者之间的博大胸怀，也是至关重要的。如果任何一国的君主担心、提防臣下之间的交往有"里通外国""间谍"之嫌疑，那两国之间的"文人互动""文化外交"也无从谈起了。

陈文帝博大的胸怀和儒家"仁""恕"之精神，使他不仅在政治、军事上赢得节节胜利，逐渐收复前朝曾经失去的国土，而且也使他在外交上不断取得可喜的成果！首先是北周、北齐不再武力入侵南陈的前提下，陈文帝加紧了平定国内豪强割据的叛乱。稳定了江南的社会经济、文化的发展。其次，陈文帝向北周要回了胞弟陈顼，又向北齐迎回了被高洋杀死的南梁人质陈昙朗的灵柩。要知详情，且看后文。

第十一章　北周放归安成王

经过北周与陈朝文人之间的互动，陈文帝开启了"文化外交"，天嘉元年（560）派遣知名的文人周弘正出使北周长安，修复了两国友好关系。也正是由这开始了北周与陈朝官方的两国互往。

在周弘正修复北周关系的第二年，即天嘉二年（561）六月乙酉（十一日），北周派御正殷不害来陈朝聘问（见《资治通鉴·陈纪·卷二》："六月，乙酉，周使御正殷不害来聘。"）。

殷不害本来就是南朝梁元帝时的臣子。西魏攻陷江陵后，被魏国的兵押往长安的。现在，被北周作为使者，派回江南。殷不害当然非常高兴地充当两国的和平使者。

据史载：殷不害，字长卿，陈郡长平人。祖父殷任，齐朝豫章王行参军。父亲殷高明，梁朝尚书中兵郎。殷不害性情特别孝顺，父丧期间过于毁顿，因此年少时就知名。持家勤俭节约，住所特别贫寒，有五个弟弟，都年小体弱，不害既要侍奉老母，又要抚养小弟，勤劳之至。

17 岁时，任梁朝廷尉平。殷不害擅长政事，同时修治儒家学术，礼制和法制或轻或重不适宜的，殷不害就上书言论，多被采用。大同五年（539），殷不害调任镇西府记室参军，不久又以原职兼任东宫通事舍人。当时朝廷政事多委托东宫办理，殷不害和舍人庾肩吾值日上奏政事，梁武帝曾对庾肩吾说："你是文学之士，政事不是你的长处，为什么不让殷不害来呢？"可见殷不害被知遇之一斑。简文帝又因殷不害孝敬父母，赐给他的母亲蔡氏织锦裙襦、毡席、被褥，单夹衣也齐备。大同七年，殷不害担任东宫步兵校尉。太清初年，调任平北府谘议参军，东宫通事舍人职务不变。

侯景叛乱，殷不害跟随简文帝入宫。台城陷落时，简文帝在中书省，侯景带领披甲将士入朝晋见皇帝，只是顺路拜见简文帝而已。侯景的士兵都是羌、胡异族，常与身边人发生冲突，很不谦恭，侍从护卫都害怕而避开他们，只有殷不害和中庶子徐摛毫无畏惧，岿然不动。简文帝被侯景幽禁后，他要求派人请殷不害来与他同住，侯景应允，殷不害来后侍奉简文帝更加恭敬。当时简文帝夜里做梦吞了一块土，很不高兴，于是把梦告诉殷不害，殷不害说："过去晋文公出逃，农夫给他一块土，最后晋文公返回了晋国，陛下此梦，莫非与此事相符？"简文帝说："假若上天有命，希望这话不是荒诞之语。"

梁元帝继位后，诏任殷不害为中书郎，兼廷尉卿。因此，殷不害举家搬迁到江陵。江陵被围困时，殷不害首先在别宅督战，他的母亲在那儿失踪。当时天气很寒冷，被冻死的年老体弱者填满沟壑。殷不害边走边哭，到处寻找他的母亲，凡是看见沟水中的尸首，都跳下去捧扶细看，以致全身湿透冻僵了，他滴水未进，号哭不止，这样过了七天，才找到他母亲的尸首。殷不害靠着尸体哭泣，声断气绝，过路的人无不为之流泪。他就在江陵暂停灵柩葬了母亲，和王褒、庾信去了长安，从此殷不害粗食布衣，形容憔悴消瘦，见者没有不同情他的。

北周派殷不害作为与陈朝互往的使者，是非常正确的做法。在陈朝使者周弘正、北周使者殷不害的努力下，北周与陈朝建立了友好关系。于是，陈文帝多次派使者请求北周放回陈顼。

当初，平定侯景之乱后，陈霸先镇守京口。素来疑心病很重的梁元帝对陈霸先并不放心。于是，以封赏任职为名，诏陈霸先送儿子陈昌和侄子陈顼到江陵做官，实质是押做人质。

不料，江陵被西魏攻陷。554 年冬十月九日，宇文泰派柱国于谨、中山公宇文护、大将军杨忠、韦孝宽等人率步兵、骑兵共 5 万人突袭梁元帝所在的都城江陵。

十一月一日，西魏中山公宇文护与杨忠率领精锐骑兵先行兵临城下，占领长江渡口，防备梁元帝的军队撤退。十四日，于谨率魏军抵达江陵，列好阵势，将南梁都城包围。切断了梁元帝与城外的一切联系。

二十九日，西魏兵发动进攻，当天就攻陷了江陵。梁元帝出城投降，西魏仍将其杀死。并扶植萧詧为傀儡梁主，住江陵，为魏国的附属国。

然后，西魏把俘虏的南梁文武百官及百姓数万人押往长安做奴为婢。梁元帝以封赏为名押在江陵做人质的陈霸先之子陈昌和侄陈顼，这个时候也照例被西魏兵将押往长安。

陈霸先多次派人向西魏（后被北周禅代）权臣宇文泰、宇文护请求放归陈昌、陈顼。但是，北周口头答应，而实际上没有放行。

直到陈文帝开启"文人外交"与北周修复了两国关系后，北周武帝宇文邕保定元年（561）十一月，同意放归陈顼回陈朝（《北史卷十·周本纪下第十》《周书卷五·帝纪第五·武帝上》《陈书·世祖本纪》都有记载），周武帝还派遣司会上士杜杲为使者出使陈朝。

据史载：杜杲，字子晖，京兆杜陵人。祖父杜建，魏辅国将军，死赠蒙州刺史。父杜皎，仪同三司，官武都郡守。

杜杲学涉经史，有超世才干谋略。他的同族父辈杜瓒，清明正直，有识鉴人才之能，十分器重杜杲，常说："杜杲是我家的千里驹。"杜瓒当时供职魏朝，任黄门侍郎，兼任度支尚书、卫大将军、西道大行台，娶孝武妹新丰公主，因此将杜杲推荐给朝廷。永熙三年（534），入京为奉朝请。周明帝初，任修城郡守。适逢凤州人仇周贡等人作乱，攻逼修城。杜杲广施信义于人，所辖之内没有叛乱的人。不久，率领郡兵与开府赵昶合兵，一起平定叛乱。因此，杜杲入京任司会上士。

听闻北周同意放归陈顼，陈文帝大喜！多年未见的胞弟，能够回到南朝，陈文帝情愿让出黔中、鲁山之地来答谢北周放归胞弟之举。并请划分疆界，永结睦邻之好。

周武帝当然高兴啊！马上升任杜杲为都督，授小御伯，派遣杜杲前去陈朝，划分疆界。经过商议，陈朝把鲁山划归北周。

转眼到了天嘉三年（562）春，正月丁未（初六），北周任命安成王陈顼为柱国大将军，派杜杲送他回南方。

正月初九，陈朝廷设行宫于南郊。陈文帝亲临行宫，祭告陈胡公以配天。据《元和姓纂》记载："陈，妫姓，亦州名，本太昊之墟，画八卦之所。周武王封舜后胡公满于陈，后为楚所灭。以国为氏。"

陈胡公，是陈氏得姓始祖。妫满，亦称陈满、陈胡公满、虞胡公。妫姓，有虞氏后裔，封于陈国为陈氏，名满，字少汤，陶正遏父之子，周朝诸侯国陈国第一任君主。

周武王灭商建周后，将长女大姬嫁给舜帝之后的妫满为妻，封于陈地，建立陈国，奉祀舜帝。妫满在位期间，修筑陈城，以抵御外敌入侵；抗治洪水，兴治陶业，实行一系列的富民强国政策；以周朝的礼义德治教化百姓，使陈国成为礼仪之邦。妫满选贤任能，扬善惩恶，励精图治，使陈国位居十二大诸侯国之列。

妫满死后，谥号胡公，为陈胡公。其子犀侯继位，为陈申公。陈胡公的后裔王莽称帝后，追尊陈胡公为陈胡王，庙号统祖。

后世为纪念陈胡公的功德，在陈国都城宛丘（今河南淮阳）南郭修建胡公祠（今称三元宫），并在柳湖东建陈胡公墓。其墓因城壕水长期注浸，故后人以铁锢之，俗称铁墓。

陈胡公后裔，一本千枝，繁衍昌盛。广东、浙江、福建、海南、澳门、香港以及台湾、南方地区和海外华人都是第一大姓。"天下陈姓出淮阳，得姓始祖陈公。"陈氏遍及海内外，有据可考的可分完公、吴公、留公、衍公、尤公、全温公六大支系。历经 3000 余年，陈氏名人辈出，为君、王侯者逾百人，为宰辅、将帅者不计其数，而且历代科第蝉联。

经过数千年繁衍播迁，蔚为望族，从陈姓中衍生出 60 多个姓氏，如陈、田、姚、胡、母、王、孙、袁、夏、陆等等。其中胡、田、王、孙、姚、袁、夏、陆等也都是前 100 名的中华大姓，如果把这些姓氏人口加在一起，数量十分惊人。史学者会发现：陈姓与位列中华第一大姓的李姓相比，李姓的特点是外姓并入者多。而陈姓是分化出来的姓氏多。如果说陈姓是中华第一大姓，也无不可。

陈文帝祭祀始姓祖陈胡公，以始祖配天，也是历代帝王祭祀旧例。陈文帝下诏曰："朕负荷宝图，亟回星琯，兢兢业业，庶几治定，而德化不孚，俗弊滋甚，永言念之，无忘日夜。阳和布气，昭事上玄，躬奉牺玉，诚兼缋敬，思与黎元，被斯宽惠，可普赐民爵一级，其孝悌力田，别加一

等。"（见《陈书·本纪·卷三》）

江南陈朝在陈文帝殚精竭虑、兢兢业业的治理下，国家基本上安定了，但道德教化不行，风气鄙陋得很。陈文帝希望通过虔诚敬祭祖宗，教化世人，知根溯源，孝尊顺礼，使社会风气淳朴而善良。

周弘正奉陈文帝的旨意，去北周迎接安成王陈顼回国。北周武帝宇文邕也做了一个顺水人情，封陈顼为北周的柱国大将军，诏令杜杲送陈顼回国。

三月初七，陈顼到了陈朝京城建康。陈文帝对北周使者杜杲说："我的弟弟如今承蒙贵国以礼送回，实在是周朝的恩惠。然而，陈国如果不归还鲁山郡，恐怕周朝也未必肯放我弟弟回来吧！"

杜杲回答道："安成王在关中，乃是咸阳城的一个平民百姓。然而，他却是您的弟弟，其价值岂止是一座城池？我朝亲睦九族，宽恕兼及于物，上遵从太祖遗旨，下思继友好之意，我朝所以把您的弟弟送回来，就是这个原因。如果认为您的弟弟等同于一个鲁山郡，我朝固然不应贪得那一个小镇子。况且鲁山郡原是后梁萧詧的土地，是我朝的藩臣，若按前后来说，鲁山郡自然应该归于我国。若说是用平平常常的一片土地，来交换自己的骨肉之亲，我尚且认为不妥，怎么能说给朝中大臣听呢！"

杜杲果然不愧是外交使者，说话很有一套。而陈文帝却是务实的皇帝，不善于言辞。他听了杜杲的一番话后，竟然一时之间，无词以对。陈文帝甚至感到惭愧，许久才说："前面那些话不过是开开玩笑罢了！"

自此以后，陈国对杜杲的接待规格，超出了常礼。杜杲返回北周时，随宫人引导，来到大殿，陈文帝下座迎接，执手与杜杲道别。因为陈顼的妃子柳氏和儿子陈叔宝、陈叔陵还滞留在北周的穰城，陈文帝又请杜杲向北周皇帝说明情形，也放归他们回南朝。

北周皇帝当初之所以放陈顼回到南朝陈国，是以陈顼的孩子陈叔宝和陈叔陵为人质的。通过杜杲、周弘正等人的努力，北周也算是人情做到底，同意把陈顼的妃子柳氏和孩子叔宝、叔陵他们都送回来。陈文帝又高兴地派毛喜到北周去迎接。

由于杜杲外交能力出色，很符合北周朝廷的意思。于是，北周嘉奖杜杲，授予大都督、小载师下大夫，行小纳言，再次出使陈国。

安成王陈顼在陈文帝的大力栽培和提携下，像一颗新星在陈朝政界迅速升起。陈文帝下诏封他为中书监、中卫将军。六月十八日，陈文帝又诏令以侍中、中卫将军安成王陈顼为骠骑将军、扬州刺史。以会稽、东阳、临海、永嘉、新安、新宁、晋安、建安八郡置东扬州。以扬州刺史始兴王陈伯茂为镇东将军、东扬州刺史，征北将军、司空、南徐州刺史侯安都为侍中、征北大将军。九月二十日，周迪请降，陈文帝诏令安成王陈顼率众军前去纳降。

陈文帝与北周修好了两国关系，使北周放归了胞弟陈顼及王妃柳氏和孩子叔宝、叔陵。在与北周修复关系的同时，陈文帝也想与北齐改善关系。

第十二章　北齐内政陷混乱

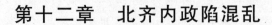

　　陈文帝与北周修好了两国关系，使北周放归了胞弟陈顼及王妃柳氏和孩子叔宝、叔陵。在与北周修复关系的同时，陈文帝也想与北齐改善两国之间的关系。而北齐的内政，自从高洋死后，已陷入了混乱。

　　北齐高洋死后，其子高殷即位。高殷聪明早熟，宽容厚道仁爱机智，天保年间有很好的名声。等到继承帝位，杨愔、燕子献、宋钦道等人共同辅佐。常山王高演在都城名望很高，朝廷内外都害怕并服从他，加上文宣帝高洋刚刚去世时，太后娄昭君就想立高演为帝，所以杨愔等人对高演都怀有猜忌之意。这就惹恼了高演，与兄弟高湛密谋，发动宫廷政变，杀了杨愔、燕子献等人，把少帝高殷废为济南王。

　　当初，文宣帝高洋命令邢邵给太子高殷起名字，名殷，字正道。高洋责怪说："殷家是弟弟即位，'正'字是一止，我死后儿子得位不到啊。"

　　邢邵恐惧，请求再为太子高殷改名字。文宣帝高洋摇摇头，说："这就是天意啊。"于是对弟弟高演说："帝位夺只管夺，但是千万不要杀我的儿子。"

　　可是，皇建二年（561）秋天，天象预告变异。据《隋书二十一·志第十六·天文下》记载：荧惑（火星）入鬼宿中（二十八宿之一，南方七宿之第二宿。共四星，今属巨蟹座。在北河东南轩辕之西），戊辰（二十四，561年8月20日），犯鬼质。占星曰："有大丧。"九月，果然，北齐的济南王（废帝高殷）在晋阳暴疾而驾崩，年仅17岁。（见《北齐书卷五·帝纪第五·废帝》）

　　在这以前，就有童谣在传唱："中兴寺内白兔翁，四方侧听声雍雍，道人闻之夜打钟。"当时丞相府在北城，即原中兴寺内。"白兔翁"，指雄鸡，就是用谐音法影射高湛的乳名步落稽，"道人"，是济南王（废帝高殷）的乳名。"打钟"，是说他将被打击。

不久，太史上奏说北城有天子之气。原来，废帝高殷常住在邺城，一个会望气之术的人说：邺中有天子之气笼罩。

平秦王高归彦担心济南王（废帝高殷）将来又当皇帝，对自已很不利。因为齐主高演是借高归彦手握禁卫军，才得以杀死杨愔、燕子献等人，杨、燕死而少帝高殷才被废。因此，高归彦就劝孝昭帝高演除去济南王（废帝高殷）。

孝昭帝高演也怀疑济南王（废帝高殷）应了这童谣和天子气，便派平秦王高归彦到邺都，令高湛去征召济南王到晋阳来。

高湛首先就向亲信高元海征求主意，问如何才能保全自己。当初，560年二月二十三日，高演策划杀死杨愔等人时，曾对兄弟高湛许诺"一旦事成，就立你为皇太弟"。高演于560年八月初三登基后，却使高湛在邺城主管军务，高演立自己的儿子高百年为皇太子。高演食言和失信，高湛心里很是不平。

高元海说："皇太后（娄昭君）健康长寿，福泽绵长，当今皇上异常地孝顺友爱，不会做出让太后伤心的事来，您尽可以放心，不会出问题。"高湛听了不开心，说："这难道就是我信任你，合乎我跟你推心置腹征求方略的用心吗？"

高元海要求回到台省中，用一晚卜仔细考虑此事，高湛把高元海留在府中后堂。高元海到天亮还没有入睡，只是绕着床缓缓踱步。计算时间的夜漏还没有滴完，高湛突然出来了，问高元海："你的神机妙算想得如何了？"

高元海回答说："夜中想得三策，但恐怕不能使用。请殿下效法西汉的梁孝王刘武怕朝廷杀他不敢入关进京的故事，带几名亲兵到晋阳去，先见太后请求哀怜保护，随后再去求见皇上，请皇上削去你的兵权，一直到死也不再干预朝政，这样必定能使殿下安如泰山，这是上策。如果上策不行，那就应该上书朝廷，申述因为自己威权太盛，恐怕遭到众口的诽谤猜忌，请求任命自己为青、齐二州刺史，沉默安静地住在那儿，这样做必定

不会招来议论。这是中策。"

高湛又问下策又如何呢，高元海回答说："我这话一出口，恐怕就犯了诛族大罪了。"高湛再三逼他说出来。高元海这才说："济南王（高殷）是先帝的嫡子，当今皇上（高演）假托太后的命令夺了他的帝位。现在您不妨把文武大臣召集起来，把皇上征召济南王去晋阳的敕令拿出来让他们看，把斛律丰乐抓起来，把高归彦斩首，尊立济南王为帝，号令天下，以顺讨逆，这是万世一时的绝好机会啊。"高湛听了十分兴奋，但他性格怯懦，狐疑不决，终究没有采纳。

高湛就又让郑道谦占卜一下，术士们大多说："不利于有大行动，保持安静才会大吉大利。"又召来曹魏祖，向他询问国家大计，回答说："国家不久将发生大凶祸。"

另外，当时有位林虑县县令潘子密，通晓占卜观察天象之术，秘密地对高湛说："皇帝不久于人世了，大王将为天下主。"高湛把他软禁在府内以待应验。又令好几位巫师占卜，都说不需动武，自然会有大喜事临头。高湛这才依照高演的诏书，派数百骑送济南王（废帝高殷）去晋阳。孝昭帝高演使人送毒酒给高殷喝。高殷不肯喝。于是，送毒酒的人就卡着高殷的脖子，硬生生地把高殷给卡死了。高殷死后，孝昭帝又后悔了。济南王（废帝高殷）死后，大宁二年（562），下葬在武宁的西北，谥号闵悼王。

就在废帝高殷死后不到一个月，孝昭帝出外打猎。突然窜出一只兔子，把他骑的马惊了，孝昭帝被掀掉在地上，摔断了肋骨。娄太后来探望他的伤势，再三问起济南王高殷在哪里？北齐孝昭帝不回答。娄太后勃然大怒，说："肯定是被你杀了吧？不听我的话，你死了也是活该！"于是，娄太后盛怒而去，头都不回。

孝昭帝高演患病，看见文宣帝高洋显灵作怪。孝昭帝高演十分厌恶，镇邪的办法用尽了也没有效力。据《北齐书卷六·帝纪第六·孝昭帝》所载，561年十一月甲辰（初二），北齐孝昭帝高演自知活不长了，就下诏书说："朕被这种突发的疾病缠身，将不久于人世。现在太子幼小（太子高百年6岁），不能熟习执政的方法，国家事业重大，理应交给有高尚品德之人。右丞相、长广王高湛，深明机运与变化，体验大道而又是皇室宗亲，是英雄豪杰的期望，天下敬慕，同胞共愿，是家族和国家的依靠，可派遣尚书左仆射、赵郡王高睿前去告知旨意，征召长广王继承帝位。丧事的礼节一律和汉文帝相同，三十六天后全按公事除丧，陵墓用品，一定从简。"

高演还不放心，又写了一封信给高湛，说："我的儿子高百年没有罪过，你可以好好处置他，不要学前人的样子。"那意思就是说不要学前人杀了先帝的儿子。高演他自己就是杀了先帝（高洋）的儿子高殷，临到自己要死之前，却也想要高湛不杀自己的儿子。岂不可笑?!

也就是在这一天，北齐孝昭帝高演死在晋阳宫里。他临终时，说自己最大的遗憾是不能为娄太后送终。

《资治通鉴卷第一百六十八·陈纪二·陈文帝天嘉二年》中记载，颜之推评论高演时，说："孝昭帝（高演）的天性是极孝的，但做事不知忌讳，以致才有死于非命这样的下场，这实在是因为不学经典的结果。"高演死后，北齐大臣给他上谥号。《魏书卷六十九·列传第五十七》记载："孝昭崩，魏收议为恭烈皇帝，泽正色抗论曰：'魏收死后，亦不肯为恭烈之谥，何容以拟大行。且比皇太后不豫，先帝飧寝失常，圣躬贬损，今者易名，必须加孝。'"于是，改为孝昭。

且说高湛，突然闻知高演遗诏让他即位，高湛还不敢相信！他派人去晋阳，加以核实。当时，北齐赵郡王高睿先派黄门侍郎王松年驰马到邺城，宣布孝昭帝的遗命。高湛还疑心其中有诈，便派自己的亲信先到停放孝昭帝灵柩的地方，打开棺木看真切了。使者回来汇报，高湛心中大喜，急忙驰马去晋阳，派河南王高孝瑜先进宫去，把宫禁中卫兵全部换了。癸丑（十一日），高湛在南宫即皇帝位，史称北齐武成帝。当日大赦天下，改换年号为太宁。

高归彦受到北齐孝昭帝的厚待，依恃权势，十分骄横，对贵戚高官随意凌辱。北齐武成帝即位后，侍中、开府仪同三司高元海，御史中丞毕义云，黄门郎高乾和多次说高归彦的短处，而且说："高归彦威权太重，震动天子，必定会成为祸乱之源。"

武成帝也寻究他反复无常的劣迹，便渐渐地对他猜忌起来。一天，趁

着高归彦回家去了，武成帝把魏收叫来起草诏书，任命高归彦为冀州刺史，最后让高乾和抄写。天亮后，仍然敕令管门的不放高归彦随便入宫。

当时高归彦在家里纵酒寻欢作乐，整宿酗饮，什么也不知道。到天亮想入朝参见皇帝，到宫门口才知道事情有变，自己已被派往冀州了，这才大惊失色，退了回去。高归彦通报了姓名要向皇帝谢恩，这时宫中又传出敕令，让他早点出发去上任，另外又赏赐了他很多钱帛财物，又敕令督将全部为他送行送到清阳宫。高归彦拜辞之后退了下来，没有人敢和他搭话，只有赵郡王高睿和他说了很久，当时没人听到他们说了什么。

北齐平秦王高归彦到了冀州后，内心很不安定，想等皇帝去晋阳时，乘虚打入邺城。他手下的郎中令吕思礼告发了他。武成帝下诏派大司马段韶、司空娄睿去讨伐他。高归彦在南边设置了私人驿站以打听消息，听说朝廷大军将到，便关上城门固守抵抗。长史宇文仲鸾等人不服从，都被杀掉了。高归彦自称大丞相，有军队四万人。武成帝考虑到都官尚书封子绘是冀州人，祖父、父亲世代为冀州刺史，很得人心，就派他乘驿马到了信都。封子绘到信都之后，一边巡视城池，一边对城中吏民晓谕避祸趋福的道理。官吏和民众相继跑出来投降。城里有什么动静，都有人报告，大事小事全都知道。

高归彦登上城头大声呼叫说："孝昭皇帝刚驾崩时，六路兵马百万余人，都在我手中控制着。我投身到邺城去，奉迎陛下来就皇位。当时我都没有造反。今日我这样做，是被逼的，难道是造反吗？我恨的是高元海、毕义云、高乾和欺骗迷惑皇上，忌恨忠良，只要杀了这三个人，我就在城头自刎以谢天下。"不久城被攻破，高归彦单人匹马向北逃窜，逃到交津时，让抓住了，被用锁链锁上送到了邺城。乙未（二十七日），他被装在没有帷盖的车上，嘴里衔着木棍，被反绑着。刘桃枝用刀刃比试着他，后面还有人击鼓跟随，高归彦连同他的子孙15人全部斩首，弃尸市上。朝廷下令封子绘管理冀州事务。

武成帝知道高归彦过去陷害过清河王高岳，便把高归彦家里主仆共100多口人全部赐给了高岳，并赠高岳以太师的称号。

高湛在当长广王的时候，清都人和士开因为善于使槊、善于弹琵琶而得到长广王的恩宠，被征召来当了开府行参军。待到长广王即位为帝，和士开多次升迁，已经做到给事黄门侍郎了。高元海、毕义云、高乾和都讨厌他，准备有机会就告发他的劣迹。和士开先下手为强，就向武成帝高湛汇报高元海等人互相勾通，结为朋党，想垄断政权，以便作威作福，高乾和从此被武成帝疏远了。毕义云向和士开进纳贿赂，得到了兖州刺史的职务。

天嘉三年（562）夏季，四月辛丑（初二），北齐武明娄太后去世。时年 62 岁。

娄太后一生很传奇。据《北齐书卷九·列传第一》记载：太宁二年（562）春，高湛为帝时，娄太后患病，衣服忽然自己飘了起来，听巫婆的话改姓为石氏。四月辛丑（初二，562 年 5 月 20 日），在北宫崩逝，五月甲申十五日，在义平陵合葬。

娄太后一共怀胎六男二女，都有梦的感应：怀文襄帝（北齐世宗高澄）时就梦见一条断了的龙；怀文宣帝（显祖高洋）时就梦见大龙，头尾连接天地，张开口，眼睛在转动，样子惊人；怀孝昭帝（高演）时梦见蠕龙在地上；怀武成帝（高湛）时，梦见龙在海中洗浴；怀孕两后，都梦见月亮进入怀内；怀襄城王高淯、博陵王高济之时，梦见老鼠钻入衣服下边。

太后未崩逝时，有童谣说"九龙的母亲死后不挂孝"。等到太后崩逝，武成帝高湛果然不换衣服，像往常一样穿红色衣袍。不久，高湛还登上三台，设置酒宴奏起音乐。高湛的女儿送上白色衣袍，请高湛换衣以示孝哀。高湛皇帝却发怒，把白色的衣服扔到了台下。和士开请求停止奏乐，皇帝大怒，鞭打了和士开。高湛在兄弟中排行第九，这正好就应验了童谣。

武成帝高湛逼着要和昭信李后通奸，说："如果不服从我，我就杀了你儿子！"李后害怕了，就屈从了他。不久李后怀了孕。太原王高绍德入宫到了门口，见不到李后，便生气地说："孩儿我难道不知道吗？娘是肚子大了，所以才不出来见儿子。"李后十分惭愧，因此生下了女儿后便弄死了。武成帝横提着刀大骂："你杀了我的女儿，我为什么不杀你儿子！"便当着李后用刀砍杀了高绍德。李后大哭失声。武成帝更加愤怒，把李后的衣服剥光，乱打了一气。李后呼天喊地，号哭不断，武成帝命令人把她

装在绢袋里，血从袋中渗了出来，连人带绢袋扔到渠水中浸泡，过了很久才苏醒过来，便用牛车把她载送到妙胜寺当了尼姑。

北齐朝廷一直扶植王琳，这是陈文帝很不高兴的地方。王琳被陈朝打败后，与萧庄一起逃奔北齐。孝昭帝高演派王琳从合肥出发，聚集旧部，再谋划进攻南陈。

王琳修理船艋，分派人员到各地募集队伍。陈朝的合州刺史裴景晖，是王琳兄长王堡的女婿，秘密地向王琳请求以私人的亲信引导齐军。孝昭帝高演就委派王进和行台左丞卢攫带兵前往接应。王琳犹豫不决。裴景晖害怕事情泄露，独自脱身奔逃北齐。

齐孝昭帝高演赐王琳印封文书让他镇守寿阳，准许他部下将帅还都跟从他，任王琳为骠骑大将军、开府仪同三司、扬州刺史，封他为会稽郡公。又增发他军饷，还赐给他一班铙吹乐器。

高演一边扶植王琳，时刻准备向南陈进攻；一边又派使者，与南陈交好。《南史卷九·陈本纪上第九》："夏六月己亥，齐人通好。"

北齐扬州刺史行台王琳多次想向南进犯，尚书卢潜认为时机未到，不可轻举妄动。陈文帝派人送书信到寿阳，想与北齐和好亲近。卢潜把信呈奏了北齐皇帝武成帝，并启请武成帝允许息兵，武成帝同意了，派散骑常侍崔瞻来陈朝聘问，并把南康愍王陈昙朗的遗体送还给陈朝。

南康愍王陈昙朗，是陈霸先同胞弟弟忠壮王陈休先之子。其父陈休先少时卓异不凡有大志，梁简文帝在东宫时，深被赏识。太清年间接纳降将侯景后，北方有乱，便令陈休先招募数千人，授为文德主帅，不久战死。

陈霸先得天下后，总是称道弟弟陈休先，说："此弟若活着，中原不愁不能平定。"梁敬帝即位，追赠陈休先为侍中、使持节、骠骑将军、南徐州刺史，封为武康县公，食邑1000户。

陈霸先受禅称帝，追赠为侍中、车骑大将军、司徒，封为南康郡王，食邑2000户，谥号忠壮。

陈昙朗少年时丧父，特别受到陈霸先的钟爱。受宠超过陈霸先的儿子和几个侄子。陈昙朗胆量勇力双全，善于安抚人心。侯景之乱平定后，陈昙朗初任著作佐郎。陈霸先率军渡江北伐，围攻广陵，宿预人东方光据乡举义旗，陈霸先便派陈昙朗和杜僧明从淮水入泗水接应。北齐援军甚众，陈昙朗与杜僧明筑垒抗御，不久，奉命班师回朝，带宿预义军3万渡江回到南梁。高祖诛杀王僧辩，留陈昙朗镇守京口，主管府内事务。梁绍泰元年（555），梁敬帝诏任陈昙朗为中书侍郎，代管南徐州。

可是，陈昙朗是怎么作为梁朝的人质，被送到北齐的呢？

说来话长！——那是梁敬帝绍泰元年（555），北齐连续派兵南下，对梁朝形成"南线精兵突袭、北线万军掩杀"的南、北夹击之势，要彻底摧毁华夏正统的南梁王朝！

以陈霸先为代表的汉族精英，拥立萧方智为皇帝的南梁王朝，不屈服于北齐逼立的傀儡皇帝萧渊明。也不类同于西魏扶植的萧詧后梁朝廷；更不同于后来"三姓家奴"的王琳，在北齐、西魏（北周）的支持下所建立的萧庄政权。无论是萧詧的后梁政权，还是王琳所立的萧庄政权，都是西魏、北齐敌国势力渗透到江南的帮凶，是代表敌国利益的傀儡政权。只有南梁的陈霸先和南中国的汉族精英们，勇敢地打破了北齐敌国以逼立的萧渊明这个傀儡皇帝来控制南中国的美梦。为华夏汉族和华夏汉文明的生存空间而奋力抗争！

绍泰元年（555）十一月二日，北齐从南线"遣兵五千渡江"至采石，"据姑孰，以应徐嗣徽、任约"；北线则"遣安州刺史翟子崇、楚州刺史刘士荣、淮州刺史柳达摩将兵万人，于胡墅渡米三万石、马千匹，入石头"，对南梁王朝的京都建康进行"南北夹击"！

徐嗣徽、任约本想趁霸先率军东征而梁朝京城空虚之机，突袭建康。不料，首先遭到防守京城的老将侯安都的勇猛阻击。接着，陈霸先速战速决，降服了韦载，平息了义兴内乱。霸先冷静地调兵遣将之后，令全军将士，卸甲便装，日夜兼程，卷甲还都。

面对北齐来势汹汹的大军压境，陈霸先向韦载征询对策，韦载说："齐军如果分兵先占据通往三吴的道路，然后在我们东边的边境攻城占地，那么大势已去，我们全完了。但是，现在齐军没有这样做，我们可以赶快在淮南一带沿着侯景过去留下的旧垒修筑新城堡，以便打通东边的运输道路。同时分出一支军队去断绝他们运粮的道路，这样，齐将的头颅，十天

之内就送来了。"

不得不承认，韦载眼观全局，分析到位。提出此计，甚是恰当！陈霸先当机立断，连续走了三步棋，一气呵成：派侯安都率军在夜色的掩护下，突袭了齐军驻扎的胡墅，焚烧齐军的船舰 1000 余艘；仁威将军周铁虎切断了北齐运输补给的道路，活捉了他们的北徐州刺史张领州；让韦载在大航修筑侯景的故垒，派杜棱去守卫。

可以说，霸先这三步棋的一举成功，就决定了北齐的败局已定。尽管北齐在兵力上占据优势，但无粮之兵，溃败在即。齐军没有粮食吃，只能杀马煮食。马肉里又掺杂人肉，许多齐兵长疮生病，苦不堪言。

北齐皇帝高洋闻讯大怒！他知道陈霸先是不好对付的，但没想到陈霸先竟如此硬骨头！北齐接二连三派出重兵，疯狂攻击，一定要把南梁这个新生的小朝廷毁灭殆尽！

此次，入侵南梁的北齐军队，在仓门和秦淮河之南修建了两座营栅，与梁兵对抗。北齐大都督萧轨带兵屯驻在长江北岸。徐嗣徽等人仗着北齐的兵力强大，前来攻击梁军冶城的营栅。

陈霸先亲率铁甲骑兵从建康城西明门冲出来，迎击徐嗣徽的北齐兵众。一场恶战，徐嗣徽等人大败。留下柳达摩等人守石头城。徐嗣徽、任约跑去采石矶，迎接北齐援兵。

陈霸先抓住这个难得的空隙，一边令徐度在冶城（建康城西南）建筑栅栏和城堡等防御工事，组织反攻石头城；一边派遣侯安都偷袭徐嗣徽的老巢秦郡。

侯安都连夜袭击秦郡，攻破徐嗣徽的营栅，俘获了好几百人。又抄了他的家产，搜得他用的琵琶和养的鹰。极具讽刺意味的是，侯安都还派人把琵琶及鹰送给在江边接应北齐援军的徐嗣徽，传话给他："昨至老弟处得此，军前不需此物，特此送还。"

侯安都调侃得极其精妙！呵呵……徐嗣徽大惊！心理防线顿失！——此为经典战例，被后世的无数军事家赞叹！

第十三章　迎忠烈厚葬陈昙朗

　　当年，梁朝廷为配合军事斗争，想多争取一些支持梁朝廷的力量。也展开了政治攻势，以稳定国内局势。梁敬帝擢升郢州刺史、宜丰侯萧循为太保，广州刺史、曲江侯萧勃为司空，同时征召他们前来京师供职。萧循接受太保的任命，但不肯入京，萧勃正在准备着阴谋叛乱，拒绝接受梁敬帝的命令。

　　陈霸先非常清楚当前的局势：必须从军事上战胜北齐敌对势力，才能争取国内割据势力的稳定。否则，那些地方势力，会趁乱而起，割据称雄。破碎的河山，更加难收拾。

　　此时，徐嗣徽从采石"引齐兵水、步万余人，还据石头"，与陈霸先再战。陈霸先猛攻石头城，终使北齐退出建康以北。北齐和州刺史乌丸远在采石听说北齐兵败，也"自南洲（即采石）奔还历阳"（《资治通鉴卷一百六十六·梁纪·绍泰元年》）。但是，"齐之余军犹据采石，守备甚严"（《南史·侯安都传》）。

　　韦载继续带兵众在淮南筑垒，陈霸先使杜棱驻守，联结各部防守通道，建康各军，才没有隐患。霸先善于降将，因此非常有帮助。

　　陈霸先又派大将侯安都南攻采石矶，俘获北齐的兵众。北齐军队在仓门和秦淮河之南修建了两座营栅，与陈霸先所率领的梁军对抗。北齐大都督萧轨带兵屯驻在长江北岸。齐淮州刺史柳达摩渡过淮河，布军列阵。霸先率兵众猛烈进攻，纵火烧毁了齐军的栅寨。柳达摩所部的齐兵大败，被淮水淹死了很多。

　　徐嗣徽、任约再引齐兵，驻守在江宁浦口一带。陈霸先在冶城对面的水上把船只连在一起，建了一座浮桥，指挥众军全部渡过浮桥前进，去攻

击齐军修在南边的两座营栅。石头城守军北齐将领柳达摩等，也渡秦淮河兴筑营阵。陈霸先督促士卒迅速发动攻击，放火焚烧栅栏，北齐军大败，争先恐后抢夺船只，互相推挤，淹死在秦淮河中的数以千计。霸先缴获北齐军队的全部船舰。

当天，徐嗣徽和任约带领北齐水师、步兵联合兵团1万多人，退回城去据守。陈霸先派兵来到江宁，占据了险要之地。徐嗣徽等人的水师、步兵都不敢前进，停顿在江宁浦的入江之处。陈霸先派侯安都带水军去袭击，打败了徐嗣徽。徐嗣徽等人乘上一艘小船逃走，陈霸先把徐嗣徽等军留下的辎重、武器全部缴获。

齐军的将领柳达摩来不及逃走，被围困在石头城。既无粮，又无汲水之道（水道又被截断），齐军又饥又渴，兵无斗志。史载：齐所据城中没有水喝，一合水值一升米，一升米昂贵到值一匹绢，或炒米食之。柳达摩谓其众曰："顷在北，童谣云，'石头捣两裆，捣青复捣黄'。侯景服青，已倒于此，今吾徒衣黄，岂谣言验邪。"

陈霸先令梁朝的水军、陆军各部，从四面一起围攻石头城。梁军筑土山、架云梯，勇猛向齐军发起进攻。从早到晚，轮番冲击，已攻下了齐军占领的东北小城。徐嗣徽又因家眷被侯安都所抓，便提议同梁朝议和。柳达摩也无计可施，迫不得已，派使者向陈霸先求和，唯一的要求是要陈霸先把亲子或侄子送到齐国作为人质。

陈霸先不同意，下令猛攻，要全歼围困在城内的齐军，生擒齐军主帅柳达摩。柳达摩只好听从徐嗣徽的建议，派人向梁敬帝送书，求和。

梁敬帝和群臣都知梁朝实力十分虚弱，而且建康粮道已被齐兵切断，京都米价飞涨，臣民恐慌无粮。于是，敬帝下诏，令霸先议和。

陈霸先从政治全局的角度作了考虑：梁军拼死抵抗北齐的进攻，虽然赢了几场，但都是战术上的胜利，并没有扭转战场局势。装备精良的北齐大军已经渡过长江，大举入侵江南，又有叛军相助，占据战场优势。梁朝弹丸之地的建康，国力、兵力实在有限。加之军队兵马（特别是铁甲骑兵）的训练，需要战马数千，战刀数千，粮草、军资若干等还没完成。

梁朝君臣都愿意议和，答应强齐的条件，纷纷请求用陈霸先的侄子陈昙朗为人质。因为当时，霸先的独子陈昌被西魏押在长安。否则，充当人质的会是陈昌，而不是陈昙朗。

陈昙朗是霸先胞弟陈休先唯一的亲子。陈休先30多岁已战死在战场上。史书载"休先少倜傥有大志，梁简文之在东宫，深被知遇。太清中既纳侯景，有事北方，乃使休先召募得千余人，授文德主帅，顷之卒。高祖之有天下也，每称休先曰：'此弟若存，河、洛不足定也。'梁敬帝即位，追赠侍中、使持节、骠骑将军、南徐州刺史，封武康县公，邑1000户。"可见，陈休先也是非常厉害的人物。休先武艺好，有胆力，善于安抚军心。陈休先战死后，独子陈昙朗，年少丧父很孤独，霸先怜爱，比其他人更宠爱他。陈昙朗也成为霸先的得力助手。

但，梁朝君臣都想休战议和。没有办法，陈霸先难于违背众议，只能忍痛派遣弟弟休先的儿子、他的亲侄陈昙朗前去北齐做人质。

他悲愤地对朝廷百官说："现在朝廷的各位贤人都想和北齐讲和，以获得休息。如果我违反众人的意见，大家会说我偏爱侄子陈昙朗，不顾念国家利益。现在我决定派侄子陈昙朗去，等于是把他扔在敌寇的巢穴！北齐人一向言而无信，我们答应讲和，齐人会认为我们势力微弱好欺负，肯定会背弃盟约再来进犯。北齐强盗如果再来进犯，各位可要拼死战斗呀！"

众臣纷纷表示道："假如齐军背盟，我等定当同心协力奋战之，但现在建康虚弱，粮运难继，还是以和为好。"

陈霸先回到前线，担心侄儿陈昙朗不肯前往北齐做人质，于是亲自率领步兵骑兵往陈昙朗营地京口，同他一起到京城。霸先也流泪劝说侄儿以国家大义为重。霸先说一定整训军队，打败北齐，营救你安全回来。

陈霸先迫不得已，只好根据朝廷的决定，把陈昙朗和永嘉王萧庄、丹阳府尹（首都建康市长）王冲的儿子王珉充当人质，与北齐主帅柳达摩、萧轨在建康城外宰杀牲口签"互不侵犯"盟约。并同意北齐所有将士均不问责，任由他们返回北方。

签订盟约后，陈霸先率军从石头城南门出来，陈列士兵数万人，默默看着亲侄子陈昙朗，随同梁永嘉王萧庄，扣留在齐兵的队伍里，远去北方。陈霸先想着还有机会，把侄子他们安全换回来。但他没想到，这是与

第十三章 迎忠烈厚葬陈昙朗

侄子陈昙朗最后一别！

陈昙朗颇有才华，陈霸先带兵外出征战时，留他驻守京口，各项政务、军务，陈昙朗能处理得非常妥当。陈霸先也很赞赏这位亲侄。谁也没想到，他此去北齐，就牺牲在高洋的刀下！这是后话。

建康军民屡遭战火，迫切希望和平。陈霸先此举，赢得了梁朝君臣和建康内外民众的一片赞扬声。但陈霸先内心是极其苦闷的。他深夜跪在亲弟陈休先的灵位前，泪水直流，喃喃自语："胞弟，朝廷君臣都要议和，哥哥无能说服朝臣，侄子昙朗此去北齐做人质，哥实在对不起你！……我必要整训铁骑，横扫北齐，救回侄儿，一洗家国之耻！"

后来，毫无信义的北齐，果然又撕毁盟约，举10万大军进犯南梁！

太平元年（556）三月二十三日，北齐派仪同三司（宰相级、正二品）萧轨、库狄伏连、尧难宗、东方老等会同任约、徐嗣徽，集结大军10万，对南梁发动大规模攻击。萧轨、徐嗣徽明白江南水军厉害，北齐军的优势在陆地上的骠骑兵。萧轨令北齐军从方山向建康城东南进发。齐军的侦察兵已出现在建康台城的城墙下了。京都震动，人心恐慌！梁敬帝亲率皇家禁卫军出宫，驻扎长乐寺，内外戒严。

陈霸先知道，北齐想要掐死江南梁朝。这是一场真正的生死之战！陈霸先紧急命令梁山的守将侯安都、徐度立刻撤回建康，增援京师。又召周文育率部且战且退，收缩兵力，火速回援京都，准备迎接空前激烈的建康大决战。

所幸！南梁在陈霸先和全军将士们的奋勇拼杀下，以仅有的3万兵马之弱势，竟然打败了北齐10万精兵强将。北齐大都督萧轨，逃走不及，被梁军活捉。东方老、王敬宝、李希光等将帅共46人无舟渡江，均被绑俘。

此次建康大捷，是南梁军民屡遭北方野蛮欺负几十年来的第一次辉煌胜利！狠狠地打击了北齐骄横、残暴、血腥碾压江南的嚣张气焰！基本摧毁了北齐的主要军事力量，从此以后，北齐军力不振，没敢再对南梁发动大的军事攻击。基本消除了北齐对江南梁朝最大的军事威胁！

北齐大败后，高洋气得暴跳如雷！他发誓要荡平南梁，可眼下惨败之后，又没那么多实力了。只好派使者向梁朝请求割让土地，并送马、牛，以赎回萧轨、东方老等46名重要俘虏。

但是，梁敬帝和众朝臣们担心北齐将领"放虎归山"以后，还会不断地骚扰、入侵梁朝。特别是萧轨、东方老、王敬宝、李希光等人，数年来一直充当北齐侵扰南梁的急先锋，血腥屠杀江南民众，残酷摧毁江南经济和文明，对华夏民族犯有滔天大罪。梁敬帝和朝臣们想一绝后患，把他们全部斩杀。

南梁的大臣被此次"建康保卫战"大捷冲昏了头脑，纷纷拒绝北齐提出的和解要求，他们认为：一、这些俘虏在江南血腥屠杀民众，犯下滔天大罪。不诛杀这些罪魁，难以平民愤，无以慰冤魂。二、有的北齐将领如徐嗣徽之弟等人，在战场上当即就斩其首级，以震慑敌军，涣散敌军斗志。北齐没能赎回所要的将领，高洋必会报复。三、北齐赎回这些杀人魔头，等于放虎归山。他们收集兵马又会再次杀向江南，报复军民。这仗永远打不完。

陈霸先却不同意都杀，只惩首恶。如果全杀了，陈霸先担心在北齐充当人质的侄子陈昙朗和萧庄的安全。可朝廷大臣都说：俘虏与人质是两码事。我们杀俘虏，并不影响人质在北齐的安全。还有的大臣直接劝霸先"以国家为重，不可因为亲侄而顾念私情"。

群臣纷纭，令霸先有苦难言！——他的亲弟陈休先战死之后，就只有陈昙朗这一棵独苗。万一北齐又失信背义，杀了我朝的人质……霸先不敢往下想。

最后，众大臣请旨，诏令陈霸先在菜市口把北齐将领萧轨等46个魔头斩首示众。齐主高洋听闻梁朝陈霸先把齐军重要将领全都斩首，顿时恼羞成怒，当即虐杀了押在齐国充当人质的陈霸先的侄子陈昙朗！

《陈书卷十四·列传第八》："齐果背约，复遣萧轨等随嗣徽渡江，高祖与战，大破之，虏萧轨、东方老等。齐人请割地并入马牛以赎之，高祖不许。及轨等诛，齐人亦害昙朗于晋阳，时年二十八。"当时，梁朝与北齐断交，并不知陈昙朗已经被高洋杀害。

后世的人，不了解当时的情况。以《梁书·本纪·敬帝》里，史臣发

表的感慨："（梁敬帝）征伐有所自出；政刑不由于己"之句，来指责陈霸先扶立梁敬帝后，大权独揽，架空了梁敬帝。这完全是曲解！

首先，我们来看这句话的意思是："（梁敬帝）征伐有的是出自自己的心意，政令刑令却不能由着自己。"

其次，我们翻开史书，来看看梁敬帝在位时的朝政事务安排：

陈霸先当时是"都督中外军事"，主管征伐军事方面的统帅；而朝中的政令、刑法、制度、祭祀、外交等事务，是由文官大臣比如左仆射、右仆射、太傅之类的官员负责的。

从《南史》《梁书》《资治通鉴》里可以看到：梁敬帝前期朝廷的文官大臣有太傅萧渊明、太保萧循等人（见《梁书·本纪·敬帝》："六日，进太尉萧循为太保，司徒建安公渊明为太傅"），后期有王冲、王通等人[见《梁书·本纪·敬帝》九月一日，"中权将军王冲即本号开府仪同三司。吏部尚书王通为尚书右仆射"。太平二年（557）正月初二，"任尚书右仆射王通为尚书左仆射"]。

再看，自从陈霸先为民族大义，起兵京口，袭杀王僧辩，扶立梁敬帝上位之后，他就忙着东征义兴，北抗强齐。艰难地打败了强齐的两次大规模的攻击。史臣说"（梁敬帝）征伐有所自出"，其实是赞颂陈霸先在军事征伐方面，符合梁敬帝的心意。包括史臣在《梁书·本纪·敬帝》中还有一句"敬皇高让，将同释负焉。"（梁敬帝禅位给陈霸先，如同放下千钧重担）也是赞颂陈霸先"受命于危难之际，振臂于无望之时"，挑起了守卫汉家天下的重担，收拾起一片支离破碎的河山。

而史臣说的"政刑不由于己"，则是史官指责那些文官大臣负责的政令刑法朝制之类的事务，不能由着梁敬帝自己。比如《梁书·本纪·敬帝》里面提到的："废东扬州，仍称会稽郡。""七日，颁令各国各地杂用古今钱币。""改四柱钱一准十。二十八日，废止细钱。""建造云龙、神虎门。""给简文皇帝诸儿子追加官职。以已故永安侯确的后代袭封邵陵王""以太保、宜丰侯萧循袭封鄱阳王"之类的朝政事务，不由梁敬帝做主。

凡是熟知六朝士族门阀制度的人士都明白：士族豪门在东晋、宋、齐、梁时期，占据深厚的社会基础。这些士族豪门甚至可以决定皇帝的废立。也就是说，当皇帝的还得看那些士族豪门的脸色。虽然经过侯景之乱，梁末陈初时的士族门阀制度彻底崩溃，但，还是有王氏、沈氏、谢氏等士族豪门，在朝中占据高位。这些士族门阀自视甚高，瞧不起那些以军功跻身上层的寒门子弟。陈霸先就是寒门子弟的代表人物。尽管陈霸先东征西战立下赫赫战功，但仍被士族豪强所牵制。试想：如果陈霸先当真是大权独揽，何以他庇护不了自己的亲侄陈昙朗？而要听从梁敬帝和朝中大臣们的意见，把胞弟陈休先唯一的根苗陈昙朗，扔在北齐的狼窝做人质？

当鲜卑北齐的 10 万大军直逼梁朝京都，陈霸先奋起抵抗，率领众将以 3 万弱势兵力，打败北齐的精兵强将，赢得整个六朝 170 多年来的第一场（也是最后一场）京城保卫战的大捷！尽俘北齐高级将领萧轨、东方老以下将领 46 人。令那位一向飞扬跋扈的北齐皇帝高洋，急派使者以割地赔款等方式，请求梁朝放还北齐高级将领。被胜利冲昏头脑的梁敬帝和梁朝大臣们，置陈昙朗等人还在北齐作为人质（"扔在北齐的狼窝里"）而不顾，尽逞一时之快，力主全部斩杀北齐 46 名俘虏。

尽管陈霸先再三奏请"只惩首恶，放还其他"，但是，朝中士族豪门大臣们仍然奏请梁敬帝下诏，令陈霸先监斩北齐萧轨、东方老等 46 名全部的俘虏。陈霸先既不能对抗朝中士族豪门大臣，更不能抗旨不遵，他只得遵照梁敬帝的旨令，全部斩杀了北齐 46 名俘虏。北齐皇帝高洋得知陈霸先斩杀了北齐自萧轨、东方老以下 46 名俘虏，愤恨地报复地虐杀了在北齐做人质的陈霸先侄子陈昙朗！

如果陈霸先果真大权独揽，他何至于处处受制于梁敬帝和梁朝廷里的士族豪门大臣？正如当初拥护陈霸先受禅称帝的寒门大臣们所说，陈霸先如果不代梁称帝，他迟早也会被身后士族豪门大臣的暗箭所伤，倒在那些野心家们的刀下！

综上所述，可以得出结论：史臣在《梁书·本纪·敬帝》里感慨的"（梁敬帝）征伐有所自出；政刑不由于己"和"敬皇高让，将同释负焉。"都是对陈霸先的赞颂！是赞颂陈霸先在军事征伐上，符合敬帝的心意。敬帝禅位给陈霸先，如同放下千钧重担。"政刑不由于己"主要是对当朝负责政务刑制的豪门士族大臣们的指责。

往事如烟，渐已远去。当时北齐与南梁断交，南朝并不知道陈昙朗已被害。直到陈文帝天嘉二年（561），陈朝与北齐修好，才知道陈昙朗已被高洋杀害。陈文帝悲痛不已！随后，陈文帝派郎中令随出访使江德藻、刘师知去迎接陈昙朗的灵柩。

陈昙朗没有去北齐做人质时，已生育了方泰、方庆两个儿子。到北齐时，陈昙朗是带着妾一起去的。在北齐又生育了方华、方旷两个儿子。天嘉三年（562）春，在陈朝郎中令随出访使江德藻、刘师知迎接陈昙朗灵柩时，其子方华、方旷就一起返回京都建康。

陈昙朗的长子陈方泰，为南康世子嗣南康王，后闻陈昙朗薨，于是袭爵南康嗣王，寻为仁威将军、丹阳尹，置佐史。太建四年，迁使持节，都督广、衡、交、越、成、定、明、新、合、罗、德、宜、黄、利、安、建、石、崖 19 州诸军事。平定越中。

次子陈方庆，少清警，涉猎书传，及长有干略，天嘉中封临汝县侯，寻为给事中，太子洗马，权兼宗正卿，直殿省。太建九年出为轻车将军，假节都督，定州诸军事，定州刺史。

陈霸先开创的新国家，在陈文帝的治理下，渡过了多次危机，已渐有勃发生机。北方两大鲜卑强国北齐、北周，也相继派使来与陈朝修好关系。惨死在北齐狼窝里的陈昙朗，终于在天嘉三年（562）春，在陈朝出访使江德藻、刘师知的迎接下，回到故里。

陈文帝下诏隆重安葬，诏曰："追远慎终，先朝诏诰中多有所见。南康王陈昙朗，英明睿哲孝敬双亲，堪称国家之屏藩，到北齐为质，以解除国家之危难。国运昌盛了，君却未能返国，我常常想念，日夜不忘。北齐国使臣初到时，噩耗才传到，追思痛悼，在我是加倍地伤情，应该厚加追赐，以光大历朝惯例。可追赠为侍中、安东将军、开府仪同三司、南徐州刺史，谥号愍。"

陈朝厚葬了陈昙朗，以慰先烈。陈休先和其子陈昙朗一门悲壮，着实令人感叹！

陈文帝在与北周、北齐"友好"关系修好的同时，加紧了讨伐国内叛乱，削平豪强割据的战争……

第十四章　平叛逆讨伐留异

梁末陈初，南方大乱。土著豪强乘机起兵，割据州郡，不奉朝命。对陈朝在江南的统治构成严重威胁。计有湘州王琳、东阳留异、建安陈宝应、临川周迪、豫章熊昙朗等。这些人除王琳始终反陈外，大多自陈武帝创业时起就对陈叛降不定。

陈初立国，面临北方两大鲜卑强国的严重威胁，对南中国境内的豪强割据们，只能尽量施以怀柔、笼络，正式任命他们为所据州郡的长官。

当初，王琳在北方两大鲜卑族北周、北齐的支持下，充当鲜卑族吞并南中国的爪牙，极力扑灭南中国最后一丝华夏文明薪火的急先锋，大举进攻陈朝。

陈朝境内割据一方的军阀势力，也蠢蠢欲动。缙州刺史留异，与王琳勾结，经由鄱阳信安岭的一条秘密通路，暗地里常有使者来往。王琳还派使者到东阳，暂任辅助守令之官。留异趁着王琳大军进犯陈境之机，举兵反叛，与王琳相互呼应。

留异善于自处，说话含蓄，是乡里的豪杰。常聚集一帮恶少，欺凌贫苦者，官吏们都视他为患。

梁朝末年时，留异是蟹浦戍主，历任晋安、安固二县的县令。侯景之乱后，留异回到乡里，招募士兵，东阳郡丞与留异有矛盾，留异便引兵杀了东阳郡丞和他的妻子儿女。太守沈巡去援助台城，让郡给留异，留异派他哥哥的儿子留超监知郡事，自己率兵随沈巡出郡都。

京城陷落，留异便追随临城公萧大连，萧大连封他为司马，委以军事之任。留异生性残暴，没有远大谋略，督责萧大连军主时，对左右私树威福，众人都痛恨他。侯景的部将宋子仙渡浙江，留异奔还乡里，不久，率

众投降于宋子仙。这时萧大连也前往东阳的信安岭，想要到鄱阳。留异竟然背弃旧恩，去做侯景部将宋子仙的向导，命令捉拿萧大连。

侯景封留异为东阳太守，将其妻儿收为人质。侯景行台刘神茂兴义军抗拒侯景，留异表面上赞同刘神茂，而暗地里却与侯景结盟。后来，刘神茂战败，被侯景所杀，唯独留异获免。

侯景之乱平定后，王僧辩派留异慰劳东阳。留异仍然纠合乡人，保据点设阻碍，手下人一时甚多，州郡官员都害怕他。

梁元帝封他为信安令。荆州陷落，王僧辩以留异为东阳太守。陈霸先平定会稽，留异虽然仅转运租食，但他拥有一郡之权，故威福在身。

绍泰二年，陈蒨、周文育平定杜龛、张彪之时，留异见风使舵，送粮3000斛给陈蒨。梁敬帝以留异有应接之功，任持节、通直散骑常侍、信武将军、缙州刺史，兼东阳太守，封永兴县侯，食邑500户。这年又升任散骑常侍、信威将军，增邑300户，其余照旧。

为了笼络他，陈霸先又将侄子陈蒨的女儿丰安郡主许配给留异第三子贞臣。征召留异为南徐州刺史，留异拖延着不去就任。

陈文帝即位之后，又任命留异为缙州刺史，兼东阳太守。东阳郡，是从三国时的吴宝鼎元年（266）设置的郡。以郡在瀫水（即衢江）之东，又因在长山之阳，因此得名东阳郡。东阳郡下辖9个县，即长山（今金华市婺城区）、乌伤（今浙江义乌）、永康、吴宁（今浙江东阳）、丰安（今浙江浦江）、太末（今浙江龙游）、新安（今衢州市柯城、浙江衢县）、定阳（今浙江常山）、平昌（今浙江遂昌）县。

东阳郡的郡所设在长山县（今为金华市）。古称婺州，因其"地处金星与婺女两星争华之处"而得名金华。金华文化属吴越文化，金华人属江浙民系，使用吴语。

金华市位于浙江省境中部，东邻台州，南毗丽水，西连衢州，北接绍兴、杭州。市区位于东阳江、武义江和金华江交汇处。

金华地处金衢盆地东段，为浙中丘陵盆地地区，地势南北高、中部低。"三面环山夹一川，盆地错落涵三江"是金华地貌的基本特征。市境的东、东北有大盘山、会稽山，南属仙霞岭，北、西北接龙门山及千里岗山脉。山地内侧散布起伏相对和缓的丘陵，以江山—绍兴断裂带为界又分为北部丘陵和中部丘陵，市境的中部，以金衢盆地东段为主体，四周镶嵌着武义盆地、永康盆地等山间小盆地，整个大盆地大致呈东北—西南走向，西面开口，由盆周向盆地中心呈现出中山、低山、丘陵岗地、河谷平原阶梯式层状分布的特点。盆地底部是宽阔不一的冲积平原，地势低平。

这里的气候四季分明，年温适中，热量丰富，雨量丰富，干湿两季明显。春季气温回升快，但气温变化不定，春末夏初雨水集中，时有冰雹大风；夏季长而炎热，且雨热同步上升，常有干旱；秋季凉爽，空气湿润，时间短；冬季晴冷干燥，大气层结稳定。年度总的光热水条件优越。因此，农作物生长茂盛。金华市境内经济作物主要有棉花、油料、甘蔗、瓜类、蔬菜、茶叶、水果、蚕桑、药材、花卉及苎麻、席草、莲子、板栗、香榧等。其中义乌的糖蔗、青枣，武义的西湖蜜梨、宣莲、米仁，兰溪的乌桕、大青豆，浦江的桃形李，金华的佛手、举岩茶，东阳的东白茶、席草，东阳、磐安的药材"浙八味"中的白术、白芍、元胡、元参，永康的五指姜、黄花菜等是地方优质品种。

金华市境的山脉地形复杂。东、东北有大盘山、会稽山，南属仙霞岭，北、西北接龙门山及千里岗山脉。仙霞岭山脉从闽、赣交界的武夷山延伸入境，至武义县、婺城区南部和永康市境，向东北延续为大盘山和天台山脉，山体多由火山岩和花岗岩构成。大盘山是钱塘江、曹娥江、椒江和瓯江部分支流的源地和分水岭。

会稽山为天台山支脉，主体朝东北方向伸展，西南段延伸至东阳北部和义乌，山体主要由火山熔岩、碎屑岩构成。主峰东白山位于东阳、诸暨、嵊州交界处。龙门山介于富春江与浦阳江之间，分布在浦江、婺城区和金东区北部、兰溪及义乌西缘，山体主要由中生代火山熔岩和碎屑岩构成，局部为花岗岩和石灰岩，其余脉金华山呈块状山地，北隔墩头盆地与龙门山脉相连。

千里岗山脉由赣东北怀玉山脉延伸入境，余脉至兰溪与建德市交界处，山体由沉积碎屑岩组成，中心部分为千里岗砂岩。延伸入境的山系受华夏构造控制，山脉大多呈东北—西南走向，同时受东北—西南和东西向

断裂带的切割，延伸出来的众多支脉纵横交织，山形破碎、峰岭交错。

由于山多林密，适合动物繁衍。山里有穿山甲、大灵猫、金钱豹、云豹、鬣羚，属二级保护动物有天鹅、猕猴、鸳鸯、大鲵（娃娃鱼）等。

金华市域内的江河众多。分属钱塘江、瓯江、曹娥江、椒江四大水系。由于水资源丰富，利于畜禽生长。有猪、牛、羊、兔、鸡、鸭、鹅及蜂等，金华两头乌和兰溪花猪、永康灰鹅等为地方优质品种。其中主要水产鱼类有青鱼、草鱼、鲢鱼、鳙鱼、鲤鱼、鲫鱼以及长春鳊、三角鲂、团头鲂、鲴鱼、鳜鱼、鳇鱼、泥鳅、黄鳝、鲶鱼等30多种。此外还有甲鱼、河蟹、河蚌、螺等水生动物。这些丰厚的物产，反而成了地方豪强割据一方的经济来源和军事资源。

东阳郡，南朝梁绍泰二年（556）属于缙州。据史载："原辖七郡复还扬州及江州，并析置缙州；是年又复东扬州，省缙州。陈永定三年（559），又省东扬州，置缙州。"为何称"缙州"？是因当时的州治所设在永康县，县境内有缙云山，因此而得名。

缙州土地深厚肥沃，排灌方便，自古开有大片水田，所以简称大田里，是越国和以后乌伤县的主要粮仓。早在西汉高祖十二年（前195），吴王刘濞就在此屯田，故又称"官田"。东吴赤乌元年（238）三月二十八日，分乌伤县上浦乡为永康县，大田里是永康县境的地理中心。东晋太宁二年（324），明帝司马绍把这块地盘封给镇南大将军观阳县侯应詹，作为他1600户的食邑之一，侯应詹就委托自己数位亲族和家属，在此建立多处庄园进行经营管理，所以这片地方就叫"诸应"。

缙州的治所据称是在永康县大镇芝英。梁大同二年（536）在永康大镇建立了紫霄观，与建于梁普通二年（521）的永康南境景霄观（今称南宫寺，现属缙云壶镇）为南北二宫观。当时，从临海郡到东阳郡的通京官道，都从景霄观、紫霄观门口经过，并设有驿站等建筑，各上下任的临海郡和属县官员以及名士阮孚、陶弘景、陆修静、昭明太子等都曾来回过此多次。

梁绍泰二年（556）至陈天嘉三年（561）一个跨越两个朝代历时六年的缙州，就以诸应（永康大镇大田里）为州治所。绍泰二年（556）权臣陈霸先设置缙州，任留异为刺史兼领东阳郡。并把临海、永嘉二郡亦划归缙州管辖。后以侄孙女丰安郡主（陈文帝女儿）配留异第三子贞臣。

留异是豪族出身，以军功起家，在乱世中时而左右依附不定。虽然留异和陈文帝为儿女亲家，任缙州刺史六年，却割据一方，拥兵自重，不服朝廷调命。留异还多次派他的长史王澌入朝探听情况，王澌常说朝廷其实很虚弱。留异相信了，外表虽然显示出当臣子的本分，但常常怀有二心，和王琳相勾结。他们之间建立了一条经由鄱阳信安岭的秘密通路，暗地里互派使者来往。王琳还公然派遣他的部将，到留异的军队里担任守令官。

王琳兵败后，陈文帝派左卫将军沈恪去取代留异之职，实际上是用兵力去袭击他。留异把军队开到下淮去抵抗沈恪。

据史载：沈恪，字子恭，吴兴武康人。深沉，办事能力强。梁朝新渝侯萧暎任郡将，召他任主簿。萧暎迁调北徐州，沈恪随他去镇守。萧暎迁调广州，以沈恪兼任府中兵参军，经常带兵讨伐俚洞。卢子略反叛，沈恪抗战立有战功，授职为中兵参军。

陈武帝和沈恪同郡，私交很深，萧暎死后，陈霸先向南讨伐李贲，妻（章要儿）子（陈昌）随沈恪回乡。不久沈恪任东宫直后，因为在岭南的功劳被授职为员外散骑侍郎，命令他召集同族叔伯兄弟。

侯景围攻台城，沈恪率领手下人马去到朝廷，按例晋升为右军将军。敌人在东西筑起两座土山，用以逼迫台城，城内也筑起土山与敌人相对，沈恪为东土山主，日夜抵敌。按照功劳封为东兴县侯，食邑 500 户。迁任员外散骑常侍。京城陷落，沈恪抄小路回到乡里。陈霸先讨伐侯景，派使者通知沈恪，沈恪于是在东面起兵响应。叛乱被平定，沈恪在京口拜见陈霸先，当日任命他为都军副。不久任府司马。

陈霸先图谋讨伐王僧辩，沈恪参与了谋划。当时王僧辩的女婿杜龛镇守吴兴，陈霸先于是派陈蒨回到长城，立栅栏防备杜龛，又派沈恪回到武康，召集人马。

王僧辩被剪除，杜龛果然派副将杜泰在长城袭击陈蒨。当时沈恪已率军离开武康去剪除杜龛的党羽，陈霸先不久又派周文育前来援救长城，周文育抵达，杜泰败逃。陈蒨又和周文育进军吴兴郡，沈恪的部队也赶到，

驻扎在郡南面。

杜龛被平定后，陈蒨袭击东扬州刺史张彪，由沈恪督管吴兴郡。太平元年（556），沈恪任宣威将军、交州刺史。同年迁任永嘉太守。他不接受任命，于是又命令他督管吴兴郡。沈恪从吴兴入朝。

陈武帝接受禅让，派中书舍人刘师知招来沈恪，命令他率兵护送梁敬帝去别宫。沈恪撞开门来见陈武帝，叩头推辞说："我沈恪是为侍奉萧家而来，今日不忍心看到这样的事情，甘愿受死罢了，决不遵从命令。"陈武帝赞许他的意愿，于是不再逼他，又用荡主王僧志替代了他。

陈霸先称帝，任命他为吴兴太守。永定二年（558），调任督管会稽郡。适逢余孝顷图谋响应王琳，出兵临川攻打周迪，以沈恪为壮武将军，率军越岭来救周迪。余孝顷听说沈恪抵达，退走。三年，沈恪迁任使持节、通直散骑常侍、智武将军、吴州刺史，抄近道去鄱阳。不久有诏令追他回来，兼管会稽郡事务。同年，任散骑常侍、忠武将军、会稽太守。

陈蒨继位，晋升为都督会稽、东阳、新安、临海、永嘉、建安、晋安、新宁、信安九郡诸军事，将军、太守等职和从前一样。

天嘉元年（560），增加食邑500户。二年，征召为左卫将军。不久出任都督郢州、武州、巴州、定州诸军事，军师将军，郢州刺史。

陈文帝令沈恪率军与留异交战，不料，沈恪兵败，退回钱塘。

留异这才假惺惺地上表给朝廷，表示歉意并谢罪。当时陈朝的军队正用在抵抗北周贺若敦、独孤盛等军众交锋的湘、郢战场上，于是，陈文帝只好降诏书给留异，对他加以慰抚晓谕，暂且牵制笼络着他。

留异知道朝廷一腾出兵力，终究会来讨伐他，于是就派兵戍守下淮以及建德，控制住钱塘江的通路。

陈朝太尉侯瑱等人收复了湘州、巴陵、武昌等地，结束了抵抗北周的巴、湘之战。

天嘉二年（561）十二月十五日，陈文帝诏令司空、南徐州刺史侯安都率众征讨留异。即下诏说：

过去四罪难以宽宏，大妫所以不赦，九黎乱德，少昊所以必定要诛杀。自古以来的皇帝，并不贪征伐，假如为了时代的蠹巅，事情就不得已了。叛逆之贼留异，天数应亡灭，他修缮甲士完成聚集之举，由来已久。他进则辞谢群龙，白跃于千里，退则迟疑不定，始终持有异心。中期他密契于番禺，既然恢弘天网，朝廷便赐他以名爵，并给以与国戚联姻，他此时倘有望怀音，遑能改过。王琳窃据中流后，留异翻相接应，别引南川岭路，专为东道主人，结附凶顽，惟以祸乱为乐。妖氛驱散平定后，他气沮丧心孤独，有类惊弓之鸟、穷谋之兽。虽又遣家人入朝做人质，子阳之态转盛；待子返回朝廷，他的隗嚣之心又炽烈起来。朕心怀容忍安抚之意，并不计较那些毛病和罪愆，襟怀宽广，敦促劝谕殷勤。然而他却蜂目更彰，猛禽之声不改，并置军江口，严守下淮，显然意在反叛，不可宽容回避。况且缙邦丰饶富裕，稽南殷实旷远，永久割除王赋，长期堵塞国民，即使有竹箭良材，也与京城皇车无望，芦苇小盗，共同肆虐贪残，想他们不过是些遗民，兼容他们的感慨与叹息。西戎屈膝投降，自归重关，秦国顺依风势，均输归侵犯之地，三面边境都已太平，四方土地都已平静，唯独这个小妖，应予清除。可派遣使持节、都督南徐州诸军事、征北将军、司空、南徐州刺史桂阳郡开国公安都前往擒捉杀戮，罪恶只在留异一人身上，其他人不必过问。

侯安都奉旨讨伐留异，周宝安为侯安都的前军。陆山才率领王府的兵马跟随他出征。钱道戢率军出松阳以断留异之后路。韩子高随侯安都屯于桃支岭岩下。据史载，这四位大将，都身手不凡——

先看周宝安，字安民。10多岁时，便学习骑马射箭，以贵公子身份傲慢无礼、游手好闲，喜欢狗、马，乐于纵马疾驰，着华丽之衣，苟且而食。周文育任晋陵太守，因为要征讨来不及去晋陵郡，就吩咐周宝安代理郡中事务，周宝安更是聚集恶少，陈武帝厌恨他。

后来，周文育西征战败，被王琳捉住，周宝安便克制自己开始读书，和士人君子往来，安抚管理周文育的士兵，很有刑罚和恩惠，被陈朝廷拜为员外散骑侍郎。

周文育从王琳大船上逃回来后，官复原职，仍被任命为贞威将军、吴兴太守。周文育被熊昙朗杀害，周宝安被召回来，提升为猛烈将军，带他父亲周文育的老兵，依旧命令他向南讨伐。

陈文帝即位后，很器重周宝安，把他作为亲信骨干，配给他许多精兵利器。在平定王琳时，周宝安颇有功劳。周迪打败熊昙朗，周宝安南进，尽心尽职。天嘉二年（561），又任雄信将军、吴兴太守，承袭其父封爵为寿昌县公。天嘉三年征讨留异，周宝安为侯安都的前军。奋勇当先，东平留异营栅。平定留异后，周宝安被任命为给事黄门侍郎、卫尉卿。

再看陆山才，字孔章，吴郡吴人。祖父陆翁宝，曾任梁尚书水部郎。父亲陆汎，曾任散骑常侍。陆山才年轻时风流倜傥，爱好崇尚文史，范阳的张缵及其弟张绾，都很钦佩敬重他。初任王国常侍，迁任外兵参军。不久因父亲生病，回家侍奉赡养老父。承圣元年（552），王僧辩任命陆山才为仪同府西曹掾。高祖陈霸先剪除王僧辩后，陆山才跑到会稽依附张彪。张彪失败，陆山才才归附高祖陈霸先。

绍泰年间，都督周文育出镇南豫州，不懂上书、奏、疏之类文书，就以陆山才为长史，政事全部委托他来办。周文育向南讨伐，打败萧勃、生擒欧阳頠，计谋筹划多出自陆山才。等到周文育向西征伐王琳时，留下陆山才代理江州事务，又镇守豫章。周文育和侯安都在沌口战败，余孝顷从新林进犯豫章，陆山才收拢剩下的人马，依附周迪。活捉了余孝顷、李孝钦等人，派陆山才把他们从都阳的乐安岭送到京师。任中书侍郎。后又经乐安岭平定安抚南川各部。

周文育重新镇守豫章、京口，陆山才又任贞威将军、镇南长史、豫章太守。周文育被熊昙朗杀害后，熊昙朗将陆山才等人囚禁起来，送到王琳处。尚未到达，侯安都在宫亭湖打败王琳的将领常众爱，因此陆山才得以返回，任贞威将军、新安太守。因王琳尚未平定，陆山才留镇富阳，以保卫东边道路。后入朝任散骑常侍，又晋升为宣惠始兴王长史，主管东扬州事务。

陆山才率领王府的兵马跟随侯安都讨伐留异，留异被平定后，任明威将军、东阳太守。入朝任镇东始兴王长史，兼会稽郡丞，主持东扬州事务。没有就任，改任散骑常侍，兼度支尚书，一年之后成为真职。

还有钱道戢，字子韬，吴兴长城人。父钱景深，梁汉寿县令。钱道戢少时以孝行著称，年长后，颇有治事之才略，高祖陈霸先未显时，将堂妹嫁给了他。从高祖平卢子略于广州，授职为滨江县令。高祖辅政，遣道戢随世祖平定张彪于会稽，以功拜为直阁将军，任员外散骑常侍、假节、东徐州刺史，封为永安县侯，食邑500户。仍领兵3000，随侯安都镇守梁山，不久兼钱塘、余杭二县县令。永定三年（559），随陈蒨镇于南皖口。天嘉元年（560），又兼剡县令，镇于县之南岩，旋即为临海太守，镇南岩如故。

侯安都讨留异时，钱道戢率军出松阳以断留异之后路。留异乱平，以功拜为持节、通直散骑常侍、轻车将军、都督东西二衡州诸军事、衡州刺史，兼始兴内史。

兵马最为强壮的韩子高，本名蛮子，是会稽山阴人，三代为农，靠做鞋为生。史载韩子高的美貌："容貌艳丽、纤妍洁白、螓首膏发、自然娥眉。"

时值南朝梁乱世，子高跟随他的父亲流离失所，经常会碰到流兵乱卒。但是好几次有士卒挥刀乱砍路人时，刀刃眼看就要砍到子高身上，持刀人猛然惊觉刀下之人如此美丽！刀刃停止在空中，目光凝固在那国色天香的面容上……最后，由士兵们保护子高离开危险地带。

子高靠着美貌死里逃生，正准备候车还乡的时候，无意中碰上了前去吴兴上任的陈蒨。当时子高16岁，两臂修长，形体俊美，肌肤犹如少女。陈蒨乍见大为震惊，问曰："若欲求富贵乎？盍从？"子高抬头见是一个英俊的年轻将军在跟自己说话，相信他能够为自己带来好运，便答应了。

陈蒨把韩蛮子收为贴身侍从，又嫌他名字太俗，并改其名为"韩子高"。韩子高性格恭谨，勤于侍奉，一直主持陈蒨的酒食。他不仅容貌艳丽，纤妍洁白，宛若美人，而且善于骑射，勇武善战，足智多谋。陈蒨性子急，子高总能领悟其意旨。平定了杜龛后，陈蒨分给他一些士卒。陈蒨曾经梦见骑马登山，道路险恶，几乎要坠下山去，得子高之推扶而得以继续攀登。

陈蒨讨伐张彪时，沈泰等先降，陈蒨占据了州城，周文育镇守北郭香岩寺，张彪自剡县乘夜回军偷袭城池，陈蒨从北门出，事起仓促，又值黄昏昏暗，纷纷扰扰，周文育也不知陈蒨在哪里，只有韩子高在陈蒨身边。

陈蒨派子高从乱军中见周文育，复命酬答，在昏暗中又赶去慰劳众军。陈蒨稍稍拢合一些游散之兵，又由子高引导进入周文育军营中，建立了寨栅。

次日，与张彪作战，张彪之部将申缙又来投降，张彪便逃奔松山，浙东平定。陈蒨将手下之兵马多配给子高，子高也轻掷钱财礼贤下士，归附他的人很多。

陈蒨继位后，任他为右军将军。天嘉元年（560），封为文招县子，食邑300户。王琳率大军进犯陈境到栅口之时，子高在台内值宿。等到平定了王琳，子高所统之兵更多了，将士依附于他的，子高都尽力加以提拔，文帝也都加以任用。天嘉二年，韩子高迁员外散骑常侍、壮武将军、成州刺史。随侯安都讨伐留异，奋勇当先冲入敌阵，负伤而归。平定留异叛乱后，韩子高因功被朝廷任命为假节、贞毅将军、东阳太守。

留异先前以为朝廷军队一定会从钱塘江溯江而上，哪知道侯安都却率军从陆路经由诸暨兵发永康（自永康至东阳109里）。当听闻官兵已至，留异大吃一惊，弃郡奔逃到桃枝岭（浙江省缙云县西南冯公岭），在山谷的入口处竖起栅栏进行防御。

侯安都建立连城进攻留异，亲自参加战斗。他指挥陈军将士向留异的叛军发动进攻。韩子高兵强马壮，装备精良，另率一营人马，冲入敌阵。被敌伤了左颈，头上发髻也被削掉一半。韩子高仍英勇奋战。

在进攻叛军的战斗中，侯安都被飞箭射中，鲜血一直流到脚踝处，但他坐在车子上指挥士兵，神色举止一点也不变。军心未受影响，留异叛军败退。

留异的同党向文政占据着新安。陈文帝任命贞毅将军程文季为新安太守，率领精兵300名轻装前行，去袭击向文政。

程文季字少卿。从小学习骑马射箭，有才干和谋略，果敢坚决有父亲的风范。20岁时跟随程灵洗征讨，必定在前冲锋陷阵。程灵洗和周文育、侯安都等在沌口战败，被王琳所擒，高祖召来被敌人俘虏的各位将领的子弟，厚待他们，程文季最有礼貌，很被高祖陈武帝赏识。永定年间，先后迁任通直散骑侍郎、句容令。

陈文帝即位后，程文季被任命为始兴王府限内中直兵参军。当时始兴王任扬州刺史，镇守冶城，府中的军事事务，全部委托给他。

天嘉二年（561），被任命为贞毅将军、新安太守。随侯安都向东讨伐留异。留异的党羽向文政据有新安，程文季带领300披甲的精锐士兵，轻装去攻打。向文政派他哥哥的儿子向瓒抵抗，程文季和他交战，大败向瓒的军队，向文政于天嘉三年三月庚寅二十一投降。程文季是程灵洗的儿子，他们父子都是南陈名将。

侯安都依着山势，贴着山根修筑石堰。天嘉三年（562）三月庚寅二十一，正好赶上下大雨，雨水涨满了堰坝。侯安都把船开入堰内，造成楼房式的高层船舰，和留异修的城垣一般高，坐在船上的士兵使用攻坚器械，击碎了留异城上的墙堞。留异叛军大败。留异和他的儿子留忠臣脱身而逃，到晋安去投靠了陈宝应。

侯安都俘获了留异的妻子、其余的儿子和部下男女数千人。把留异的铠甲兵器尽数收缴，得胜回朝。至此，陈朝平定了缙州。

侯安都因战功加侍中、征北大将军，增加封邑，合并先前所封的，总共有5000户。陈文帝诏令侯安都仍然回原来的地方镇守。这一年，有官吏和百姓谒见陈文帝，上表请为侯安都立碑，称颂赞美他的功绩。陈文帝于公元562年六月丙辰十八日诏令允许，予以隆重旌表！

第十五章　赐死骄功侯安都

天嘉四年（563）春正月，陈朝平定临川郡，并在军事上做了一系列的布置：

以平西将军、郢州刺史章昭达为护军将军，仁武将军、新州刺史华皎晋号平南将军，镇南将军、开府仪同三司、高州刺史黄法氍为镇北大将军、南徐州刺史，安西将军、兼临川太守周敷为南豫州刺史，中护军孙玚为镇右将军。撤销高州归属于江州。

随后，又对征南将军、开府仪同三司、广州刺史欧阳頠晋号征南大将军。以平南将军华皎为南湘州刺史。以镇南将军、开府仪同三司徐度为侍中、中军大将军。以侍中、中书监、中卫将军、骠骑将军、扬州刺史安成王陈顼为开府仪同三司。

陈文帝对开国功臣侯安都是特别的恩宠！陈朝撤销高州归属于江州，以侍中、司空、征北大将军侯安都为征南大将军、江州刺史。

但是，侯安都自恃有功于国家，日益骄傲、蛮横。经常召集文武之士，有时射箭骑马奔驰，有时命令他们吟诗作赋，排出好坏高下，按照好坏等级分别赏赐他们。文士有褚玠、马枢、阴铿、张正见、徐伯阳、刘删、祖孙登，武士有萧摩诃、裴子烈等，他们都是侯安都门下的宾客，府内经常多达1000人。侯安都属下的将帅，很多都不遵守朝廷的法度，遇到官府的检查、追究和拘捕，就逃去躲避在侯安都的府中，官府不敢搜查侯府。

陈文帝性格严厉认真，对侯安都纵容、包庇这些犯罪的部属，往往含恨在心，而侯安都却毫无觉察。不仅不改，反而更加骄横。每逢向皇帝上表启事，信已经封好，想到有些事还没有写完，又拆开封口补写："又启奏某某事。"他这样做，显得很随意、很不严肃，也是不尊重奏事程序和章法的。

在陪同皇帝的宴会中，侯安都喝酒喝得痛快时，就伸开双腿，斜躺而坐，歪靠着身子，一副大爷的样子，谁也不看在眼里。他常陪文帝到乐游园举行修禊宴饮，饮酒中，侯安都竟然对文帝说："现在比做临川王时如何？"文帝不理他。侯安都却再三提这件事。文帝说："这虽然是天命，却也是靠您的力量。"

宴饮结束后，侯安都竟然向文帝借帷帐和彩船，要载上妻妾去皇帝的宫室摆宴饮酒。文帝虽然允准了侯安都的要求，心里却很不高兴。

次日，侯安都倚老卖老，居然敢坐在皇帝的座位上，宾客们坐在大臣的位子上，举杯为他祝寿。当时，重云殿发生火灾，侯安都率领将士携带兵器，来到重云殿。文帝非常恨他，暗中做了准备。

侯安都的确是有大功于国家和民族。他不仅忠心耿耿于陈武帝，还对文帝有着非常大的帮助。因此，陈文帝对侯氏一族，回报也是非常恩宠和尊荣的。

据史载：侯安都，字成师，始兴曲江人。世代都是郡中显姓。父亲侯文捍，年轻时任州郡一级官吏，以忠诚谨慎闻名，侯安都地位显赫以后，他官至光禄大夫、始兴内史，俸禄刚好 2000 石。

侯安都擅长隶书，会弹琴，博览群书，他所作的五言诗，也很高洁美好。并且擅长骑马射箭，是县里的英雄豪杰。梁始兴内史萧子范征召他担任主簿。

侯景之乱时，他召集士兵，达到 3000 人。陈霸先兴义师，救援京都，侯安都带兵跟随，战胜蔡路养，打败李迁仕，攻克平定侯景，他都全力作战，屡建战功。梁元帝任命他为猛烈将军、通直散骑常侍，封为富川县子，食邑 300 户。

侯安都跟随高祖镇守京口，任兰陵太守。陈霸先计划袭击王僧辩，各路将领都无人知晓，只和侯安都等四人商订计策，并派侯安都率领水军从京口奔赴石头城，陈霸先亲自率领骑兵、步兵经江乘、罗落，与他会合。

侯安都到达石头城北面，弃船上岸，王僧辩毫无觉察。石头城北与山

岭相接，城上如齿状的矮墙不是很高很陡，侯安都身披铠甲、手持大刀，士兵们把他用手肩托起，使他爬到矮墙内，士兵们跟着入城，逼向王僧辩的卧室。

陈霸先的大部队赶到，和王僧辩在厅堂前交战，侯安都从里面配合杀出，前后夹击王僧辩，于是生擒王僧辩父子。绍泰元年（555），按功劳任侯安都为使持节、散骑常侍、都督南徐州诸军事、仁威将军、南徐州刺史。

陈霸先向东讨伐杜龛，侯安都留在京都保卫朝廷。徐嗣徽、任约等人率北齐军进据石头城，北齐突袭的骑兵到了城楼下。侯安都关闭城门、放倒旗帜，向敌人示弱，并命令城里的人说："登上城墙向敌人观望者斩首。"

到了晚上，敌人收兵回石头城，侯安都命令士兵秘密准备御敌的器具。天快亮时，敌骑兵又来了，侯安都率领身穿铠甲的士兵300人，打开东、西两侧的城门，与敌军交战，大败北齐军。敌军慌乱退回石头，不敢再逼近朝廷禁城。

陈霸先率大军赶回后，以侯安都为水军都督，在半途切断敌军的粮食运输线。又袭击秦郡，攻破徐嗣徽的栅城，拘捕他家的人口，并缴获了他家的马驴和辎重。取了徐嗣徽常弹的琵琶和饲养的鹰，并派使者把琵琶和鹰送给徐嗣徽。

徐嗣徽等人看到东西后，非常害怕，不久求和，梁敬帝和大臣们同意。徐嗣徽等人渡江时，北齐残兵还占据着采石，守备很严，陈霸先又派侯安都去攻打，俘房了敌军大部。

第二年春，陈霸先令侯安都率军镇守梁山，以防备北齐入侵。果然，徐嗣徽等人率北齐兵马再次进入丹阳，到了湖、熟一带，直逼京都建康。

陈霸先明白与北齐的决战就要开始了。急令侯安都回来参加建康保卫战，率领骑兵、步兵在高桥拒敌。在耕坛南面交战时，侯安都带领20名骑兵突入敌阵，打败了敌人，活捉了北齐的仪同乞伏无劳。又把北齐将领东方老刺落马下，适逢敌骑兵赶来，救走了东方老。

敌人向北越过蒋山，侯安都又和北齐将领王敬宝在龙尾交战，派堂弟侯晓、军主张纂去闯敌阵。侯晓中枪落马，张纂战死。侯安都飞马赶去救侯晓，杀敌骑兵11人，夺回了张纂的尸体，北齐军不敢迫近。

陈霸先与北齐军在莫府山交战，命令侯安都率领步兵、骑兵1000多人，从白下横击敌军后部，敌军大败。侯安都又率领手下人马追到摄山，俘获敌军首领及许多士卒。按照侯安都的功劳，晋爵为侯，增加食邑500户，送给一部鼓吹。又晋号平南将军，改封为西江县公。

豫州刺史周文育讨伐萧勃，侯安都再次统领水军出豫章，协助周文育。侯安都尚未赶到，周文育就已活捉了萧勃的部将欧阳頠、傅泰等人。萧勃也被自己的部将给杀了，只剩下余孝顷和萧勃之子萧孜还占据着豫章的石头，筑了两座城，余孝顷和萧孜各据一城，又布置了很多船舰，在河流两岸布下阵势，侯安都到来，就在夜晚秘密行动，烧毁了敌军船舰。周文育率水军，侯安都率步兵、骑兵，上岸结成阵势。余孝顷切断了他们的后路，侯安都就命令士兵砍了很多松木，扎起栅栏，排成横路逐步推进，连战皆捷，萧孜于是投降。余孝顷逃回新吴，请求用继子做人质，保证归顺，侯安都答应了余孝顷的请求。于是，侯安都才率军返回，按照功劳，梁敬帝晋号侯安都为镇北将军，升任开府仪同三司。

陈霸先讨伐王琳。令侯安都率军在武昌与周文育会合，一起向西进发。出征前，王公以下官员在新林为侯安都饯行。侯安都策马跃过渡桥，人马一起坠落水中，他坐在舳内（舳，即两槽大船。舳，取其宽容平榻，即艒属。王濬造连舫，方百二十步，开四门，得驰马，即舳类），又掉进了橹井里。当时都认为这是不祥之兆。

侯安都到达武昌时，王琳的部将樊猛弃城逃跑。周文育也从豫章赶到。当时两位大将同行，不相统摄，于是部下发生争执，稍有骚动。部队到达郢州，王琳的部将潘纯陀在城中向梁军发箭。侯安都很气愤，进军围攻，未能攻克而王琳已到了弇口（今武汉西南），侯安都于是舍弃郢州，全部人马都去沌口抵御王琳，遇到大风不能前进。王琳占据东岸，梁军占据西岸，相持了几天，两军在大风浪中交战，侯安都等人逆风作战，战败。侯安都与周文育、徐敬成都被王琳囚禁起来。王琳用一把长锁锁住他们，关在大船的船舱下，吩咐和他亲近的宦官王子晋负责看守他们。王琳

下到溢城白水铺，侯安都等人甜言允诺赠送厚礼给王子晋。王子晋就假装乘小船靠着大船舱钓鱼，夜晚载侯安都、周文育、徐敬成上岸，没入深草中，步行到官军营中。回到都城述罪，皇帝下诏全部赦免，恢复他们的官爵。侯安都出任都督南豫州诸军事、镇西将军、南豫州刺史。

周文育奉命继续攻打余孝劢和王琳的部将曹庆、常众爱等。侯安都率部从宫亭湖到松门，紧跟在敌人部将常众爱的后面。周文育不幸被豪强熊昙朗杀害，侯安都返回提取大舰，遇王琳的部将周炅、周协向南归来，和他们交战，打败了他们，生擒周炅、周协。余孝劢的弟弟余孝猷带领部下4000家打算依附王琳，遇到周炅、周协战败，于是前来向侯安都投降。侯安都又进军禽奇洲，打败曹庆、常众爱等人，烧毁了他们的船舰。常众爱逃到庐山，被村民杀死，剩下的人马全部被平定了。

侯安都率军回朝，到达南皖，闻陈武帝驾崩，侯安都随陈蒨回朝，与群臣商定，尊奉陈蒨即位。当时陈蒨谦让不就，太后又因为嫡子陈昌尚在北周的缘故，不肯下令，群臣犹豫不决。侯安都说："目前天下尚未安定，哪有时间管那么多，临川王对社稷有功，应当共同推举他即位。今天的事，后应和者斩首。"说完按剑上殿，禀告太后拿出玉玺，亲手解开陈蒨的头发，推陈蒨就位。陈蒨即位后，迁任侯安都为司空，又担任都督南徐州诸军事、征北将军、南徐州刺史。

王琳闻陈武帝病逝，即率大军来攻击陈朝，直抵栅口。陈文帝令侯瑱率大军进到芜湖阻击。当时侯瑱任大都督，而调兵遣将、筹划治理，大多出自侯安都。天嘉元年（560），增加侯安都食邑1000户。王琳失败逃入北齐，侯安都进军溢城，讨伐王琳余党，所到之处，无不攻克。

侯安都又奉陈文帝旨意，迎接衡阳献王陈昌。起初，陈昌打算前来时，致书世祖（陈文帝），言辞很不恭敬，世祖（陈文帝）不高兴，于是召见侯安都不慌不忙地说："太子就要来了，要另外找一个藩国给我养老了。"侯安都回答说："自古哪有天子被替代的？臣愚笨，不敢服从陛下的命令。"于是请求亲自去迎接陈昌，陈昌渡江时死去。按功劳晋爵为清远郡公，食邑4000户。从此声威名望很重，群臣没有比他地位高的。

侯安都的父亲侯文捍，任始兴内史，死在任上。陈文帝召侯安都回京师，替他发丧。不久又起用为原官，追封他的父亲为散骑常侍、金紫光禄大夫，授他母亲为清远国太夫人。迎接他母亲回都城，但他母亲坚决要求留在乡里，陈文帝于是下诏，改桂阳的汝城县为虚阳郡，分出衡州的始兴、安远二郡，合三郡为东衡州，任命侯安都的堂弟侯晓为刺史，侯安都的第三子侯秘当年9岁，陈文帝任命他为始兴内史，并命令他在家乡奉养祖母。同年，改封侯安都为桂阳郡公。

王琳败逃后，北周军队进据巴、湘，侯安都奉诏向西讨伐。留异拥据东阳后，他又奉诏向东讨伐。留异本来以为陈军沿钱塘江而上，侯安都却步行经会稽的诸暨，去到永康。留异惊恐不已，弃郡逃到桃枝岭，在谷口前面竖起栅栏来抵御陈军。侯安都修筑连城，攻打留异。侯安都亲自出战，被乱箭射中，血一直流到脚跟，他坐车指挥，仪容举止不变。

侯安都依山修坝，时逢大雨，水涨坝满，侯安都把船引到拦水坝内，耸立的舰楼和留异的城墙一样高。侯安都令放拍车，打碎了留异的城楼和城墙。留异惊恐，和第二子留忠臣脱身，逃亡晋安。侯安都虏获了他的妻子儿女，全部收了他的人马武器，凯旋。按功劳加官为侍中、征北大将军，增加食邑至5000户，仍回到原地镇守。地方官们到朝廷上表，请求立碑铭文来颂扬侯安都的功绩，陈文帝下诏同意了。

自从王琳被平定以来，侯安都功勋卓著，官爵晋升。他本人也认为自己立有固国安邦的大功，逐渐骄傲放纵。朝廷重臣开始警惕侯安都了。

后来，周迪反叛，朝廷重臣认为应该派侯安都前去讨伐。陈文帝却另派吴明彻去讨伐周迪，并且接二连三地派朝廷使者，去审问侯安都的部下，考查逃亡、叛逆者，侯安都这才感觉到忐忑不安。

天嘉三年冬季，侯安都派他的别驾周弘宜亲自依托舍人蔡景历，探听中书省的机密。蔡景历把他的行动一一记录下来，全部奏知皇上，请陈文帝诏谕、宣称侯安都谋反，制裁他。陈文帝担心侯安都不好控制，加以隐忍。

翌年春季，文帝天嘉四年（563）二月庚戌十六日，朝廷任命侯安都为都督江、吴二州诸军事、征南大将军、江州刺史。侯安都从京口返回都城，部队开进到石头城。陈文帝召侯安都到嘉德殿赴宴，又集合他手下将

帅在尚书朝堂聚会。朝廷拘捕了侯安都，将其关押在嘉德殿内西省。同时也拘捕了侯安都的属下将帅，收缴了他们的坐骑和兵器之后，全部释放。

随后，朝廷出示舍人蔡景历的奏表给朝中文武大臣们看。陈文帝下诏说：

往日汉代厚待功臣，韩信、彭越发动叛乱；晋代依靠藩王州牧，王敦、祖约举兵反叛。委六尺之躯于庞萌，而庞萌却暗藏野心；寄得力帮手于霍禹，而霍禹却潜设凶谋。追忆往代，发展为叛乱都有一个规律，自古不变，患难一律。侯安都一向缺乏长远图谋，本来对自己缺少美德而羞愧，幸逢国运兴盛，参与治理国家，从中发迹，凭借一技之长，被推举为偏帅，委派他带兵打仗。官至三公之位，职达四岳之衔，名尊位赫，礼仪的等级无人可比。而他却志在夸耀自己，大有欺凌皇上之势，招揽聚合被缉拿的逃犯、走投无路浅薄狡猾之人、无赖无行之辈、胆大妄为之徒。奉命全权负责征讨，而他却肆意抢劫掠夺，每到一处，横征暴敛。托管徐藩，徐藩与北齐接壤，而他却贩运禁销货物，买卖居民，盗掘坟墓洞窟，毒汁流入水源土壤，怒视僵尸，不顾常法。朕因为当初兴国，他功劳很大，飞车代国宫邸，事先商定良策，所以朕压制官吏，总是想到患难之时，拒绝多方建议，天天盼望他能改过自新。和他畅诉情怀于言谈，推心置腹于举止，让他在显贵门前可快马而行，禁卫对他也不戒备，在正厅摆酒时，持戟守在陛下身边的卫士也取消。何尝内心隐藏半点嫌疑？可是侯安都乖戾不改，骄横残暴之气日益滋长，召集引诱文人武士，暗藏野心。

去年十二月十一日，朕收到中书舍人蔡景历的启奏，说侯安都前月十日派遣别驾周弘实来到蔡景历在朝中的住所，询问宫中之事，并陈述了全部反叛计划，朕仍然努力含忍，不露真情，待他如从前一样。将其从北门调回，加官晋爵向南征讨，受命筹划才完，奸谋更加暴露。如今想凭借国家刚刚安定，打算图谋不轨。如果这也能容忍，那还有什么不能容忍的呢？依靠社稷的神灵，亲近侍从的诚恳谨慎，致使凶恶的情形明显暴露，违背礼仪的事很容易听闻。各地可以详细参阅旧朝典章，迅速查正法律条文，只追究同谋，其余的不过问。

翌日，侯安都在西省被赐死，时年44岁。以前，陈霸先住在京口，曾经与将领们会饮。杜僧明、周文育、侯安都争先称道自己的战功。陈霸先说："你们都是良将，但各有不足之处。杜公志气宏大而见识昏昧，地位低下时轻慢，而地位高贵时骄横，夸耀自己的功劳却不收敛自己的短处。周侯交友不择人，并且过于推心置腹，居危履险，不注意设防。侯郎倨傲放纵，贪得无厌，轻佻纵情。这都不是保全身家之道。"

后来，果然被高祖陈霸先（陈武帝）说中。

此次，剪除侯安都，蔡景历立了大功！据史料：蔡景历，字茂世，济阳考城人。其祖父蔡点，为梁尚书左民侍郎。父亲蔡大同，轻车岳阳王记室参军，掌管京师行选。

蔡景历年少时，英姿俊爽，特别孝敬父母。他家贫好学，善于写文章，长于写草隶。初任诸王府佐，出任海阳县令，治政贤能。侯景之乱时，梁简文帝被侯景幽禁，蔡景历与南康嗣王萧会理商量，想挟带简文帝出逃，事情泄露，被捉。因得到贼党王伟的保护，才得以免祸，寓居京口。

侯景之乱平定，陈霸先镇守京口，素闻其名，便写信，派使者请他。蔡景历给使者答信，一气呵成，不曾有涂改。说：承蒙寄来书信，屈意垂爱引进，伏案反复阅读，深感欣慰。我以为世上广求名马，必求能一日行千里者，时人喜爱奇珍异宝，必求能光照车辆前后之宝物。既然奏起《云》《咸》之舞乐，《巴渝》舞乐就废止了，既然有杞梓般可以造就的优秀人才，何必冀望我这种樗栎般的庸才。仰惟明将军使君侯节下，才能卓越秀异杰出，超凡脱俗英秀出众，命逢时世艰辛，志在匡正时乱，振拔衡岳，抚平五岭，涂荡瀁源，澄清九派，有十万甲士，数千轻弩，盟誓勤王之师，集结勇夫之力，未经一个时辰的战役，就剪除了凶逆之人，兵不血刃就澄清妖氛邪雾。

尽管汉代诛灭吕禄、吕产，朝廷上下实际上仰赖的只是绛侯周勃，晋朝讨伐祖约、苏峻，内外全靠的是刺史陶侃，依事论功，他们哪里算得上是君侯一流的人物？加以与齐国分庭抗礼，使者车乘得以顺利通行北方，出兵征伐徐方，歌舞之声遍布东道，能使边境偃旗息鼓，行旅之人可以露宿于外，在路巷中不拾他人的遗失之物，市场上没有不同的价格，真是功德无量，教化广远，旷古无双，想必不是我肤浅之人所能说的。

所以天下之人，向往您的风范，仰慕您的大义，接踵而至诚心归附者，络绎不绝。其中有出身帝室的英贤之才，名门望族的在野之人，有齐国、楚国的优异人才，荆地、吴地的聪颖少年。武夫往往是富有威猛之气，雄心勃勃仿佛要笼盖天下，在陆上力拔山岳，在水中斩断蛟龙，六钧之弩，左右开弓，万人莫敌之剑，可当作短兵器交战，像文鸯那样善于攻垒，像黄盖那样火烧敌军战舰，百战百胜，胜似群聚的貔貅一样勇猛善战。文人往往是通晓古今博学多识，才能卓越气宇非凡，金雕玉琢文采焕然，洋洋洒洒绚丽无比，扬子云的文采不能与之匹敌，元瑜的文章也不比之更高妙，一封书信寄到就让聊城不攻自破，鲁仲连凭三寸不烂之舌游说使秦军退回。又有三河善辩之客，须臾之间就更定了哀乐，像陈平那样六出奇计，瞬息之间就判断出谋反之人。像子贱那样治理天下百姓，让老百姓都获得好收成，像子路那样判案，三言两语便道出其中内情。像毛遂那样直言自荐，能宣扬主人之威德，像蔺相如那样奉命出使，做到不辱使命。怀抱忠义，感恩戴德以至于以身相殉，至诚所至能使黄金自断，精气所凝使白虹贯日，海内雄杰，全为君所笼络。

明将军礼贤下士，同甘共苦，加官晋爵让他们得到荣显，建筑馆舍让他们安居，轻钱财重义气，卑躬屈节厚待士子，真是盛德无比啊！又曾听说，战国将相，全都推荐引进贤士与他们做宾客之游，汉晋仕宦，都是广泛接纳幕僚好友，人才济济，所以能成就公卿之贵显。只是考量其才能，因才施用，各施所长，各尽其宜，受委任就要有所成就，谁能不尽心尽力。至于托大之人，只不过是狂妄无知而已。寒窗苦读，终究还是比有专长之人稍逊一筹，长时间为刀笔吏，终竟未能特异出众。出身于寒门微族，不曾名声远扬，职位低下家产微薄，怎能想望远大前程？自从劫乱发生，国运艰难，我跟显贵子弟一样，陷溺于贼寇之手，身处危险之境，如履薄冰。现下王室中兴，多难兴邦，我得以保存微芥之性命，实在是幸运之至，正该珍惜现在美好的日子，好比得到重生的喜悦一般。然而皇上未能返都，京师之地荒芜，宫墙四壁已是战后余灰，漫漫长夏颗粒无收，奔走于故人之间，暂且以借贷度日，身临如此乐土，乐而忘返。

我钦服您的高尚德义，权且投靠门下，明将军对我另眼相待，诸位朋友言词中也有褒美之意，像我这种微贱之人蒙您不弃，赐信挽留，将要以鸡鹜之身置于鸳鸿成群的池沼之中，将要以瓦砾之才分沾琉璃之身价。从前张仪屈身游说秦国，忽然间就被重用了，虞卿蹑蹻檐笠（即穿着草鞋、搭着雨伞）游说赵孝成王，也被留用了，我今日虽是寄居在外，与他们不能相提并论，我已是人到中年，哪里还堪重任。只是细小之纤萝，凭借高大乔松以出人头地，以我这样微小之蚊蚋，依托骥驾之尾而得以四处奔驰。我自不量力，愿效犬马之劳，且为您身边的小卒，权且滥竽充数，这已使我平添荣耀身价倍增，已是够幸运了。大海不满足自己的深度，高山不谦让自己的高度，斗胆说出我心里的话，请将军展读。

陈霸先得到蔡景历的回信，大为叹赏。旋即又赐信酬答，当日即授蔡景历任征北府中记室参军，不久总领记室。

衡阳献王陈昌当时治吴兴郡，陈昌年纪尚小，吴兴为陈霸先的故里，父老乡亲、亲戚朋友，尊卑高下有序，陈霸先担心陈昌年纪轻，待人接物悖礼，便派蔡景历辅佐陈昌。承圣年间，授蔡景历为通直散骑侍郎，还掌府记室。陈霸先想征讨王僧辩，只同侯安都等数人谋划，蔡景历不知道。待部分准备完毕，陈霸先诏令蔡景历草拟声讨檄文，蔡景历一挥而就，文辞情真意切甚为感人，当事者都很满意。

王僧辩被杀，陈霸先辅佐朝政，任蔡景历为从事中郎，掌记室职务不变。绍泰元年（555），升任蔡景历为给事黄门侍郎，兼掌相府记室。陈霸先受禅称帝，蔡景历升任秘书监，中书通事舍人，掌管诏诰。

永定二年（558），蔡景历因妻弟刘淹骗取周宝安馈赠的马匹一事受牵连，被御史中丞沈炯弹劾，降为中书侍郎，中书通事舍人职务不变。

永定三年（559），陈武帝崩，当时外敌压境，陈蒨镇守南皖，朝内无重臣，章皇后召见蔡景历、江大权和杜棱商定，秘不发丧，速召陈蒨回京。蔡景历亲自与宦官宫女一起，秘制殓服。当时天气酷热，必须制梓棺，又担心斧凿之声被人听见，便以蜡制棺材。文书诏诰，依旧颁行。

陈蒨即位后，蔡景历再任秘书监，舍人职务不变。因蔡景历拥立有功，封为新封县子，食邑400户。多次迁任散骑常侍。陈文帝诛杀侯安都，蔡景历促成此事。

天嘉四年（563）六月初一，太白星昼现。司空侯安都被赐自尽死，因杀侯安都有功，蔡景历升任太子左卫率，晋子爵为侯爵，增加食邑100户，常侍、舍人职务不变。

若论大功于天下，侯安都，绝对是南陈第一功臣！

他的死，真的令人无比感慨！侯安都如果清醒地认识到功高震主的道理，他自然应该急流勇退，作为一个功勋老臣，享受着皇帝的尊重，福荫后世子孙。

可惜，侯安都没有选择急流勇退，反而嚣张跋扈。那么，等待他的只有赐死！不过，陈朝的君主相当优秀和贤明，完全不同于六朝以前的君主——刘裕篡夺司马氏的江山，同时大肆屠杀司马氏皇族，给整个南朝开了一个很不好的头。纵观刘宋、南齐和南梁，几乎每次内讧都是以血流成河收场。

可在南陈，这种情况却得到了改变：无论是陈霸先、陈蒨还是陈顼，他们都是优秀的执政者，也没有残暴的名声。而陈昌和陈伯宗虽然是政治斗争中的失败者，虽然同样丢掉了皇位和性命，却没有像其他朝代的废帝那样被丑化。

再看看侯安都被赐死之后，陈文帝下诏，念其有大功于国，宽恕了侯安都的妻子、儿女和家口。并且按照士大夫之礼安葬，丧事所需钱物，由朝廷尽数拨给。这就是说：侯安都的妻、儿获得了陈朝廷的宽恕，国家甚至负担了侯安都的丧葬费用。几年之后，侯安都还获得了陈宣帝陈顼的追封。《资治通鉴·陈纪三》有载："因出蔡景历表，以示于朝，乃下诏暴其罪恶，明日，赐死，宥其妻子，资给其丧。"《陈书·卷八·列传第二》有载："太建三年，高宗追封安都为陈集县侯，邑五百出户，子亶为嗣。"

请大家注意：陈朝君主的这些作为，哪像是给一个"乱臣贼子"的待遇呢？再结合陈昌和陈伯宗的待遇，谁能说南陈的君主不是贤明的呢?！

历代史学者研究之后，得出的结论是：南陈是中国2000多年的封建史上，唯一没有出过暴君的朝代。

第十六章　铲割据擒斩陈宝应

　　由于连续抵御北齐及王琳、北周贺若敦的战争，以及平定国内豪强割据的叛乱，造成国家财政紧张。陈朝太子中庶子虞荔、御史中丞孔奂奏请设立征收煮海盐的赋税和设立官府专利卖酒的机构。南陈朝廷采纳了这一建议，陈文帝下诏实施。

　　虞荔品性沉静细密，少言语。他作为太子中庶子，不仅侍奉太子读书，还担任大著作，兼任东扬州、扬州二州大中正职务。陈文帝很器重他，常常带在身边，以便随时咨询。

　　据史载：虞荔，字山披，会稽余姚人。其祖父虞权，任梁朝廷尉卿，永嘉郡太守。父亲虞检，任平北始兴王谘议参军。虞荔年少时聪慧敏捷，有志操。九岁时，跟随伯父虞阐拜访太常陆倕，陆倕询问他与五经有关的十件事，他对答如流，没有遗漏，陆倕觉得他不同寻常。后曾到隐士何胤处，恰逢太守衡阳王也在那儿，何胤把虞荔介绍给衡阳王，衡阳王想会见虞荔，他却推辞说："没有官爵，无颜拜见。"于是衡阳王认为他志操高尚，很钦重他，回郡后，召任虞荔为主簿，他又以年纪轻为由推辞。长大后，他风仪俊美，博览群书，擅长写文章。初任梁西中郎行参军，不久又代任法曹外兵参军，兼丹阳诏狱正。那时梁武帝在城西建士林馆，虞荔于是撰写碑文，上奏武帝，武帝诏令把碑文刻在馆内，又任虞荔为士林学士。不久虞荔任司文郎，又调任通直散骑侍郎，兼中书舍人。当时他身边的人，大多参与争夺卿相职位，朝廷内外的军政大权，时有控制，只有虞荔和顾协淡然处之，住在西省，以通晓文史而知名，时人称赞他们清廉。不久虞荔任大著作。

　　侯景之乱时，虞荔带着家人住进台城，任镇西谘议参军，舍人职务不

变。台城陷落后，他逃回乡里，侯景之乱平定后，元帝征召虞荔任中书侍郎，贞阳侯任命他为扬州别驾，他都未就职。

张彪据守会稽，虞荔当时正在那里。陈蒨平定张彪之乱后，高祖陈霸先给虞荔写信说："丧乱以来，贤臣哲士凋散，你才能出众，闻名许、洛，现今朝廷百事待兴，广求英才，你岂能栖居东南隅，只顾保全自身呢？现令你携家来京，希望你帮助朝廷渡过虚滞阶段。"接着陈蒨又写信给他说："你在东南一带有美名，声誉很大，本应来到京许，共同匡正时弊，而你却隐迹故里，独善其身，难道这称得上宏远之志吗？愿你整点行装，且来京都。开诚相见，就在现在。"虞荔迫不得已，便应命赴京。高祖崩，文帝继位，任虞荔为太子中庶子，侍奉太子读书。不久任大著作，东扬州、扬州二州大中正，太子中庶子职务不变。

当初，虞荔母亲随他住进台城，死于城内，不久台城陷落，没法行礼仪节，从此，虞荔粗食布衣，不听音乐，虽然官职高待遇好，而他居所简陋，毫无营造之意。

虞荔的二弟虞寄，暂居闽中，投靠陈宝应。虞荔每每谈到他的二弟就流泪。陈文帝同情虞荔，并对他说："我也有弟在远方，思念之情甚切，他人岂能了解。"

陈文帝为了虞荔，特地下诏，向闽中陈宝应征召虞寄回朝。但陈宝应始终不肯放还虞寄。虞荔思弟而忧郁，因此生病，文帝多次探视。文帝诏令虞荔让家人入禁城探病，而他以禁城非私人住所，乞求住到城外，文帝不答应，便让他住在兰台，皇上多次探视，且持诏书前往探视的人络绎不绝。文帝又以虞荔食素太久，瘦弱不堪，下诏说："你能独钟布衣素食，实为高尚，只是你年岁已高，精力减退，朕正想倚重委任于你，非常希望你身体健壮，现给你鱼肉，你不要固执己见。"虞荔还是不从命。天嘉二年（561）去世，时年59岁。文帝很是伤感，追任他为侍中，谥号德子。当虞荔的灵柩将送回故里时，文帝亲往临送，时人以为荣显。其子虞世基、虞世南，都是年少即有名气。

可是，虞荔的二弟虞寄怎么流落到了陈宝应那里呢？这事要从头讲起：

据史载：虞寄，字次安，年少时聪慧敏捷。行为淳厚，举止仁慈厚道，即使家中童仆也未曾声色俱厉，至于临危执节，则义正词严正气凛然，刀山火海都毫无畏惧。

虞寄几岁时，有一客人登门拜访其父，在门口遇见虞寄，便讥嘲他说："郎君姓虞，必当无智。"虞寄随声答道："你连文字都分辨不清，岂能不愚呢？"其客非常惭愧。入见对其父说："令郎乃是非凡之人，孔融小时候酬对李文通之语也不及他。"

虞寄长大后，勤奋好学，擅长写文章。他性情谦和恬静，有避世隐居之志。弱冠之年荐举为秀才，策试金榜题名。初任梁宣城王国左常侍。大同年间，曾下骤雨，宫殿前常常出现多色宝珠，梁武帝看后很是高兴，虞寄便上奏《瑞雨颂》。武帝对虞寄兄虞荔说："此颂文采典雅清丽，实为卿家之士龙。打算如何擢用？"虞寄听说，叹息道："赞美盛世之德，以表达安居乐业的情怀。吾岂是沽名钓誉以求入仕之人呢？"便闭门称病，只以读书自乐。岳阳王任会稽太守，招引虞寄为行参军，迁任记室参军，领郡五官掾。后又调任中记室，掾职不变。虞寄在任期间删去烦苛以从简略，力求从大局着眼，终日安安静静。

侯景之乱，虞寄随兄虞荔住进台城，授官镇南湘东王谘议参军，加任贞威将军。京城陷落后，他逃回乡里。张彪前往临川时，强迫虞寄随他同行，虞寄同张彪的将领郑玮同乘一舟，郑玮违背张彪旨意，劫持虞寄逃奔晋安。当时陈宝应据守闽中，得到虞寄特别高兴。陈宝应总想招引虞寄，任命为手下官吏，把文翰一类的事委托他，虞寄坚决推辞，因而获免。

虞寄自从流落南隅，与其兄虞荔隔绝，便因伤感犯病，每收到兄信，病气便在体内奔窜，多次犯病，险些丢命。

陈武帝平定侯景之乱后，虞寄规劝陈宝应自首。陈宝应答应了，便遣使禀告归附之诚心。梁承圣元年（552）授任虞寄为和戎将军、中书侍郎。但陈宝应惜爱虞寄之才，假托道路不通，不放虞寄走。

虞寄屡次劝陈宝应归顺朝廷，又曾令左右诵读《汉书》给陈宝应听，他躺着聆听，当读到蒯通劝说韩信说"我看你背相，贵不可言"的时候，陈宝应急忙坐起说："可谓智士。"

虞寄严肃地说："让郦寄背反，让韩信骄狂，不足以称智士；哪里比得上班彪作《王命》，知天命之所归呢？"

陈宝应不听虞寄的劝谏，虞寄考虑到终究会祸及己身，便穿居士服来拒绝他。常住东山寺，假称脚疾，不行走。陈宝应认为他是借口，使人来烧虞寄的卧室，虞寄安卧不动。身边的人想扶他出去，虞寄说："吾命无所依傍，想要避难何处可逃？"最后，那纵火之人，只好亲自救火。陈宝应这才相信，虞寄真的是脚有疾，不能行走。

留异起兵反叛朝廷后，陈宝应以属下的兵马相资助，虞寄便写信极力劝谏说：

"东山虞寄致信于明将军使君节下：我身逢乱世，寄居他乡，将军以上宾之礼待我，把我看作国中才能出众的人加以宠信，恩情感人之深，永记在心。而寄现病至弥留之际，气数将尽，总担心死后填塞沟壑，没有半点回报，所以斗胆披露心迹，冒昧表达自己的赤诚之心，希望将军花一点点时间考虑，稍稍明察我说的，那么瞑目之日，我别无挂恋。

国家安危之兆征，祸福之关键，并不只是天命，也靠人谋事。失之毫厘，差以千里。所以明智之士，居高位而不谋反，执大节而不失偏颇。岂能被浮夸之辞迷惑呢？将军文武兼备，英才威武举世无双，过去身逢乱世，举兵起事兴师征讨，威震千里，怎么不因国家面临危机，与国君协同谋略，匡正时弊酬报君主，让国家安宁，让百姓得到恩惠呢？这就是五尺少年，都愿充军随将军征战的原因。高祖武皇帝创业之初，出来救济艰难之世。那时天下百姓悠悠忽忽，民无定主，凶恶之人横行霸道，冲杀掠夺，天下之人惶恐不安，不知所从。将军运用洞察秋毫之鉴识，鼓动纵横捭阖之舌锋，追随高祖为官，结成同盟，此乃将军宏图大略，心中感动而诚心归服。主上承继帝业后，钦明睿圣，选用贤士能人，群臣谦恭和睦，委任将军以连城卫国的重位。崇奉将军以裂土封邑，难道只是朝廷的宏图伟略，对他人赤诚之心相待吗？屡次颁发明诏，情真意切，君臣之名分已定，如骨之于肉那样恩深义重。不料将军被奸邪之说迷惑，突出非分之想，寄所以痛心疾首，泪尽而继之以血，万全之策，窃为将军痛惜。寄虽年老多病，所言不值得纳用，但千虑一得，请求让我陈述意见。望将军稍稍收敛声威，浪费一点时间，让我尽妄言之说，披露诚挚之心，那么虽死之日，犹生之年。

自从上天厌倦梁德，灾难接踵而至，天下分崩离析，英雄豪杰蜂起，不可胜数，人人自以为能得天下。然而平定凶乱，拯救危难，天下拥戴，神灵眷顾，受禅让而得居帝位者，陈氏也。岂止是历数有在，惟天所赐，顺应大运立为天子？其事很明了了，此其一。主上承继帝业，以明德治天下，法律之天网再张，国家安定，以王琳之强，侯瑱之力，进攻足以撼动中原，取胜天下，退守足以屈尊江南，炽盛江南一隅。然而王琳依赖自己有军，侯瑱信赖一士之言，王琳则分崩离析，投身异域，侯瑱则稽首请罪，效命朝廷。这又是借天之威，而除去其患。其事很明了了，此其二。今将军为皇戚中镇守一方的重臣，拥有东南之众，若能尽忠奉上，勠力勤王，岂不功比窦融高，宠遇胜过吴芮，授爵封地，南面独尊？其事很明了了，此其三。况且圣朝不计前嫌，宽厚待人，只要改过自新，都加以擢用。至于余孝顷、潘纯陀、李孝钦、欧阳頠等人，全都视为亲信，委以重任，胸襟豁达，未曾有介心。何况将军肇乱非比张绣，获罪有异毕谌，又何必担心危亡，又哪里会失去富贵呢？其事甚明，此其四。方今与邻邦周、齐和睦相处，境外无忧患，合兵一致，已非一朝一夕，已不是刘邦、项羽相争之时，楚、赵合纵之势，怎么能从容自在，高坐朝堂而论文王之事呢？其事很明白了，此其五。况且留将军畏畏缩缩蛰据一隅之地，一经受挫败北，名利俱丧，胆量和勇气衰退沮丧。高王襄、向文政、留瑜、黄子玉这些人，将军了解，他们都首鼠两端，唯利是图；其他将帅，也可想而知了。谁能披坚执锐，长驱直入，坚守阵地，奋不顾身，身先士卒呢？此事很明了了，此其六。况且将军兵力之强，哪比得上侯景？将军兵众之多，哪比得上王琳？武皇灭侯景于前，今主上摧毁王琳在其后，这是天意，并不只是人的力量。且战乱以后，老百姓都厌恶乱世，哪个愿意去死，离开妻儿，出生入死，随将军战于刀光剑影的沙场呢？此事很明了了，此其七。纵观前古，以往事为借鉴，子阳、季孟，相继倾覆，余善、右渠，先后灭亡，天命可畏，山川之险难以倚仗。况且将军想以数郡之地，抵挡天下之兵，以诸侯之位，抗拒天子之命，弱强逆顺，怎么能相提

并论呢？此事很明了了，此其八。且不是我族我类者，其心必异。不爱护自己的亲人，岂能爱他人呢？留将军身居国爵，其子娶王姬为妇，尚且背弃血亲而不顾，背叛明君而孤立，危急之时，怎么能同忧共患，不背弃将军呢？至于兵师老弱力量处于劣势，害怕被杀贪图赏赐，必然有韩氏、智氏在晋阳反目，张耳、陈余在井陉相争之势，此事又很明了了，此其九。且北军万里远征，锐不可当，将军在本地作战，人多有顾忌。梁安得人心之背，修日午以匹夫之力，众寡悬殊太大，将帅不齐心，师出而无名，没有测准时机而起事，像这样起兵，毫无益处。汉朝吴、楚，晋室等，都连城数十，拥有百万大兵，背叛朝廷，企图自行立国，他们成功了吗？此事很明了了，此其十。

我为将军打算，不如赶快归服，与留氏断绝亲戚关系，子秦郎、快郎，随即遣送做人质，偃甲息兵，一概遵从诏命。况且朝廷赐给将军享受铁券的特权，立过宰马歃血的盟誓，皇上用社稷立誓，是不会食言的。寄听说英明者防微杜渐，明智者不再图谋不轨，这是成功的经验，将军不要有疑虑。吉凶之差，间不容发。方今皇族藩篱尚少，皇子年幼，凡为王室同宗，皆蒙恩受宠。何况以将军之地，将军之才，将军之名，将军之势有能力治理好边远之地，北面称臣，宁愿与刘泽以同年之辈而称道其功业？岂不是身体如山河一样安稳，名声如金石一般远扬？愿将军三思而行，慎重考虑。

寄气力虚弱，剩下的光阴不多了，感恩戴德不自觉地狂言乱语，即使受铁钺之戮刑，如食甘荠。"

陈宝应看了虞寄写的这封信，大怒。有人劝陈宝应说："虞公病情愈来愈重，说话多有谬误。"陈宝应的怀疑之心才稍稍缓解。也因虞寄民望甚高，陈宝应便宽容了他。

天嘉四年（农历癸未年，563）春季正月甲申（十九日）。周迪率领的叛军溃败，他脱身越过东兴岭，逃奔到晋安，投靠陈宝应。陈朝官军攻下临州，俘虏了周迪的妻儿。

作为割据一方的军阀陈宝应，却派兵援助周迪。留异又派儿子留忠臣跟随周迪。当初（561年）留异谋反时，陈宝应也援助他兵士。又资助周迪兵粮，让周迪率草寇攻击临川，接着逼攻建安。

陈宝应为什么敢这么胆大妄为？他究竟是什么人呢？据史载：陈宝应，晋安侯官地方的人。世代为闽中四姓贵族。陈宝应性情反复无常，多变化与狡诈，诡计很多。其父陈羽，有才干，是郡中的英雄豪杰。

梁朝时，晋安郡屡次背叛朝廷，杀害郡守。陈羽都是先煽动造反，后来又领着官兵来镇压。他就靠这样的两面三刀，逐渐总揽了一郡的兵权。

侯景之乱时，晋安太守、宾化侯萧云把辖郡让给陈羽。陈羽年岁已高，只管郡中事务，命令陈宝应统兵。当时东部一带饥荒，会稽尤其严重，死者达十分之七八，平民男女，都自己出售自己，只有晋安丰饶。陈宝应从海道进犯临安、永嘉和会稽、余姚、诸暨，又运去粮食和他们做生意，换来不少玉帛和子女，那些有能力搭上船的人，也都投奔他回到晋安。

晋安郡，位于福州市区北部，东与连江县相连，西以晋安河与鼓楼区为界，西北与闽侯接壤，北与罗源毗邻，东南与马尾区相邻，南隔闽江与仓山区相望。此郡是在晋武帝太康三年（282），从建安郡中分割出来的。治所侯官县（今福州鼓楼区），隶属扬州，辖原丰、侯官、罗江、宛平、温麻、晋安、同安、新罗八县。

南朝梁武帝普通六年（525），晋安郡和建安郡、义安郡、永嘉郡、会稽郡同属东扬州。南朝陈武帝永定元年（557），升晋安郡为闽州，管辖晋安、建安、梁安三郡，福州为闽州的行政治所。

晋安的北部是福州盆地的外围北峰山区，中部、西南部处于福州盆地的北半部；北部和东部的大部分地区处于福州盆地的北面和东北面。福州盆地北沿山岭大多是陡立山，从西北部入境，向东南展布，成梯阶状下降。晋安的丘陵分布广泛。

郡内的河流，有白马河、晋安河、磨溪、白眉溪等支流汇入闽江；北峰山区有日溪、桂湖溪等横流入连江县境，汇入鳌江。

晋安郡内有山有水有丘陵有平原，气候宜人。此地资产富足，人丁兴旺，因而兵力也强盛。

当年，侯景之乱被平定后，梁元帝委任陈羽为晋安太守。陈霸先辅政

时，陈羽请求告老还乡，把太守之职传给陈宝应，陈霸先同意了。绍泰元年（555），陈宝应任壮武将军、晋安太守，不久升任员外散骑常侍。绍泰二年（556），封陈宝应为侯官县侯，封邑 500 户。当时东西两边的山岭道路，被寇贼占据隔断，陈宝应从海道去到会稽，向梁朝廷纳贡。

陈武帝接受梁敬帝的禅让，任命陈宝应为持节、散骑常侍、信武将军、闽中刺史，兼会稽太守。

陈文帝即位后，晋号陈宝应为宣毅将军，加封他父亲为光禄大夫，又命宗正记录他家世系，编入皇帝宗室，并派使者记录他的子女，不论大小加官晋爵。

可以说，陈朝给陈宝应的恩宠，已超过了任何割据一方的军阀。但是，野心家的欲望，是难以填满的。陈宝应娶了留异之女为妻，侯安都讨伐留异时，陈宝应派兵援助留异，又资助周迪兵马粮草，进犯临川（今江西省抚州市临川区）。

陈宝应与留异秘密谋反，虞寄暗知其意图，每次交谈时，虞寄总是陈述逆顺之理，暗加劝谏。而陈宝应的其他亲信和朋友，却极力迎合他的叛乱。沙门僧徒慧摽，博览群书，才思敏捷。陈宝应起兵反叛后，他竟然作五言诗赠送宝应，曰："送马犹临水，离旗稍引风，好看今夜月，当入紫微宫。"

陈宝应得诗甚喜！洋洋得意的慧摽还将此诗送给虞寄。虞寄一看便止，表情严肃默默无语。慧摽无趣地退下，虞寄便对左右说："摽公既以此始，必以此终。"后来，慧摽果然被杀。

陈朝君臣对陈宝应一直是笼络、忍让的。但是，陈宝应却越发自大，野心膨胀。与留异、周迪等人相互勾结，举兵反叛朝廷。

陈文帝实在是忍无可忍，于天嘉四年十二月初六，诏令护军将军章昭达进军建安（今福建省建瓯市），讨伐陈宝应。

建安郡，福建省古郡名。三国东吴景帝永安三年（260）分割会稽郡，设置了建安郡。郡的行政治所，在今福建省建瓯市一带，属扬州。

建安郡管辖建安（今建瓯）、建平（今建阳）、吴兴（今浦城）、东平（今建宁部分）、将乐、昭武（今邵武）、绥安（今泰宁、建宁二县）、南平、侯官（今福州）、东安（今同安、南安两县）十县，改都尉为太守。

晋惠帝（291—306）时，建安郡属江州（今江西九江），管辖建安、东平、吴兴、建阳、将乐、邵武、延平（今南平）七县。陈永定二年（558），建安郡改属闽州（今福州）。

建安境内，东南沿海低山丘陵区，地势东南高、西南低。四周为海拔500米以上的中、低山环绕，中西部是以建溪、松溪为主轴的河谷平原、丘陵与串珠状的山间盆谷，形成以水侵蚀为主的地貌。这里四季分明，雨量充足；春夏多雨，秋冬干燥，有"一山有四季，十里不同天"之说。

建安郡粮食产量丰富，经济作物遍布山林。陈宝应父子以晋安、建安为基地，打造独立王国。

当时，章昭达在东兴（今江西省抚州市黎川县杉岭）、南城（今江西省抚州市南城县）攻破了周迪。陈文帝便命令章昭达统领众军，从建安南道（今福建省建瓯市）越过东兴岭，又诏令信威将军、益州刺史余孝顷督会稽、东阳、临海、永嘉诸军从东道与之会合，坚决荡平陈宝应这个割据一方的军阀。（见《陈书卷三·本纪第三·世祖》："诏护军将军章昭达进军建安，以讨陈宝应。信威将军、益州刺史余孝顷督会稽、东阳、临海、永嘉诸军自东道会之。"）

同时，陈文帝诏令宗正把陈宝应的家族从皇室里面剔名除籍。天嘉四年（563）十二月，尚书下达告示说：

"告晋安士民百姓：往日隗嚣远在陇西聚众抗拒，东汉没有拖延对他的诛灭，辽东叛变，魏朝人展远大谋略一举平乱，至于说到无诸乃是受汉册封的重臣，有扈乃夏之同姓。肇难时均被诛灭。前者纳吴王刘濞之子为质招致横海之师，后者违背夏启的命令，以致有《甘誓》所称之征讨。何况那些不与宗盟相连，姓名不纪于庸器，又明显犯有像周代管叔、蔡叔、武庚之类的叛逆之罪，像舜时共工、讙兜、三苗、鲧那样深重的罪孽？

案闽寇陈宝应父子，乃夷族，陈氏旁支，原本奉上不诚。梁丧乱期间，闽地被隔断，父亲陈羽既然是当地豪侠之士，煽动蛮族一隅，扎起椎状发式，箕踞而坐，自立为大帅，没有教养，所资助的都是邪恶谄媚之人，放纵如蜂如虿之心，很快辞官。毒辣之气焰随即收敛，以至于网漏吞

舟之鱼，没有得到惩治，年复一年，逍遥法外。自从我朝得东南之王气，兴建大业，天下之民如众星拱月般拥戴，跋山涉水，不辞辛劳前来归附，陈宝应父子尽管已经归顺，但擅自割据沃土，很少朝贡。朝廷宽宏大量，宠信有加，初掌临郡，加以受之皇室之荣，裂土封邑，假以藩国隆盛。封赐户牖，建邑栎阳，其家族乘华车者十人，得保旧地封为侯爵。又因盛汉统治天下之后，有施恩于娄敬，编为宗室之举，隆周每当朝会，便以同姓之滕侯为长，于是皇帝册封，恩泽普施，大小辟职，授及婴孩。

将他从幽谷中擢升高位，无人可比，然而他包藏祸心，胆敢行叛逆之举，与留异相勾结，与周迪互为表里，结为姻亲，歃血为盟，自以为唇齿相依，在山谷中对抗朝廷，已颇有时日。等到朝廷骑兵防阻山林，平关秦望以西，水陆并进，攻克汇泽之南川，他竟敢举兵，助凶孽，举国同仇，意欲尽歼叛贼。每每想到罪恶只在于贼首，怜悯受驱迫之人，凡有所俘获，都勒令释放。再派中使，颁达诏令，皇恩浩荡，一概准允改过。留异既已铤而走险，周迪又逃脱刑法，欺骗地方官吏，作为他们的屏障，对朝廷使者横加凌辱。又扣留应上交的赋税，劫掠四民，在境内挨家挨户搜括资财，将所有的平民百姓，都掳为奴隶。叛贼互相煽动，纠合聚集，飘洋过海，抢掠陕口，侵扰岭峤，偷袭述城，掳掠吏民，焚烧官署寺院，是可忍孰不可忍？

今派沙州刺史俞文礡，明威将军程文季，假节、宣猛将军前监临海郡陈思庆，前军将军徐智远，明毅将军、宜黄县开国侯陈慧纪，开远将军、新任晋安太守赵象，持节、通直散骑常侍、壮武将军、定州刺史、康乐县开国侯林冯，假节、信威将军、都督东讨诸军事、益州刺史余孝顷，率领2万羽林军，战舰盖海，乘跨沧波，扫荡叛贼巢穴。要像孙权治兵濡须以拒曹军那样，斩蛟中流，命冯夷而鸣鼓，鼋鼍为驾，辗方壶而建旗。

义安太守张绍宾，忠诚恳切，多次派他求军，南康内史裴忌，新任轻车将军刘峰，东衡州刺史钱道戢，都即遣参加打仗，与张绍宾同行。

已故司空欧阳公，往日曾上奏表，请求下令讨伐，虽远隔千里而与朝廷意见不谋而合，好比伏波之论兵，遗留之诚愿长逝，同于子颜之不赦。征南薨谢，上策无忘，周南余恨，嗣子不忝。广州刺史欧阳纥，声势浩大，水陆大军，2万人分途进发，水军以扼长鲸之勇，陆军以擘封豨之威，率广州、衡州之师，来会六军。

潼州刺史李月者，明州刺史戴晃，新州刺史区白兽，壮武将军行师，陈留太守张遂，前安成内史阚慎，前庐陵太守陆子隆，前豫宁太守任蛮奴，巴山太守黄法慈，戎昭将军、湘东公世子徐敬成，吴州刺史鲁广达，前吴州刺史、遂兴县开国侯陈详，使持节、都督征讨诸军事、散骑常侍、护军将军章昭达，率领缇骑5000，组甲2万，直渡邵武，驻扎晋安。勒马徐行，高扬战旗，对叛军形成掎角之势，以制止叛军逃遁。

前宣城太守钱肃、临川太守骆牙、太子左卫率孙诩、浔阳太守莫景隆、豫章太守刘广德，都随机镇防阻敌，布置在路上。

使持节、散骑常侍、镇南将军、开府仪同三司、江州刺史、新建县开国侯黄法氍，在中流戒严，作为后援部队。

兵器所指，只追究元恶和留异父子罪责。其党羽主帅，虽然在叛军中任职，背离我朝，但若能翻然改变意愿，相机为朝廷立功效力，不论以前如何，都加以奖赏擢升。建、晋两地吏民百姓，久被驱迫者，大军将明加抚慰，都准允安居乐业，流寓失乡者，准允回到本土。其他立功立事者，都分别给予奖赏。若执迷不悟，仍从叛军作恶者，刀斧加临，一律不予赦免。"

天嘉四年十二月，章昭达率军越过东兴岭（今江西省抚州市黎川县杉岭），经建安南道越岭，在建安驻扎，准备进击陈宝应。陈文帝派信义太守余孝顷率部从海道袭击陈宝应的老巢晋安，程文季担任余孝顷的前军，所向披靡。平定晋安，程文季的战功居多。程文季是老将军程灵洗的儿子，后委任府咨议参军，统领中直兵，出任临海太守。

当时，陈宝应占据晋安（今福建省福州市）和建安（今福建省建瓯市）两郡，在水路和陆路修筑栅栏，用来抗拒陈朝官军。章昭达和陆子隆各据一营，章昭达先与贼兵作战失利，失去战鼓和号角。

陆子隆知道后，便率兵来救，大败贼众，全数夺回章昭达所失之羽仪甲仗。晋安平定，陆子隆战功最高，朝廷迁任陆子隆持假节、都督武州诸军事，将军如故。不久改封朝阳县伯，食邑500户。

章昭达占据江水上游，修筑深沟高垒工事，不和他交战。命令军士砍树木造木筏，在筏子上装好了抛物机"拍竿"。用大绳联结，将许多木筏依次联结成为营垒，依次排列在长江的两岸。陈宝应多次挑战，章昭达按兵不动。不久，暴雨猛下，江水猛涨。章昭达放木筏顺流急奔而下，猛烈地冲撞陈宝应在水中设立的栅栏，把陈宝应的栅栏全部破坏。又指挥水兵、步兵迫近攻打陈宝应的步军。正当双方会战时，恰逢陈文帝派将军余孝顷从海路赶到，与章昭达合力围攻陈宝应。韩子高从安泉岭出发，与章昭达会师于建安。陈宝应大败，全线崩溃……

天嘉五年十一月，在章昭达、韩子高、陆子隆、余孝顷等陈朝名将的合力围攻下，陈宝应大败，连夜逃到莆口（今福建省莆田市）时，回头对他的儿子陈扦秦说："以前听从了虞公（虞寄）的计谋，不会落到今天的地步。"陈扦秦只是哭泣而已。

章昭达率军追击，陈宝应只身逃入山草中，走投无路而被擒获。和他的子弟20人一起被押送到京都，于天嘉五年十一月己丑初五，斩于建康市。

章昭达指挥大军平定陈宝应之乱时，同时捉到留异和他的族党，押送京都，在建康斩首示众，他的子侄及同党无论年龄大小全部杀死。唯有第三个儿子留贞臣，因其娶公主为妻而获幸免。

凡与陈宝应有交往的宾客，一概诛杀，唯虞寄因有先见之明而免遭杀身之祸。陈文帝听说虞寄曾经规劝过陈宝应，于是命章昭达礼请虞寄到建康来，见面时，陈文帝慰问他说："问候管宁的身体健康。"并任虞寄以官职。管宁，是汉末三国时期隐士。汉朝末年，管宁客居辽东，不接受公孙度委任的爵命。陈文帝以此典故来赞誉虞寄的高风亮节。

当初，陈宝应逼攻建安时，萧乾独自前往郡城，手下没有士兵，无法守住城池，于是放弃城池以躲避陈宝应。当时闽中守将宰守，都受到陈宝应的胁迫，接受他安排的官职，独独萧乾不接受。

萧乾避到荒郊野外，不与外人接触。等到陈宝应之乱平定，才出来到都督章昭达那里，章昭达听说后写好奏折如实上报朝廷，陈文帝知道了很是赞许萧乾的品德。

平定晋安陈宝应之乱，章昭达以军功授为镇前将军、开府仪同三司。（见《陈书卷三·本纪第三·世祖》）以前，陈文帝曾经梦见章昭达升官为宰相三公。到天亮时，陈文帝把这个梦告诉了章昭达。到他平定晋安之乱时，前来宫殿奉陪酒宴时，陈文帝面向章昭达说："你还记得那个梦吗？用什么来报答这个梦？"章昭达回答说："我应当效犬马之劳，尽心尽力于臣子的礼节，其余就无可报答了。"这件事记载于《陈书卷十一·列传第五》之中。

天嘉六年（565）十二月丁巳初九日，章昭达被调出京城，担任使持节，都督江、郢、吴三州诸军事，镇南将军，江州刺史，常侍、仪同、鼓吹乐的封赏仍旧。

第十七章　吴明彻奉旨伐周迪

陈朝初年，国内豪强林立，自立山头。私立地方官府，割据一方。大多不接受朝廷征召，不服从朝廷号令。还与境外敌国勾结，危害民众生活，甚至威胁到民众的生命和民族的生存空间。更主要的是危及陈朝政权在江南的统治。陈朝境内的豪强割据不削除，内乱就不可能平定。这样直接牵制了陈朝对外抵抗侵略，收复失地的军国大计。

当时，王琳在北方两大鲜卑集团北周、北齐的支持下，猖狂地向华夏唯一正统政权的陈朝发动大规模进攻。境内割据一方的豪强军阀如留异、陈宝应、周迪等人，与王琳往来勾结，王琳还公然派军事官员去协助留异、陈宝应的军队。

王琳战败，逃回北齐后，陈朝开始收拾与王琳勾结的留异、陈宝应等割据军阀。陈文帝派左卫将军沈恪袭击留异，反被留异打败。当时，陈朝的主要兵力都用在对付鲜卑北周的湘、郢战场上。陈文帝只能对留异加以抚慰、牵制和笼络。

侯瑱、侯安都、徐度等人取得对北周将领贺若敦、独孤盛的战场胜利，收复巴、湘、郢等地后，陈朝腾出手来，令侯安都率军讨伐留异。

在陈朝军队讨伐留异的同时，陈文帝征召江州刺史周迪出镇湓城，又征他的儿子入朝。周迪观望不前，他们父子两人都不肯动身，其余南江的各位酋长，都私自代理地方官，也大多不接受朝廷征召。朝廷腾不出手来讨伐，只是对他们采取笼络安抚政策。（见《陈书卷三十五·列传第二十九》）

天嘉二年（561），豫章太守周敷率先受诏进朝，陈朝廷便封周敷为安西将军，赐给他一对鼓吹乐队，还赐给他艺伎、金帛。仍让他回守豫章。

一直观望的周迪，看到周敷受封了，深感不平。他认为周敷的地位一向比自己低，如今显赫尊贵胜过自己，因而又嫉妒又气愤。于是，就暗地里和留异相勾结，派他的弟弟周方兴带兵去攻打豫章郡的周敷。两军交战，周敷把周方兴打败了。又率部随吴明彻攻打周迪，活捉其弟周方兴及诸将领。

陈文帝诏命周敷任安西将军、临川太守，其他官职不变。不久，天嘉四年正月壬辰二十七日，陈文帝又任周敷为使持节，都督南豫、北江二州诸军事，镇南将军，南豫州刺史，增加食邑500户，常侍、鼓吹不变。

陈军讨伐留异，周迪心中恐惧，就起兵响应留异，派他的侄子埋伏士兵于船中，假称是商人，想偷袭溢城，但还没有动手，事情就暴露了。浔阳太守华皎派兵迎击，全都缴获了周迪的船只、兵器。

周迪是什么人物呢？其实，他功过参半，只是度量狭窄，以致步入歧途。据史载：周迪是临川南城人。年轻时住在山谷之中，体力过人，能拉开强弩，以射猎为业。侯景作乱时，周迪的同族人周续在临川起兵。梁始兴王萧毅把自己管辖的郡让给了周续。周迪招募同乡加入周续的军队，每次打仗他必定在军中最为勇敢。周续部下的将领，都是郡中的豪门大族，日渐骄横，周续管束他们严了点儿，他们就杀了周续。推举周迪为头领，周迪于是据有了临川之地，在工塘筑城。梁元帝任命周迪为持节、通直散骑常侍、壮武将军、高州刺史，封为临汝县侯，封邑500户。

绍泰二年（556），梁敬帝任用周迪做衡州刺史，兼任临川内史，周文育讨伐萧勃时，周迪按兵保境，观望成败。周文育派长史陆山才劝说周迪，周迪于是提供大量粮饷，来资助周文育。萧勃平定，按功劳，晋升周迪为振远将军，迁任江州刺史。

高祖陈霸先接受禅让，周迪意欲割据南川，于是召集所部八郡的郡守结盟，声言要带兵赴援南陈朝廷。陈武帝担心其中有诈，就赐给很多东西安抚他。王琳东下反陈，抵达溢城，新吴洞主余孝顷举兵回应王琳。王琳认为南川各郡只要传达檄文即可安定，于是派部将李孝钦、樊猛等到南方征收粮饷。樊猛等和余孝顷会合，人马有2万，奔赴工塘，联结起8座城来逼迫周迪。周迪派周敷率领人马驻扎在临川郡旧治所，截断江口，出兵

交战，大败敌军，杀了八座城内的人马，生擒了李孝钦、樊猛、余孝顷，并把他们送往陈朝京师建康，缴获的军用物资、器械堆积如山。周迪全部收编了俘获的人马。永定二年（558），因功晋升周迪为平南将军、开府仪同三司，增加封邑1500户，送给一部鼓吹。

陈文帝即位后，王琳听闻陈武帝病逝，认为是攻击陈朝的大好机会，于是，王琳联合北齐、北周的力量，率大军进攻陈境，直到栅口。熊昙朗与王琳勾结，起兵反陈，阻塞周迪和周敷、黄法氍等将领迎击王琳的水路通道。周迪和周敷、黄法氍等率兵共同围攻、剿杀了熊昙朗，全部收编了他的人马。

王琳战败后，逃回北齐。陈文帝征召周迪去镇守湓城，又征召他的儿子入朝，周迪徘徊观望，他和儿子都不到任。豫章太守周敷本来隶属于周迪，他和黄法氍率本部人马到朝廷去，陈文帝记下他们破熊昙朗的功劳，都给予厚赏和加官。

周迪听说了，愤愤不平，就暗地里和留异勾结。等到官军讨伐留异，周迪乘机反叛，攻打周敷、华皎。却先后被周敷、华皎所部击败。

天嘉三年（562）春三月丁丑初八，陈文帝下诏赦免南川被周迪引导误入歧途的士民，陈文帝诏令安右将军、江州刺史吴明彻统领众军，督令高州刺史黄法氍、豫章太守周敷共讨周迪（见《陈书卷三·本纪第三·世祖》）。于是，陈朝廷尚书下达告示说：

告临川郡士民百姓：往日西京昌盛，信、越背命；东都中兴，萌、庞叛离。因此凶残争逐，酷刑诛杀，自古有之，由来已久了。

叛贼周迪，本来出身低微，有梁丧乱，他在山谷之中强行劫夺。我朝高祖亲自统率百越，大军出没于九川，荡涤污泥残沙，给他以毛羽，分给他豚佩，又把虎符分开给他，如此卵翼之恩，无可比喻，皇运肇基，宣布了很多诚恳的法令，国步艰难，臣等应尽微薄之力。周迪龙节绣衣，位如王爵，只在帝王之下，而他却募集兵马，凭借险要地势而犯上。当前王琳叛乱，萧勃未被平定，他西结三湘，南通五岭，衡州、广州戡定，反叛之念才得以平息，江州、郢州纷纷作乱，他又起叛乱之心，拥据一郡，观望事态发展，内心与外表常违，言论与行为不一，特以新吴动乱，地远兵强，互相兼并，促使事态发展，他火中取栗，缴获器械，俘虏士民，都变为私有，不曾献捷。见风使舵，始终居心不定。

朝廷对他宽宏大量，引进接纳，厚礼以待，于是他位如三公，职同四岳，富贵隆赫，超过功臣。又加之他出师逾岭，朝廷远相声援，派兵截断江路，然而他却顿起疑心。

已故司空愍公周文育，竭诚和他结成同宗之盟，情同骨肉，城池相接，势同唇齿，愍公遭彭亡之祸，他却抛弃情谊，坐视祸乱，任凭其亡，自己忙于勾结党羽。那时北寇侵袭，西贼来犯，鞋履干粮，他全部拿来资助寇敌，爵号军容，全部遵从伪党。

等到王师振奋，平定局部，国法恢宏，对他未加追究，封赐他的诏书不断，对他的抚慰稠密，加官晋爵，任职重垒。至于剿灭熊昙朗，克定丰城，仪同黄法氍。功劳最大，安西将军周敷也尽效其力，论功有典可查，行赏有旧例可循，正直与邪恶，自为仇敌，周迪不满于朝廷对黄法氍、周敷的封赏，违背礼仪之奸谋，因此大增。

皇帝征召他出镇溢城，他历年不到任，求遣其子入朝为侍，也累载不入。在外引诱逃亡之徒，招集不逞之众，在内挑拨京都，暗中希求突变。擅自征敛赋税，很少上交朝廷，阻劫来往商人，危害波及周围百姓。周迪暗中勾结留异，互相呼应，互助援助。谓我六军正在征伐，三越尚未平定，遂攻破述城，大肆屠戮，虏缚城中妻子儿女，分兵袭击溢城，举兵于蠡邦，拘禁威逼当地酋豪，围攻城邑，幸亏我陈早有准备，实时挫败。假节、通直散骑常侍、仁武将军、浮阳太守、怀仁县伯华皎，明威将军、庐陵太守、益阳县子陆子隆，共同打败贼徒，攻克占领全郡。持节、散骑常侍、安西将军、定州刺史、兼豫章太守、西丰县侯周敷，亲自守卫沟垒，冒着箭雨拍石，率领义勇之师，以少胜多，割敌耳以万计，俘虏成千群。周迪才俘获了剩下的一点，就回去固守城池。使持节、安南将军、开府仪同三司、高州刺史、新建侯黄法氍，英雄业绩早已显示，忠诚之志久已闻名，在没有接到皇帝的命令之前，就率领义军，既援助周敷等人，又救了陆子隆，挟带粮草身穿铠甲，仍行军迅速，披黑之师，驱驰之快超过闪电，振武之众，叱咤之声可撼动山岳，如此追击，理所当然尽歼贼徒。

虽然再次朽枯之树要拔，不用等待去寻找斧子，快落之叶即将坠下，无须劳动烈风；但去草绝根，要在草之未蔓延时，扑火止燎，贵在速灭，分命各路将帅，要确实巩固胜利成果。当今派镇南仪同司马、湘东公相刘广德，率平西司马孙晓，北新蔡太守鲁广达，持节、安南将军、吴州刺史、彭泽县侯鲁悉达，甲士万人，步行出兴口。又派前吴兴太守胡铄，树功将军、前宣城太守钱法成，天门、义阳二郡太守樊毅，云麾将军、合州刺史、南固县侯焦僧度，严武将军、建州刺史、辰县子张智达，持节、都督江州吴州二州诸军事、安南将军、江州刺史、安吴县侯吴明彻，率领舟师和步骑兵，直指临川。前安成内史刘士京，巴山太守蔡僧贵，南康内史刘峰，庐陵太守陆子隆，安成内史阙慎，都受仪同黄法氍节度，会师故郡。又命浔阳太守华皎，光烈将军、巴州刺史潘纯陀，平西将军、郢州刺史、欣乐县侯章昭达，共率勇武之士，直捣贼城。使持节、散骑常侍、镇南将军、开府仪同三司、湘州刺史、湘东郡公徐度，分派禅将，相继上路，武器和舰船遮蔽了水面，弓箭和战马弥满山峦，声势浩大。又诏镇南将军、开府仪同三司欧阳颜，率领他的子弟交州刺史欧阳盛、新任太子右率欧阳邃、东衡州刺史侯晓等，以劲越之兵，越岭向北挺进。千里同期，百道俱集，周迪好比才逃脱诛杀，又陷入末日，司空、大都督侯安都已经平定留异，很快就会凯旋，饮酒已到礼节结束之时，乘胜追击，剿灭凶丑，有如烧着的毛发。皇帝已有明诏，罪责只在周迪一人，黎民没有过错，一切都加原宥。若有趁机立功者，加以特别赏赐；若有执迷不改者，问斩不赦。

天嘉三年（562）九月戊辰朔（初一），发生日食。

吴明彻率陈朝军队抵达临川，命令众军筑城连营，攻打周迪。吴明彻是陈武帝亲自招入军中的老将。据史载：

吴明彻字通昭，秦郡人。祖父吴景安，齐朝南谯太守。父亲吴树，梁朝右军将军。吴明彻幼年父母双亡，本性很孝顺，14岁时，感叹坟茔还没有修建，家境贫寒没有什么可用来修建坟茔，于是勤劳耕种。当时天下大旱，禾苗庄稼都枯死了，他又悲又气，每次去到田中，都哭泣不止，仰天倾诉不幸。过了几天，有人从田里回来，说禾苗已经更生，他不相信，说是欺骗自己，到田中去看时，发现竟和那人说的一样。秋天获得大丰收，足够安葬用。当时有一个姓伊的人，擅长风水墓地之术，对他的哥哥说："您安葬父母的那一天，一定有骑白马逐鹿的人经过坟地，这是最小的儿子大贵的征兆。"后来果然这事应验，吴明彻就是吴树最小的儿子。

吴明彻离家出任梁朝东宫直后。侯景进犯京师时，天下大乱，他有粟麦3000余斛，而乡亲们饥饿无食，于是告诉几位哥哥说："当今草野盗贼四起，人不能考虑太长远，怎么能有这些粮食却不和乡亲们共用呢？"于是按人口平分，和他们同丰俭，盗贼们听说了就避开，赖以生存下来的人很多。

高祖陈霸先镇守京口时，深切邀约他，吴明彻于是谒见高祖，高祖走下台阶接他，拉着他的手入席，和他谈论当世的事情。吴明彻也略读过书史经传，随汝南的周弘正学习天文、虚空、遁甲，略通晓其中奥妙，自负为英雄，高祖认为他非常不平常。

承圣三年（554），被任命为戎昭将军、安州刺史。绍泰初年，随周文育讨伐杜龛、张彪等。东道平定后，被授职为使持节、散骑常侍、安东将军、南兖州刺史，封为安吴县侯。陈霸先受禅称帝，任命吴明彻为安南将军，仍然和侯安都、周文育率军讨伐王琳。大军失败覆灭后，吴明彻拔营回都。世祖即位，诏令由原职加任右卫将军。王琳失败后，被授职为都督武州、沅州二州诸军事、安西将军、武州刺史，其他职衔全部不变。北周派大将军贺若敦率领骑兵步兵1万多人忽然到达武陵，吴明彻寡不敌众，把部队带到巴陵，仍然在双林打败了北周的偏军。

陈文帝继位后，于天嘉三年（562），被授职为安西将军。周迪在临川反叛，诏令吴明彻任安南将军、江州刺史，兼任豫章太守，统率众军，来讨伐周迪。

黄法氍率军和都督吴明彻会合，在工塘讨伐周迪；华皎、鲁广达随吴明彻讨伐周迪于临川，每次战役，战功居多。可是，陈军与周迪的叛贼交战之后，战事却不顺利。相持之下，未能取胜。当时随吴明彻参战的几位陈朝大将，都是久经战阵的将军。据史载：

黄法氍字仲昭，巴山新建人。年轻时精壮敏捷有胆力，一天能步行300里，可跳三丈远。很熟悉文书章奏，精通登记的文簿，在郡中出入，被乡里人畏惧。侯景之乱时，他在乡里聚集人马。太守贺诩去到江州，黄法氍代理郡中事务。高祖打算越岭去援救建业，李迁仕在半路作梗，高祖命令周文育在西昌驻扎，黄法氍派兵援助周文育。当时黄法氍出管新淦县，侯景派行台于庆抵达豫章，于庆分兵袭击新淦，黄法氍抵抗，打败敌人。高祖也派周文育进军讨伐于庆，周文育怀疑于庆兵力强盛，不敢前进，黄法氍带领人马和他会合，于是进军攻克笙屯，俘获大批敌人。

梁元帝秉承皇帝旨意任命他为超猛将军、交州刺史，兼任新淦县令，封为巴山县子，食邑300户。承圣三年（554），任明威将军、游骑将军，晋爵为侯，食邑500户。贞阳侯篡位，任命他为骁骑将军。敬帝即位，改封为新建县侯，食邑和以前一样。太平元年（556），从江州分出四个郡设置高州，以黄法氍为使持节、散骑常侍、都督高州诸军事、信武将军、高州刺史，在巴山镇守。萧勃派欧阳頠攻打黄法氍，黄法氍和欧阳頠交战，打败了他。

永定二年（558），王琳派李孝钦、樊猛、余孝顷攻打周迪，并图谋攻击黄法氍，黄法氍率军援助周迪，活捉了余孝顷等三员大将。晋号为宣毅将军，增加食邑至1000户，送给一部鼓吹。又因为抵抗王琳有功，被授职为平南将军、开府仪同三司。熊昙朗在金口反叛，杀害了周文育，黄法氍和周迪一起讨伐平定了他。

陈文帝即位后，晋号吴明彻为安南将军。天嘉二年（561），周迪反叛，黄法氍率军和都督吴明彻会合，在工塘讨伐周迪。周迪被平定，黄法氍的功劳居多。征召为使持节、散骑常侍、都督南徐州诸军事、镇北大将军、南徐州刺史，仪同、鼓吹都不变。没有受职，不久又改任都督江州、吴州诸军事，镇南大将军，江州刺史。

再看陈朝将领华皎，他是晋陵暨阳人。世代为小吏。华皎在梁为尚书比部令史。侯景之乱时，他投靠侯景党人王伟。高祖南下，文帝为侯景所囚禁，华皎待文帝很友善。侯景乱平，文帝为吴兴太守，以华皎为都录事，军府粮草钱帛之事，多委任于他。华皎聪明敏慧，于文书账册之事十分卖力。及至文帝平定杜龛，便配给他兵马武器，仍为都录事。华皎管理下属磊落分明，善于爱护体恤。时值兵荒之后，百姓饥馑，华皎与众人同甘共苦，不管多少一律与大家均分，于是渐次提升为暨阳、山阴二县县令。文帝即位，授职为开远将军、左军将军。天嘉元年（560），封为怀仁县伯，食邑400户。

王琳东下，华皎随侯瑱以兵阻拒之。王琳乱平，镇湓城，主持知江州事务。当时南州守宰多为乡里酋豪，不遵朝廷法典，文帝让华皎想办法驾驭他们。王琳手下败逃溃散之将卒多依附于华皎。三年任假节、通直散骑常侍、仁武将军，以新州刺史之资质监管江州。不久诏令督领浔阳、太原、高唐、南、北新蔡五郡诸军事，浔阳太守，假节、将军、州资、监如故。周迪谋反，遣其兄子伏甲士于船中，诈称为商贾，想在湓城偷袭华皎。事未发而为华皎所察觉，便派人邀击，全数获得其船仗。同年，华皎随都督吴明彻征讨周迪，迪乱平，以功授职为散骑常侍、平南将军、临川太守，晋爵为侯，增加封邑连同旧邑共500户。未拜官，入朝，又授职为使持节、都督湘巴等四州诸军事、湘州刺史，常侍、将军如故。

华皎出身于小吏，善于营置产业，湘川一带物产很多，所有收入都输入朝廷，粮食之运送，竹木之供应，经他转运的物资很多；至于油蜜脯菜之类，无不加以置办。又征伐川洞蛮，得到很多铜鼓、人口，都送至京师。废帝即位，晋号安南将军，改封重安县侯，食邑1500户。文帝因为湘州出产杉木舟，让华皎营造大舰金翅等200余艘，以及各种水战之用具，想借此进军汉水流域及峡州一带。

随吴明彻征讨周迪的还有陈军将领鲁广达，字遍览，是吴州刺史鲁悉达的弟弟。鲁广达少时气度不凡，立志追求功名，他虚心爱士，宾客自远方来归附他。当时江表将帅，各领私兵，动辄数千人，而以鲁氏最多。初任梁邵陵王国右常侍，迁任平南当阳公府中兵参军。侯景之乱，广达与兄悉达聚众保护新蔡。梁元帝接受陈霸先的指令，授任他为假节、壮武将军、晋州刺史。王僧辩征讨侯景，广达出新蔡候迎他，并资助军需物品，僧辩对沈炯说："鲁晋州也是王师东道的主力。"接着率众随僧辩。侯景乱平，加任员外散骑常侍，其他官职不变。

高祖陈霸先受禅，授任他为征远将军、东海太守。不久调任桂阳太守，广达坚决推辞不受官，入京任员外散骑常侍。任假节、信武将军、北新蔡太守，随吴明彻讨伐周迪于临川，每次战役战功居多。接着代兄悉达

为吴州刺史，封为中宿县侯，食邑 500 户。

在此次征讨周迪的行动中，只有陆子隆小有所胜。陆子隆，字兴世，吴郡吴县人。祖父陆敞之，梁嘉兴县令。父陆悛，封氏县令。子隆少时性格豪爽，有志于功名。初官东宫直后。侯景之乱发，他在乡里聚合徒众。当时张彪为吴郡太守，荐引他为将帅。张彪移镇会稽，子隆随他而去。及至世祖讨伐张彪，彪将沈泰、吴宝真、申缙等都投降，而子隆力战失败，世祖觉得他有节气，又让他统率自己的人马，授为中兵参军。历任始丰、永兴二县县令。

陈文帝继位后，陆子隆统领甲仗宿卫。不久随侯安都阻击王琳于栅口。王琳平，授职为左中郎将。天嘉元年（560），封为益阳县子，食邑300 户。出任高唐郡太守。二年，任明威将军、庐陵太守。时值周迪据临川谋反，东昌县人修行师率贼兵响应周迪，率兵攻打陆子隆，兵锋十分骄盛。陆子隆设埋伏于城外，仍旧关闭城门，偃旗息鼓，示之以兵弱。等到修行师兵到，腹背夹击，修行师的叛军大败，因而请降。陆子隆允可，将修行师押送京师。

按理说，吴明彻率领的那些陈军将领，都是身经百战，累有战功，经验老成的将领，前去征讨周迪，应该很快取得胜利。但事实上，与周迪叛军相持不下，未能取胜。转眼到了九月戊辰朔（初一），发生日食的天象。古人迷信，日食不利交战。

陈文帝闻知吴明彻平素性格刚直，所辖内部将领不很和睦。吴明彻指挥的官军与周迪的叛贼相持日久，不能取胜。于是，陈文帝派安成王陈顼去安慰吴明彻，并诏令吴明彻以原职和封号还朝。

不久，陈文帝又任命吴明彻为镇前将军。天嘉五年（564），吴明彻迁任镇东将军、吴兴太守。吴明彻向陈文帝告辞去吴兴郡就任时，陈文帝对吴明彻说："吴兴虽然只是一个郡，但它是皇帝故乡，很重要，所以把它交给你。要尽力啊！"

后来，天嘉六年（566）十二月丁巳初九日，陈文帝身体不适时，征召吴明彻授职为中领军。负责统领宫中禁卫军的防务。由此可见，陈文帝对吴明彻是非常信任的。

第十八章　伐周迪陈详殉国

吴明彻指挥的官军与周迪的叛贼相持日久，不能取胜。

陈文帝闻知吴明彻平素性格刚直，所辖内部将领不很和睦。于是，诏令安成王陈顼代替吴明彻指挥众军平叛。

吴明彻与所辖内部将领不和睦，多半是寒族与士族之间的矛盾。门阀制度在魏晋之际形成，东晋达到鼎盛，东晋末开始衰落，南朝以后士族地位继续下降。门阀士族衰落的原因：一是社会矛盾斗争发展的结果。东晋末年孙恩卢循起义，沉重地打击了门阀大族。特别是梁末的"侯景之乱"，使许多门阀士族在战乱中死亡。二是江南地方经济的发展，增强了寒门的地位，促使寒门势力的兴起。三是门阀士族自身越来越腐朽。门阀士族凭借他们的高贵出身，就可以独享优越的政治地位，而不必有真才实学，这就必然造成他们不用学习、不用奋斗，仅凭门阀就可以享受高官厚禄的待遇。腐朽无能的南朝门阀士族的衰落，是历史的必然。

寒人，又称寒族、寒门、寒士，庶族、素族，都是不属于士族范围的没有身份、特权的一部分人。南朝寒人的兴起，与经济的发展、战争的军功、政治的参与有极大的关系。由于江南地方经济的发展，一些商人、高利贷者富裕起来，自耕农中也有一部分人成为新的地主，再加上原来的地方豪强，所有这些人就构成了寒人地主的主要成分。

南朝的开国皇帝也都是出身寒门的。刘裕"起自布衣"，他的孙子刘骏称他为"田舍公"。萧道成临死前说，"吾本布衣素族，念不到此。"梁武帝与萧道成同出兰陵萧氏。陈霸先"其本甚微"。

但是，陈霸先和刘裕（包括萧道成、萧衍）虽然都是出身寒门，但他们代表的社会阶层也有所不同：刘裕是侨人（北人）杰出的代表，陈霸先

是南人杰出的代表。当时的社会结构分为侨人、吴人和南方土著，吴人和南方土著合称为南人。社会地位最高的是士族（侨人又高于吴人），其次是普通侨人和普通吴人，最下等的是江南土著。

东晋衣冠南渡之初，北方士族是过江龙，不得不取悦和依仗南方士族共同执政。近百年后北人士族的势力日渐巩固，刘裕又相继立功，北人士族再也不以南人为意。（这在梁朝王僧辩的身上也有体现。王僧辩迎立北齐的傀儡萧渊明到建康称帝，陈霸先为民族利益计，苦争无效。王僧辩北人士族，陈霸先南人寒门。王在关键时候并不重视陈的意见）宋、齐、梁三朝皇室都是北人，北人执政，将南人摒弃于政治势力之外，南人受重用的甚少。

陈霸先在广州就开始招揽罗致人才，逐渐形成了一个南人寒门军事集团，徐度、侯安都、周文育、陈茜、沈恪、杜棱等，都是南人。公元554年，西魏攻陷江陵，梁元帝被杀。陈霸先和王僧辩共同奉梁元帝第九子为梁朝新的君主。这个时候，鲜卑族的北齐送回了拘押多年的梁朝宗室，并要求立萧渊明为帝。其目的就是立一个受北齐摆布的傀儡皇帝，鲜卑人就会兵不血刃吞并了梁朝。对此陈霸先坚决反对，而主持朝政的王僧辩却被北齐吓破了胆，废黜了萧方智，让萧渊明登基。王僧辩一意孤行，陈霸先苦劝无效。面对国家和民族的生死存亡，陈霸先毅然起兵，突袭建康，杀死了曾经的盟友和王僧辩，萧方智重新登基称帝。陈霸先任大都督，总揽梁朝军国大事。自东吴灭亡后，这是南人在东晋南朝第一次执政，代表了广大南方人的共同心愿，标志着南方人在政治上的崛起。

吕思勉和钱穆、陈寅恪、陈垣并称"史学四大家"，吕思勉先生在他的《两晋史》中说："江陵既陷，建业复危，斯时之中国，几欲不国矣，梁任公曰'旷观我国之历史，每至群阴交构，蜩螗沸羹之际，则非常之才出焉'，则陈武帝其人也。""从来人君得国，无如陈武帝之正者"。

南朝统治者有一个共同的特点，就是皇权与寒门相结合，来巩固政权。

一是寒人担任中书舍人、中书通事舍人，掌握机要。中书舍人本是中书省下属官吏，地位并不高，晋时位居九品，但由于它能递入奏文，出宣诏命，参与决策，因而权力越来越大，成为重要职务。

二是寒人掌握军事。南朝的一些将帅功臣，亦大多出自寒人。如宋之檀道济、到彦之、沈庆之；齐之陈显达、崔慧景；梁之吕僧珍、冯道根；陈之侯安都、吴明彻等都是。梁陈时，在外边做镇守、领大军的都是寒人。

三是用寒人为"典签"，监督地方军权。宋、齐都普遍设立典签，监督出任各镇的宗室和各州刺史。掌握殿内及外镇的发兵权，权势极重；本来掌管禁卫军的领军将军成了虚位。

经过侯景之乱之后，南方的侨姓士族和吴姓士族都受到了重创，陈朝完全与前五朝（东吴、东晋、宋、齐、梁）不同，没有士族门阀之没落的问题。可以说：陈朝是六朝当中唯一的一个独立出来的朝代。之所以说是"独立"，是因为陈朝没有了之前五朝的士族传承问题。陈霸先所建立的陈朝，不仅皇族出身是寒族，而且用人上，也是全部采用寒族人士，以及岭南的土著。腐朽的门阀制度彻底衰落。

陈文帝也是出身寒门，非常理解吴明彻和众将之间不和睦的状况。于是，他诏令皇弟陈顼安慰吴明彻，令吴明彻以原封号回朝。

天嘉三年九月丁亥（二十日），陈文帝下诏让安成王陈顼代替吴明彻，指挥众将讨伐周迪。

陈顼，字绍世，乳名师利，始兴昭烈王陈谈先（陈道谭）第二子，陈文帝之弟。梁大通二年（528）七月初六生，出生时有红光遍布堂室。年少时宽厚大度，富于才略。成年后，容貌俊美，身高八尺三寸，手垂过膝。有勇力，擅长骑射。陈霸先在平侯景后，镇守京口，梁元帝征召陈霸先子侄入侍，陈顼受陈霸先之遣赴江陵，经多次升迁，任为直阁将军、中书侍郎。

陈顼在江陵之时，有一位军队的主将李总与陈顼为旧友，他们常常一道游玩相处。有一天，陈顼曾在夜里喝醉了酒，亮着灯就睡着了。李总出外玩了一阵，回来进屋，看到床上陈顼的身体竟然是一条大龙。李总当下惊恐无比，拔腿就跑，躲到别屋去了。此事在《南史·卷十》中有记载："时有军主李总与帝有旧，每同游处，帝尝夜被酒，张灯而寐，总适出，

寻反，乃见帝是大龙，便惊走他室。"《陈书·卷五》中也有记载："时有马军主李总与高宗有旧，每同游处。高宗尝夜被酒，张灯而寐，总适出，寻返，乃见高宗身是大龙，总便惊骇，走避他室。"

西魏攻陷江陵，陈顼被押往长安。陈顼外貌好像不太聪慧，但魏朝将领杨忠的门客张子煦见到陈顼后，认为陈顼长相十分奇特，说："这人是个虎头，一定会成为大贵之人。"

陈霸先称帝后，永定元年（557）遥授陈顼袭封为始兴郡王，食邑2000户。陈文帝继位后，改封陈顼为安成王。天嘉三年，陈顼从北周回国，授侍中、中书监、中卫将军，置佐史。不久授使持节，都督扬、南徐、东扬、南豫、北江五州诸军事，扬州刺史，晋号骠骑将军，其余如故。

为扫平陈国境内割据势力，陈文帝诏令陈顼代替吴明彻为总督，指挥众军讨伐周迪（镇守临川郡，今江西抚州市）。

临川郡，是三国东吴时设置的郡。吴太平二年（257）建临川郡，属扬州，治临汝县（今抚州市临川区）。临川郡辖临汝、南城、西丰、宜黄、安浦、南丰、永城、定川八县，治所开始是在南城，同年迁治所到临汝。梁武帝时，与巴山郡同属高州。

临川郡地处赣抚平原向武夷山区过渡地带，地形南北长东西窄，地势南高北低，四周多为丘陵，中间为冲积平原，形成由南向北逐渐倾斜的小盆地。南部山地一般海拔较高，芙蓉山海拔1176米，是境内最高山峰。东部山地一般海拔高度较低。

境内属鄱阳湖水系抚河流域，以抚河为主干，大小河港纵横交错，水源丰富。主要河流有抚河、宜黄河、崇仁河、东乡河、梦港河等都汇入抚河，注入鄱阳湖。

抚河，上游称盱江，中游名汝水，流入临川中部至黄岗口与临水汇合后称抚河。为境内最大的河流，发源于赣闽边界武夷山山脉西麓的广昌县血木岭，经南丰、南城汇黎滩河到区内鹏田乡的廖村入境，流经下马山，纳梦港河；过抚州至黄岗口，纳临水；至罗针镇的城前，纳云山河；进入进贤县境，在南昌入赣江，最后注入鄱阳湖。

宜黄河，由宜水、黄水两水在宜黄县汇合形成，从龙溪镇的南端进入区内，经秋溪、航埠、上顿渡，在上顿渡的犁头咀与崇仁河汇合后，称为临水，至黄岗口注入抚河。

东乡河，又名云山河，上有南北二港，南港发源于金溪县，北港发源于东乡县愉怡乡眉毛峰。两港在马圩镇汇合后称东乡河，向西北从罗湖入境，经唱凯、云山折西至罗针镇的城前及进贤的柴埠口注入抚河。

东馆河，又名梦港，发源于区内荣山镇的三坊村，流经河埠、东馆至嵩湖乡上聂姜口村入抚河。

崇仁河，发源于乐安县的小金竹和宝塘村，流经乐安、崇仁，在高坪镇东源桥入境，至上顿渡镇的犁头咀与宜黄河汇合，向北流经临水入抚河。

由于临川郡山林密布，水系发达，地形比较复杂，也就造成了军事作战的难度比较大。

周迪叛军在这样的地形条件下，因为熟悉地形，则进退自如。而官军来剿，因地形所限，则前后受制。

临川属亚热带季风区，四季分明，日照充足，雨量充沛，无霜期长。地方特产有临川菜梗、临川葛粉、临川灯芯草等食物充足，官军和叛匪的粮食容易获得补充。

临川菜梗，是临川的传统民间特产，以"不怕辣"而著称，以芥菜梗为主要原料并配以辣椒、大蒜等辛辣佐料腌制而成，外观翠绿，质脆味辣，甜、咸适宜，风味独特，屡吃不厌，以辣为主，五味兼备，可备蔬菜淡季佐餐所需，也是平常解荤除腥开胃的最好小菜。

临川葛粉，是临川一道特产，临川葛粉系立冬后选用优质葛根，采用先进工艺精制而成，具有品质优良、纯正卫生、洁白细嫩、清香爽口等特点，是纯天然的优质营养保健食品。主产地在罗湖镇、云山镇等乡镇。

临川灯芯草，主产于荣山镇。其全茎可做草席，茎皮可做榻榻米和蓑衣，灯芯可做枕头芯、蜡烛芯，入药有利尿、通淋、清热、安神、泻肺、行水、除水肿、癃闭、煎泡代茶，具有治失眠心烦等功效。

还有黄栀子，又名山栀子，茜草科，常绿灌木。原产于中国长江流域

以南各省区，主产于临川郡。

由于临川的山势、水网等地形复杂，又兼粮草容易获得，最主要的是周迪很受当地民众的拥护。这就使陈朝的军队在围剿周迪叛匪的战斗，艰难而持久。

吴州太守陈详接到皇帝的诏令，即从吴州经别道，出其不意地袭击濡城周迪的别营，濡城在今安徽含山县西南东兴镇西北，裕溪河东岸濡须山上。

周迪虽然也派了一支队伍守卫此濡城，但大部队都被周迪派出去抵御陈朝官军。周迪没料到吴州太守陈详突然率军袭击了濡城。当时守卫濡城的军力太少，周迪仓皇组织抵抗，却被陈详的军队击败。周迪丢下妻儿老小，落荒而逃。陈详一举虏获了周迪的妻儿，大胜而归。

由于陈详的突袭，令周迪的叛军惊恐逃散。周迪也于乱军中脱身，越过东兴岭到晋安，投靠割据一方的军阀陈宝应。陈宝应资助周迪以士兵和粮草，留异又派他的第二子留忠臣跟随周迪。

周迪溃败后，陈顼奉旨率军回朝。陈详也率军返回，仍镇守吴州。

吴州在陈详的治理下，焕发着勃勃生机……据史载：吴州，原名吴县，即吴郡。梁太清三年（549），侯景叛乱，攻占吴县，改吴郡为吴州。大宝元年（550）二月，复改吴州为吴郡。南朝梁元帝承圣二年（553），分江州立吴州，领鄱阳郡，州郡同治鄱阳县。陈武帝永定二年（558）割吴郡所属海盐、盐官、前京县置海宁郡；后又割钱唐、富阳、新城县置钱塘郡；割建德、寿昌、桐庐等县属新安郡。吴郡辖地骤减，仅领吴、昆山、常熟、嘉兴四县。

吴州地处中国华东地区、江苏东南部、长三角中部，是扬子江城市群重要组成部分，东傍上海，南接浙江，西抱太湖，北依长江。境内沿江平原沙洲区、苏锡平原区、太湖及湖滨丘陵区、阳澄淀泖低地区地势低平，平原居多，丘陵较少。地貌特征以平缓平原为主，地势低平，自西向东缓慢倾斜。

四季分明，气候温和，雨量充沛，土地肥沃，物产丰富，自然条件优越。苏州地区河网密布，农业发达，有"水乡泽国""天下粮仓""鱼米之乡"之称。从南朝宋以来就有"苏湖熟，天下足"的美誉，主要种植水稻、小麦、油菜，出产棉花、蚕桑、林果等。低洼塘田较多，出产莲藕、芡实、茭白等水生作物。特产有鸭血糯、白蒜、柑橘、枇杷、板栗、梅子、桂花、碧螺春茶等。长江刀鱼、阳澄湖大闸蟹和太湖三白（白鱼、银鱼、白虾）等为著名水产品。

吴州城内河港交错，湖荡密布，最著名的湖泊有位于西隅的太湖和漕湖；东有淀山湖、澄湖；北有昆承湖；中有阳澄湖、金鸡湖、独墅湖；长江及京杭运河贯穿市区之北。太湖水量北泄入江和东进淀泖后，经黄浦江入江；运河水量由西入望亭，南出盛泽；原出海的"三江"，今由黄浦江东泄入江，由此形成苏州市的三大水系。

由于苏州城内河道纵横，又称为水都、水城、水乡，13世纪的《马可·波罗游记》将苏州赞誉为东方威尼斯。苏州古城被法国启蒙思想家孟德斯鸠称赞为"鬼斧神工"。

每年农历七月初七，是乞七节，又名女儿节。民间传说这天晚上，喜鹊成群结队飞向银河，搭成鹊桥，让牛郎和织女在银河鹊桥上相会。民间习俗，在七夕之夜祭祀织女，并向她乞求智慧和巧艺，叫作"乞巧"。七夕这天，家家户户用面粉加糖拌和结实，切成2寸左右长条，扭成芒结形状，经油煎后，松脆香甜，名曰巧果，是乞巧节必备供品。吴地还有用茶杯盛鸳鸯水（井、河两水的混合物），置于庭院中承接露水搅和，待日出后任其照晒，待水面生膜，姑娘们各将小针投入，使针浮于水面，视水底针影，若成云龙花草状，为"得巧"，如椎似杵者为"拙兆"。尚有用线穿针孔以辨目力好坏等节俗。

苏州小吃是中国四大小吃之一苏式招牌菜：松鼠桂鱼、响油鳝糊、蟹粉蹄筋、清溜虾仁、余糟、母油整鸡、太湖莼菜汤、雪花蟹斗、樱桃肉、酱汁肉、薰鱼、（鱼巴）肺汤、三件子、密汁火方、暖锅、枣泥拉糕等。苏式糖果：轻糖松子、粽子糖、浇切片、三色松子软糖、脆松糖、松子南枣糖等。苏式蜜饯：苏州制作蜜饯的历史可上溯到三国时代，清代是苏式蜜饯的鼎盛时期，其中以"张祥丰"最为著名，历来是"宫廷食品"。苏式蜜饯现有160多个品种，以金丝蜜枣、奶油话梅、金丝金橘、白糖杨

梅、九制陈皮最为著名。蟹粉汤包、荷花馒头、半紧酵小笼、素菜烧卖、四喜蒸饺、蝴蝶饺、秋叶包等都是民众喜爱的美食。

吴州人文气息很浓。吴语是中国形成最早的方言之一，苏州话以优雅著称，所谓吴侬软语就常用来形容苏州话。一种方言好听与否，主要取决于语调、语速、节奏、发音以及词汇等方面。苏州话语调平和而不失抑扬，语速适中而不失顿挫，苏州话的发音有些低吟浅唱的感觉。

吴语已有3000年历史，吴语区有长达千年的经济文化中心史。吴语保留众多正统汉语因素，而苏州话是吴语的核心。

每年农历六月初六，苏州有晒书习俗。这一天将图画书籍晒于庭中，防虫蛀腐蚀，收效尤大。各寺院庙宇将所藏经书搬出来晒一晒，僧人趁机召集乡村老妇开"翻经会"，由她们在烈日下翻经曝晒，宣称"翻经十遍，再世可转男身"。参加晒经的善男信女云集于此，热闹非凡。

陈详与吴州的文化名人交往互动。他对吴州著名的画家张僧繇爱慕异常。张僧繇是南北朝时著名的画家，吴州人。梁武帝修饰佛寺时，多次让张僧繇给这些佛寺绘画。当时，梁武帝的几位王子都封地在外。武帝特别想念他们，派张僧繇前往几位王子的封地绘画他们的仪容、形体，梁武帝看到几位王子的画像就像见了他们的面一样。江陵有个天皇寺，里面设有柏堂。张僧繇在柏堂里画上卢那舍和孔子等十位哲人的画像，当时的明帝责怪他，问："佛门内怎么能画孔子的像？"张僧繇回答说："以后还当仰仗这位孔圣人呢。"待到后周消灭佛教的影响时，焚烧天下寺庙、佛塔，唯独柏堂殿因为画有孔圣人的画像而没有被拆毁。

张僧繇在金陵安乐寺内画了四条龙，不点眼睛。每次都说："若点上眼睛，龙就会腾空飞去。"有人认为他这是荒唐的妄想，就请他给龙点眼睛。张僧繇点了两条龙的眼睛后，不多一会儿，电闪雷鸣，击穿墙壁，这两条龙穿壁驾云飞上天去。没有画上眼睛的那两条龙，依然留在墙壁上。后来比喻作文或说话时，在关键处加上精辟的语句，使内容更加生动传神。

张僧繇又曾画过《天竺二胡僧图》。因为河南王侯景举兵叛乱，在战乱中画中两僧被拆散。后来，其中一个胡僧像被唐朝右常侍陆坚所收藏。

陆坚病重时，梦见一个胡僧告诉他："我有个同伴，离散了多年，如今他在洛阳李家，你要是能找到他，将我们俩放在一起，我们当用佛门法力帮助你。"陆坚用钱到胡僧告诉他的洛阳李家，购买另一个胡僧的画像，真的买到了。过了不久，陆坚的病果然痊愈了。刘长卿写了一篇文章记述了这件事情。

陈详与顾野王非常要好，顾野王出身吴州，是南朝梁、陈之间的官员、文字训诂学家、史学家。因仰慕西汉冯野王，更名为顾野王，希望自己取得冯野王一样在文学方面的成绩。

顾野王出身于吴州名门望族，其祖父是顾子乔，南梁东中郎武陵王府参军事。父亲顾烜，信威临贺王记室兼本郡五官掾。

顾野王从小聪明颖异，9岁曾写成《日赋》，文采可观，领军朱异见了大为惊奇。12岁随父去建安（今福建建瓯），撰成《建安地记》两篇。博学宏才，天文地理、蓍龟占候、虫篆奇字，无所不通。

梁大同四年（538），梁武帝拜顾野王为太学博士，不久，升为中将军、临贺王府记室参军。侯景之乱，顾野王返回海盐，召募乡党数百人，支援京城。侯景之乱平定后，太尉王僧辩命其做海盐县监。陈霸先做宰相时，任顾野王为金威将军、安东临川王府记室参军。陈武帝即位，任府谘议参军。天嘉元年（560），诏令补为撰史学士，不久加任招远将军。顾野王博通经史，擅长丹青，著有《玉篇》。

陈详也是爱好文学，擅长记事之文，谈论清雅。据《南史卷六十五·列传第五十五》所载：

陈详，字文几，年少时出家为僧。高祖陈霸先讨伐侯景时，征召陈详，吩咐他还俗，配给他兵马。陈详跟随陈霸先前去平定京都。陈霸先东征杜龛，陈详攻克安吉、原乡、故鄣三县。敬帝绍泰二年（556）正月癸未初七，杜龛被平定。按功授陈详为散骑侍郎、假节、雄信将军、青州刺史，割故鄣、广德置广梁郡，以陈详为太守。

永定元年（557）十月乙亥初十，高祖陈霸先称帝，改广梁郡为陈留郡，又以陈详为陈留太守。永定二年（558），陈详受封为遂兴县侯，封邑500户。同年任明威将军，通直散骑常侍。永定三年（559），陈详随侯安

都在宫亭湖打败王琳的部将常众爱。

永定三年六月甲寅二十九，陈文帝继位后，陈详任宣城太守，将军如故。王琳占据栅口，陈详跟随吴明彻袭击湓城，攻取王琳的家口老小，遇到强烈抵抗，陈详军众没有攻克，于是到南湖，从鄱阳步行回来。

王琳被平定后，陈详和吴明彻都没有功劳。天嘉元年（560），按例增加封邑至1500户。又任通直散骑常侍，兼右卫将军。天嘉三年（562），陈详出任假节、都督吴州诸军事、仁威将军、吴州刺史。

转眼到了天嘉四年（563）九月，周迪得到陈宝应的兵粮资助，又再度出兵临川（今江西抚州市临川区）。周迪越过东兴岭，东兴、南城、永成县民，都是周迪的故人，又都是响应他的人。

陈朝廷又以郢州（今湖北武汉）刺史章昭达为都督，率部讨伐周迪。章昭达抵达东兴岭。天嘉四年冬季，十一月辛酉（初一），陈朝都督章昭达率官军大破周迪，周迪再次败退而逃。

在当地村民的掩护下，周迪只身逃脱，潜伏在山谷里。周迪得当地老百姓的拥护，把他隐藏起来。起初，侯景叛乱之时，百姓都抛弃本业，群聚为盗。只有周迪所部，没有侵扰，并把田地分给当地的老百姓，督促他们耕作。百姓勤于耕作，钱、粮和衣物都各有盈余。周迪政教严明，征敛没有拖欠的。其他郡缺粮的，都仰仗周迪的资助。

周迪本性质朴，不喜欢浩大的仪式。冬天就穿短身的布袍，夏天就穿紫纱兜肚，不外出时常常赤脚行走，虽然外有卫兵守卫，内有女伎陪乐，他搓绳破篾，旁若无人。他轻财爱施舍，凡是他所救济的，一点一滴都必须平均，他不善言辞，但胸怀诚实，临川人都认为他有德行。到周迪败逃时，当地村民都一起藏匿他。虽然陈朝官军威吓村民，加以杀戮，当地的村民宁愿受到官军和朝廷的诛杀，也不肯说出周迪的去向和所在之地。

章昭达奉诏征讨周迪，陆子隆率所部兵众跟随。周迪再次败退后，陈文帝诏令章昭达越过东兴岭，讨伐陈宝应。章昭达率大军到达建安驻扎，以陆子隆监郡。

陈宝应据建安之湖滨以抗拒官军，并资助周迪以兵马粮草，周迪又收拢了人马，从临川复出，再次进攻东兴（江西抚州黎川县）。当时，镇守东兴的宣城太守钱肃，以城池投降周迪。

陈文帝以吴州刺史陈详为都督，统率水军、步军讨伐周迪。大军抵达南城（江西抚州南城县），与周迪的叛军相遇。

南城县，隶属江西省抚州市，位于江西省东部，抚州市中部，居盱江下游，东邻资溪县、黎川县，南连南丰县，西毗宜黄县，北靠临川区、金溪县。建县于汉高祖五年（前202），因地处豫章郡之南，故称南城。南城地势东西高，中部为南北贯通的河谷平川地带，山地分布在东西两侧边缘，属武夷山余脉。

陈详率军赶赴东兴，途中遭逢敌军。仓促之间，迎战周迪的叛军。两军一场混战。结果，陈详所率领的官军反被周迪的叛军打得大败。虔化（今江西赣州宁都县）侯陈诊、陈留（今安徽宣城市广德县）太守张遂、吴州刺史陈详等将领相继战死疆场。

陈详阵亡之时，年仅42岁。陈朝廷责备陈详所统率的兵马行军无纪律，没有赠谥，其子陈正理袭封。

周迪本是乌合之众，竟然打败了朝廷的官兵，陈军都督、吴州刺史陈详等3位将领阵亡。这一战绩，令周迪兵威大振，叛军信心大增，反叛朝廷的势力再次振兴起来。前来投靠周迪的人更多了……

第十九章　程灵洗荡平周迪

　　周迪的叛军，本是乌合之众，竟然打败了朝廷的官军。虔化侯陈诐、陈留太守张遂、统率水军和步军的都督陈详也都战败阵亡。这的确使朝廷的颜面扫地，陈文帝龙颜震怒！

　　陈朝责备陈详所统率的兵马，行军无纪律。因此，陈详虽然阵亡，朝廷却没有赠谥。而周迪的叛军，却士气大振！前来投靠、参加周迪叛军的人更多了。周迪仗着军威大振，不断地掠夺、攻击陈朝其他州郡。

　　陈文帝派都督章昭达率军征讨周迪，南豫州刺史西丰脱侯周敷奉命率领所属部队抵达定川，与周迪的叛逆兵众对垒。

　　定川县，是南梁普通三年（522），梁朝廷拆分临汝属地，设立定川县，旧址在今抚州市临川区大岗镇雷坊村。

　　周迪多次败在章昭达的手下，对章昭达心有余悸。但是，他深知周敷的个性。就利用周敷重视情义的弱点，来欺骗他。于是，周迪派人送信给周敷，说：“我以前和弟弟同心协力，怎会谋划加害于你！现在我愿意认罪归顺朝廷，乘弟弟前来时，表露我心里的想法，先请你挺身而出和我一起盟誓。”

　　周敷也念及曾经在一起战斗的情谊，就答允了周迪的请求。他们约定了结盟的时间和地点。可没想到，等周敷刚走上举行盟誓的土台，就被周迪的兵将抓住。周迪这才露出伪善和残暴的本性，把共立盟誓的周敷杀死在祭坛上。

　　据史载：周敷，字仲远，临川人。家为郡内豪族。周敷身材矮小，瘦小得简直连衣服都挂不住了，但他果敢有胆力，超过同辈人。他性情豪爽，轻钱财重义气，乡里任性少年都顺从他。

侯景之乱时，乡人周续以讨贼为名聚集徒众，梁内史始兴王萧毅把辖郡交给他，周续部众想暴掠萧毅，周敷便拥护萧毅，亲自率部下护行，送到豫章。当时观宁侯萧永、长乐侯萧基、丰城侯萧泰逃难，到处流浪，听说周敷诚实讲义气，都去投靠他。周敷同情他们处境危险，屈身服侍，敬重相待，救助十分丰厚，且护送他们西上。

不久周续部下将帅争权，反叛，杀死了周续投降周迪。周迪门第寒微，怕失人心，倚着周敷同族的威望，交往甚密。周敷没有自以为是，侍奉周迪甚恭，周迪倚仗周敷的威望，渐渐有了兵力。周迪据有临川的工塘，周敷镇守临川的旧郡。侯景之乱平定，梁元帝任周敷为使持节、通直散骑常侍、信武将军、宁州刺史，封为西丰县侯，食邑1000户。

陈武帝即位，王琳盘踞上游，余孝顷与王琳同党李孝钦等人围攻周迪，周敷派大队人马援助周迪。周迪活捉余孝顷等人，周敷功劳居多。

熊昙朗杀死周文育后，占据豫章，率万余兵众偷袭周敷，抄小道至城下，周敷与熊昙朗交战，大败熊昙朗，追杀50余里，熊昙朗单骑脱逃，周敷尽收其军需器械。熊昙朗逃至巴山郡，收集余部。

陈文帝即位后，王琳率大军进陈，熊昙朗与王琳勾结，阻塞陈军赴敌通道。周敷便与周迪、黄法氍等人出兵围攻，熊昙朗被杀。

王琳之乱平定，陈文帝授周敷官散骑常侍、平西将军、豫章太守。那时南江土豪都顾恋本土，私自设置令长，不受朝廷的征召，朝廷来不及征讨，只是笼络他们，只有周敷率先入朝。天嘉二年（561），周敷至朝廷，晋号安西将军，给鼓吹一部，赐女乐一部，诏令他回守豫章。

周迪起兵造反，周敷与之交战，大破周迪，又率部随吴明彻攻打周迪，活捉其弟周方兴及诸将领。陈文帝诏命周敷任安西将军、临川太守，其他官职不变。不久，又诏任周敷为使持节，都督南豫，北江二州诸军事，镇南将军，南豫州刺史，增加食邑500户，常侍、鼓吹不变。

天嘉五年，周迪又纠集余部，回袭东兴。陈文帝派都督章昭达征讨周迪，周敷又从军。周敷率部众到了定川县，与周迪相对抗。周迪欺骗周敷要共立盟誓。周敷相信了他，刚刚登坛，就被周迪杀害，时年35岁。

周迪以欺骗的手段，杀了周敷，完全暴露了周迪伪善的面目。这也使

跟随他多年的兵将，认清了周迪常年假装的仁义做派。

听闻周敷遇害，陈文帝既恼怒又痛惜，下诏曰："使持节、散骑常侍、都督南豫州沿江诸军事、镇南将军、南豫州刺史、西丰县开国侯周敷，受重任远征，拖延时间违反军规，对奸邪之人讲真诚，以致自取败亡。只是他一向以勤恳忠诚著称，戎马生涯毫无怨言，我还是深感悲伤，哀怜于心。可保存其官爵和封赏，酌量资给财物以办丧事，还葬京邑。"

陈朝给周敷的谥号脱。其子周智安嗣爵。

周迪之乱未平，反而先后折损陈详、陈沙、张遂、周敷多名将领，陈文帝这几天心情极为烦恼。经过朝议，决定派老将程灵洗出马。

天嘉六年（565）秋七月辛乙朔（初一），陈文帝诏令程灵洗为都督，一定要荡平周迪反叛势力。这一天，又出现了日食！

日食，中国古人称之为"天狗食日"。由于古时科学水平的局限，日食这种异象常被民众误认为是不祥之兆。古人根据日食出现的时间、形状、轨道，其预兆可分为以下三种情形：

1. 君王无道："日者，人君之象"，在古时候人们将君王比作太阳。当太阳的光辉照耀着大地的时候，就说明是明君当道，朗朗乾坤万物和谐繁茂地生长；当太阳被月球遮挡形成日食的时候，就说明君王昏庸无道，在他统治期间犯了大错，所以上天才会降下日食警告，这个时候大多数的皇帝都要颁布罪己诏，检讨自己的过错。

2. 世道昏暗："日者，德也。故日蚀则修德"，古人还认为太阳是德行的象征，如果太阳被遮挡住出现日食，那么就寓意着世道昏暗，小人恶人的数量大大增多，这是乱世的代表。所以每当这种天象发生的时候，往往就会有匪祸兵乱，导致百姓流离失所、天下大乱。

3. 灾劫降临：古人认为日食是一种非常严肃且重大的天文现象，而这种现象的寓意往往是很消极的，说明在不久后就会有灾劫降临，君王会因为他的昏庸而失去自己的国家，如果不能尽早地进行化解，那么必定会天下大乱，有旱灾、洪涝等情况发生。当然如今看来这种说法并不可靠。

当天，有人劝程灵洗，此次出征，可要小心为妙。而程灵洗却认为，天象昭示的，是正胜邪败。周迪反叛朝廷，杀害命官，伪装善良，欺骗同乡。上天降此天象，就是警示周迪即将败亡。

于是，程灵洗选取精兵强将，率军从鄱阳经别道，到达临川，进击周迪。据史载：程灵洗，字玄涤，新安海宁人。程灵洗年轻时以勇力闻名，一日可步行200多里，擅长骑马、游泳。梁朝末年，海宁县、黟县、歙县等和鄱阳郡、宣城郡境内盗贼盛行，县附近深受其害。程灵洗一向被乡邻敬畏服从，前后守长都一直让他招募年轻人，捉拿盗贼。

侯景之乱时，程灵洗聚集众人占据黟县、歙县抵抗侯景。侯景的部队据有新安，新安太守湘西乡侯萧隐前去依附程灵洗，程灵洗被奉为盟主。梁元帝在荆州秉承皇帝旨意，程灵洗又派使者抄小路上表。刘神茂从东阳建议抵抗侯景，程灵洗攻下新安，与刘神茂相呼应。梁元帝任命程灵洗为持节、通直散骑常侍、都督新安郡军事、云麾将军、谯州刺史，兼任新安太守，封他为巴丘县侯，食邑500户。刘神茂被侯景打败，侯景的偏帅吕子荣进攻新安，程灵洗退守黟县、歙县。侯景失败后，吕子荣退走，程灵洗又占据新安。后来进军建德，生擒敌帅赵桑乾。按功劳授职为持节、散骑常侍、都督青州、冀州二州诸军事、青州刺史，增加食邑至1000户，将军、太守等职不变。

梁元帝命令程灵洗率领所部到扬州协助王僧辩镇防。迁任吴兴太守，尚未起程，王僧辩命令程灵洗跟随侯瑱西去援救荆州。荆州陷落后，回到都城建康。陈霸先为民族大义，剪除了屈服于鲜卑北齐势力的王僧辩，程灵洗率所部赶来援助王僧辩，当晚在石头城西门全力拼杀。陈霸先派使者招降程灵洗，很久，程灵洗才投降。陈霸先认为程灵洗非常重情谊。于绍泰元年（555），被授职为使持节、信武将军、兰陵太守，常侍不变，协助防守京口。

平定徐嗣徽时，程灵洗立有战功，被授职为南丹阳太守，封为遂安县侯，增加食邑至1500户，镇守采石矶。后随周文育西讨王琳，于沌口战败，被王琳囚禁。翌年，和侯安都等人逃回。兼任丹阳尹，后，出任高唐、太原二郡太守，镇守南陵。迁任太子左卫率。

陈武帝驾崩后，王琳的前军进攻到陈朝的东部，程灵洗在南陵打败了王琳的前军，俘虏了他们的将士，并缴获青龙车10余乘。陈朝廷按照程

灵洗的功劳，授职为持节、都督南豫州长江沿线诸军事、信武将军、南豫州刺史。侯瑱、侯安都等人在栅口打败王琳，程灵洗乘胜向北追击，据有鲁山。陈文帝征召程灵洗任左卫将军，其他职衔不变。

此次，程灵洗奉旨，率精兵强将，向周迪的叛军发起毁灭性的进攻。彻底击溃了周迪的主要势力，打得周迪的队伍死的死、伤的伤，其他残部都溃败而逃。

周迪之所以每次兵败都能复起，主要是当地村民被周迪的伪善所蒙蔽。此次，程灵洗发动地方官府，向各地乡镇宣讲和揭露周迪的伪善。特别揭露周迪利用周敷的仁义之心和念及过去的情谊，周迪以欺骗的手段，把周敷杀死在结盟的祭坛上，天怒人怨！

程灵洗抓住周迪的伪善面目，使当地村民不再隐蔽和保护周迪。同时，程灵洗不给周迪有喘息的机会，连夜分兵，四面追击。同时发动地方官府，四面撒网，缉拿匪兵。程灵洗不仅摧毁了周迪的主要叛军力量，还摧毁了周迪赖以生存的群众基础。从此后，周迪失去了卷土重来，重新再起的机会。

天嘉五年（564），程灵洗因功迁任中护军，常侍职务不变。出任使持节，都督郢州、巴州、武州三州诸军事，宣毅将军，郢州刺史。

周迪叛军被陈朝都督程灵洗打败之后，又故伎重演，他和10余人窜入山洞中。他们躲藏时间久了，跟随他的人也深受其苦。后来，周迪派人潜入临川郡去购买鱼菜。此人脚痛，住在同县的老乡家中，同县老乡向临川太守骆牙报告。

据史载：骆牙，字旗门，吴兴临安人。祖父骆龀道，梁安成王田曹参军。父骆裕，鄱阳嗣王中兵参军事。骆牙12岁时，宗族中有善于相面之人说："令郎相貌非凡，必定会飞黄腾达。"

梁太清末年，陈蒨曾避乱于临安，骆牙的母亲看见陈蒨之仪表，知道是非常之人，礼待十分厚重。待到陈蒨为吴兴太守，引荐骆牙为将帅，骆牙便跟从陈蒨平定杜龛、张彪等，每当作战便冲锋陷阵，勇冠三军，以功授直阁将军。

太平二年（557），因丧母而离职。陈蒨镇守会稽，任骆牙为山阴令。

永定二年（558），任安东府中兵参军，出镇冶城。不久跟从陈蒨阻击王琳于南皖。

陈文帝即位后，授职骆牙为假节、威虏将军、员外散骑常侍，封为常安县侯，食邑 500 户。不久为临安县令，迁越州刺史，余并如故。当初骆牙母去世时，因正当饥馑之年，又值兵荒马乱，到这时才正式下葬，诏赠骆牙母常安国太夫人，谥号恭。晋升骆牙为贞威将军、晋陵太守。后，以平周迪之功，晋升为冠军将军、临川内史。

骆牙抓住了为周迪买鱼的同党之人，命令他抓获周迪以验证自己改过之心。于是，骆牙派心腹勇士跟随他进入山中，引诱周迪出来打猎。骆牙派兵在道旁埋伏，杀了周迪。

天嘉六年（565）丙戌（初六），周迪的首级传送到京都建康。陈朝廷把周迪的首级悬挂在朱雀观，示众三天。

史臣发表感慨，梁代末年，灾难频现，群凶竞相而起，郡邑岩洞的首领，村屯邬壁的豪杰，靠剽掠致强，凭欺凌侮辱为大。陈武帝及时拨正骚乱，戡伐平定，熊昙朗、周迪、留异、陈宝应虽然身逢兴运，却在扰乱纲常。熊昙朗奸慝翻覆，灭除他是一大幸事。陈宝应与留异，陈文帝或者结之以婚姻，或者使其纳为皇族，这哪里是不能以兵威制服他们？实在是以德怀人！

这些土著豪强乘机起兵，割据州郡，不奉朝命。背恩负义，各有异图，对陈朝在江南的统治构成严重威胁。有湘州王琳、东阳留异、建安陈宝应、临川周迪、豫章熊昙朗等。这些人除王琳始终反陈外，大多自陈武帝创业时起就对陈叛降不定。

陈初立国，面临北方两大鲜卑强国的严重威胁，对南中国境内的豪强割据们只能尽量施以怀柔、笼络，正式任命他们为所据州郡的长官。但是，这些豪强割据无不横行于州郡，不法于朝纲，鱼肉于乡民，又无道德约束。不积德于天，不行善于民，却还妄想称王称帝，其昏迷黑暗到如此地步，岂不可叹?!

陈文帝即位后，熊昙朗、留异、陈宝应、周迪诸人相继反叛。陈文帝对待北方两大鲜卑强敌北周、北齐以及他们支持的王琳势力，采用了"坚

决抵抗"的方针；而对国内的地方豪强军阀，则采取"战而胜之"的政策。

从天嘉二年（561）起，陈文帝花了五年时间，陈朝名将轮番上阵，才扫除国内的诸侯割据，先后平定了割据一方的熊昙朗、留异、陈宝应、周迪等豪强势力的叛乱。并把南征北战立下赫赫战功、又自恃功高而骄狂震主的侯安都逼杀，终于稳定了南陈的政治局面。

自此，江南复归一统，陈朝政令布行四方。

第二十章 "天嘉之治" 陈文帝

陈文帝即位时的年号是"天嘉"，取自梁武帝早期年号"天监"的前一个字和宋文帝年号"元嘉"的后一个字，组合而成"天嘉"年号。由此，也可以看出陈文帝的治国施政理想。

事实上，陈文帝也确实有梁武帝、宋文帝当年的风采！陈文帝对外，抵御北齐、北周的南侵，维护了国家的独立。他命侯瑱夺回了北周占据的湘州（今湖南长沙）和巴州（今湖南岳阳）；陈文帝对内，先后讨灭了割据军阀豫章（今江西南昌）的熊昙朗、东阳（今浙江金华）的留异、晋安（今福建福州）的陈宝应和临川（今江西抚州）的周迪。

至此，陈国才真正拥有了整个江南之地，虽然领土比梁代少掉了一半，但老百姓们好歹可以过上太平日子。据史书记载：陈文帝起自艰难，深知百姓疾苦。崇尚节俭，宽徭薄赋，休养生息。国家财政支出用度，务必俭约从事。因军政开支，迫不得已，向民众收取赋税，陈文帝都皱眉叹息，面容愧疚！好像老百姓交的税赋都是因他自己而起。

陈文帝崇尚俭朴，以身作则，从自己的皇帝常服——鹤氅，开始做起。据史载："汉末王公，多委王服，以幅巾为雅……魏太祖（曹操）以天下凶荒，资财乏匮，拟古皮弁，裁缣帛以为帢，合于简易随时之义，了色别其贵贱，于今施行。"

陈文帝不仅自己衣着朴素，就连后宫及宫廷人员都节俭朴素，反对奢华。陈文帝天嘉元年八月戊子颁布《禁奢丽诏》书："梁朝走下坡路，奢侈华丽已极……豢类祭品藏于小吏家中。管库这类小吏家中也拥有编钟，房屋遍饰红色，车马器具用金玉来装饰，追逐崇尚浮薄之风，辗转失真愈演愈烈。朕起自诸生，家中颇为富足，然而一家人崇尚朴素，毫无浮华之

习，看到一时之风俗，常常扼腕叹息。今朕忝居帝位，统治天下，正当衰微之世，希望听到治国之大道，吃素食住陋室，自安于俭朴之生活，使浮薄之俗，重返淳朴之风。精雕细刻过分装饰，只要不是兵器和国家礼仪所需，金银珠玉，衣服杂玩，一概禁绝。"

陈文帝在政治上，加强皇权，整顿吏治，不拘一格选用人才，保持了政局的稳定；在经济上，重视发展农业生产，大力提倡节俭。这些政策措施，增强了陈朝的国力，使政权初步稳定下来。

随着大量民众的南迁，为南中国的经济发展提供了充足的劳动力，而且带来了农业、手工业的先进生产技术。经过南迁的汉族劳动人民、原居南方的汉人以及少数民族人民的共同辛勤劳动，在孙吴、东晋原有的基础上，到南朝特别是陈朝时，江南经济得到了显著的发展，其富饶程度已超过了北方。

陈文帝实行了"侨州郡"和"土断制"，有效地促进了社会的稳定和经济的发展。陈朝借鉴并发展了前朝的成功经验，在南方建立的侨州、侨郡、侨县与侨民原籍的州、郡、县同名。比如从徐州、兖州、青州南下的侨民在江苏赤京口（今镇江）界内设立南徐州和南兖州（南兖州治所初在京口，后迁在广陵）。南徐州包括徐、兖、幽、冀、青、并等州。南下的侨民在侨州、侨郡、侨县内著籍保留着原来的籍贯，侨州、侨郡、侨县内各级政权的官员，仍由北方南下的士族出任。

在侨州、侨郡、侨县内著籍的一般侨民，开始都可以得到免于征调赋税和赋役的优抚权。因此，侨州、侨郡、侨县的建立，对陈朝政权来说，它不仅是安置侨民，缓和南北士族间矛盾的重大举措，而且对招徕侨民，稳定他们从事农业生产，促进经济发展，防止侨民无限度地流入豪族私门，都起到了积极的作用。

随着时间的推移，侨民在南方"所居累世，成行"，逐渐有了安定的生活，同南方土著在经济地位上的差别越来越小，这样对侨民实行的优抚政策已经没有必要了。为了国家的"财阜国丰"，扩大租赋、力役、兵役的征发，需要把侨民也纳入征发范围之内，于是"土断"制就应运而生了。

陈文帝实行了南朝历史上的最后一次土断，诏令："不问侨旧，悉令著籍，同土断之例"。见天嘉元年七月乙卯《侨旧著籍诏》："自顷丧乱，编户播迁，言念余黎，良可哀悯。其亡乡失土，逐食流移者，今年内随其适乐，来岁不问侨旧，悉令著籍，同土断之例。"（《陈书·文帝纪》，《通典》三）

所谓的"土断"，就是把分散居住的侨民编入所在籍贯。用乡里的形式，把他们编制起来，固着于土地之上，以便于政府统一对侨民进行管理，促进经济发展，增加国家收入。

推行"土断"的目的，不是在于撤销侨置郡县。因为历次"土断"之后，虽然也撤销或合并了一些流寓的地方机构，但是却把那些保留下来的和江南原有的地方行政机构合编了起来，往往把江南原有的县区，交给侨州郡去管辖，使侨州郡有了实际辖地，如义兴郡本来属于扬州，因南徐州统辖下的许多侨郡县和义兴郡接壤，故把义兴郡改为南徐州管辖；武进（今江苏常州）和丹徒（今江苏镇江）县，原属扬州晋陵郡，以后丹徒改为南徐州南东海郡的辖地，晋陵都也由扬州改隶于南徐州。

因为当时许多侨居户隐庇于地主豪强门下，实行土断也是国家向地主豪强争夺控制权的一种方法。户籍有黄、白两种，江南本地的土著户入黄籍，北方迁来的侨居户入白籍。入白籍的民众享有优抚特权。

陈文帝天嘉元年（560）实行"侨州郡"与"土断制"后，极大地促进了社会的稳定和经济的发展，出现了"财阜国丰"的繁荣景象。而当时的镇江地广人多，是实行"侨州郡"与"土断制"的中心之一，因此也是"财阜国丰"繁荣景象的重要地区。比如渤海士族刁氏南渡后，在京口"有田万顷，奴婢数千人"。

陈朝君臣从上而下，极为关心民间疾苦，尽量扶助民众，使民生的政策，施恩惠于天下。陈文帝从即位之日起，就以造福天下百姓为己任。陈文帝即位后，始终都在履行着他对民众休养生息的承诺："可大赦天下，犯罪无论轻重，一概全免，拖欠的旧债，吏民所欠的税赋，可不必再征收。文武内外百官，酌情加官晋爵。孝悌力田及为父后者，各赐爵一级。希望能兢兢业业，公卿一同尽心竭力，这样以仁心就可感化作恶之人，而不必再动用刑法的太平之世，指日可待。"

陈文帝说到就做到。他初一颁诏,初二就"分遣使者抚慰四方"。所谓"抚慰四方",那都是要货真价实地拿出钱、粮、绢等实际的物资,才能施以恩惠,使天下民众和那些割据豪强们心服口服的。

史载:"十八日,分遣使者携带玺书抚慰四方。"也是要货真价实地给民众以实惠。在那个动荡、战乱的年代,民众只能以实际得到的钱、粮、绢等物资来判断朝廷的优劣。民心的向背,也是首先看民众得到了什么实质的利益。在那个动荡不安的年代,假大空的套话,是完全起不到任何作用的。

陈朝初期,烽火四起,战争不断,朝政开支巨大的情况下,陈文帝还下诏,减少军粮的征收。实实在在地为民众减轻负担。天嘉元年三月初五,诏曰:"自丧乱以来,已有十多年了,国家的编户散失,万户剩下不了一户,从中原来的百姓,已所剩无几。近来骚乱接连发生,赋税繁多,况且兴师北伐以来,日费千金,国库亏空,入不敷出。近来所置办的军用物资,本来是用来充实军备的,现在元凶已经铲除,天下已经安宁,刀兵入库,如释重负,思量让百姓享受轻徭薄赋的生活,今年的军粮一概减少三分之一。由尚书省向各地颁发,以表朕哀怜之心。地方长官明加劝耕,务必以农桑为急务,让老百姓过着饱食嬉游、天真自然的日子,就在今日。"

陈文帝诏令:"今年的军粮一概减少三分之一。"并要求朝廷督促地方官员"地方长官明加劝耕,务必以农桑为急务,让老百姓过着饱食嬉游、天真自然的日子,就在今日。"

陈文帝极为重视粮食生产,天嘉元年(560)两次下诏,要求地方官员,郡守县令,"明加劝课,务急农桑"。对"如有特别贫穷的,酌量供给种子"。陈文帝曾经下诏:"粮食之贵重,胜过珍珠美玉。近年骚乱多有发生,老百姓失去份地之本业,士人有弃官务农之讥,朕哀怜百姓,想要救助时弊,思量让挨饿之人走上致富之路。麦子之使用,尤其重要,现在正当秋收季节,万物可望收获,通告远近各地,一并播种。地方长官亲临劝课,务必及时耕种。如有特别贫穷的,酌量供给种子。"

天嘉三年(562)春正月初九,陈朝设行宫于南郊,陈文帝祭告胡公以配天。初十，陈文帝亲临南郊祭天。诏曰："朕担当治国重任，一年又很快过去了，我兢兢业业，希望能治平天下，然而德教不能深入人心，社会风气日益凋敝，想到这些，我心中日夜难以忘怀。今当春阳气舒，侍奉上天，恭敬地敬献牲玉，虔诚地供奉敬仰，思量与百姓共同享受宽惠。可赐全体官民每人爵位一级。其中孝悌力田者，另加一等。"

对于犯法的囚徒，陈文帝也同样给予关心，尽量给他们自新的机会。天嘉元年，他亲自去旁听讼审。天嘉五年（564）秋七月二十一日，陈文帝诏曰："朕以愚昧无能之身，担此重任，星移斗换岁月如流，所恨智慧不够旷达，不能仰遵天机，调和四季之气，抚慰苍生百姓，以安定人心。战事频繁，民无丰年，移风易俗未能发扬，习俗之流弊依然存在，致使百姓多有犯法，官吏忙于审理案件，牢狱中的人越来越多，即使是见财起心的小犯人，在牢中滞留太久，或许有被冤枉的。想到要救民于水火之中，我是勤政不懈，加上身体不适，饮食不调，近来染上小病，思量广施恩惠，可特赦京师。"

对那些在战争中的伤亡成员，陈文帝更是抚慰有加。对阵亡的将士，一概给棺材，送还本乡，并免除其家属的赋税徭役。负伤未愈者，给其医药。"赠谥死事将士诏师旅以来，将士死王事者，并皆赠谥。（《陈书·文帝纪》）"

不仅如此，陈文帝还对所有的仁人义士和英烈的坟墓，都给予修缮和旌表。天嘉六年八月二十七日，陈文帝颁《修治古忠烈坟冢诏》，诏曰：

梁室多变故，祸乱连续不断，战争频繁，十年不曾停止，不得志之辈甘心于摧残国家元气，奸邪之徒残害百姓造成冤魂遍野。江南开创大业，王室动荡不安，东晋刘宋之主，萧氏齐梁之君，四次改朝换代，时间已过二百年。至于其振兴王业，士大夫堪为民之典范，忠臣孝子，哪一代没有贤才，然而身逢多事之秋，大抵都遭到杀害，几乎凋零殆尽。玉杯得之于民间，漆简传了一代又一代，再没有像上古那样由一家分出多国的情形，也见不到千年相传的华表。自从我朝帝业开启，得之于前朝禅让，现在朕在位，修治祖先之德政，尽管变了旗号服饰，仍然像杞、宋那样沿袭先祖，每当车驾巡游，谛视河、洛之路，所以对于远祖黄帝之祭祀，祭品不

曾有亏，对于先祖骊山之坟，栽植松柏世代相守。只是许多先人士子的旧坟，为杂草淹没，修葺未周，任人砍伐，放牧之人仍然很多。有的是亲人流离失所，隶籍他乡，返乡无期，子孙凋零，想要祭祖又无处可祭。汉高祖在信陵君坟前流连不止，宋武帝在张良坟前惆怅不已，睹坟墓而产生哀婉，乃是有性灵之人都会有的恻隐之心。朕因此终日感叹，思量慰抚九泉之人。前代王侯，自古以来的忠烈之士，坟冢被盗掘而没有后人的，应加修治，坟地树木，不得砍伐，使得在阳在阴之人都平安无事，以表朕之心意。

这也是广收民心，广积阴德，激励民众向善从善之举。

天嘉六年（565）春正月十一日，陈文帝（陈蒨，44岁）的长子、皇太子陈伯宗（12岁）举行成人的加冕礼，皇太子加元服，王公以下赐帛各有等差，孝顺父母、尊敬兄长、努力务农或当天成为父亲的人赐爵一级，鳏寡孤独不能自养的人赐五斛谷。

陈文帝还设武昌、国川为竟陵郡，来安顿流亡的百姓。（见《陈书卷三·本纪第三·世祖》所载）天嘉六年三月乙未（十三日），陈文帝诏令侯景之乱以来移居建安、晋安、义安郡的流民，一并允许回本土，其中被掠为奴婢的，释放为良民。（见《陈书·文帝纪》中的《许建安等郡流民还本诏》）

特别是诏令那些豪强，把"奴婢""释放为良民"，意义极其重大！这与美国林肯废除"黑奴"的意义差不多。陈文帝此举对解放生产力，起了很大的作用。

在陈文帝推行的一系列"仁政"的治理下，陈朝政治清明、社会安定，经济日益繁荣起来——

从农业方面来说，从北方流亡南下的农民和江南本地的农民会合在南方的大地上共同生产。他们携手并肩在一起劳动，对江南地区进行大规模的开发，江浙的太湖地区、浙东的会稽、江西的鄱阳湖地区，湖南的洞庭湖地区都成为盛产粮食的地方。南方的稻米产量，已经压倒了北方。

江南推广麦菽的种植，改变了东晋初年"火耕水耨"的落后生产方法。所谓"火耕水耨"，即每年春天去杂草，当作灰肥，不另施肥，然后灌水种稻，也不再中耕，草稻并生，稻仅高七八寸，产量很低。南朝时期虽然"燔茂草以为田"的现象仍很普遍，但主要已靠施用粪肥。粮食生产推广一年两熟制，岭南还出现了一年三熟，使单位面积产量有很大提高。

当时陈朝有不少著名的水利工程。如芍陂（今安徽寿县），"原有良田万顷，堤堰久坏"。陈文帝诏令都重加修葺，陈朝在太湖南岸修建吴兴塘，可以"灌田二千余顷"。太湖又在南岸，疏开港泾，泄水入湖，使吴兴渚郡的防洪防涝有很大进步。在荆州筑获湖，"堰湖开渎，通引江水，田多收获"。

水利灌溉系统得到了重新整理，江南地区有很多河流，将这些水道控制用以灌溉农田和交通运输，根据地势的高低建立起堰闸，人工调节水位。如钱塘江等一带在入江口和岸边设有堞可以调节水位，干旱时可以开楗引水灌溉，涝则关闭楗避免江水溢出。良好的水利设施使得稻米的产量增加。

值得一提的是，这个时期出现一种"湖田"，即筑堰围湖，排水成田，旱涝保收，产量很高。这种湖田在太湖、鄱阳湖、洞庭湖以及会稽郡一带，存在很多。湖田比其他的田地更加肥沃，粮食产量比一般的土地要高。

陈朝注重对水利工程的广泛修缮和建设，比如吴兴郡水利灌溉网的雏形，有效地防止水旱灾害，使沼泽之地得到了改善，耕田面积得到扩大。陈朝时期对洞庭湖周边开荒成熟的土地也很多。吴兴郡已呈现"良畴美柘，畦畎相望，连宇高甍，阡陌如绣"的景象。岭南"少战乱，水稻三熟，瓜果丰盛"。据史载："江南之为国盛矣……地广野丰，民勤本业（农业生产），一方成稔，则数郡忘饥。"

江南农业的发展和粮食丰收，成为文人墨客创作的源泉。陈文帝时的文人陆琼作《栗赋》颇有代表性：

"四时递盛，百果玄芳。绿梅春馥，红桃夏香。何群品之浮脆，惟此质之久长。外刺同夫枳棘，内洁甚于冰霜。伏南安而来清，列御宿而悬房。荐羞则具榛并列，加笾则菱芡同行。金盘兮丽色，玉俎兮鲜光。周人

以之战惧，大官称于柏梁。"（《初学记》二十八）

据史载：陆琼，字伯玉，吴郡吴人，梁给事黄门侍郎云公子。永定中，州举秀才。文帝时为宁远始兴王法曹行参军、兼尚书外兵郎，进殿中郎，迁新安王文学，掌东宫管记。陈文帝讨伐周迪、陈宝应的通告，就是陈文帝敕令陆琼执笔所书。

随着大量民众的南迁，各类人才也不断涌入，推动了经济的发展，为六朝时期陈朝出现"天嘉之治"的名流辈出、文化辉煌的大好局面打下了坚实的基础。

从手工业方面来说，首先是江南地区的冶铁技术有了显著提高。冶铁业则是官府经营，当时江南作为著名的冶铸作坊是扬州的梅根冶、荆州的冶唐，除了锻造兵器外还有民间的器具。

当时炼钢铁的技术比较成熟，除普遍使用水力鼓风炉以外，还能把生铁与熟铁熔在一起，反复加热锤打，称为"灌钢"技术，以炼成质量较高的钢铁。这种冶炼费工较少，成本较低，产量较多。炼出的钢铁可以打造兵刀利剑，也可以打制镰刀锄斧等农具，对发展生产起着很大作用。

当时，以造钢材著名的上虞人谢平，和一擅制刀剑的炼钢师黄文庆，并称为"中国绝手"，江南地区梅根冶（今安徽贵池东）和冶塘冶（今湖北武昌东）、丹阳郡水世县（今江苏溧阳）的铁岘山、郡县（今浙江嵊州市）的三口山和江爰（今湖北武昌）的冶唐山都出丰富的铁矿，也是冶铸兵器、农具的重要场所。

当时银的开采比较普遍，在社会上流通数额较大。

其次是家庭纺织业比之前有了很大的进步。养蚕缫丝的技术得到了提高。豫章郡内《隋书·地理志》"一年蚕四五熟，永嘉等郡蚕一年八熟"，桑树的种植也非常的普遍。亚麻织布的技术有所发展。

锦织业在江东地区过去是不发达的，三国时期蜀锦名闻天下而江东则是没有的，当刘裕灭掉后秦将关中的锦工迁到了南方成立了锦署，江南的织锦业才逐渐发展。

在江南的西南部，草棉的种植也逐渐地发展起来。我国最早的草棉种植记录是在汉朝时期，在云南保山地区是我国棉花种植最早的地区。棉布的使用在当时不是很普遍，但这为后来的宋之后的棉花种植发展，奠定了良好的基础。

第三，制瓷业在江南地区也逐步地发展起来，制瓷技术是在原来制陶技术上发展而来的。商周时期出土的釉陶或青釉器皿，在外观上已经初步有了陶和瓷的一些特点，被称为原始瓷器。瓷器在汉代被发明，三国、两晋、南北朝时期，青瓷的技术逐渐地成熟。制瓷业在南朝200余年的发展，瓷器成了人们日常生活中的用品，产量不断增加，烧制的技术不断进步，为隋唐青釉器物制造打下了基础。

当时漆器的用途非常广泛，可以和唐宋的瓷器比较，《晋令》中规定制造漆器要有政府的批准，在制造完成后写上年月日期和制造者的姓名。

第四，煤矿在当时已经被发现和开采，《太平御览》"丰城县葛乡，有石炭二百顷"，当时的人民已经用它来做饭了，同时也可能用来冶炼金属。

第五，盐业。宋、齐、梁时允许百姓煮盐，陈文帝天嘉元年开始，陈朝对外抵抗北周、北齐的侵略；对内平定军阀割据。为解决国家开支不足，由虞荔、孔奂上书，对海盐开始征收盐赋。江南的吴郡成为重要的产盐地区，"海滨广斥，盐田相望"，还有南兖州的盐城县也有很多的盐场，当时的人以鱼盐为业，不擅长种田。陈文帝设置了专门的盐业机构，既收盐业税，又规范管理盐业，使盐业有序发展。

从商业方面讲，由于农业和手工业的发展促进了城市的发展，使商业开始发展。商业的发展，南北经济的差距开始缩小。

水运，是商业运输的主要方式。江南有着众多的河流，纵横交错，长江及其支流赣江、湘江、沔水是当时主要的交通路线。三吴平野的运河网在南齐时已经大致完成。随着水上交通的发展，造船也在不断地兴起，民间的造船业已经十分发达，东吴时可以造出四五十米长的大船，承载六七百人，载物千吨。到了南朝又有进一步的发展，船只载重2000吨。

当时商业比较繁荣的城市有建康、京口、山阴、寿春、襄阳、江陵、成都、番禺。如建康是南朝的政治、文化中心，也是江南最大的城市，长江上下游的大埠，商旅船只往来不绝。山阴是两浙地区绢米交易的中心，

商旅过往交税一年就有 400 余万之多。

当时在市场上出现的一些重要商品是"绵、绢、纸、席"之类的东西，在市集上贩卖的是平民商人，但是在背后操纵货物囤积或者市场贩运的则是士家大族、王公贵戚，因为只有他们凭借着自己手中的庄园可以生产出大量的手工业产品和农产品，再借助自己的官僚身份免除盘查勒索。

士族豪强自矜门第清高，对商贾极其贱视。法令规定市侩商人，都得戴头巾，巾上写明姓名及所卖物品名，一脚着白鞋，一脚着黑鞋。

尽管商贾的社会地位很低，可是，士族豪门却多兼做商贾，并不因为经商是贱业而不屑为。例如大名士王戎有许多园田，亲自拿着筹码算账，昼夜忙得不停歇。家有好李，怕买者得好种，钻破李核才拿到市上出卖。有势力的人霸占水利造水碓，替别人舂米取酬，称为舂税。潘岳《闲居赋序》说他住在园里卖鲜鱼、蔬菜和羊酪，并收舂税，一家人生活舒适。可见经营商业，也是士族豪门贪财聚财的又一方法。

当时，广东南海郡的番禺，是对外贸易的中心。南朝刘宋以后海上交通有了进一步的发展，通商的国家有波斯、天竺、师子等国，和南海地区的国家交流频繁。当时输入的商品有象牙、犀角、珠玑、玳瑁、琉璃器、郁金、苏合等商品，输出的有绫、绢、丝、锦等大宗商品。

随着商品经济的发展，朝廷铸造货币，促进商业流通，是其必然。南朝初的刘宋元嘉时期江南的农业、手工业呈现繁荣的景象，因此促进了商业的发展，当时货币的流通远远无法满足市场的实际需求，所以在元嘉七年（430）设立钱署，制造四铢钱。但是，由于南北朝政权更替频繁，东魏、西魏、北齐、北周、宋、齐、梁、陈货币制度很不统一，比值混乱，阻碍流通。

当时，南朝、北朝商品交换的品种各不相同，北朝需要南朝的物品有甘蔗、橘柚，以及北方官员、贵族享用的高级奢侈品；南朝急需北朝的物品有马匹、骆驼、皮毛制品等等。南朝的货币制度在北朝行不通，北朝的货币制度在南朝也不能实行，所以人们宁肯在南朝、北朝商品交换中收受谷帛，而不愿意收受货币。人们认为在南朝、北朝的商品交换中，收受谷物、布帛比收受货币风险小，安全有可靠保证。（参考《南北朝时期的社

会经济与钱币流通》)

　　南朝宋、齐、梁朝廷一直无法有效地解决货币问题，朝廷铸造的新货币，又不能完全废除之前的旧币。民间豪强和军阀割据又私铸小钱，扰乱市场，导致商业流通不顺畅。比如梁武帝发行天监五铢钱，已出现通货膨胀的倾向。随后梁武帝发行五铢铁钱，造成一波六朝史上仅见的物价膨胀风潮，并引发晚期的社会经济乱局。铁钱衰落阶段出现"短陌"（以不足100当100）现象，表明通缩困境再度回潮。梁末铁钱和诸币俱废，但为了弥补财政之需，转而铸出更轻薄的两柱、鹅眼、四柱、五铢细钱等劣质通货。

　　梁朝末年，朝廷政败国乱，梁朝廷官铸的铁钱"钱贵物贱"，市场不再流通。取而代之的是民间私自流通着的"鹅眼钱"。梁朝天监年间（503—519），皇族萧正则"恒于第内私械百姓，又盗铸钱"。萧昱"普通五年（524），坐于宅内铸钱，为有司所奏"。全国各地竞相铸钱，铸钱规模之大、数量之多，前所未有。据史书记载，当时铸钱"堆积如丘山，市上交易，用车载钱"。当时曾经把铸钱用的原材料——铁，拿出来"数千万斤塞浮山堰决口"。可见钱币之多，已到了何等程度。当时人们的思想认为钱能操纵人的命运，主要表现在社会风气上，都是贪财如命。

　　天嘉三年，陈文帝诏令改铸五铢钱，以促进经济的改革和国家的富强。禁止民间豪强铸私钱，扰乱市场流通。

　　陈朝改铸的五铢钱，轻重适中，使用方便。一枚五铢钱可兑换十枚鹅眼钱。对稳定经济，保障流通，促进商业的发展，起到很大的历史作用。

　　陈文帝处理朝政十分勤奋，每天天不亮就穿起衣来，时间晚了才吃饭。为处理国事而辛勤地工作。"宵衣旰食"的成语，就是从他勤政而来。

　　凡主事官上奏决事，陈文帝总能慧眼识其真伪，御下不容奸邪，人人知道自励。夜间有急报必加以处理，处理了一件又一件。每当打更的人报时，送更签于殿中，陈文帝便敕令送签者务必将更签投掷到阶石之上，使之发出锵然的声音。陈文帝说："即使我睡着了，也要让我惊醒。"

　　陈朝在这样勤政的皇帝治理下，农业、商业逐渐繁荣起来，国力日益强盛。不仅北周、北齐时常派使者来朝拜，就连海外的百济、高丽等国，

也派使臣前来，敬献土产，朝拜陈文帝。

陈文帝励精图治，在平定地方割据势力，统一长江以南及巴蜀以东地区后，令守宰及时劝课农耕，积极整理户籍，兴修水利，注重农业生产。使江南的经济逐渐从"侯景之乱"的破败中恢复过来。当时陈朝政治清明，百姓富裕，安居乐业，国势比较强盛。历史上称之为"天嘉之治"。

"天嘉之治"是整个六朝170多年来，少有的政治清明、经济发展、社会安定繁荣的盛世。

第二十一章　贬皇弟整顿吏治

陈文帝治国理政，一手广招贤良，一手整顿吏治。陈文帝勤于朝政，下不容奸。他在位期间，政治清明，民众安居乐业。

天嘉元年，七月甲寅（初五），陈文帝颁布《进贤诏》说："朕以细末之身，继承皇位，负担重任，颇能忧虑自责，然而各种事情未能处理得当，愁肠百结，希求贤良之才，常常在梦中求之，每当有一句话中听，些小之善行值得请求，我何曾不是褒奖提拔，委以官职。然而往傅岩求贤却是空跑一趟，像傅说那样的贤才却仍是滞留于幽谷之中，犒赏之物空自陈设，求贤之旌弓迟迟不回。怎么能有违圣贤之道，使草莽中有遗漏之才？难道是世风日下，今不及古？吃完饭这些想法就涌上心头，一觉醒来空增我的感叹。新安太守陆山才启奏，推荐梁前征西从事中郎萧策、梁前尚书中兵郎王暹，他们都是世代显贵，名门望族，要么精通文史足资为用，要么孝德值得称道，都应该入朝做官，破格提拔。自王公以下，每人都推举贤良，引荐沦于下位之贤才，使众才萃集，大业可成，使得《诗经·棫朴》篇所咏之人才济济的景象为今日所歌，使《由庚》篇所咏之万物得由其道也。"（见《陈书·本纪·卷二》，罗愿《新安志》九）

陈文帝广招贤良，选任官吏时，一定挑那些廉洁公正、作风简朴的人，对他们量才录用，赐以官职，管理国家。同时，他也加强整顿吏治。决不放任朝廷官吏违法乱纪。包括对他自己的亲弟陈顼和宗室亲族、皇亲国戚都严明法典！

陈拟，是陈武帝的远族侄子。很早就跟随陈霸先向南征讨交阯（越南），陈拟跟随前往。后又前去讨伐侯景，抵达豫章，任命陈拟为罗州刺史，与胡颖共同主管后方事宜，并负责接应军粮。高祖前去镇守朱方时，

陈拟任步兵校尉、曲阿令。绍泰元年（555），任贞威将军、义兴太守。二年，入朝主持卫尉事务，任员外散骑常侍、明威将军、雍州刺史，名义上督管南徐州。陈武帝登基后，封陈拟为永修县开国侯。

陈文帝继位后，陈拟任丹阳尹，常侍如故。因事免职，又以布衣身份主持郡中事务，不久官复原职。

陈文帝的亲弟陈顼，先是作为人质押在北周。陈文帝思念胞弟陈顼，派遣使者周弘正出使北周，修好两国关系。北周放回陈顼。随后，陈文帝又请北周放归陈顼的家人。派毛喜去北周的穰城（今河南省南阳市邓州市东南）迎接陈顼的妃子柳皇后及后主陈叔宝、次子陈叔陵回国。

天嘉三年（562）三月丙子初七日，毛喜引领陈顼的家人回到京城建康。此时，陈顼已是骠骑将军，以毛喜为府谘议参军，领中记室。陈顼府中的文书事务都是毛喜代笔。

有一次，陈文帝与胞弟陈顼在家宴上说："我的儿子们都以'伯'为名，你的儿子们宜以'叔'称之。"

陈顼就此事征询毛喜的意见。毛喜立即查阅书籍、谱牒里的一些名人贤士，如杜叔英、虞叔卿等20多人呈给陈文帝阅览。陈文帝看后，高兴地连连称好。（此事记载于《陈书卷二十九·列传第二十三》）

在陈文帝的扶植下，授皇弟陈顼为使持节，都督扬、南徐、东扬、南豫、北江五州诸军事，扬州刺史，晋号骠骑将军。陈顼青云直上，成为文帝重要的左膀右臂。天嘉六年（乙酉，565）夏季四月甲寅（初二），陈朝又任命安成王陈顼为司空。

陈顼到此为止，对国家和民族还没有任何功劳。陈顼仅仅因为是陈文帝的弟弟而显赫，权势压倒当朝和在野的一切人。直兵鲍僧睿依仗安成王陈顼的势力，横行不法。压抑和堵塞诉讼，大臣无人敢言。

御史中丞徐陵知道了，便上奏弹劾他。御史中丞是干啥的？据史载：御史中丞，是古代官名，从秦朝开始设置。汉朝为御史大夫的次官，或称御史中执法，秩千石。

御史大夫本有两丞，一曰御史丞，一曰御史中丞，谓之中者，以其别在殿中，掌兰台秘书。外督部刺史，内领侍御史，受公卿章奏，纠察百僚，休有光烈。至成哀间，改大夫为大司空，而中丞更名御史长史，出外为台主。光武复曰中丞，与尚书令、司隶校尉专席而坐，京师号曰三独坐。据《环济要略》中记载：御史中丞有石室，以藏秘书图谶之属。举劾案章，明法直绳，内外震肃，甚有威风。

徐陵是谁?《南史》《陈书》所载：徐陵，字孝穆。他母亲臧氏，曾经梦见五色彩云化为凤鸟，停在自己的左肩上，后来便生下徐陵。当时有位宝志上人，人称他有道术，当他几岁时，家里人带他去问候僧人释宝志，释宝志抚摸着他的头顶说："这是天上的石麒麟啊！"光宝寺的慧云法师总是感叹于徐陵的早熟，称他为颜回。8岁时他能写诗文，12岁便通晓《庄子》《老子》的本义。长大以后，博览各种文籍，性情豪放而有口才。他父亲徐摛任晋安王谘议，晋安王又召徐陵参与宁蛮府军事。晋安王被立为皇太子后，在东宫设置学士，徐陵也是其中之一。又迁任尚书度支郎。

后徐陵出任上虞县令。御史中丞刘孝仪原先和徐陵有仇隙，他听人传说徐陵在县里贪污和收受贿赂，便弹劾他，于是坐罪免职。过了很久，又被任命为通直散骑侍郎。梁简文帝在东宫时，撰写了《长春殿义记》，让徐陵写序。又让徐陵到少傅府撰写自己所主持的《庄子义》一书。

太清二年（548），徐陵兼任通直散骑常侍出使西魏国，魏人在馆内设宴请客。当天极热，魏国主客魏收开玩笑地对徐陵说："今天这样热，肯定是徐常侍带来的。"徐陵随即回答说："当年王肃到此，第一次为魏国制定了礼仪；今日我来报聘，使阁下重新知道冷热。"魏收听后，大感羞愧。当时齐文襄帝还担任宰相，他认为魏收失言，便将他关闭了一整天。

当侯景入侵时，徐陵的父亲徐摛早就在围城之内，他收不到父亲的家信，便只吃素食，穿粗布衣服，就像服丧一样。这时，正值魏国禅让于齐，梁元帝在江陵承制，又派徐陵为使者和齐国通问。徐陵到齐以后，多次请求回南朝复命，但齐国却一直拘留他不让回去。于是，他写了一封信给仆射杨遵彦，但也没有接到回复。当西魏讨平江陵之后，齐国送贞阳侯萧渊明继承梁国国君之位，这才派徐陵随他回梁。

南梁太尉王僧辩起初在边境上拦阻不肯接纳，萧渊明反复写信，都是由徐陵撰文。当萧渊明入梁之后，王僧辩得到徐陵，大为高兴。任命他为

尚书吏部郎，兼撰写诏诰之职。这一年，陈武帝为民族大义，率兵诛杀了欺君背祖危害汉民族的王僧辩，又进讨义兴韦载，而任约、徐嗣徽引鲜卑北齐兵乘虚围攻南梁京都，攻打石头城。徐陵感激王僧辩以前对自己的知遇之恩，便跑到北齐军营投靠任约。陈武帝连夜轻甲还都，打败北齐军，任约仓皇北窜。陈武帝把徐陵放了，并不问罪，而任命他为贞威将军、尚书左丞。

绍泰二年（556），徐陵奉旨出使北齐，返国后任给事黄门侍郎、秘书监。陈武帝受梁禅之后，又加徐陵任散骑常侍，左丞如故。天嘉初年（560），任太府卿。四年迁任五兵尚书，兼任大著作。天嘉六年任散骑常侍、御史中丞。

当时安成王陈顼为司空，以皇弟之尊，势倾朝野。直兵鲍僧睿又借重安成王之权势，压抑和堵塞诉讼，大臣无人敢言。徐陵上奏弹劾。在御史台官员的引导下，徐陵经过批阅章奏的几案进入大殿。陈文帝见徐陵身穿朝服，表情严肃，凛然不可侵犯，浑身一股正气。陈文帝的脸色也严肃起来，端正地坐好。

徐陵站立于殿中，手持奏版读诵奏章。当时，安成王陈顼正侍立于殿上，他抬头看着陈文帝，惊慌得脸上流汗变色。徐陵叫殿中御史引安成王陈顼下殿。

陈文帝因此免去陈顼担任的侍中、中书监的官职。朝廷中对徐陵肃然起敬，从此朝廷纲纪肃然。

同年，蔡景历妻兄刘洽倚仗他的权势，多次奸诈，并接受欧阳武威贿赂的一百匹绢，蔡景历因受牵连免官。《陈全文》之《奏劾蔡景历》记载："臣闻士之行己，忠以事上，廉以持身，苟违斯道，刑兹罔赦。谨案宣远将军、豫章内史、新丰县开国侯景历，因藉多幸，豫奉兴王，皇运权舆，颇参缔构，天嘉之世，赃贿狼藉，圣恩录用，许以更鸣，裂壤崇阶，不远斯复，不能改节自励，以报曲成，遂乃专擅贪污，彰于远近，一则已甚，其可再乎？宜置刑书，以明秋宪。臣等参议，以见事免景历所居官，下鸿胪削爵土，谨奉白简以闻。"（见《陈书·蔡景历传》）

还有朝臣陆山才，因在侍宴上和蔡景历说话时言语有失，被有司弹劾，免去官职。不久任散骑常侍，迁任云旗将军，西阳、武昌二郡太守。天康元年（566）去世，时年58岁。追赠为右卫将军。谥号简子。

这位屡立战功的陆山才，在宴会上仅仅只是与蔡景历言语有差，就被有司弹劾。那其他的朝廷官吏，更是不敢放纵自己的言行。因此，陈文帝在位期间，"下不容奸，政治清明"。朝廷政令通畅。

陈文帝非常重视犯人案件的审理，务要公正。朝廷官吏对狱讼的妥善处理，关系到社会的稳定，民心的向背。他要求各级官吏爱惜百姓，加强道德教化，推行以"仁政"为中心的治国理念。

天嘉元年（560）八月初四，世祖陈文帝亲临景阳殿旁听审案。同年十二月十八日，诏曰："古时春夏二季，不处决重罪犯，大概是在阳气上升时广布恩泽，帝业因而得以弘扬，法纪宽大小心用刑，合符德教，先王因此要效法于上天取象于地，制定法规垂示训诫于后人。朕当此浮薄之年，思量百姓的疾苦，哀怜同情，想到要救民于水火，常常要效法旧制，用以助长德教之风。从今年初春至初夏，犯大辟刑之罪人已定刑者，应当暂且停止行刑。"

陈文帝每年都有大赦，尽量教化民众，向善、从善。天嘉五年（564）秋七月二十一日，诏曰："朕以愚昧无能之身，担此重任，星移斗换岁月如流，所恨智慧不够旷达，不能仰遵天机，调和四季之气，抚慰苍生百姓，以安定人心。战事频繁，民无丰年，移风易俗未能发扬，习俗之流弊依然存在，致使百姓多有犯法，官吏忙于审理案件，牢狱中的人越来越多，即使是见财起心的小犯人，在牢中滞留太久，或许有被冤枉的。想到要救民于水火之中，我是勤政不懈，加上身体不适，饮食不调，近来染上小病，思量广施恩惠，可特赦京师。"

按梁代旧律，对囚犯使用测刑之法，每天上刑一次，起自申时，终于二更。及比部郎范泉删定律令，以旧法测立时间太长，非人所能忍受，将其刻数分开，改为日上两次。廷尉认为新制太轻，请求集八座丞郎及祭酒孔奂、行事沈洙五舍人会于尚书省详加议定。

孔奂另有介绍，这里不重复了。沈洙是谁呢？据《陈书》记载：沈洙，字弘道，吴兴武康人。祖父沈休稚，梁余杭县令。父沈山卿，梁国子

博士、中散大夫。

沈洙少时文雅大方，不与人滥行交游。治《三礼》《春秋左氏传》。精通典籍，博闻强记，于《五经》章句、诸子史书，有问必能作答。初仕为梁湘东王国左常侍，转中军宣城王限内参军，板授为仁威临贺王记室参军，迁尚书祠部郎中，时年约20岁出头。大同年间（535—546），学者多涉览文史，不好为章句之学，而沈洙独能深刻思研经典之理，吴郡朱异、会稽贺琛对他十分嘉许。及至朱异、贺琛于士林馆讲述制义与旨义，每每让沈洙为都讲。侯景之乱发，沈洙逃到临安，当时世祖也在此地，亲自前往学习受业。及至高祖入朝辅政，除为国子博士，与沈文阿同掌仪礼。

陈武帝受禅，加沈洙为员外散骑常侍，历任扬州别驾从事史、大匠卿。有司上奏说前宁远将军、建康县令沈孝轨门生陈三儿上书称其老主人之灵柩在周，少主人奉命出使关内，因此想迎取灵柩，很久了却未返回。本月的晦日就满两周年了，主人之弟与子女现在此者，是该到月末就除去灵位，内外亲改换吉服，还是等主人回来将礼数补全？

以此事咨询左丞江德藻，德藻议："王卫军说，'长期停丧不葬，只有主人不变服，其余亲眷各自终其月数而除服。'这大抵是引《礼记》之文来论在家中有特殊原因而未得入葬者。孝轨既已到了异国，尽管已有迎丧之名，然而还期没有定准，诸弟如果因此不除服，长久地断了婚姻之事，这于人情或许有些不妥。中原沦陷以后，理应有旧例可援，应咨问沈常侍加以详议。"

沈洙议："礼有对正礼之变通，也有从宜的。《礼·小记》云'长时间未能入葬者，只有主丧之人不除服，其余以麻终月数后除丧服就够了。'注云'其余谓傍亲'。照郑玄所解，众子都应不除服，王卫军所引，大抵是礼之正制。然而吴魏东关之役，魏国既已丧失了尸首和灵柩，无法按期下葬，当时之议认为礼中无终身服丧之说，所以下制让大家除服。西晋末叶遭动乱之祸，有的死于虏庭，无法迎取回来殓葬，所以东晋重申此制。李胤的祖父，王华的父亲，均生死不测，其子孙皆按时释去丧服，这些都属于对礼制的合理变通。孝轨尽管借奉命出使之机想迎取灵柩，然而戎狄之国难与为亲，还期无法确定。我认为应依东关旧例，凡灵柩在他国者，均应释服除丧，拆去灵位，给以附祭，如灵柩得以迎还，另行改葬之礼。自从天下大乱，元帝梁氏被倾覆以来，众人流散于国外，以致礼节不能正常履行，像沈孝轨之辈，想来不是一个两个，岂可将丧期无限制地拖下去而永不除去丧服，朝廷自应对此加以限定，以大义来决民恩情，访求博闻之人，按礼制来折中处理。"德藻依从沈洙之议，上奏陈武帝，诏令：可。

陈文帝即位，迁沈洙为通直散骑常侍，侍读东宫。不久兼任尚书左丞，领扬州大中正，迁光禄卿，侍读如故。

当时安成王陈顼为录尚书，集聚众人议之。沈洙议用昼漏，朝夕上测各十七刻。众议以为宜依范泉前制。

都官尚书周弘正道："不知狱中所测之人，有几人招供？几人不招供？必须事前责令取得人名及数量连同其罪名，然后再集议。"

廷尉监沈仲由列称，另定新制以后，有寿羽儿一人犯杀寿慧罪，刘磊渴等八人犯偷马仗家口渡江北上罪，依法测之，刻满未招供。刘道朔犯七七改服辱亲罪，依法测定，前后二日而招认。陈法满犯受派遣而藏物、阿曲法律接受贿钱罪，没等上测刑便招供。

周弘正评论说："凡是各种各样的案件，必当以情理论之，正言官依辞色气耳目五听之法来审案，验证其虚实岂能全靠拷打来断案。况且测人乃是因时而行，本非古制，近代以来，方有此法。起自申时，终于二更，岂是常人所能忍受？所以重刑之下，危惧之中，无人不服，冤枉者多。早晚二次，以同等刻数，交替而求问，应该是比较恰当的。如果说比先前之时间略有缩短，以致犯实罪之人不肯招认，如再将时间延长，难道就没有妄乱之招供了吗？况且人之忍受能力，既然有强有弱，各人之立志，本来也是多种多样。至于贯高受榜、笞、刺诸刑，体无完肤，戴就所受熏针之刑均用至极点，到了病危仍是志向不移，这岂是关涉时间之长短，拷打测立之优与劣的问题？与其杀掉无辜之人，不如失去不去执行常规之法，一种罪有疑问宁可择其轻者处之，一宗功劳有疑问宁可择其重者而赏之，这正是古时圣王所垂示的修明之法。我认为依照范泉所定之制，于事为允当。"

通事舍人盛权议曰："比部范泉之新制，尚书周弘正明确之意见，均

合于《虞书》有疑之罪唯从其轻的意旨，也合于《殷颂》区别对待以治其罪的做法。经查自廷尉监沈仲由等列出新制以后，计有案件十一人次，其所测共十人，招供者只有一人。我认为犯罪之囚犯，审判官应明加辨析，穷根究底地考查其事理。如罪行有可疑之处，自然应开审加以评判，以能够不滥用测刑为幸；如果罪行确有实证，便可开审给以测立；这样就能使屈直分判，用刑与宽宥有法可依。范泉现今上书陈述《汉律》，说是'死罪与削除名籍，罪证明白无误，拷掠已至极点，仍然抵赖隐瞒不肯服罪者，判断时应列上这一笔'。杜预注云'处当，证验明白之状，列入其抵赖隐瞒之意'。我寻思旧制苛刻严酷，只有百分之一的人不招供，新制宽松和缓，十个倒有九个不招供，将两种文律加以汇总比较，宽与猛差异实在太大，判决时列上一笔，这一点迄今未见改革。我认为应于典章法规中，再详述'处当列上'之文。"

沈洙议曰："夜间测立，缓与急容易造成欺诳，应兼用白天的时间，这样处理要合理一些。只是漏刻之缓急，今与古不同。"左丞宗元饶议："窃寻沈议非顿异范，正是欲使四时均其刻数，兼斟酌其佳，以会优剧。"

最后，安成王陈顼表示意见："沈长史议得中，宜更博议。"赞同了沈洙的建议。

天嘉六年（565）十二月十五日，陈文帝又下诏曰："朕自从担当治国之重任，位居王公之上，只是愚昧无能，有碍于治国之道。加上上朝不勤，事务多至积压，冤案不能申雪，屈枉不能鉴察。念及系狱之犯人，颇有出民于水火之心，然而恩泽未能广布，连月天旱，到了岁序之末，元日快到，想让狱中之人，一同享受春阳之气，可特赦京师。"

甚至，在病逝前，陈文帝还在严于责己，宽以待民。天康元年（566）春二月二十九日，陈文帝下诏曰："朕以智寡德薄之身，承继大业，日夜操劳，希望弘扬大业，然而政事处理不当，百姓未得康宁。加以长时间身患疹疾，连月天旱，百姓有何罪愆，全是由朕而起。想到这些，真是痛心疾首。可大赦天下，改天嘉七年为天康元年。"

陈文帝严惩官吏，整顿吏治，宽赦民众，以教化为主。清官越来越多，社会风气渐渐向好。自东晋以来，朝官分清浊，清官声望越来越高。

而不能再像东晋、刘宋、萧齐、南梁那样用浊官来奖励寒人的吏治和武功。在齐末梁初，就有不少"吏姓寒人"选为清官，甚至得到了黄门郎、散骑侍郎这样长期为士族豪门所垄断的极清之职。梁末陈初，也是"员外常侍，路上比肩；咨议参军，市中无数"，两者也都是清美之官。重用清官，成了衡量一个朝廷兴盛与否的标准。

陈文帝非常羡慕《孔子·礼运篇》中的"大道之行也，天下为公。选贤与能，讲信修睦，故人不独亲其亲，不独子其子，使老有所终，壮有所用，幼有所长，鳏寡孤独废疾者皆有所养，男有分，女有归。货恶其弃于地也，不必藏于己；力恶其不出于身也，不必为己。是故谋闭而不兴，盗窃乱贼而不作，故外户而不闭，是谓大同"的"大同小康世界"。他极力想建设一个"老有所终，壮有所用，幼有所长"的社会，使"盗窃乱贼而不作，故外户而不闭"。

陈文帝重视并着力推进中华国学（儒、道等）的复兴，弘扬汉化佛法，以宽容、简朴的道理，来教化民众弃恶从善，以期改良社会，进一步提升整个民族的文明程度。

第二十二章　兴国学传承汉文明

　　自从东晋"衣冠南渡"后，华夏文明的传承，主要在江南。可是，梁朝末年的"侯景之乱"几乎断灭了华夏汉文明的延续。陈霸先、王僧辩平定了侯景叛乱，对于中华文化传承起到了非常重要的作用。

　　陈朝立国时间虽然不长，但在恢复南方经济、保护华夏传统文化方面，做出了伟大的历史贡献。

　　天嘉初年，沈不害任衡阳王府中记室参军，兼嘉德殿学士。从梁朝丧乱以来，到陈朝立国之初，中华国学没有创立。于是，沈不害上书说：

　　"臣听说立人建国，没有比尊重儒学更重要的，成俗化民，必定要推崇教学。因此学校之事，兴盛于三代，太学之业，发达于两京。由于敦厚之源已远去，浮薄之风已炽盛，物欲对人的诱惑没有穷尽，人对利欲的追求没有节制，因此设立并传留规范，开启心灵，就好比为布帛着上蓝色，又如雕琢玉石，只有这样，才能使不同等级的人和睦相处，尊卑有序，忠孝之理得以弘扬，群臣之道得以坚固。执守礼制自己捍卫自己，鲁公所以很难被侮辱，歌曲和乐声已稀，郑伯于是提前逃亡，干戚舞而有苗至，泮宫修成而淮夷驯服，长想洙、泗的淳风，载怀淹、稷的盛大，于国于家，没有不崇尚的。

　　梁太清末年，礼数之钟闭塞脱落，戎狄外侵，邪恶内迫，早晨听到鼓鼙之声，晚上看到烽火。鸿儒硕学，分解离散者超过活埋之同辈，《五典》《九丘》，湮灭者超过车子的帷幔和顶盖。成均从这以后衰落，瞽宗至此不修，褒成之祠没有陈列祭品，入学的释菜之礼没有与祭礼相称的，歌颂之声空寂，竟然超过12年。后生深好笃信，却不见老师的面，年老学者深入研究，也只是徒然增添废止讲学之叹。

陛下继承统治之位，受天命治国，学说泽润宇内，恩威施予天下，污浊之水得以澄清，沉秽之气得以分明，一派生机勃勃，众民通达顺畅。应当弘扬传统，重振礼乐，建立学校，整理出古籍范本，陈于儒宫；选择公卿之嫡子，都入其中就读，助教博士，早晚讲习，使肩扛雨伞背负书籍之人，比比皆是，着装之儒生，济济成林。如此研习不停，诵《诗》读《礼》之声不断，只需一年的时间，就可收到事半功倍之效，三年的时间，儒生就足够用了。如果这样，就必定是人才出众，学盖九州，显扬朝廷，光大国家，博学者入仕登朝，凭借才学辅政，为官从政，有经学专业以治身，豪华车驾列庭，贵官之服遍地。

以往帝王太子之贵，还与国子谈论，到了汉代太子，这一礼节仍保持不衰，到了两晋，这种事情更加兴盛，由此可见师道尊严之一斑。皇太子上天赋予，生而知之，无须明白告之，仍应隐居匿迹，卧伏聚集，潜心于经书，求教学业，祭奠前师，敬奉旧典。往日阙里之堂，水尚出仕者自己开辟，旧宅之内，管弦乐器奏出悠扬之乐，前代圣人之功业，应深深地引以为明鉴。何况又江表无忧，海外齐一，怎么能不开创宏大谋略，弘扬硕学？宁可使玄教儒风不在圣世兴起，盛德大业，始终郁结在尧的时代？臣才疏学浅，一介小生，言词没有仔细推敲，轻献无见之妄言，谨添惧怕之警。"（见《陈书·沈不害传》以及《文苑英华》六百九十）

陈文帝阅后，大为赞赏。下诏："省表闻之。自从旧章废弛以来，精微之言快要绝迹，朕继承大业，日日想着使条理分明，政学有序，但战争未停，军国草创，常常担心前朝令典，一朝泯灭。卿才思广被，文理切中时弊，讲求大体，热心于名教，允朝外详议，依照执行。"

沈不害又上表请求改定乐章。陈文帝诏令他制定出三朝乐歌八首，共28曲，流行于乐府。

沈不害，字孝和，吴兴武康人。祖父沈总，任齐尚书祠部郎。父亲沈懿，任梁邵陵王参军。沈不害幼年丧父，但立志好学。梁中大通中，14岁时，征召补为国子生，考中明经。历任梁太学博士，调任庐陵王府刑狱参军，长沙王府谘议，兼汝南令。

陈文帝天嘉初年，任衡阳王中记室兼嘉德殿学士，担任赣令，入为尚

书仪曹郎，迁国子博士，领羽林监。宣帝时，除仁武南康王长史，行丹阳郡事，转员外散骑常侍、光禄卿，寻为戎昭将军、明威武陵王长史，行吴兴郡事，入为通直散骑常侍、兼尚书左丞，太建十二年卒。

沈不害研究经术，善于写文章，虽然博通典籍，但家中没有图书。每每写文章，挥笔而就，不曾查阅典籍。仆射汝南周弘正常称赞他说："沈生可谓是圣人啊！"著有《五礼仪》100卷，《文集》14卷。

南朝由于宋、齐、梁、陈的朝代更迭，反而使封建专制体制比较松动，给思想、文化、学术等方面有相当大的自由空间。南朝是一个思想活跃、百家争鸣的时代，作为中原正统文化的继承者，南朝为后人留下了丰富的文化遗产。

南朝皇帝多爱好文艺，提倡学术自由。在帝王们的带动下，南朝社会为文士辈出和新作频出创造了有利的条件。

梁陈之际，私人讲学传经之风也逐渐发展。寒人凭经学、史学、文章入仕为流内官者逐渐增多。梁、陈之时寒人既继续凭借吏干、武功仕进，甚至升为高官显贵，与高门平起平坐，陈霸先以寒人取得帝位，更开创了南朝从未有过的先例（宋、齐、梁开国诸帝均出身低级士族）。同时，寒人又开始通过经史学术跻身九流，逐渐向士族转化。

陈朝继踵梁代，无论在文学、史学、经学等方面都出现了繁荣的局面。仅见于《陈书》本传的才秀之士就有徐陵、江总、姚察、杜之伟、颜晃、江德藻、褚玠、岑之敬、陆琰四兄弟、何之元、徐伯阳、张正见、蔡凝、阮卓以及傅绎、章华等一二十人。现列举几人的作品如下：

徐陵的"其文颇变旧体，辑裁巧密，多笔新意"，颇受文坛内外的重视，"每一文出手，好事者已传学成诵，逐被之华夷，家藏其本"。

徐陵所编《玉台新咏》诗集，是中国文学史上继《诗经》和《楚辞》后的又一部诗歌总集，共分10卷，含中国早期的五言、七言诗，兼收杂言、乐府民歌和《饮马长城窟》《为焦仲卿妻作》《羽林郎》等文人佳作。主要还是部分艳诗，花3卷收集宫体诗和陈朝文人诗作，文学史上有较高地位。

徐陵的《关山月》：关山三五月，客子忆秦川。思妇高楼上，当窗夜未眠。星旗映耐勒，云阵上祁连，战气今如此，从军复几年？

此诗托兴高古，已经近乎唐诗了。

徐陵与江总和姚察友谊甚深。徐陵（507—583）。作为陈朝文学家，他是宫体诗重要作者之一，与庾信齐名，世称"徐庾"。梁时他为东宫学士。陈永定（557—560）中，徐陵为吏部尚书兼大著作，即引姚察为史佐。陈初，承用旧乐和旧舞而否定梁乐。姚察曾面对硕学名儒"博引经籍，独违群议，据梁乐为是。当时惊骇，莫不惭服"。徐陵坚决站在姚察一边，"因改同察议"，易用梁乐。徐陵名高一代，但"每见察制述，尤所推重"，他曾对他儿子徐俭说："姚学士德学无前，汝可师之也。"

姚察（533—606），字伯审，是姚僧垣的长子。善属文辞，长于文史，著作甚丰。其生于梁武帝中大通五年（533），卒于隋炀帝大业二年（606），6 岁时即"能诵书万余言"。励精学业，12 岁能属文，13 岁时已为萧纲（梁简文帝）所重。萧纲是文学家，在东宫会聚文士，"盛修文义"，姚察被请去，"于宣猷堂听讲谕难，为儒者所称"。萧纲即帝位后，对其尤加礼接。这时姚察 23 岁，起用为南海王国左常侍兼司文侍郎，后为南郡王行军参军兼尚书驾部郎。侯景之乱中随父母回归武康乡里，仍笃学不废。梁元帝即位，姚察 25 岁，出任原乡（今安吉孝丰北）令。后为著作佐郎，奉命撰史。入陈，初为始兴王功曹参军、嘉德殿学士。

姚察的诗微泛宫廷气息，颇显齐梁诗绮丽之风，偕丽骈采，一贯到底。此诗为触景生情，由感述怀，所以，尽管描写不那么自然生动，但词甚哀切，情意可掬。当时，"法俗益以此称之"。《赋得笛》诗，《文托英华》题作《咏笛》，全诗五联十行，对仗工整，且写得意气风发："随歌响更发，逐舞声弥亮。宛转度云窗，透迤出黼帐。"笛声随歌逐舞，响度云窗，声出黼帐，情势动态都十分生动逼真，堪称"遒丽"。

姚察在陈、隋间享有盛名，四方文士竞相咸服。而姚察"冲虚谦逊，水以所长扮人"，所以结交了很多文士名贤，连皇帝也与他"情分殊常"。

姚察之子姚思廉（557—637），字简之，少时从父习汉史，得其家学。仕陈，为衡阳王府法曹参军、会稽王主簿。

姚思廉一反南朝撰史都用骈文论、赞的惯例，独采用散文论史。这对

唐代古文运动颇见影响。作为文学家，除了大量的已佚著作外，今尚存《游明庆寺》和《赋得笛》两首诗。《游明庆寺》诗，不是游览即兴，而是 10 多年后的回忆之作。约在梁中大同元年（546），姚察 14 岁，一度就建康（今江苏南京）钟山明庆寺尚禅师受菩萨戒，仕陈后，将俸禄都捐于寺，并"追为禅师树碑"，碑"文甚遒丽"，后来见到梁国子祭酒萧子云的《书明庆寺禅房》诗，"览之怆然，乃有萧述怀为咏"。他在诗中说：

> 月宫临镜石，花赞绕峰莲。霞晖间幡影，云气合炉烟。
>
> 迴松高偃盖，水瀑细分泉。含风万籁响，裛露百花鲜。
>
> 宿昔寻真趣，结友亟留连。山庭出藿蘼，洞址濯潺湲。
>
> 因斯事熏习，便得息攀缘，何言遂云雨，怀此怅悠然。

再看沈炯，字礼明。据史载：沈炯是吴兴武康人。其祖父沈瑀，为梁浔阳太守。父亲沈续，为王府记室参军。

沈炯少时才智出众，为当世所推重。他初任王国常侍，迁任尚书左民侍郎，出任吴县令。侯景之乱，吴郡太守袁君正援助京师，让沈炯监郡，京城陷落，侯景将领宋子仙据守吴兴，遣使臣召沈炯，委以书记之职。沈炯称病坚决推辞，宋子仙大怒，下令斩他。沈炯脱衣就戮，因路间桑树碍事，便迁移他处，有人及时救他，沈炯才获免。宋子仙惜爱其才，最后逼迫他任掌书记。宋子仙被王僧辩击败后，僧辩素闻其名，在军中悬赏找到他，王僧辩给找到他的人赏铁钱 10 万。从此军中有关征召、声讨等军用文书都出自沈炯之手。简文帝被杀后，地方百官都上表江陵，劝萧绎即位，王僧辩令沈炯写奏表，表文辞精深，当时没人与他匹敌。

高祖陈霸先率兵南下，与王僧辩在白茅湾会师，登坛立盟誓，沈炯撰写盟文，侯景东逃至吴郡，捉到沈炯的妻子虞氏，儿子沈行简，都被杀，沈炯的弟弟带着老母出逃获救。侯景乱平，梁元帝怜悯他妻儿都遭杀害，特封为原乡县侯，食邑 500 户。王僧辩任司徒时，以沈炯为从事中郎。梁元帝召他任给事黄门侍郎，兼尚书左丞。《幽庭赋》是他的代表作：

◇幽庭赋

翦幽庭之闲趣，具春物之芳华。转洞房而隐景，偃飞阁而藏霞。筑山川于户牖，带林苑于东家。草纤纤而垂绿，树搔搔而落花。于是秦人清歌，赵女鼓筑。嗟光景之迟暮，咏群飞之栖宿。顾留情于君子，岂含姿于娇淑。于是起而长谣曰：故年花落今复新，新年一故成故人。那得长绳系白日，年年日月但如春。(《艺文类聚》六十四)

颇负盛名的顾野王，按照《陈书》上的记载，顾野王自小就是个天才："野王，幼好学。七岁，读《五经》，略知大旨。九岁能属文，尝制《日赋》，领军朱异见而奇之。年十二，随父之建安，撰《建安地记》二篇。长而遍观经史，精记默识，天文地理、蓍龟占候、虫篆奇字，无所不通。""野王又好丹青，善图写，王于东府起斋，乃令野王画古贤，命王褒书赞，时人称为二绝。"

顾野王的诗留下来不多，至今能看到的诗赋大约有十几首。

◇舞影赋

耀金波兮绣户，列银烛兮兰房。出妙舞于仙殿，倡雅韵于清商。顿珠履于琼簟，影娇态于雕梁。图长袖于粉壁，写纤腰于华堂。萦纡双转，芬馥一房。类只鸾于合镜，似双鸳之共翔。愁冬宵之尚短，欣此乐之方长。(见《初学记》十五)

◇筝赋

调宫商于促柱，转妙音于繁弦。既留心于别鹤，亦含情于彩莲。始掩抑于纨扇，时怡畅于升天。(见《初学记》十六)

◇笙赋

声流洛渚，器重汾阳。协歌钟于宿夕，咏月扇于绕梁。同离鸿于流徵，会别鹤于清商。(见《初学记》十六)

◇拂攸赋

诗咏淇水，骚美江干。崖怜拂石，神贵埽坛。既来仪于鸣凤，亦扰狎于翔鸾。入扇璧之宵月，映沆瀣之惊湍。带金风之爽朗，杂玉润之檀栾。陪嘉宴于秋夕，等贞节之岁寒。(见《初学记》二十八)

齐、梁、陈三代是新体诗形成和发展的时期。所谓新体诗，是与古体诗相对而言，其主要特征是讲究声律和对偶。新体诗产生的关键是声律论的提出。发现四声，并将它运用到诗歌创作之中而成为一种人为规定的声韵，这就是永明体产生的过程。四声是根据汉字发声的高低、长短而定

第二十二章　兴国学传承汉文明

的。音乐中按宫商角徵羽的组合变化，可以演奏出各种优秀动听的乐曲；而诗歌则可以根据字声调的组合变化，使声调按照一定的规则排列起来，以达到铿锵、和谐，富有音乐美的效果。

陈朝诗人阴铿，字子坚，武威姑臧（今甘肃武威）人。南北朝时梁朝、陈朝著名诗人、文学家，其父亲子春仕梁，为都督梁、秦二州刺史。铿幼年好学，能诵诗赋，长大后博涉史传，尤善五言诗，为当时所重，仕梁官湘东王萧绎法曹参军；入陈为始兴王陈伯茂府中录事参军，以文才为陈文帝所赞赏，累迁晋陵太守、员外、散骑常侍。约在陈文帝天嘉末年去世。

阴铿的诗作内容亦较狭窄，多表现离愁别绪和羁旅思乡之情；然其诗风清丽，以写景见长，尤善于描写江上景色，如画般地展现了长江中下游一带的风物。境界开阔，清丽自然。而将如此清新如画的境界与浓郁的离愁别绪或羁旅思乡之情相交融，更是阴铿诗的佳处。阴铿的诗善于锻炼字句，对仗工整，讲究声律，很多作品都可视为唐代五律的滥觞。

◇《蜀道难》

王尊奉汉朝，灵关不惮遥。

高岷长有雪，阴栈屡经烧。

轮摧九折路，骑阻七星桥。

蜀道难如此，功名诇可要。

◇《五洲夜发》

夜江雾里阔，新月迥中明。

溜船惟识火，惊凫但听声。

劳者时歌榜，愁人数问更。

◇《晚出新亭》

大江一浩荡，离悲足几重。

潮落犹如盖，云昏不作峰。

远戍唯闻鼓，寒山但见松。

九十方称半，归途讵有踪。

◇《南征闺怨诗》

湘水旧言深，征客理难寻。

独愁无处道，长悲不自禁。

逢人憎解佩，从来懒听音。

唯当有夜鹊，南飞似妾心。

◇《游巴陵空寺诗》

日宫朝绝磬，月殿夕无扉。

网交双树叶，轮断七灯辉。

香尽奁犹馥，幡尘画渐微。

借问将何见，风气动天衣。

陈朝的江南文化存在和蓬勃发展，对中华民族文化延续发挥了重要作用。著名历史学家范文澜就曾经说过：隋唐文化继承南朝，隋唐经济也依仗南方……到唐中期，韩愈说"当今赋出天下而江南居十九"，长江流域地位更见重要。"不光是经济，唐代文化上的成就更有渊源于包括陈朝在内的南方政权了"。

著名的史学家卞孝萱补充道，中国文化的极盛时期，首推汉唐两朝，但是南朝却是继汉开唐的转化时期。如果说北方在军事上战胜了南方，那么南方就是在文化上战胜了北方。唐朝文化上的成就，大体是南朝文化的更高发展。"我们甚至可以这样说，没有南方的文化发展，就没有唐诗的繁荣。"

且看唐代诗人张籍在《永嘉行》的诗歌里，反映的北方鲜卑人大举入侵中原的情景：

黄头鲜卑入洛阳，胡儿执戟升明堂。

晋家天子作降虏，公卿奔走如牛羊。

紫陌旌幡暗相触，家家鸡犬惊上屋。

妇人出门随乱兵，夫死眼前不敢哭。

九州诸侯自顾土，无人领兵来护主。

北人避胡多在南，南人至今能晋语。

历史，不能忘记！现在，很多人都对陈朝和陈霸先有误解，认为陈朝

"偏安一隅"，最终不可避免地被隋所灭。可是，他们就没有看到："偏安一隅"的南方政权对于华夏文明的贡献是多么巨大的！

西晋灭亡后，黄河流域在少数族统治下，长期遭受严重的破坏。而汉族则不得不南迁，并在长江流域建立本族政权，抵抗少数族的南下蹂躏，保存和发展了汉文化。当年"偏安一隅"的汉政权，是多么艰难地守卫着华夏汉文明啊！

作为现代文明的成熟者，必须破除"大一统"的直线思维！不能凡是提到"大一统"就以为是历史的进步。在中、外历史上，我们常常很讽刺地看到"野蛮征服文明"！"落后取代先进"！这就是历史的残酷无情和人类发展中的螺旋似的进程。看中国历史上的秦、晋、隋这三个"大一统"的朝代，令人意想不到的是，这三个开国之君秦始皇嬴政、晋武帝司马炎、隋文帝杨坚，被踢出中国帝王庙，不能享受国家公祭。这三个"大一统"朝代的皇帝，以野蛮取代文明，对华夏文明造成严重的破坏。在一定程度上使历史倒退。这样的"大一统"不值得歌颂！

用余方德先生在《陈朝五帝与陈朝兴亡》（浙江人民出版社第一版）中论述的话说："陈朝虽然短暂，不仅较完整地保护了江南的汉文化，而且在中国文学和文化史上也算是蓬勃发展的时期之一，涌现了以谢灵运、徐陵等为代表的一批山水诗人，以陈后主、陈叔齐、陈叔达、张丽华和孔范等为代表的一批宫体诗人，以姚察、姚思廉、陆琼、顾野王等为主的一批史学家。陆琼写的《陈书》有42卷之多，顾野王有《通史要略》，也写了《陈书》多卷，但没有流行。还有如张僧繇、陆探微、戴逵等一批江左画家或书画评论家，有寓居吴兴之王羲之七世孙僧智永、丁觇，善得王羲之书法之技的陈文帝陈蒨，善工草隶的文帝之子陈伯茂以及沈君理等一批书法名家，有经学家昙缔，造诣颇深的沈重、礼学大师潘微和太学博士沈德威等一批在全国都有影响的经学大师。佛教人物有天目山高僧慧集，与陈文帝、陈宣帝关系颇深的吴兴大僧慧巨，遍游三吴讲宣经教的慧基大师等一批佛教高僧等，也为陈朝及江南文化和文学艺术的繁荣添光溢彩。"

"崛起于梁而影响于陈的画祖张僧繇及儿子张善果、名家陆探微、戴逵等，颇得王羲之书法之艺的丁觇、智永和尚和陈文帝一家，以两部史书名扬天下的姚察父子、陆琼，以破镜重圆一诗遗留后世的永昌公主，以山水诗和经典诗遗留下千年的谢灵运和后代比如谢安九世孙谢贞……他们的诗画之作不少被后人千古传诵；徐陵和江总也有好诗传下来，姚最的《续画》、章华的谏文等。陈朝文人辈出蜂拥，文如群星灿烂。相反，在隋文帝原处的北方，由于鲜卑人、匈奴人、蒙古枭雄和胡人的铁蹄，真正把华夏汉族文化、文学和艺术击成碎片，踏成残叶，使汉族文化支离破碎。这也说明了陈朝建立的意义。"

现在没有多少人知道：陈文帝是深得王羲之书法之技的成就者，他的儿子陈伯茂也是善工草隶的书法家。陈文帝一家都是华夏传统文化的继承者和推动者。作为南朝最后的政权陈朝，无论在文学、史学、经学等方面都出现了蓬勃发展的繁荣局面。在中华文明史上更是起到了承上启下的关键作用。如果没有陈霸先及陈文帝、陈宣帝等继承人的努力，南方的经济、文化不会在内乱后的短短 30 年间就得以恢复；没有南方六朝经济、文化发展的基础，也许就没有大唐盛世的出现。中国史学界公认的，强盛的隋唐文化，主要就是继承了南朝文化。南朝的宋、齐、梁、陈等朝代对中华民族传统文化传承延续起了重要的作用。

唐朝人在谈到南北朝经学的时候曾经说过一句话，叫作"南学简约，得其精华；北学深芜，穷其枝叶"。其实这句话不仅可以概括学术，也可以概括整个社会发展。在南北朝分裂期间，南朝就像树的主干，保持着中国文化的根本；而北朝就像大树被撕碎的枝叶，使中华文化破碎而向四周张扬。

著名历史学家范文澜对此有这样的评价："东晋南朝在文化上的成就是划时代的。"还说："中国古文化极盛时期，首推汉唐两朝，南朝却是继汉开唐的转化时期。唐朝文化上的成就，大体是南朝文化的更高发展。"

也就是说，没有南朝包括陈朝的汉文化的繁荣，也就没有后世唐诗宋词的辉煌！

第二十三章 陈文帝礼尊佛教

南朝，是佛教发展的一个高峰！

特别是梁朝，由于梁武帝的带头作用，佛教的兴旺达到了鼎盛时期，寺院遍布江南。后世的唐朝诗人杜牧有诗："千里莺啼绿映红，水村山郭酒旗风。南朝四百八十寺，多少楼台烟雨中。"

相对于梁朝来说，陈武帝比较清醒！他对佛教的尊重和推动佛教的发展，主要考虑的是提振民心，稳定社会。也就是说，陈武帝从政治方面考虑得多！

陈霸先当上皇帝之后，出于政治上的需要，仿效梁武帝萧衍的做法，信奉佛教。他开始修复被侯景破坏的佛寺，设无遮大会，大行布施，并舍身为寺奴。他还出展佛牙（即南齐高僧法献从西域取回的佛牙），亲自礼拜。

陈霸先于永定元年（557）十月乙亥即帝位，五天后，即庚辰日便诏出佛牙于杜姥宅，集四部设无遮大会。陈武帝亲出阙前礼拜。

据说这颗佛牙是南齐法献在乌缠国所得，后置于定林上寺。法献（423—497），是南朝的译经僧人。西海延水人，俗姓徐。出家于梁州，刘宋时住建康上定林寺。博通经律，得众许以修葺寺宇。元徽三年（475）西游巴蜀，至于阗，并欲度葱岭，但因栈道绝而返。得佛牙1枚、舍利15颗、观世音忏悔除罪咒经胡本及龟兹国金锤鍱像，且在高昌郡获妙法莲华经提婆达多品还京城，时年55。

根据史籍记载：佛牙一颗传入锡兰（今斯里兰卡）；一颗传入当时的乌苌国，后由乌苌国传到于阗，5世纪中，南朝高僧法献游于阗，把佛牙带到南齐首都建康（今南京）上定林寺佛牙阁里，广受四方佛徒朝拜。

南宋乾道九年（1173）因钟山定林寺废，秦高僧善鉴请"上定林寺"匾额于方山重建定林寺，与南京钟山上定林寺在子午线上南北正对，并建定林寺塔，此塔现为世界第一斜塔，亦为南京历史最久的楼阁式硬塔。

法献的西行，往返均取"青海道"；在西域，法献先后游历了吐谷浑管辖的鄯善国故地，和芮芮控制下的于阗、龟兹和高昌等国。法献取得的佛牙，是从乌缠国流入于阗国的，乌缠国即汉代的乌秅国、法显记载的於麾国，也即玄奘记载的乌铩国；佛牙来到汉地后，最早在定林寺供奉，曾经由陈武帝、隋文帝和唐宣宗等帝王公开供奉，流传有绪，是中国佛教史上最著名的佛教圣物之一。

南梁天监末为摄山庆云寺慧兴所保藏，慧兴将死，又交其弟慧志。梁元帝承圣末年，慧志秘密送与陈霸先。陈武帝即位后，很快将佛牙公布于众。

次年五月，陈武帝曾设四部无遮大会，还舍身大庄严寺，由群臣表请还宫。陈武帝此次舍身的赎钱，史无明文。在江总所撰《群臣请陈武帝忏文》中，只说群臣舍若干钱、若干物。这说明是用了若干赎钱赎物的。并且还有诸王与陈武帝一起舍身，赎钱物是包括赎诸王的。

永定二年（558）十一月，陈武帝敕高僧法朗住京师兴皇寺，宣讲《华严》《大品》四论，"往哲所未谈，后进所损略"，法朗高僧皆能做出精义入神、明白晓畅的解说，听众云集，讲席兴盛。

据史载：康法朗是南北朝时徐州沛郡人，生于一个豪门世家，因家族的影响，康法朗幼年就开始习武，后从军作战。但是，他看着哀鸿遍野的景象，忽然顿悟到"兵曰凶器，身曰苦因"。从此，就有远离尘世、脱离苦海之念，次年出家为僧，到当时佛法比较兴盛的南朝京城建康，先后拜几位高僧为师，学习禅法、律学等佛家精义。

康法朗聪明勤奋，佛学修为小有成就，名声渐起。他到摄山拜会了僧诠法师，从他那里学到了《大智度论》《中论》《百论》《十二门论》，以及《华严经》《大品般若经》等经，正式拜僧诠为师，掌握佛义精要。

在《神僧传》中，记载有一段神奇的故事：康法朗在山中修佛的那个时期，曾经与一个僧人结伴去天竺游学。他们穿越了大沙漠之后，又走了

1000 多里，偶然看见道旁有一座残破的寺庙，这座寺庙不知道什么原因已经成了一片废墟，房倒屋塌杂草横生。康法朗他们见到寺庙里还有一尊佛像，就上前拜谒。他们来到废墟里一看，发现有两个僧人分坐两处，其中一人正在诵读经书，而另外一人患了痢疾，弄得满地都是粪便，坐在那里十分痛苦。那个读经书的僧人就像没看见一样，对患病的僧人不闻不问。

康法朗他们见那病僧十分可怜，顿时生出慈悲之心，便留下来照顾他。他们先给那个病僧煮了一些粥喂他吃下，然后把他弄脏的地方打扫得干干净净，又拿来行李让他躺在上面。一连六天，康法朗他们衣不解带地服侍那个病僧，可是他仍然痢泻不止，身体越来越虚弱。到了第七天晚上，康法朗他们见病僧已经快不行了，于是就给他准备后事。他们忙活了一夜，找来许多柴草，准备等病僧死后把他火化。等到第二天早上他们忙活完了，又去看望那个病僧，只见他容光焕发，神采奕奕，根本不像生过病的样子，以前弄上粪便的地方，全都长出了朵朵香花。康法朗他们顿时醒悟，这个病僧乃是得道的阿罗汉，装出生病的样子是为了考验他们。

病僧对他们说："旁边那个读经的僧人是我师父，他得道很久了，你们应该过去求他指点一下。"康法朗他们本来对那个读经僧非常憎恶，认为他毫无慈爱之心，不配出家为僧。等到真相大白之后，便走过去向他赔礼道歉。读经僧先对康法朗说："你们修习佛法都已经深得其中的道理，按理说都该立即得道。但你日后还能成就更大的功德，今生以凡身度世，来生必将证得菩萨果位。"然后对康法朗的同伴说："你的佛心坚定，功德已然圆满，现世即可如愿。"于是把他留了下来，康法朗告辞离去，独自返回了中原，之后果然成就了一番伟业。

陈永定二年十一月，52 岁的康法朗奉陈武帝的诏令，入居京城兴皇寺。此时康法朗已经学术完备、思想成熟，而陈朝各代帝王又特别崇尚佛教学说，康法朗就抓住了这个良机，大力弘扬佛法。听他开坛讲法的信众来自四面八方，多如牛毛，每次讲堂都容纳不下，大家只好拥挤在一起听讲。有时天热人多，不只是听众们挥汗如雨，就连康法朗也汗流浃背，所以弟子们给他准备了许多件袈裟，每过一段时间就帮他换一件。就这样宣讲三论及《大智度论》《华严经》《大品般若经》各20余遍。康法朗经过20多年的努力，佛教的影响力在建康城一带获得了巨大的发展。

陈文帝即位后，励精图治，对外收复巴、湘失地；对内平定军阀割据，恢复南方经济的同时，还致力于推动佛教的发展和传播，甚至还把佛教经书送到东南亚。陈文帝执政期间，佛教的兴盛，不仅与政治考量和顺乎民意有关，还与陈文帝明确的佛教信仰有很大的关系！

在正史里，《南史·陈文帝·本纪》《陈书世祖本纪》只有一条有记载：天嘉四年（563）"夏四月辛丑（初八），设无碍大会，舍身于太极前殿。"

《续高僧传》里，多处都提到陈文帝对名僧的重视，多次邀请名僧为之说法，如果仅仅是政治需求，陈文帝励精图治就可以做到，而无须依靠佛法僧。

陈文帝作为一国之君，有多少军政急务要处理？他"宵衣旰食"，从清晨忙到夜晚，睡很少的觉。甚至敕令传更守夜的鸡人把更签投掷到台阶上，使之铿锵有声。陈文帝说，即使我睡着了，也要令我惊醒！他就是这样"只争朝夕"地勤于朝政，还亲笔撰写了《妙法莲花经忏文》《金光明经忏文》《大通方广忏文》《虚空藏菩萨忏文》《方等陀罗尼斋忏文》《药师斋忏文》《娑罗斋忏文》《无碍会舍身忏文》。

忏文，忏即忏悔，《汉语大字典》引《广韵·鉴韵》："忏，自陈悔也。"《集韵》："忏，悔也。"

圣凯法师认为："忏悔作为佛教重要的修行方法，随着佛经的翻译，忏悔逐渐成为佛教典籍中经常出现的词语。一般通常的解释，忏悔是梵汉并举的翻译，忏是梵文'忏摩'的音译，悔是汉译，故称忏悔。"

《奉法要》中说："三自归者，归佛，归十二部经，归比丘僧，过去现在当来三世十方佛，三世十方经法，三世十方僧，每礼拜忏悔，皆当至心归命。并慈念一切众生，愿令悉得度脱。"

请看陈文帝亲撰的《妙法莲花经忏文》："菩萨戒弟子皇帝稽首和南，十方诸佛，无量尊法，一切圣贤。窃以前佛后佛，种种因缘，已说当说，各各方便，莫非真语，翻为妙法，理无二极，起必同归；但因业因心，禀万类

之识，随见随著，异群生之相，品位分浅深，觉悟有迟速，法雨一味，得之者参差，法雷一音，闻之者差别；是以小乘顿教，由此各名，声闻菩萨，因斯分路。至如鹿苑初说，羊车小乘，灰断涅槃，分段解脱，以诸佛之善巧，会众庶之根机，是曰半字，未称三点。及夫会三归一，反本还源，说大乘经，名无量义，灭化城于中路，驾宝车于四衢，衣里明珠，隐而还见，髻中真宝，于焉始得，出宝塔于空虚，踊菩萨于大地，见希有事，证微妙法，最胜最尊，难逢难值。弟子以因地凡夫，属符负荷，方欲宪章古昔，用拯黎元，窃以羲皇结网，深失大慈，成汤解罗，犹非妙善，扬旌丹水，异道树而降魔，执玉涂山，非宝坊之大集，所以凭心七觉，系念四勤，住菩萨乘，显无三之教，学如来行，开不二之门，汲引群迷，导示众惑；今谨于某处建如干僧如干日法华铁，见前大众，至心敬礼释迦如来、多宝世尊，礼妙法华大乘经典，礼普贤菩萨妙光法师，愿多宝如来，从地涌出，普贤菩萨，乘象空来，并入道场，证明功德，击大法鼓，转妙法轮，震动世间，觉悟凡品，令使尽空法界，无量声闻，无边众生，皆为菩萨，总持性相，同到无生，稽首敬礼常住三宝。"（《广宏明集》二十八下）

陈文帝不仅在这篇《妙法莲花经忏文》忏悔文中，自称"菩萨戒弟子皇帝"，而且，还在他亲手撰写的其他《忏文》中，比如《金光明经忏文》中也是自称"菩萨戒弟子皇帝"。这说明陈文帝已经是受戒弟子了。虽未出家为僧，却是受过了在家菩萨戒的，是佛僧的俗家弟子。

他在《妙法莲花经忏文》中，所引用《法华经》的内容比比皆是，比如，"灭化城于中路，驾宝车于四衢，带里明珠隐而还现。髻中珍宝于焉始得出宝塔于虚空。踊菩萨于大地，现稀有事证微妙法。"由此可以看得出来，陈文帝对《妙法莲花经》烂熟于心，信手拈来，恰到好处。

陈文帝以自身的佛教信仰，来推动、传播、弘扬光大佛教事业。他亲手撰写的《忏文》在当时广为传诵。

陈文帝不仅深谙佛理，而且还把自己的佛教信仰，付诸实际行动中。

天嘉元年，就诏任当时有名的高僧宝琼为"京邑大僧统"。据史载：宝琼（504—584），是南北朝梁代高僧。又称宝瑓。东莞（山东沂水）人，俗姓徐。后避难居于毗陵曲阿（江苏丹阳）。少年出家，师事沙门法通，被视为道器。逾 15 岁，禀受光宅寺法云之成实宗义，其后转往南涧仙师处，精研毗昙之学。仙师见其私记大为激赏，乃嘱门徒传写。于受具足戒之年即能复述讲经者之所言，经五年得任法主之职，与仙师弘化于杭州、衡州等地，曾蒙梁武帝诏入寿光殿论谈。

其后，请辞归乡，在建安寺讲说，白龙曾临其讲席，有识之士，惊异于此，称师为"白琼"。以简子周弘正之请而再度入京，讲说成实论等，其间亦颇多灵异。及陈武帝、文帝之世，师被举为京邑大僧正，大力改革旧弊，令僧尼自行检肃；师之名声遂传于四方，海东诸国亦遣使求师之图像，以致遥敬。师于陈代至德二年入寂，世寿八十一，葬于钟山之南。

师善于讲说，如讲成实论 91 遍、涅槃经 30 遍、大品般若经 5 遍；著作亦繁，如成实玄义 20 卷，成实文疏 16 卷，涅槃疏 17 卷，大品疏 13 卷，大乘义 10 卷，法华、维摩等之文疏各若干卷。（见《续高僧传》卷七、六、《学僧传》卷二十二、《佛祖历代通载》卷十）

陈文帝诏任宝琼为京邑大都统，这个事情的本身就是对佛教发展的有力扶持。

天嘉五年（564），陈文帝请高僧慧勇讲于太极殿，声名显赫。《陈杨都不禅众寺释慧勇传三》记载："天嘉五年，世祖文皇。请讲于太极殿。百辟具陈。七众咸萃。"高僧慧勇，谯国龙亢（安徽怀远）人，出家受戒后，随龙光寺僧绰、建元寺法宠学《成实论》，30 岁盛开讲席，学徒纷至。梁亡（557），遁入摄山止观寺从僧诠受业，二人成忘年之交，义兼师友，得传大乘法义。后住大禅众寺达 18 年，前后讲《华严》《涅槃》《方等》《大集》《大品》各 20 遍，《智论》《中》《百》《十二门论》各 35遍，其余《法华》《思益》等数部。慧勇高僧生前"文章声辩，时所高之"。他圆寂后，归葬于摄山西岭。

陈文帝天嘉年间，有一位洪偃法师，才重一时，甚为文帝所敬重。当时齐国有一位才华高绝的崔武子，出使陈国，陈国早惮崔武子的大名，知道他要来，竟无一人敢出任接待伴对之职，文帝临时决定请才学双优的洪偃法师任接待武子之职。法师当时有四绝之称，即姿容、德行、文章、草隶，冠绝天下。崔武子与洪法师畅谈以后，竟使那位目空一切的崔武子，

加叹而归，敬佩不已。从此洪法师即为全国朝野所钦仰。因此，朝廷上下都劝迫法师返俗为官，于朝廷出任重职。洪法师以绝食自誓，朝廷不敢强迫，陈文帝嘉勉其志。

公元565年，陈文帝诏派遣专使刘思及僧明观赴新罗，送释氏经论1700余卷。陈朝多次向海外送经。把中国化的佛教即汉传佛教，向海外传播。与南朝同一时期的朝鲜，也逐步进入新罗、百济、高句丽三国鼎立时期。新罗国的君主信奉佛教最笃，曾派名僧到中国南朝的梁、陈国求佛法，输入佛教经典。中国的梁、陈朝廷也多次遣使及僧人赴新罗，赠送佛经。

南朝民众普遍信佛，这是那个时代的大趋势。南朝士族中，豪门大户如琅琊王氏、陈郡谢氏、吴郡张氏、陆氏等信奉佛教的数不胜数。现代文化研究员史仲文、胡晓琳在《中国全史百卷本魏晋南北朝政治史》（人民出版社1994年版）中讲到：

1. 琅琊王氏在东晋初，王导就与佛僧关系密切，以后王氏多有奉佛者。据说王导之弟还出家为僧，法名道宝。王羲之的曾孙也出家为僧，法名道敬。

宋文帝时，王昙首、王僧虔父子均与沙门昙迁关系密切。王僧虔为吴兴、会稽太守及湘州刺史时，都请昙迁同往；同往湘州的还有善述佛性的法安。南齐王俭，就是王僧虔之侄，并由僧虔抚养成人，齐武帝永明中官至尚书令、中书监。王俭崇信佛教，曾请僧宗讲《涅槃经》。对名僧智藏深怀钦悦，爱请安居，常叹相知之晚。对《涅槃》学僧法瑗，敬之若师，书语尽敬。

2. 陈郡谢氏在东晋时，谢安就与名僧关系密切。晋末宋初的谢灵运，更深信佛教。晋安帝义熙中，谢灵运与庐山慧远关系密切。慧远去世后，谢灵运为造碑文，铭其遗德。《广弘明集》中还有谢灵运撰的《释慧远诔》）。

谢灵运与范泰还常说：六经典文，本在济俗为治，必求灵性真奥，岂得不以佛理为指南耶！可见谢灵运对佛学义理还有相当修养。他曾撰《与诸道人辨宗论》支持竺道生之顿悟说；又撰有《佛影铭》等。

3. 吴郡张氏，在刘宋初张邵即崇敬佛教。张邵于元嘉中曾为雍州刺史、吴兴太守等。当时沙门僧业曾在长安从鸠摩罗什受学，专攻《十诵律》，后避关中之乱至建康，张邵因请至吴中，为造闲居寺。此寺后成为吴中的名寺。

张邵还与其子张敷敬重沙门僧诠，崇以师礼。张邵从子张畅，官至侍中，也崇信佛教。荆州竹林寺的名僧僧慧，善讲《涅槃》《法华》等经，又善《庄子》《老子》。张畅至荆州，特往竹林寺与僧慧结交。张畅还撰有《若耶山敬法师诔》等。张畅子张融，官至司徒左长史，也崇信佛教，曾同萧子良、何胤、刘绘等与名僧法安为友。曾撰《门律》说：吾门世奉佛，舅氏奉道。道也与佛，逗极无二，寂然不动，致本则同。临终前还遗言说：吾生平所善，自当凌云一笑。……左手执《孝经》《老子》，右手执《小品》《法华》经。这正是当时士族既信佛又善儒、道的典型形象。

4. 庐江何氏，自东晋司空何充到刘宋司空何尚之，皆世代信佛。何尚之在答宋文帝之问中，对佛教的社会作用已有深刻的认识。其孙何点亦深信佛教，史称：点（何点）门世信佛，从弟遁以东篱门园居之。……招携胜侣，及名德桑门，清言赋咏，优游自得。点（何点）弟胤也信奉佛教，曾在钟山定林寺听佛经，其业皆通。还注有《百论》《十二门论》各一卷。何胤从弟何敬容也崇信佛教，《南史》说：何氏自晋司空充、宋司空尚之奉佛法，并建立塔寺，至敬容又舍宅东为伽蓝，趋权者因助财造构，敬容并不拒，故寺堂宇颇为宏丽。时轻薄者因呼为众造寺。

5. 汝南周氏信奉佛教的，以宋齐时的周颙最为典型。宋明帝时，周颙常在殿内，得到明帝的信任。帝所为惨毒之事，颙不敢显谏，辄诵经中因缘罪福事，帝亦为之小止。经指佛经，即诵佛经中因缘罪福报应之事。因宋明帝也信佛，故还起一些作用。周颙还长于佛理，著《三宗论》，言空假义。受到西凉州沙门智林的赞美。周颙也兼善《老》《易》，与张融相遇，辄以玄言相滞，弥日不解；又清贫寡欲，终日长蔬，虽有妻子，独处山舍。是典型的佛教居士。

6. 吴郡陆氏，宋明帝时陆澄官至御史中丞。明帝曾命其纂集汉以来之佛教著述，名为《法论》，共 103 卷，分为 16 帙。陆澄与同郡陆慧晓均

敬重僧若，深相待接。陆慧晓子陆倕，梁武帝时官至太常卿，因文才出众，深受梁武帝器重。而对名僧僧佑却甚崇敬，《续高僧传释僧佑传》说：吴郡陆倕，博学自居，名位通显，早崇礼敬，旻亦密相器重。梁武帝时御史中丞吴郡陆杲，也素信佛法，持戒甚精，著《沙门传》30 卷。

这些豪门大户的士族，是整个南朝社会阶层佛教信仰的博大基础。这个社会基础，影响 100 多年。虽然经过侯景之乱的摧残，南朝士族阶层几乎崩溃和灭亡；虽然历经宋、齐、梁、陈朝代的更替，但，整个社会的文化根基和民众信仰，是一脉相承的。特别是"南朝士族大多长于儒学和玄学，他们与佛教僧侣的密切交往及对佛学义理之研治，对促进佛学的'中国化'起着积极的作用"。

陈朝的佛教，本来就有一定的社会传承的基础，加上在陈文帝的大力推动下，佛教不断兴盛起来。曾经在梁末侯景之乱被破坏的佛寺，绝大多数都得到了修复。据统计，陈朝有寺院 1232 所，僧尼 3.2 万人。这个寺院和僧尼的数字，与梁朝相比，虽然少了很多，但在侯景大破坏之后的短期内，陈朝能恢复到这种程度，也确实是很不容易的事。

第二十四章　诸国来陈拜华夏

陈文帝上台不久，连续取得抗击王琳和北齐、北周战争的胜利，擒斩土豪首领熊昙朗，平定国内豪强割据，扬威四方！

同时，陈文帝诏令地方官员，督导农业生产，贫困者施给粮种，兴修水利。实行侨州制和土断法，极大地促进了经济的发展和文化的复苏。

陈朝，作为南中国华夏唯一的正统王朝，受到诸多海外国家的朝拜。天嘉二年十一月，高句丽国派遣使者向陈朝献上朝贡，承认了陈朝的华夏文明唯一正统的地位。其他的小国如百济、新罗、干陁利国等相继派使臣前来朝拜，敬奉特产。天嘉三年（562）闰二月初九，陈文帝诏任百济王余明为抚东大将军，高句丽王高汤为宁东将军。

百济国的来历，据史载：以前东夷有三个韩国，一个叫马韩，一个叫辰韩，一个叫弁韩。弁韩、辰韩各有 12 国，马韩有 54 国。大国有万余家，小国有数千家，总共 10 余万户，百济是其一国。后来逐渐强大，兼并了各小国。百济本与句丽都在辽东以东千余里，晋朝时句丽占据了辽东后，百济也占据了辽西、晋平二郡的地方，设置了百济郡。

晋义熙十二年（416），朝廷封百济王余映为使持节、都督百济诸军事、镇东将军、百济王。

宋武帝时，赐封百济王余映为镇东大将军。景平二年（424），余映派遣长史张威到朝廷进贡。元嘉二年（425），宋文帝下诏派兼谒者间丘恩子、兼副谒者丁敬子等人到百济宣示旨意以示慰劳，后来每年百济都派使者来进献地方物产。

元嘉七年，百济王余毗又向朝廷纳贡，朝廷把余映的爵号授予他。二十七年，余毗上书献地方物产，私封朝廷使节冯野夫代理西河太守，上表

求取《易林》《式占》、腰弩，宋文帝都给予他。余毗死，儿子余庆代立。孝武帝大明元年（457），派使者来求取封号，朝廷下诏准许。二年，余庆派使者上表，称言兼领冠军将军、右贤王余纪等11人忠贞辛劳，要求给他们表彰晋升。于是朝廷下诏对他们都褒奖提升。明帝泰始七年（471），又派使节来朝贡。余庆死，立儿子牟都。牟都死，立儿子牟大。齐永明年间，封牟大为都督百济诸军事、镇东大将军、百济王。梁天监元年（502），给牟大晋封号征东将军。不久被高丽攻破，多年衰弱不振，迁居到南韩地方。普通二年（521），百济王余隆才又派使臣向梁朝上表，说是屡次打败高丽，如今开始关系和好，百济又成为强国。当年，梁武帝委任余隆为使持节、都督百济诸军事、宁东大将军、百济王。普通五年，余隆死，朝廷下诏让他儿子余明为持节、都督百济诸军事、绥东将军、百济王。

百济称自己的都城叫固麻，把城邑叫檐鲁，如中国所说的郡县。国内有22檐鲁，都派子弟宗族分别据守。百济人个子高，衣服洁净。国土靠近倭国，有不少文身的人。语言和官吏的服饰大体和高丽一样，把帽子叫作冠，襦叫衫，裤叫裈。语言中掺杂着中国话，大约是秦、韩遗留的习俗。

百济与东晋南朝之间，应该已经超越单纯政治、经济利益的交往层面，而深入文化，乃至情感共同体之上。余毗所求皆为应用性的知识与技术，分享着东晋南朝的文化成果。

刘宋元嘉二十七年，百济国王余毗"上书献方物，私假台使冯野夫西河太守，表求《易林》《式占》、腰弩，太祖并与之"。

《易林》《式占》均为卜式类书。《易林》十六卷，焦赣撰；《易林》二卷，费直撰；《易林》三卷，鲁洪度撰。腰弩则为当日先进的军事装备，为南朝皇帝侍卫的装备，梁武帝时值宫门的49队中便有"腰弩"一队。

梁朝中大通六年（534）、大同七年（541），百济国王累遣使"献方物；并请涅槃等经义、毛诗博士，并工匠、画师等，敕并给之"。这话的意思就是说：百济国王屡次派使者来献地方物产，并求取《涅槃》等经义、《毛诗》博士和工匠画师等，梁武帝一并给予。

由于百济国与华夏政权交往，共享进步文化成果，也就对华夏文明产生了深厚的感情！梁武帝太清三年（549），百济国使者来梁朝进贡。等辗转水路、陆路来到梁朝京城后，看到因"侯景之乱"导致建康宫阙毁坏，城池荒芜，都痛哭流涕。侯景因此发怒，把他们抓了起来。后来，侯景之乱被平定了，百济国的使臣才得以还国。史载"太清三年，不知京师寇贼，犹遣使贡献；既至，见城阙荒毁，并号恸涕泣。侯景怒，囚执之，及景平，方得还国。"（见《梁书》卷五四《东夷百济传》）

《梁书·侯景传》中还专门强调百济使者"于端门外号泣，行路见者莫不洒泪"。百济使臣"号恸涕泣"，是对当日文明世界之荒毁的痛惜！

高句丽，在辽东东面千里之外，它祖先的来历，详见于《北史》的记载：高句丽，先祖来自夫余。夫余国王曾得到河伯的女儿，便关闭在房内，因被太阳照射，她抽身躲避，太阳光又追逐她，不久怀有身孕，生下一蛋，大如五个头。夫余国王把他扔给狗，狗不吃；扔给小猪，小猪不吃；扔在路上，牛马躲避他；扔在田野上，好多鸟用羽毛包住他。夫余国王剖开这个蛋，没能打破，于是还给他的母亲。母亲用物品裹住放在温暖的地方，有一个男孩破蛋而出。长大后，给他起名字叫朱蒙。这个地方的方言"朱蒙"，就是擅长射箭的意思。夫余国的人认为朱蒙不是人生下来的，请求除掉他。国王没有答应，让他饲养马。朱蒙私下测试，知道马的好坏，好马减食让它变瘦，劣马吃好饲料让它变肥。夫余王把肥马留给自己乘骑，把瘦马送给朱蒙，后来在田野狩猎，因朱蒙擅长射箭，给他一支箭。朱蒙虽然只有一箭，但箭发而死的野兽很多。夫余国的大臣，又密谋杀害他，他母亲告知朱蒙，朱蒙就与焉违等二人向东南逃去。半路上碰到一条大河，想渡河又没有桥梁。夫余国人追得很急，朱蒙对水说："我是太阳的孩子，河伯的外孙，现在兵快到，如何渡过河去？"于是鱼鳖为他架成桥，朱蒙得以渡河。鱼鳖分开，追兵不能渡河。朱蒙便到达普述水，遇见三个人，一人穿着麻布衣服，一人穿着僧衣，一人穿着水草衣，和朱蒙一起到纥升骨城，就在那里居住下来。号称高句丽，就用高做姓氏。他在夫余国的妻子怀孕，朱蒙逃走后，生了儿子始闾谐。长大后，得知朱蒙做了国王，就和他母亲逃走，与朱蒙归到一处。名字叫闾达，把国事交付

给他。

汉武帝元封四年，灭掉朝鲜，设置玄菟郡，把高句丽作为县归属玄菟郡。汉时赏赐衣巾朝服鼓吹，常随着玄菟郡受赏。王莽初年，征调高句丽的军队讨伐胡人，但不想去，王莽强行驱使，都逃出关塞做了寇盗。州郡归罪于句丽侯，严尤诱骗杀了他。王莽大喜。改名高句丽、高句丽侯。光武帝建武八年，高句丽派使者入朝进贡。

高句丽，东到新罗，西越过辽，东西 2000 里；南连百济，北邻靺鞨，南北 1000 多里。国人世代都居住在此地，顺着山谷居住，穿布帛和皮。土地瘠薄，养蚕种地不够供应自己，所以他们的人节约饮食。国王喜爱修建宫室，在平壤建都，也叫长安城，东西有 6 里，沿着山谷弯曲，南临浿水。城内只堆集仓库储放武器装备，盗贼来到时，才入城坚守。国王另外在城旁边建造住宅，不常居住。此外还有国内城与汉城，也都是别都。当时国内人称作三京。还有辽东、玄菟等几十个城，都设置官员来管辖。与新罗国之间常常互相侵犯掠夺，战争不止。

高句丽国的人，民性凶强急躁，喜欢抢掠。他们的官职有相加、对卢、沛者、古邹加、主簿、优台、使者、皂衣、先人，尊卑各有等级。语言方面，多和夫余相同，而性情衣服不同。有 5 个部族，有消奴部、绝奴部、慎奴部、灌奴部、桂娄部。本来是消奴部为王，因其微弱，被桂娄部取代。习俗喜爱歌舞，国中各个村落，男女每夜聚会歌舞游戏。那儿的人喜欢洁净、善于酿酒，跪拜时伸出一脚，走路很快。在十月举行祭天大会。参加公事会晤者都穿着锦绣饰以金银，大加、主簿头上戴的像包头巾但后边空着，小加戴折风，形状如弁。国内没有监狱，有人犯罪就集会加以评议，重罪便杀掉，其妻儿入宫为奴。其风俗喜欢淫乱，男女多相引诱私奔。嫁娶后的男女便开始逐渐添置送终的衣服。死人下葬，有椁无棺。喜欢厚葬，金银财产都用来陪送死人。堆积石头作坟，排列种植松柏。哥哥死了就娶嫂子为妻。高句丽人崇尚体力，娴于弓矢刀矛，备有铠甲，惯于战斗。晋安帝义熙九年（413），高句丽王高琏派遣长史高翼进呈章表，献赭白马，晋封高琏为使持节、都督营州诸军事、征东将军、高句丽王、乐浪公。

宋武帝称帝，加封高琏征东大将军，其余官职如故。宋武帝永初三年（422），加封高琏散骑常侍，增督平州诸军事之职。少帝景平二年（424），高琏派长史马娄等人来进献地方特产；宋派谒者朱邵伯、王邵之去慰劳。元嘉十五年（438），冯弘被魏国进攻，战败逃奔到高丽北丰城，并上表请宋朝派人去接他回去。文帝派使者王白驹、赵次兴去接他，并令高丽护送。高琏不愿让冯弘南归，就派将领孙漱、高仇出其不意杀了冯弘。白驹等人率领的7000多人生擒孙漱、高仇，并杀了二人。高琏因白驹等人擅自杀人，派人把他们抓起来送交宋朝。文帝因为高丽是远方国家，不愿把关系搞坏，就把白驹等人下狱，又被赦免。

高琏每年派遣使者前来。元嘉十六年（439），文帝打算侵魏，下诏让高琏送马来，高琏献上800匹。宋孝武帝孝建二年（455），高琏派长史董腾上表，慰问文帝去世两周年，并进献地方物产。大明二年（458），又献肃慎氏楛木箭和石箭头。七年（463），下诏晋封高琏为车骑大将军、开府仪同三司，其余官职如故。明帝太始、后废帝元徽年间，高琏的进贡不断，经历齐朝也都被授予爵位，百余岁死去。儿子高云继位。齐朝隆昌年间，封他为使持节、散骑常侍、都督营、平二州、征东大将军、高丽王、乐浪公。

梁武帝即位，晋封高云为车骑大将军。天监七年（508），下诏封高云为抚东大将军、开府仪同三司，持节、常侍、都督、王等职务都不变。十一年、十五年，屡次派使者来朝贡。十七年，高云死，儿子高安继位。普通元年（520），下诏让高安承袭父亲的封爵，并封持节、督营平二州诸军事、宁东将军。普通七年，高安死，儿子高延继位，派使臣来进贡。朝廷下诏让高延承袭其父的封爵。中大通四年（532）、六年、大同元年（535）、七年，屡次上表进献地方物产。太清二年（548），高延死，梁朝下诏让他儿子高成承继他的爵位。

天嘉三年（562），平原王汤派使者朝拜陈文帝。平原王，讳阳成，阳原王长子，高句丽第25任王，559—590年在位。史书称其有胆力，善骑射。陈文帝于562年春二月诏授平原王汤为"宁东将军"以后，高句丽国就不断遣使入陈贡献特产。

丙戌（566）冬十二月，遣使入陈朝贡。

庚寅（570）冬十二月，遣使入陈朝贡。

辛卯（571）春二月，遣使入陈朝贡。

甲午（574）春正月，遣使入陈朝贡。

直至隋开皇五年（陈至德三年，585）冬十二月，陈灭亡前不久，仍派遣使臣入陈朝贡。高句丽平原王汤对陈国一直执臣子之礼。

值得注意的是：高句丽一方面臣属于华夏正统的陈王朝，但同时也向北朝的隋王朝称臣纳贡。高句丽害怕和恐惧隋朝这个过分强大的中央王朝，并希望以华夏正统的南陈朝在江南的力量，牵制隋朝军队主力，以便为自己的发展和进一步壮大创造良好的条件。

陈朝作为华夏正统王朝的唯一代表，被隋朝于589年灭亡。中原重新出现了统一的强大政权。高句丽国的平原王却一反常态！他完全改变与中原"修好"的外交策略，史载："王闻陈亡大惧，理兵积谷，为拒守之策。"平原王汤在"治兵备战"的同时，进行了一系列的行动：

1. "驱逼靺鞨，固禁契丹。"

2. "太府工人，其数不少，王必须之，自可闻奏。昔年潜行财货，利动小人，私将弩手，逃窜下国。岂非修理兵器，意欲不臧，恐有外闻，故为盗窃？"

3. "时命使者，抚尉王藩，本欲问彼人情，教彼政术。王乃坐之空馆，严加防守，使其闭目塞耳，永无闻见。有何阴恶，弗欲人知，禁制官司，畏其访察？"

4. "又数遣马骑，杀害边人，屡驰奸谋，动作邪说，心在不宾。"

5. "王专怀不信，恒自猜疑，常遣使人，密觇消息，纯臣之义，岂若是也？"

高句丽国平原王以上种种行为，在隋政权看来，件件都是对抗、挑衅。隋朝的杨坚亲自下书斥责高句丽国平原王，是"虽称藩附，诚节未尽"。

由此，导致中原政权与高句丽国数十年的和睦关系，再次变得剑拔弩张……

按常理来说，平原王是一位有头脑的、深明其理的领导者。他当时最好的选择应该是更加努力地与隋朝政权保持"和睦友好"的关系，避免招致打击和消灭。

但是，平原王却做出了相反的事情，将自己置于隋朝军队攻击的首要地位！高句丽国为什么要这样做呢？后世的史学者研究认为：

第一，是对先进的华夏文明唯一正统王朝陈国的留恋。

第二，是对强大的隋王朝以鲜卑人落后野蛮族群取代先进的汉文明的陈朝而充满恐惧。

无论后世之人怎样为"大一统"而唱赞歌，都无法掩饰和抹去隋王朝在征服战争中的野蛮屠杀和毁灭文明的滔天罪恶！隋朝杨坚下令，一把大火将邺城焚烧殆尽，使千年古城和千年文明以及千年积累的建设成果（邺城始于黄帝之孙颛顼孙女女修之子大业始居地，齐桓公始筑邺城，至今4000多年），通通消失在历史的长河中。隋朝军队进入江南，对南方人民的屠杀和暴行，是有目共睹的。尽管官方修的史书多加粉饰，但仅以王僧辩的儿子王颁率千名隋朝士兵，把陈武帝的陵墓掘开，焚尸扬灰的暴行，就充分说明，当时其他的隋军鲜卑族的兵将们，对江南民众的屠杀、奸淫、抢掠的行为，是多么的恐怖！

正因为以北方鲜卑族士兵为主的隋朝军队的残暴行为，也使高句丽国的人民对隋朝产生了极度的恐惧。于是，平原王才决然"治兵备战"，与隋朝决一死战。

高句丽国以弱小之国，竟然敢"驱逼靺鞨，固禁契丹"，甚至还敢于"屡寇"隋朝边境地区。请史学者注意：高句丽之所以敢称隋朝的士兵为"靺鞨"为"契丹"，一是因为隋军里面，的确有这些杂族兵将混充在内。更重要的一点是，平原王是被陈文帝授为"宁东将军"，此后，陈宣帝、陈后主先后都对平原王恩赐、册封。平原王深受汉文明的熏陶，也就是说，高句丽国平原王就是华夏唯一正统政权陈朝诏任的镇边大将。因此，平原王才自视正统的陈朝将军的口吻，以汉文明的继承者的身份，蔑称那些鲜卑族为主体的隋朝军队败类是"靺鞨""契丹"。

在自视中华正统传承的问题上，高句丽国与隋朝的战争，不可避免地

爆发了！几年后，高句丽还在对隋战争时取得了"萨水大捷"，使隋炀帝数十万大军尽失，损失惨重。

不仅是衣冠、礼乐，就是唐、宋建筑，又有多少能保存下来呢？无论后世之人怎么诋毁江南汉族政权"偏安一隅"，都无法抹去南方政权包括东晋、宋、齐、梁、陈朝作为华夏先进文明的守护者，对南方经济发展、文化建设、科技进步的繁荣，作出的伟大历史贡献！

不是所有的"大一统"都值得歌颂！那些为一家一姓一个王朝之利益，而残暴屠杀民众（包括知识精英）、摧毁物质文明和精神文明的行为都应该彻底批判！

由百济国对梁朝文明的感情，也可推知高句丽国对陈朝所代表的华夏汉民族灿烂文明的感情！才有了高句丽国平原王不惜与隋朝决死之战！

在人类史上，经常发生落后野蛮的族群战胜先进文明族群的悲壮！比如先进文明的赵宋王朝，就被落后野蛮的元朝所灭！"崖山海战"是南宋王朝最后一战，十万军民宁死不降，跳海殉国。在整个人类史上空前绝后，是大汉族精神的最惨烈也是最惊艳的一次展示。

"汉、唐、宋与后来的民族性格有着完全不同的内涵和质量。尤其是两宋300多年，'与士大夫共天下'，在开放、自由、繁荣的环境里，养成了大汉民族坚贞不屈的民族性格。面对横亘亚欧的元朝，南宋抵抗了50多年，并且击毙过元朝的皇帝，对比欧洲的望风而降，南宋虽败犹荣！"十万军民"崖山蹈海，宁死不降"，划破历史时空的悲壮！（参见《每日汉字》《崖门海战》）

天嘉四年（563）春正月十一日，干陁利国派使臣朝拜陈文帝，敬献土产。

干陁利国，在南海洲上。其风俗与林邑、扶南国大致相同。出产班布、吉贝、槟榔。槟榔尤其精美，为各国之最。

据史载：干陁利国与华夏南朝的宋、梁之时，就有交往。宋孝武帝时，王释婆罗那邻陀遣长史竺留陀献金银宝器。

梁天监元年，其王瞿昙修跋陀罗在四月八日梦一僧，对他说："中国今有圣明之主，十年之后，佛法将大兴盛。你如果派遣使者进贡及恭敬为礼，将会土地年年丰收，百姓幸福安乐，商旅百倍于从前；如果不相信我的话，那么国内将不得安宁。"

初时不肯相信，不久又梦见这僧人说："你似乎不相信我，我该与你前往看看。"于是在梦中来到中国，拜见天子。醒来，心中十分惊奇。跋陀罗本来就擅长作画，便摹画梦中所见高祖容貌，以丹青粉墨加以装饰，又派使者及画工上表献上玉盘等物。使者到了中国，摹画高祖形貌回国，与原画相比基本相符。于是以宝匣盛之，每天加以礼敬。后来跋陀罗死去，其子毗邪跋摩继位。遣长史毗员跋摩上表说："常胜天子陛下：统领诸佛及佛陀，常乐世界、安乐世界，有神足通天眼通天耳通他心通宿命通漏尽通六通，彻底通达三明三达，为世间尊者，所以名之如来。应供奉其成佛后之遗形舍利，修造各种塔、像，使国土庄严一如须弥山。城邑村落，相继布满，城郭馆堂，好比切利天宫一般。足以替代征伐四方之兵，能使仇敌降伏。国土安乐，没有任何灾难，人民温和善良，受释迦正法之教化，福泽无所不通。好比身处雪山，见雪水流注，心中八味清净，如百川洋溢，蜿蜒屈曲，顺流直趋大海，一切众生，均受用于此。在各国中间，第一优美者，便是震旦。大梁扬都天子，仁泽荫庇四海，大德合乎天心，虽则是人，实则如天神降于人间，佑护世界，乃功德之宝藏，救世之大悲菩萨，为我众生之至尊，行住坐卧威仪俱足。所以以至诚之心恭敬地拜上天子足下，顿首问讯。敬献金芙蓉、杂香药等，希望垂怜接受。"

梁普通元年（520），又遣使者献土产。"侯景之乱"后，才中断与中原的往来。到陈文帝天嘉四年，才恢复与华夏王朝的进贡和往来。

新罗（前57—935），是朝鲜半岛三国之一。古代朝鲜半岛南部有三个小部族，分别是马韩、辰韩、弁韩，合称"三韩"。新罗最初由"辰韩"朴氏家族的朴赫居世居西干创建。503年始定国号为新罗。取"新者德业日新，罗者网罗四方"之意。新罗立国长达992年，是亚洲历史上立国时间最长的国家之一。

4世纪，新罗形成国家政权。周边分布着高句丽、百济、伽倻、倭等国家或势力，可谓强邻环伺。

4世纪末，新罗受到倭国的侵略，向高句丽求救，高句丽好太王于

399 年发兵 5 万援救新罗，驱逐倭人。到了 5 世纪，随着高句丽迁都平壤、重心南移，新罗又在 433 年同百济结盟，以对抗高句丽的南下。

经过长期的蓄势待发，进入 6 世纪后，一向弱小的新罗终于迎来了第一个兴盛时期。法兴王于 520 年颁布律令，制定百官公服，536 年建年号"建元"，此外确立了 17 官等的位阶制度，设置兵部和上大等（新罗的贵族议事机关和白会议的议长）等机构或官职，从而初步构建起中央集权的体制。

法兴王还采用佛教作为新罗的国教，对巩固新罗社会秩序、促进新罗文化发展起到了至关重要的作用。6 世纪后期，新罗建立花郎制度，用于培养贵族、确保兵源，奠定了其国力强盛的人才基础。

在对外方面，新罗大肆扩张，512 年取于山国（今韩国郁陵岛），532 年开始进入洛东江下游，陆续吞并伽倻诸部，到 562 年完成了对伽倻的征服。

550 年，新罗联合百济攻击高句丽，翌年取得汉江上游，553 年与百济反目，夺取汉江下游。554 年，百济圣王亲征新罗，败亡于管山城（今韩国忠清北道沃川郡）。其后新罗真兴王又挥师北上，占领高句丽东南沿海的大片土地，于 556 年设置比列忽州（今朝鲜江原道安边郡），最远扩张到今朝鲜咸镜南道的盖马高原，真兴王在新开拓的疆域里四处巡狩，并在今昌宁郡、北汉山、黄草岭、磨云岭四地勒石留念，这四块碑铭诉说着 6 世纪后期新罗异军突起、凭借自己的力量称雄三国的霸业。

新罗国主及统治阶级信奉佛教最笃，曾派名僧到中国南朝梁、陈求法，输入佛教经典。中国的梁、陈朝廷也多次遣使及僧人赴新罗，赠送佛经。

陈文帝天嘉年间，正是朝鲜半岛逐步进入新罗、百济、高句丽三国鼎立的时期。天嘉六年（565），陈朝派遣专使刘思及僧明观赴新罗，送释氏经论 1700 余卷。

从以上史料，可以看到，陈文帝以及陈朝后来的继承人，在对外交往的政策方面，是非常成功的！陈朝的经济、文化、科技的繁荣，对海外诸国的影响力是恒久而深远的。

第二十五章　北周突厥攻北齐

当初，陈文帝刚即位的时候，陈朝面临的形势非常危险：外有强敌北齐、北周虎视眈眈；内有军阀割据蠢蠢欲动。第一个打到家门口的就是梁、陈宿敌王琳。

陈文帝沉着应战，调兵遣将。诏令陈朝太尉侯瑱率兵，与侯安都、徐度等将领狙击王琳大军。侯瑱在梁山大败王琳，而且程灵洗还在博望击败了入侵的北齐军队，生擒了北齐的将领，俘获了北齐的物资和数以千计的敌军。王琳夹着尾巴和萧庄逃往北齐，成为陈文帝即位后第一个被收拾的敌将！

陈朝军队打败王琳的同时，江州刺史周迪联合周敷、黄法氍等人围攻豫章城，平定南中，斩杀贼兵首领熊昙朗的消息也传回京师。加上对北齐的战争也取得胜利，使那些镇守在鲁山城的北齐军将胆战心惊。他们连夜逃跑了，留下一座空城。陈文帝诏令程灵洗将军接手鲁山郡的防务，陈朝顺手捡了一个便宜，白得了一个鲁山郡。

接着，陈文帝令侯瑱率军对北周进行巴、湘之战。到次年（天嘉二年）四月，陈朝平定了武陵、天门、南平、义阳、河东、宜都等郡。陈文帝取得了对北周的巴、湘之战的胜利！十月，霍州的西山蛮率领部落向陈朝归降。

陈文帝连续取得抗击王琳和北齐、北周战争的胜利；擒斩土豪首领熊昙朗，平定国内豪强割据。扬威四方！陈朝境内政局稳定，陈文帝诏令地方官员督导兴修水利，发展农业生产。陈朝出现生机勃发的局面。

与此同时，北方两大鲜卑政权之一的北周，其政局也发生了变化……北周权臣宇文护扶立的周明帝英明聪敏，有见识有肚量，晋公宇文护害怕

他，便指使膳部中大夫李安在糖饼里放毒药送上去。明帝食用之后就明显有所感觉。庚子（十九日），病情恶化，弥留之际，口授遗诏500多字，而且说："我的儿子年幼，不能负起治国大任。鲁公，是我的大弟弟，为人宽仁，大度，声望传于海内，能弘扬我家帝业的，一定是这个孩子!"辛丑（二十日），去世。

鲁公宇文邕自幼就胸怀大志，气度不凡，所以特别受明帝钟爱，凡是朝廷大事，多与他商量。他性格深沉，有远大的识见，不是因为明帝询问，他是不随便说话的。世宗每每慨叹说："这个人要么不说话，一说就必定有切中事理的精辟见解。"壬寅（二十一日），鲁公宇文邕即皇帝位，史称周武帝。

北周武帝重视教育，并虚心地向大臣请教治国安邦之策。他任命太傅燕国公于谨为掌管国家教化的"三老"。

可是，于谨上书坚决推辞。周武帝没有批准于谨的辞呈，仍赏赐他"延年杖"。周武帝巡视太学时，于谨进门，周武帝在大门和屏风之间迎接他。于谨慌忙答谢还礼。大厅里设有"三老"的席位，坐北朝南。

于谨入席，倚着太师宇文护朝南的小桌子坐定。大司马豆卢宁把于谨脱下的鞋子放端正。周武帝走上台阶，站在画有斧状图案的屏风前，面朝西。官员送上饮食，武帝跪着放好盛放调料的食器，挽起衣袖为于谨割肉，于谨吃完后，武帝亲自跪着送上盛酒的酒器请于谨漱口。官员撤下食物器具。

周武帝谦恭地朝着北站，向于谨请教治理国家的道理。于谨起身，站在座席后面，回答说："木材经过墨线校正才能平直，帝王能听从规劝就是圣明。明理的帝王能虚心听取规劝，就能知道自己的得失，这样天下就能安定。"又说："即使失去食物和军队，也不能失去信用；希望陛下不要失信。"又说："有功必赏，有罪必罚，那么做好事的人会一天比一天多，做坏事的人会一天比一天少。"还说："言论和行为，是立身的根本，希望陛下三思以后再说话，九次考虑以后再行动，不要发生过错。天子有了过错，正像日食和月食那样，没有人不知道的，希望陛下一定要谨慎从事。"

周武帝再次拜谢，表示听从。于谨答谢还礼。巡视太学的仪礼结束后，周武帝离开了太学。

北周武帝表面上对权臣宇文护极其尊重和依赖。561 年春季，正月戊申（初一），北周改换年号为保定。任命大冢宰宇文护为都督中外诸军事；命令地官、春官、夏官、秋官、冬官等五府全部隶属于天官府，事情无论大小，都可以由宇文护先拍板决定再奏闻皇帝。周武帝还下诏："大冢宰晋国公，是我的兄长，职位是朝廷为首的大臣，今后凡是诏令诰书和所有官署的文书里，不准直呼其名。"宇文护对诏令坚决不服从，表示谦让。

但是，通过一件事，就可以看到他们之间的明争暗斗。北周的梁躁公侯莫陈崇跟随北周国主武帝去原州。武帝当晚就回长安，人们私下议论纷纷，怀疑其中有什么原因。

侯莫陈崇告诉亲信说："我近来听方士说，晋公宇文护今年不吉利，皇上今天突然在晚上赶回来，不过是晋公宇文护死了。"有人把这件事告发了。乙酉（二十日），周武帝在大德殿召见了公侯们，当面斥责侯莫陈崇，侯莫陈崇诚惶诚恐地承认有罪。这天晚上，冢宰宇文护派遣使者带领士兵，突然到侯莫陈崇家里，逼他自杀，然后按固有的仪式把他埋葬。

这就奇怪了！侯莫陈崇为什么要说周武帝连夜回京，是因为宇文护死了呢？不管怎样，宇文护没死，反倒是侯莫陈崇因为多嘴瞎说，导致他先死了。这件事情的背后，究竟是怎么回事？也无人知晓了。

起初，北周曾经与突厥木杆可汗相约，联合军队讨伐北齐。北周答允娶可汗的女儿做皇后，派御伯大夫杨荐和左武伯王庆去联系。

北齐听了，害怕，也派使者到突厥去求婚，馈赠厚礼。木杆可汗贪图北齐的厚礼，企图捉了杨荐等人送给北齐。

杨荐知道后，婉言责备木杆可汗说："太祖（文皇帝宇文泰）从前和可汗共同敦守友好相处，蠕蠕部落几千人来投降，太祖把他们全部交给可汗的使者，以满足可汗的要求，为什么今天忽然背恩忘义，不有愧于鬼神吗？"木杆可汗悲痛了很久，说："您的话很对。我的主意已经决定了，应该和你们一起讨平东面的贼人，然后把女儿送去。"杨荐等人完成使命后回朝复命。

北周朝廷在玉壁城设置勋州，任命韦孝宽为刺史。以奖励小司徒韦孝

宽曾在玉壁城建立过的功勋。

玉壁城位于汾河南岸，北朝时期处于北周与北齐的分界地带，地理位置十分重要，为历代兵家必争之地，是著名的古战场之一。玉壁城始筑于西魏大统四年（538），北周保定二年（562）置勋州，南北大道从城中穿过，西、北、东三面绝壁环绕。至北周武帝建德六年（577）城始荒废。

韦孝宽为人讲信用，善施恩，善于利用间谍。有的北齐人接受了韦孝宽的金钱财物，远远地寄来情报书信，所以北齐方面的动静，北周人都事先知道得一清二楚。北周有一个主帅叫许盆，献出他戍守的城池去投降北齐，韦孝宽派间谍去杀他。不久，果然把许盆斩首，顺利归来。

离石郡以南，不肯归附的胡人多次来骚扰掳掠，抢了就跑，这些胡人却住在北齐境内，韦孝宽不能越境去征讨。

韦孝宽想在险要处修筑城垣来制伏他们。于是，征发河西一带民工10万人，兵士100人，派开府仪同三司姚岳去监督修筑。姚岳担心兵少，无法抵抗胡人和北齐的军兵。他心里害怕不敢去。

韦孝宽就劝慰姚岳，说："我估计这座城10天就可以修筑完工。城址离晋州有400多里地，我们第一天开始动工，第二天敌人（北齐）境内才会得到消息。假设晋州方面调集军队，三天才能调齐，谋划商议对策，自然得费去两天，计算一下敌军的行军速度，两天是赶不到我们修城的地方的，等他们到来时，我们的城垣壕沟早就修成了。"

于是，姚岳就下令开始修筑城垣。果然，北齐军队来到边境上探望，因怀疑有大军埋伏在民工后头，就停下来不再前进。当天晚上，韦孝宽令汾水以南靠着介山、稷山的那些村庄，故意纵火。北齐人望见火光，以为那是北周的军营，赶紧收兵回去自守。姚岳很快就把城垣修好了。

由于北齐的军士和胡人时常来北周边境抢掠，北周的臣民上书，请求朝廷发兵攻打北齐。朝中大臣们一合计，应该发兵10万攻打北齐，才有胜利的把握。

可是，北周的柱国杨忠却认为只要1万名骑兵就足够了。这个杨忠，多次侵入江南，残杀江南民众，有数不清的血债。

据《周书》记载：杨忠，弘农华阴人。小名奴奴。高祖杨元寿，魏国初年，任武川镇司马，就把家安在神武树颓。祖父杨烈，任龙骧将军、太原郡守。父亲杨祯，以军功授建远将军。当时魏末动乱，避居中山，聚集部众讨伐鲜于修礼，作战而死。

保定年间，由于杨忠功勋，追赠柱国大将军、少保、兴城郡公。杨忠胡须漂亮，身高七尺八寸，容貌异常，体型魁伟，武艺过人，识见深沉，有将帅的才能谋略。18岁时，曾游览泰山。恰遇梁兵攻陷郡城，于是被捉到长江以东。在梁国五年，跟随北海王萧颢到洛阳，被任命为直阁将军。萧颢兵败后，被尔朱度律招募为帐下统军。尔朱兆率领轻装骑兵从并州进入洛阳时，杨忠参与其事。赐爵昌县伯，任都督，另外又封小黄县伯。跟随独孤信攻克梁国的下溠戍，平定南阳，都立下战功。

北齐神武举兵内犯时，杨忠正跟随独孤信在洛阳，就随着魏孝武帝西迁，晋封侯爵。又参与平定潼关，攻克回洛城。被任命为安西将军、银青光禄大夫。

东魏荆州刺史辛纂据守穰城，杨忠跟随独孤信前去讨伐，辛纂兵败退走。独孤信命令杨忠与都督康洛儿、元长生担任前锋，驰马到城下，呵斥守门人道："如今大军已到，城中有人接应，你们要想活命，为什么还不逃走？"守门的士兵一哄而散。杨忠与康洛儿、元长生趁机入城，弯弓大呼，辛纂的卫兵百余人不敢抵抗，斩辛纂示众，城中人畏惧屈服。

在这里住了半年，由于东魏逼迫，与独孤信投奔梁国。梁武帝认为他是个难得的奇才，任命他为文德主帅，封关外侯。

大统三年（537），杨忠与独孤信一起逃回北周，被宇文泰召到帐下。曾经跟随宇文泰在龙门打猎，杨忠独自抵挡一头猛兽，左手紧抱兽腰，右手拔出兽舌。宇文泰赞许他的勇猛。北方人把猛兽叫作"㹀于"，因此把㹀于当作他的字。

参与活捉窦泰，攻克沙苑。升任征西将军、金紫光禄大夫，晋封襄城县公。在河桥之战中，杨忠与五名壮士奋力守桥，敌军不敢进逼。以战功授左光禄大夫、云州刺史，兼任大都督。又与李远击败黑水的稽胡，并与怡峰解救了对玉壁的包围，转任洛州刺史。在邙山之战中，率先冲入山上敌阵。授大都督，升任车骑大将军、仪同三司、散骑常侍。追封其母盖氏

为北海郡君。随即授都督朔燕显蔚四州诸军事、朔州刺史，加侍中、骠骑大将军、开府仪同三司衔。

东魏包围颍川时，蛮帅田柱清占据险地叛乱，杨忠率兵将其讨平。当时侯景渡过长江，梁武帝败亡，其义阳郡守马伯符以下举城投降。

北周朝廷趁此机会，准备经营汉水、沔水一带，于是任命杨忠为都督三荆、二襄、二广、南雍、平、信、随、江、二郢、淅 15 州诸军事，镇守穰城。以马伯符为向导，攻克梁国的齐兴郡和昌州。

梁国雍州刺史、岳阳王萧詧虽然已称属国，但还是心有不甘。杨忠从穰城出发，直到汉水之畔，检阅军队，大示兵威，命令将士变换旗帜，按照次序前进，实际只有 2000 名骑兵。萧詧登上城楼远望，误认为有 3 万兵马，心中害怕，表示屈服。

杨忠对部众很宽厚，那些新近归附的人都很拥护他。魏恭帝初年，赐姓普六如氏，代行同州事务。

于谨讨伐江陵时，杨忠担任前军，屯兵长江渡口，截断敌军退路。梁国军队在大象鼻子上绑上利刃，前来交战，杨忠用箭射去，两只大象回头就跑。

江陵平定后，朝廷立萧詧为梁主，命令杨忠镇守穰城，形成掎角之势，又平定沔水流域蛮族各部。

孝闵帝登基，入朝任小宗伯。齐人侵犯东部边境，杨忠出兵镇守蒲坂。司马消难请降时，杨忠与柱国达奚武接应他。共率领骑兵 5000 人，每人另带一匹马，从小路驰入齐国境内 500 里。前后派去 3 名使者向司马消难通报消息，都不见回来。

离北豫州 30 里时，达奚武怀疑发生变故，打算返回。杨忠说："只有前进而死，没有后退求活。"独自率领 1000 名骑兵连夜赶到城下，四面都是悬崖绝壁，只听见巡夜人敲木梆的声音。达奚武也赶来，指挥数百名骑兵西去。

杨忠指挥余下的骑兵原地不动，等候城门打开后，进了城，又急忙派人召回达奚武。当时齐国镇城伏敬远指挥带甲士兵 2000 人据守东边城上的高墙，点燃烽火，严密警戒。达奚武害怕，不想守城，拿了很多财物绸缓，让司马消难及其部属先返回。杨忠率3000名骑兵担任后卫，到洛水南岸时，都下马躺下休息。

齐军追来，到达洛水北岸。杨忠对部下说："只管吃饱，如今处在死地，贼人一定不敢渡过河来交锋。"齐兵佯作渡河，杨忠指挥骑兵装作要进攻的样子，齐兵不敢逼近，于是缓缓退兵而归。达奚武感叹道："达奚武自认为是天下健儿，今天算服气了！"杨忠升任柱国大将军。武成元年（559），晋封随国公，食邑1万户，另在竟陵县食邑1000户，收其租税田赋。中大夫。保定二年（562），升任大司空。

当时，朝廷议论，打算联合突厥讨伐齐国，大臣们都说："齐国占有半个天下，国家富裕，兵马强盛。如果从大沙漠以北进入并州，极为艰难，况且大将斛律明月不易对付。如今想深入其老巢，非需10万军队不可。"

只有杨忠道："军队取胜，在于内部和谐，而不在人多，1万名骑兵就足够了。斛律明月这个小子，能有什么作为？"

因此，周武帝就派杨忠率领1万名步骑兵，和突厥的兵众一起，从北面的道路讨伐北齐。又派大将军达奚武率领3万名步、骑兵，从南面的道路由平阳出发。北周两支军队分别由北、南两线进击北齐，约期在晋阳会师。

北周军在杨忠的率领下，攻克北齐的20多座城池。北齐人防守陉岭的山口，杨忠攻破防守。突厥的木杆、地头、步离三个可汗率领10万骑兵来会合。从恒州分三路一起攻入北齐境内。

当时下了几十天的大雪，南北1000多里，平地积雪几尺。北周军队和突厥逼近晋阳。北齐武成帝从邺城兼程赶去，到晋阳，斛律光率领3万步兵驻守平阳。

面对北周强大的军队，北齐武成帝感到害怕，他穿上军服领了宫女打算从东面逃走躲避。赵郡王高睿、河间王高孝琬勒住北齐皇帝的马，苦苦地进行规劝。高孝琬请求把军队委托给高睿部署，可以使军队得到整顿。北齐武成帝采纳了他们的意见，命令六军的行动都受高睿的指挥，派并州刺史段韶总辖。

公元564年春季，正月庚申朔（初一），北齐武成帝登上晋阳北城，军容非常整齐。突厥人看了，埋怨北周人说："你们说齐国混乱，所以来讨伐他们。现在齐人眼中都放出铁一样的光来，怎么能抵挡啊！"

北周军队以步兵为前锋，从西山下来，离城2里多路。北齐将领们都准备迎击，段韶说："步兵的兵势，力量很有限，现在积雪很厚，迎战很不方便，不如严阵以待。对方疲劳而我方安逸，一定能打败对方。"

北周军队来到，北齐精锐的军队呐喊着全数出击。突厥人震惊害怕，慌乱地带着军队逃上了西山，不肯出战。北周的军队大败而还。

突厥带着军队出了塞外，放纵士兵大肆抢劫，从晋阳以北的700多里地方，人畜被劫掠一空。段韶率军追赶，但不敢靠近。突厥退到陉岭，地冻路滑，只好在路上铺了毛毡行走，胡人的马受冷病瘦，马膝盖以下的毛都没有了。突厥人逃到了长城，马都快死完了。突厥人只好截短矛杆，当棍子拄着回去。

以前，北周宇文泰在关中追随贺拔岳时，曾派人到晋阳迎来晋公宇文护。宇文护的母亲阎氏和北周国主的姑母留在晋阳，北齐人把她们安置在中山宫。宇文护当权以后，派人到北齐去寻找她们，得不到音讯。

北齐派使者到玉壁城，要求开通和北周之间的贸易来往。宇文护想访求母亲和姑母的下落，便派司马下大夫尹公正去玉壁城商谈，北齐的使者非常高兴。勋州刺史韦孝宽捉到关东人，又把他们放掉，还写信给北周表示愿意和对方友好相处。

北周因为以前进攻晋阳没成功，就准备联合突厥再次攻打北齐。北齐的武成帝听到后十分害怕，于是答允送回宇文护的母亲，请求双方和好。并先把宇文护的姑母送回去了，随后，又把宇文护的母亲送回北周了。

晋公宇文护刚迎来了母亲，不想进攻北齐；但又怕违背了和突厥的约定，反而发生边患，不得已，征召关中的府兵二十四军、左右厢的禁卫兵及其隶属的秦、陇、巴、蜀等地的军队，加上归附的羌人、胡人等，一共20万人。冬季十月甲子（初十），北周武帝在朝廷授给宇文护斧钺；并亲自到沙苑慰劳军队。

宇文护的军队抵达潼关，派柱国尉迟迥领10万精兵做前锋，向洛阳进发，大将军权景宣率领荆州、襄阳的兵向悬瓠进发，少师杨进攻轵关。

北周晋公宇文护进屯弘农。尉迟迥包围了洛阳，雍州牧齐公宇文宪、同州刺史达奚武、泾州总管王雄驻军在邙山。北周军兵筑土山、挖地道攻打洛阳，30 天也没有攻下来。晋公宇文护命令部将们挖掘切断河阳的道路，阻止北齐的援军，然后一同攻打洛阳；部将们以为齐兵一定不敢出城，所以只派人侦察而已。

北齐派兰陵王高长恭、大将军斛律光救援洛阳，因为惧怕北周的兵力强大，不敢前进。北齐国主召见并州刺史段韶，对他说："洛阳危急，现在派兰陵王去援救。突厥在北面，也要加以防御，怎么办？"段韶回答说："北虏侵犯边境，只不过像身上长了疥疮皮癣。现在西边的邻国对我们窥伺进逼，这才是心腹之患，我愿意奉陛下的诏命到南方去。"北齐国主说："我的意思也是如此。"于是下令段韶率领 1000 名精锐的骑兵从晋阳出发。

段韶从晋阳出发，五天以后渡过黄河，正巧连日来阴天有雾，壬戌（初八），段韶到达洛阳，率领帐下的 300 名骑兵，和将领们一同登上邙阪，观察北周军队的形势，到太和谷，和北周军队遭遇，段韶立即派人骑马遍告各营，会集骑士，严阵以待。段韶是左军，兰陵王高长恭是中军，斛律光是右军。

北周人没有想到段韶等人到来，感到恐惧。段韶远远地向北周军众说："你宇文护刚得到母亲，就马上来侵扰，这是为什么？"北周军士说："上天派我们来，有什么好问的！"段韶说："天道是赏善罚恶的，是派你们送死来了！"

北周军众以步兵在前，上山迎战。段韶且战且退诱敌深入；等对方兵力疲竭，于是下马进攻。北周军队大败，立刻崩溃，坠落在溪流和山谷中而丧生的很多。

兰陵王高长恭以 500 名骑兵冲进北周军队的包围圈，到了金墉城下。城上的人不认识他，高长恭脱去甲胄露出自己的面孔，城上派了弓箭手下来救他。在城下的北周军队也解围逃走，丢下营帐，从邙山到谷水的 30 里间的川泽之地，都是北周丢弃的兵器辎重。只有齐公宇文宪、达奚武和庸忠公王雄在后面统率兵士抵抗作战。

北周将领王雄策马冲入北齐军的斛律光阵营，斛律光退走，王雄紧紧追赶。斛律光的左右都走散了，只剩下一名奴仆和一支箭。王雄手按着长矛离斛律光不到一丈远，对他说："我因为爱惜而不杀你，要活捉你去见天子。"

斛律光放箭射中王雄的额头，王雄用手抱住马颈逃走，到军营时就死去，北周军中更加恐惧。

北周的齐公宇文宪抚慰激励部下，部众心里稍为平定。夜晚时，他将军队集中起来，准备到天亮时再战。达奚武说："洛阳的军队都散了，人们的心情震撼害怕，如果不趁晚上迅速退走，只怕明天想走也走不成。我在军队很久了，完全了解这种形势；您年轻没有经历多少事情，怎能把几个营的士兵送进虎口！"于是退兵回去。权景宣也放弃豫州退走。

杨忠领兵从沃野出发，接应突厥，由于军粮短缺，军中担忧，想不出办法。杨忠便召集诱骗稽胡部落的酋长入座，假装叫河州刺史王杰统率士兵敲着战鼓赶到这里，说："大冢宰已经平定洛阳，准备和突厥共同讨伐稽胡部落那些不服从的人。"在座的酋长们都很害怕，杨忠安慰劝说后让他们回去。那些胡族部落相继送来粮食，军粮于是充足。北周命令军队罢兵回朝，杨忠也一起返回。

北周的达奚武到平阳，不知道杨忠已经退走。北齐的斛律光写信给他说："鸿雁已在蓝天翱翔，张网的却还在水草丛生的沼泽地等候。"达奚武见到信，也退走了。斛律光率齐兵追入北周境内，俘获2000多人，返回。

晋公宇文护本来就没有将帅的胆略本领，这次行动，又不是他的本意，所以无功而归，只得和将领们向周武帝叩头请罪。北周武帝对宇文护、杨忠他们加以慰劳了事。

此战，北齐军侥幸打败了北周的军队。可是，突厥趁机放纵兵士大肆抢掠，从晋阳到平城700余里之间，人丁、牲畜都没有留下，俘走、杀死很多。

当得胜的北齐将领斛律光在晋阳朝见齐主武成帝的时候，齐武成帝因为刚遭到突厥人的大肆劫掠，他竟然抱住斛律光的头痛哭。任城王高湝劝他说："何至于此！"齐武成帝这才不哭。

当初，文宣帝在世时，北周常常怕北齐军队西渡，每到冬天，守在黄河边凿开冰凌。到武成帝即位，奸佞小人当权，朝政逐渐混乱，北齐人凿冰防备北周军队入侵。斛律光很担忧，说："国家常有吞并关、陇的志向，到了今天这样的地步，只好喜好声色狗马！"

公元565年冬季十月辛亥（初二），北周以函谷关的关城为通洛防，任命金州刺史贺若敦做中州刺史，镇守函谷。

贺若敦依仗自己的才能，看不起别人，见到和自己差不多的人都是大将军，而唯独自己不是，加上湘州那次战役，全军得以返回，他认为本该受到赏赐，结果反被除名，所以对朝廷的使臣口出怨言。

晋公宇文护大怒，将贺若敦召回，逼他自杀。临死前，贺若敦对儿子贺若弼说："我的志向是平定江南，现在没能实现，你一定要完成我的遗愿。我因为口舌不谨慎而死，你不能不深思。"于是用锥子把儿子的舌头扎出血来告诫他。

贺若敦被北周权臣宇文护逼杀，他却教他的儿子贺若弼誓灭江南陈朝。这世上不知是哪里来的这种道理？

南陈天康元年（丙戌，566）春，正月庚子（二十三日）北周派小载师杜杲来陈朝聘问。三月己卯（初三），陈朝任命安成王陈顼为尚书令。

北周天和三年（568），双手沾满江南人民鲜血的杨忠因病去世，享年62岁，北周朝廷追赠杨忠为太保、同朔等十三州诸军事、同州刺史，其余官职不变。谥号为"桓"。杨忠的儿子杨坚承袭爵封。

这个杨坚，后来夺取了北周政权，成了隋朝的开国皇帝。就是这个杨坚，诏令贺若弼率大军扫荡了江南……

第二十六章　傀儡萧詧忧郁亡

　　天嘉三年（562）二月，北周在江南扶植的傀儡、西梁君王萧詧因为常年忧愤而背部发疽致死，时年44岁。有关此人的史料，见之于《周书卷四十八·列传第四十》《北史卷九十三·列传第八十一》《隋书卷七十九·列传第四十四》的记载。

　　提起萧詧，也的确令人感慨！据《北史卷九十二·列传第八十一·僭伪附庸》所载：萧詧，字理孙，兰陵人，是梁武帝萧衍的孙子，昭明太子萧统的第三个儿子。

　　萧詧自幼喜欢学习，善于写文章，尤其擅长佛教经义。梁武帝对他特别称赞赏识。梁普通六年（525），萧詧封曲江县公。中大通三年（六月癸丑十五，531年7月14日），萧詧晋封岳阳郡王。先后担任宣惠将军、知石头戍事、南琅琊及彭城二郡太守、东扬州刺史（武帝大同四年七月己未初二，538年8月12日）。

　　梁武帝中大通三年（531）四月乙巳初六，昭明太子去世时，梁武帝舍弃萧詧兄弟，而立萧纲为太子，梁武帝心中常感抱愧，就宠爱昭明太子的儿子们，由于会稽人物荟萃，物产丰富，为一方都会，所以用此任以抚慰萧詧之心。萧詧因为自己的兄弟不能立为太子，心中常怀不平之气。又因为梁武帝衰老，朝政多有弊端，呈败亡之象，就积蓄钱财，交结宾客，招募游侠，不惜降低身份来屈就他们。那些勇敢的人多来归附，身边多达数千人，都给丰厚的待遇。

　　梁中大同元年（546），萧詧任持节，都督雍、梁、东益、南秦、北秦五州及郢州之竟陵、司州之随郡诸军事，授西中郎将，兼任宁蛮校尉、雍州刺史（南朝宋元嘉二十六年割荆州北部襄阳、南阳、新野、顺阳、随五郡，设置为雍州，治所在襄阳县）。

萧詧认为襄阳形势险要，又是梁武帝开创基业的地方，太平时足以当作根本之地，动乱时可以图谋霸业，于是克制自己，勉励节操，在百姓中广施恩惠，努力完善刑罚政务，志在安抚百姓，休养生息。乃下教曰：

"昔之善为政者，不独师所见。藉听众贤，则所闻自远；资鉴外物，故在瞩致明。是以庞参恤民，盖访言于高逸；马援居政，每责成于掾史；王沉爱加厚赏；吕虔功有所由：故能显美政于当年，流芳尘于后代。吾以陋识，来牧盛藩。每虑德不被民，政道或紊。中宵拊枕，对案忘饥，思纳良谟，以匡弗逮。雍州部内有不便于民，不利于政，长吏贪残，戍将懦弱，关市恣其衰刻，豪猾多所苞藏，并密以名闻，当加厘正。若刺史治道之要，弛张未允，循酷乖理，任用违才，或爱狎邪佞，或斥废忠謇，弥思启告，用祛未悟。盐梅舟烜，允属良规，苦口恶石，想勿余隐。并广示乡间，知其款意。"于是境内政治清明安定。

太清二年（548）四月戊寅十七，梁武帝任命萧詧之兄河东王萧誉为湘州刺史，调湘州刺史张缵到雍州，取代萧詧。张缵恃才傲慢，看不起年轻的萧誉，州府迎接时礼数不到。萧誉十分恼恨，到任所后，就借口有病不与张缵见面。

后来，侯景作乱，萧誉对张缵多有欺凌威逼。张缵害怕被捉住，连夜坐小船逃跑，想到雍州去，又担心萧詧拒绝入境（当时，梁武帝以河东王萧誉为湘州刺史，迁湘州刺史张缵为雍州刺史，代岳阳王萧詧）。当时湘东王萧绎镇守江陵，与张缵旧有交情，张缵想借湘东王萧绎之手将萧詧兄弟置于死地。恰巧萧绎与萧誉、信州刺史桂阳王萧慥各自率军，援救建康。萧慥从三峡而下，抵达长江渡口，萧誉驻军江口，萧绎到达郢州的武城。这时侯景已经请求讲和，梁武帝诏令各路援军返回。这是梁武帝太清三年（549）二月己亥十三日。

萧誉打算从江口（即洞庭、青草共为一湖。湖口在巴陵）返回湘州任所（湘东王萧绎以荆州刺史都督荆、雍等九州，萧慥、萧詧皆其属也）。萧慥想等候湘东王萧绎来了，拜见了他，再回到信州，然后再返回信州。

当时张缵在江陵，就写信给梁元帝说："河东王（萧誉）的部队乘着

挂帆的船只向上游（自洞庭至江陵，溯江而上）开来，准备袭击江陵。岳阳王（萧詧）在雍州，他们两人一同密谋反叛。"江陵游军主朱荣又派使者报告说："桂阳王住在这里，打算响应萧誉、萧詧。"

疑心很重的萧绎信以为真，连忙下令凿沉船只，将大米沉到江底，又砍断了缆绳，连夜乘快马从小路返回江陵，捉住萧慥，把他杀了。从此，萧绎与萧誉、萧詧兄弟结下了仇怨。

当初，湘东王萧绎打算救援建康之时，命令他所统管的各州，全都发兵共赴国难。萧詧派遣府司马刘方贵领兵为前军，从汉口出发。快要出发时，湘东王又派咨议参军刘钰告诉萧詧，要他亲自带兵出征。萧詧言词很不恭顺，湘东王萧绎又怒。而且刘方贵早与萧詧不和，暗中与湘东王萧绎联络，约定日期，袭击萧詧（襄阳）。尚未发兵，恰巧萧詧因为别的事召见刘方贵，刘方贵怀疑计谋败露，于是占据了樊城，抗拒命令。萧詧派魏益德、杜岸等各军进攻樊城。刘方贵窘迫慌急，派儿子刘迁超向江陵请求援军。湘东王于是用丰厚的财物派遣张缵，表面上是前去赴任，而暗中支援刘方贵。张缵到达大堤时，樊城已被攻陷。萧詧已经攻占了樊城，并捉住了刘方贵兄弟及其党羽，将他们全部杀掉。

张缵乘机到达雍州（襄阳）。萧詧故意拖延，不接受替代，让张缵住在西城，以礼相待。一切军事政务，仍然由萧詧主管。萧詧认为自己兄弟被陷害，祸源起于张缵，准备暗中算计他。张缵害怕，请求湘东王把自己召回。于是，湘东王萧绎向萧詧征调张缵，萧詧留住张缵不放。杜岸兄弟欺骗张缵道："看岳阳王这边的势头，他是不会容下您的。不如暂且往西山去（西山，谓万山以西，中庐县诸山也），避开祸患。大人既得人心，远近之人必定前来投奔，凭此举起义旗，事情没有不成功的。"张缵认为很有道理，就与杜岸等人结盟发誓（杜岸一家是襄阳的豪门大族，兄弟嵩、岑、巘、岌、巇、岸、嵼、峬、幼安共九人都以骁勇著名）。张缵又邀请雍州人席引等在西山聚集部众。张缵穿着女人衣服，坐着用黑布围起来的车子，与亲信10余人出逃。席引等人与杜岸驰马报告萧詧。萧詧命令中兵参军尹正会同杜岸等人领兵追赶，把张缵一行全部捉住。张缵害怕被杀，请求让自己入寺为僧，把名字改为法缵，萧詧同意了。

湘东王萧绎命令他的儿子萧方等、王僧辩等人先后进攻湘州。萧誉向萧詧告急，萧詧大怒。留下咨议参军蔡大宝防守襄阳，自己率领 2 万军队、1000 匹马，讨伐江陵，以此援救湘州。而此时江陵外城已树立栅栏，只有北面空着。萧詧乘机进攻。梁元帝萧绎十分害怕，（通鉴云："湘东王绎大惧，遣左右就狱中问计于王僧辩，僧辩具陈方略，绎乃赦之，以为城中都督。"）萧绎还派参军庾奂对萧詧说："萧正德肆意作乱，天下分崩离析。你还想学他的样子，究竟想干什么？我承蒙先宫垂爱，以你兄弟相托。如今侄子反来攻伐叔父，天理何在？"

萧詧回答道："家兄无罪，而多次被围攻。手足之情，难道能够袖手旁观？七叔父假若顾念先父恩情，怎么能做出这样的事呢？如果退兵到湘水，我就撤回襄阳。"萧詧攻不破栅栏，只好退兵筑城。

萧詧又尽出精锐发动攻势（通鉴云："乙卯，詧至江陵，作十三营以攻之"）。突然天降大雨，平地上都积起四尺深的水，萧詧军营泡在水中，部众多生离散之心。（通鉴云："绎与新兴太守杜有旧，密邀之。"）萧储的部将杜岸及其弟杜幼安、兄长之子杜龛担心萧詧失势，率领部下投降江陵王萧绎。萧詧部众大惊，连夜逃回襄阳，器械物资，大多在漼水淹没。

当初，萧詧把张缵囚禁在军中，这时，先杀了张缵，然后才撤军（《资治通鉴》上记载："张缵脚上有伤，萧詧用车马载上他，让他跟随部队行动；等萧詧他们败逃的时候，看守张缵的人恐怕让追兵赶上，就把张缵杀了，然后丢下他的尸体于江陵北湖"）。

杜岸投降萧绎后，请求率 500 名骑兵偷袭襄阳。离城 30 里时，被城中守军发觉。蔡大宝辅佐萧詧之母保林龚氏，登上城墙，关闭城门拒守。恰巧萧詧夜间逃回，龚氏不知道儿子失败，误认为是贼军，到天明见是萧詧，才放其入城。

由于萧詧已归，杜岸等人就投奔其兄杜巘，逃到北齐的广平。萧詧派将领尹正、薛晖等人攻克广平，捉住杜巘、杜岸，连带他们的母亲、妻子、儿女，在襄阳北门全部杀掉。又将杜氏宗族中较亲近者全部处死，其年幼者及远亲关入蚕室。挖掘杜氏坟墓，烧骨扬灰。这是梁武帝太清三年（549）十一月的事。

　　萧詧已与江陵的湘东王萧绎结下怨仇，担心不能自保。大统十五年（549），就派出使者去向西魏求援，自称藩国，请求充当西魏的附庸。附庸的意思，就是以国事附于大国。宇文泰命令丞相府东阁祭酒荣权担任使者出使襄阳。萧詧十分高兴。

　　这一年，萧绎命令司州刺史柳仲礼守竟陵，率军进取襄阳，图谋对付萧詧。柳仲礼率领1万兵马进犯襄阳。当初，梁国竟陵郡守孙暠以其郡归附，宇文泰命令大都督符贵前往镇守。

　　当柳仲礼兵到时，孙暠捉住符贵投降。柳仲礼又派部将王叔孙与孙暠一同守城。宇文泰发怒，命令杨忠率军南征。攻克梁国随郡，活捉守将桓和。一路所经过的城堡和营垒，全都听见风声就请求归附。

　　杨忠进军围攻安陆。柳仲礼听说随郡失陷，担心安陆失守，就急忙返回援救。诸将担心柳仲礼赶到后，安陆难以攻下，请求加紧攻城。杨忠说："攻守双方态势悬殊，不可能迅速攻占。如果延长时日，劳顿军队，内外受敌，不是高明的计策。南方人大多习练水军，不熟悉在原野作战。柳仲礼回兵必走近路，我军出其不意，出奇兵袭击，敌军懈怠，我军奋勇，一战必胜，则安陆可不攻自破，其余各城就可传去文告而使它们平定。"于是选派骑兵2000名，连夜衔枚而进，在漴头遭遇柳仲礼。杨忠亲自攻入敌军，活捉柳仲礼，将其部属全部俘虏。马岫以安陆投降，王叔孙杀死孙暠，以竟陵投降，一切都按杨忠事先的计策实现。

　　梁元帝派使者送来儿子萧方略当作人质，并且送来盟书，请求魏国以石城为边界，梁国以安陆为边界。于是凯旋。晋封陈留郡公。

　　551年，梁元帝威逼其兄邵陵王萧纶。萧纶北上，与前任西陵郡守羊思达邀请随州、陆州土豪段珍宝、夏侯珍洽，合谋把人质送往齐国，打算前来侵犯抢掠。汝南城主李素，从前是萧纶的部下，打开城门接纳萧纶。

　　梁元帝秘密通报给宇文泰，宇文泰就派杨忠率军讨伐。黎明时发起进攻，午后就攻占汝南。活捉萧纶，数落他的罪状，把他杀掉；又捉住安乐侯萧昉，也将他杀死。

　　当初，杨忠活捉柳仲礼时，待他很宽厚。柳仲礼到京师后，在宇文泰面前说杨忠的坏话，说他在军中大肆聚敛金宝珍玩等物。宇文泰打算调查这件事，又爱惜他功劳很大，只把他调出京师。杨忠心中恼恨，后悔没有杀掉柳仲礼。

所以，这时活捉萧纶等人，就全部杀掉。隔一年后，杨忠再度发兵，将汉水以东地区全部平定，江南民众的血，逆流成河。杨忠用江南民众的血，染红了他的高官厚禄。

当时，西魏想命令萧詧为梁武帝发丧，致哀，并继承梁朝帝位。萧詧以没有玉玺、遗诏为理由推辞。西魏使者荣权当时在萧詧住所，就急驰而归西魏，详细报告了萧詧的情况。宇文泰于是命令散骑常侍郑孝穆和荣权持旌节、策书，册封萧詧为梁王。萧詧在襄阳设置百官，秉承皇帝旨意，拜官授爵。

随后，萧詧留蔡大宝据守，从襄阳前来西魏朝见。（《资治通鉴卷第一百六十三·梁纪十九·梁简文帝大宝元年》："辛酉，梁王詧入朝于魏，自此魏益厚詧矣。"）宇文泰对他说："王来这里，同荣权很有关系，王准备见他吗？"萧詧答道："十分荣幸。"于是，宇文泰召来荣权与萧詧相见，并对萧詧说："荣权是个好人，我与他共事，不曾见过他失信。"萧詧说："荣常侍沟通两国，言语中从不为个人打算，所以，我今天得以诚心归附魏国。"

魏恭帝元年（554）十月丙寅十三日，宇文泰命令柱国于谨讨伐江陵湘东王萧绎，萧詧出兵会合。江陵攻陷，宇文泰立萧詧为梁主，住在江陵东城，让他管辖江陵一州之地。他原在襄阳统辖的地盘，全部归于西魏（后北周代之）。宇文泰设置江陵防主一职，带兵住在西城，称为"助防"。表面上协助萧詧防御，实际上也连带防备萧詧。

萧詧于555年正月初一在江陵称帝，改年号为大定。追尊其父昭明太子萧统为昭明皇帝，庙号高宗，萧统之妃蔡氏为昭德皇后。又尊其生母龚氏为皇太后，立妻子王氏为皇后，儿子萧岿（14岁）为皇太子。

萧詧的庆典、赏罚、刑律、威仪，以及官方制度，都和梁朝体制一样。只有在向西魏上疏的时候自称臣，用西魏的历法。至于官制爵位等的颁发，也还依照梁朝的旧制，而给有功之臣定的功勋等级，则兼用西魏设置的柱国等名目（勋级，置以赏功。柱国，魏所置也，为勋级之首）。

又追赠叔父邵陵王萧纶为太宰，谥号"壮武"。追赠兄长河东王萧誉（死于550年）为丞相，谥号"武桓"。

当初，江陵萧绎的政权被消灭以后，梁元帝的将领王琳据守湘州，志在恢复帝业。萧詧称帝后，王琳派将领潘纯陀、侯方儿来犯。萧詧出兵抵抗，潘纯陀等退回夏口。

萧詧在位的第四年（558）十二月，萧詧派大将军王操率军攻占王琳辖下的长沙、武陵、南平等郡。次年（559）三月，王琳又派将领雷又柔率兵偷袭监利郡（今湖北省荆州市监利县），太守蔡大有战死。

不久，天嘉元年（560）二月丙申十四日，王琳与陈朝的军队相持不下，屈膝向萧詧称藩，乞求援军。萧詧答应了王琳的要求。但援军尚未出发，王琳已经被陈朝军队战败。王琳逃奔于齐国。这一年，萧詧的太子萧岿来北周京师长安朝见。

长安是西安的古称，是历史上第一座被称为"京"的都城，也是中国城市建置市（商业区）与坊（住宅区）分设典型。周文王时就定都于此，筑设丰京，武王即位后再建镐京，合称丰镐，西安简称"镐"（hào）即源于此。汉高祖五年（前202）置长安县，在渭河南岸、阿房宫北侧、秦兴乐宫的基础上兴建长乐宫，高祖七年（前200）营建未央宫，同年国都由栎阳迁移至此，因地处长安乡，故名长安城，取意"长治久安"。

萧詧称帝的第六年（560）夏天，发生地震，前殿崩塌，压死200余人。

当年西魏军队攻取江陵之时，萧詧部将尹德毅劝告萧詧道：

"微臣听说，君王的行为与一般的人不同。一般的人，掩饰细节微行，在小处竞相显示廉洁，用来博取名誉。而君王则是平定天下，安宁国家，以成就大业。如今魏人贪婪无比，不顾抚慰百姓、讨伐有罪的名义，残忍本性暴露无遗，多有杀伤，俘虏士人百姓，以报战功。然而这些人的亲戚家属，都在长江以东，顾念他们充作豺狼之食，被拘禁在他国，痛心疾首，何日能忘？殿下正要安定天下，继承大业。芸芸众生，不可能使家家周知。江东人民受到这样的灾难，都说是殿下招来的。殿下既然杀了人家的父兄，让人家的子弟变成孤儿，那么人们就都把殿下视为仇敌，谁肯为国家出力？

现在魏军的精锐都集中在这儿了，慰劳军队的礼节，并非没有用计的先例。如果殿下为他们设下宴会，请于谨等人来欢饮，他们没有防备，当相继而来，可预先埋伏武士，趁机杀掉他们。再分头命令果决勇敢的人，奇袭魏军营垒，分别命令各将领，乘魏人不提防，突然袭击他们的营垒，痛歼这些丑类，一个也别让他们活着。

对江陵百姓，则慰问他们，使他们安定，文武百官，随即任命。百姓既然承蒙殿下救命的大恩，谁不对您的圣明竭诚拥戴呢？这样一来，魏人被震慑住，不敢随便动武，而王僧辩及其党羽，写封信就能招他降伏。完成这一切大事，就可以穿戴好朝服渡江而下，回建康登上帝位了。顷刻之间，巨大的功业就可以建立了（谓还建康即位也）。古人说：‘上天给予的东西，如果不接受，反而会受到惩罚；时机到了而不采取行动，反而会遭受祸殃（汉蒯通之言）。’希望殿下高瞻远瞩，不要像一般人那样行事。”

萧詧不听从，对尹德毅说：“您所说的计策并不是不好，然而魏人对待我很好，所以不能背弃人家的恩德。如果突然采用您的计策，就会像邓祁侯说的那样，我家将没有后代了。”不久，江陵全城老幼，都被俘虏，驱入函谷关，又失去了襄阳的地盘。又见屋宇残破，战乱不息，为自己威望不振、谋略无从实施而感到羞耻，萧詧才追悔道：“悔恨不听尹德毅的话，以致到了这种地步。”

萧詧心中常怀忧愤。于是作《悯时赋》而抒发胸怀：

嗟余命之舛薄，实赋运之逢屯。既殷忧而弥岁，复坎壈以相邻。昼营营而至晚，夜耿耿而通晨。望否极而云泰，何杳杳而无津。悲晋玺之迁赵，痛汉鼎之移新。无田、范之明略，愧夷、齐之得仁。遂胡颜而苟免，谓小屈而或申。岂妖沴之无已，何国步之长沦。

恨少生而轻弱，本无志于爪牙。谢两章之雄勇，恧二东之英华。岂三石于杜鄠，异五马于琅琊。直受性而好善，类蓬生之在麻。冀无咎而沾庆，将保静而蠲邪。何昊穹之弗惠，值上帝之纡奢。神州鞠为茂草，赤县递于长蛇。徒仰天而太息，空抚衿而咨嗟。

惟古人之有怀，尚或感于知己。况托萼于霄极，宠渥流于无已。或小善而必褒，时片言而见美。昔待罪于禹川，历三考而无纪。获免庚于明时，遂超隆于宗子。始解印于稽山，即驱传于湘水。彼南阳之旧国，实天汉之嘉祉。既川岳之形胜，复龙跃之基趾。此首赏之谬及，谓维城之足恃。值诸侯之携贰，遂留滞于樊川。等勾践之绝望，同重耳之终焉。望南枝而洒泣，或东顾而潸澶。归欤之情何极，首丘之思邈然。

忽值魏师入讨，于彼南荆。既车徒之虣赫，遂一鼓而陵城。同窦生之舍许，等小白之全邢。伊社稷之不泯，实有感于恩灵。矧吾人之固陋，迥飘薄于流萍。忽沉滞于兹土，复期月而无成。昔方千而畿甸，今七里而盘萦。寡田邑而可赋，阙丘井而求兵。无河内之资待，同荥阳之未平。夜骚骚而击柝，昼孑孑而扬旌。烽凌云而迥照，马伏枥而悲鸣。既有怀于斯日，亦焉得而云宁。

彼云梦之旧都，乃标奇于昔者。验往记而瞻今，何名高而实寡。寂寥井邑，荒凉原野。徒揄扬于宋玉，空称嗟于司马。南方卑而叹屈，长沙湿而悲贾。余家国之一匡，庶兴周而祀夏。忽萦忧而北屈，岂年华之天假。

加以狗盗鼠窃，蜂虿狐狸。群围隶而为寇，聚臧获而成师。觇舰津渚，跋扈江眉。屡征肇于殷岁，频战起于轩时。有扈兴于夏典，采虮着于周诗。方叔振于蛮貊，伯禽捷于淮夷。在遒秒其能几，会斩馘而搴旗。彼积恶之必稔，岂天灵之我欺。交川路之云拥，理惆怅而未怡。

萧詧自小就有大志，不拘小节。虽然性多猜忌，但知人善任，抚慰将士有恩，所以能得到部下拼命效力。不喜饮酒，安心于俭省朴素，侍奉母亲，以孝顺闻名。又不喜欢音乐女色，尤其厌恶看见妇人，即使相距数步，也能远远闻见妇人身上的臭味。凡是他御幸妇人时所穿的衣服，决不再穿。又讨厌看见人的头发，凡言事者必须见机行事遮蔽一下。他在东扬州时十分放纵，审阅文簿时，喜欢写下戏弄的话，因而被世人讥评。

他十分喜好文章的内容和含义，著有文集 15 卷，佛经《华严》《般若》《法华》《金光明》等义疏共 46 卷，都流行于世。

萧詧在位 8 年，因领土狭小，心中常郁郁不乐。每次读到"老骥伏枥，志在千里。烈士暮年，壮心不已"，都要扬眉举目，握腕激奋，久久叹息不止。竟以忧愤而背部发疽致死。终年 44 岁。群臣将他安葬在平陵，追奉为宣皇帝，庙号中宗。

萧詧死后，北周武帝高湛又命令西梁太子萧岿继位，年号天保。

第二十七章　荒淫北齐渐衰败

北齐，被史学家称为"荒淫的禽兽王朝"。除了高欢以外，稍有一点好评的就是高演。

乾明元年（560）八月初三，高演在晋阳宣德殿登基，史称北齐孝昭帝。

北齐的都城是在邺城，而高演是在晋阳宫即位。晋阳，就是太原故城。始建于春秋周敬王之时，有文字记载的是《左传》鲁定公十三年"秋，赵鞅入于晋阳以叛"。据史载：晋定公十二年（前500），赵简子命家臣董安于（时任晋阳宰）、尹铎主持，当地头人王成为总管，开始修筑晋阳城，至定公十五年（前497）竣工，历时三年。城周长四里，青石砌基，夹版夯土筑墙，墙内加荻、蒿、楚（类似芦苇、野草、荆条之类植物），使其坚固。墙基厚丈余，高四丈。城四周各开一门，青铜龙饰城门。城四周开挖壕沟，犹如一道护城屏障。城内有宫室、家庙、粮库等。宫室建筑的柱子均为铜铸（见《史记·赵世家》《战国策·赵策》）。晋阳城墙体内为什么要加荻、蒿、楚之类的植物？宫室柱子为什么要铜铸？一方面是为了坚固，另一方面更重要的是为了备战。当时晋国规定，卿大夫不允许拥有武器，否则，要犯灭族之罪。但为了防备不测，赵简子和他的家臣就想出了上述办法，一旦有人攻打晋阳，楚等荆条之类植物，可以做箭杆，铜柱熔化后可以做箭头。晋阳城先后在董安于、尹铎多年苦心经营下，变成了赵氏稳固的根据地。

晋阳古城，似一只展翅飞翔的凤凰，所以人们称晋阳古城为"凤凰城"，汾河在巍峨的群山中盘绕犹如一条巨龙围在"龙城"周围。

晋阳城所在的太原盆地四面环山，中间低平，汾河贯中而过，土地肥沃，人口集中，经济发达，是理想的城建之所。其北缘有一大型湖泊，方圆 20 余里，名叫"晋泽"。还有晋水（晋祠之水）与汾水交汇，晋阳城就位于这个交汇处。

历史上晋阳城军政地位特殊，曾作为赵国初都、汉晋干城、东魏霸府、北齐陪都。北齐自神武帝高欢于北魏孝武帝太昌元年（532）任命大丞相，在晋阳建大丞相府开始，历文宣帝高洋、废帝高殷、孝昭帝高演、武成帝高湛、后主高纬、幼主高恒等七帝，共计 45 年的时间里，一直把晋阳作为高齐的根据地（别都）争夺天下。

高欢经营晋阳几十年，营建了不少宫室建筑，有的在历史上享有盛名。北魏太昌元年（532），高欢在平定尔朱兆并州叛乱之后，"以晋阳四塞乃建大丞相府而定居焉"。这是高齐在晋阳建的第一座宫室。东魏武定三年（545），"神武（高欢）请于并州置晋阳宫，以处配口"。晋阳宫后来陆续建有宣光殿、建始殿、嘉福殿、仁寿殿、德阳堂、宣德殿、圣寿殿、修文殿等，形成一个庞大的宫殿群。

北齐的七位帝王，除武成帝外，有五位都即帝位于晋阳，一位崩于晋阳（高欢），可见晋阳在高齐时所处的重要地位。

且说北齐高演即位后，对北齐文宣帝高洋时的弊政进行彻底的革除，当时人们佩服他的明察而讥笑他的琐细。

高演曾经问舍人裴泽，众人对他的施政得失有什么议论。裴泽直率地回答说："陛下耳聪目明，处事极为公道，这方面自然可以比得上远古的圣君。但有识之士，都说您伤于琐细，作为一个帝王的气度，还是不够宏大。"

孝昭帝高演笑着说："确实像你说的那样。我刚刚亲临万机，老担心不够周到妥帖，所以才造成这种状况。这种过细处事的作风怎么可以久行呢，我会酌情改变的，但恐怕将来又会嫌我处事疏漏了。"

高演有一次对侍坐在身边的库狄显安说："你（库狄显安）是我姑母的儿子；今天以家里人的礼节相待，免去君臣之间的那一套恭敬之礼，你可以说说我不足的地方。"

库狄显安是库狄干的儿子。库狄显安说："陛下老说虚妄不实的话。"

孝昭帝问："为什么呢？"库狄显安回答说："陛下过去看到文宣帝（高洋）用马鞭子打人，常常说这是不对的。现在自己也用马鞭子打人，这不是说假话吗？"孝昭帝握住他的手表示感谢。

高演又让他进一步直言，库狄显安说："陛下太琐细，身为天子，却更像一个具体办事的官吏。"孝昭帝解释说："我自己也很知道这一点。然而国家缺乏法制已经很久了，我将要整顿它，要达到可以无为而治的地步。"

孝昭帝高演又去问王晞，王晞说："库狄显安说得对。"高演想让王晞当侍中，王晞苦苦恳辞不答应。有人劝王晞不要与皇帝疏远起来。王晞解释说："我自少年以来，看到的位居显要的人多了，得意了没有多久，很少最后不倒台的。而且我这个人性子其实很疏懒，举止缓慢，受不了繁重的俗务，皇上的私恩，凭什么去确保长盛不衰呢？万一疏忽大意，想求个退路都没有地方！不是我不爱做权要之官，只不过是，我把进退出处的利害想得烂熟而已。"

高演在宫殿把一个人斩首，问王晞，说："这个人应不应该死？"王晞回答说："应该处死，但可惜死得不是地方罢了。我听说'处死犯人应该在市集上，表示和众人一起抛弃他'，宫殿庭院不是杀人的地方。"

孝昭帝高演闻之，神色庄重起来，带着歉意和感激说："从今以后我一定为您改正这种做法。"对于朝中群臣进言提意见或建议，孝昭帝都从容地接受采纳。

高演向卢叔虎询问时局和对策。卢叔虎建议出兵讨伐北周，说："我强彼弱，我富彼贫，双方实力相差很大。然而长期以来两国干戈不息，我国不能把周吞并，这都是不善于发挥我国强大富庶的优势的过失。以轻骑兵在原野上游动交战，胜负难以预料，这是胡人骑兵的办法，并不是取胜的万全之策。我认为应该在平阳建立一个军事重镇，与对方的蒲州相对抗，开挖深沟，高筑壁垒，储运军粮，囤积兵甲。如果对方闭关自守不出来交战，我方就可以逐渐吞食他们的河东地区，使他们的地盘日益缩小。如果对方要出兵交战，那没有10万以上兵马，是不够成为我们的敌手的。敌军所需要的粮食，只能全部从关中地区运来。而我军戍守的士兵一年更换一次，粮食是很丰饶的。对方来挑战，我方可以不理睬；对方如果退却，我方可以乘机掩袭。从长安以西，人口稀少，城池相隔很远，敌兵来往，实在很艰难，这样长期和我军相持下去，农业肯定要荒废，超不过三年，敌军一定溃败。"

孝昭帝高演对卢叔虎的这个计策，深以为好。

北齐孝昭帝高演杀杨愔、燕子献等人之时，答应让长广王高湛当太弟，将来接他的皇位。可是，后来高演却立自己的长子高百年为太子，高湛心中愤愤不平。

孝昭帝在晋阳，担心高湛不安分。于是，任命领军代郡人库狄伏连为幽州刺史，斛律光的弟弟斛律羡为领军，以此来分散高湛的兵权。高湛却留下库狄伏连，不让他到幽州去上任，又不让斛律羡去执行领军的职务。

北齐废帝高殷被高演赶下台后，被降为济南闵悼王，住在邺城。北齐也由此一步步地衰败下去了……

第二十八章 "三国"外交陈鼎立

陈文帝对北齐、北周的入侵，该打之时，坚决打痛！聚全国之军力，歼灭来犯之敌！能修好和平的时候，谦恭以礼，温雅大度！陈朝在外交政策上的成功，不仅有对海外诸国怀柔以恩，传播华夏文化、科技和佛教信仰，还有对北方两大鲜卑政权北齐、北周的外交策略上的成功！

陈朝建立之前，南朝经过"侯景之乱"后，南梁朝陷入宗王割据、四分五裂的局面，北方的北齐和西魏抓住机会趁火打劫——北齐夺取了梁朝的淮南江北之地；西魏则占了包括益州、荆州在内的长江上游大片领土。

对梁朝而言，北齐、西魏两大强敌之中，梁朝更恨的是西魏。因为西魏杀死了当时梁朝的合法皇帝——梁元帝萧绎。梁元帝死后，梁朝与西魏矛盾空前激化。

但是，西魏与梁朝之间，隔着一缓冲带——后梁萧詧。而北齐却与梁朝仅一江之隔。北齐入侵南梁，一夜之间，就可以兵临城下！

在联齐还是联魏的问题上，梁朝大臣王僧辩和陈霸先产生了分歧。王僧辩屈服于北齐的威胁，迎立了北齐指定给梁朝的傀儡皇帝萧渊明，梁朝名存实亡。最惨烈的是江南民众，将深受鲜卑族的无尽的蹂躏。先进的汉文明将被野蛮落后的鲜卑族所取代！

陈霸先为民族大义，率先起兵于京口。奇袭石头城，斩杀王僧辩父子。陈霸先此举虽然果断地挽救了国家和民族，却把自己置身于北齐和王僧辩势力的打击之下。因为袭杀了王僧辩，陈霸先首当其冲地成了王僧辩的亲友及部将的头号敌人；又因为陈霸先京口起兵，打乱了北齐本来已经布好的局，自然也将陈霸先当成头号大敌。

陈霸先从诛杀王僧辩之后，就陷入两线作战：对外抵抗北齐；对内平定王僧辩部将的叛乱。陈霸先同时面对王僧辩旧部和北齐的夹击。幸亏陈霸先是天纵英才，能征善战，陈霸先通过艰难反击，不仅两次打退北齐大军的疯狂入侵，还同时扑灭了王僧辩余部，最后建立了一个全新的陈朝。

说陈朝是一个全新的国家，是说陈朝打破了自从东晋以来沿袭至宋、齐、梁朝的士族门阀制度。陈霸先的上位，标志着寒族正式走上历史的舞台。

永定元年（557），陈霸先代梁建陈。南陈与北齐、北周形成了三足鼎立的局面。

由于陈霸先与北齐几次恶战，并且支持陈霸先代梁称帝的最大功绩就是打退北齐，保全了江南土地和人民的安全，要他再去与北齐交好，不可能。

但是要让他去结交北周，也是办不到的。因为，陈霸先唯一的儿子陈昌，被北周押作人质。这让陈霸先想起来就憋屈！

陈霸先一共有六个儿子，但是除了第六子陈昌成年以外，其他儿子全部夭折。因此，他对这个唯一的儿子格外关怀和疼爱！

可惜，西魏攻破江陵，梁元帝被杀，而在梁元帝身边侍奉（人质）的陈昌和陈顼（陈霸先侄儿）全被西魏（北周）掳到关中。陈霸先屡次派人去北周，要求放回陈昌和侄儿陈顼，但北周权臣宇文护口头答应，而无实际行动。

陈武帝在位期间（从太平二年（557）十月建国，到永定三年（559）六月驾崩，对北齐、北周的关系，和又不能，战又实力不够。只能不和不战。陈文帝即位后，马上就开始调整北齐、北周的关系。可是，首先打上门来的，是北齐支持的王琳大军。王琳作为陈朝最大的内患，陈武帝、陈文帝都一直致力要剿灭他，但北齐一直在支持王琳。

此次，北齐还派了1万步军和2000铁甲骑兵，来援助王琳。陈文帝调动全国军力，诏令太尉侯瑱、侯安都和徐度率部狙击王琳。

结果，陈朝军队把王琳打得落花流水，仓皇败逃到了北齐。陈文帝顺势把国内与王琳勾结的土豪首领熊昙朗也收拾了，把熊昙朗的首级悬示于街市。北齐鲁山城的守将闻之胆战，留下一座空城，连夜逃跑了。陈文帝诏令南豫州刺史程灵洗接手鲁山城的防务。陈朝与北齐的外交关系更加僵化。

反而是北周伸来了"橄榄枝"。不过，这是一支带有阴毒的"橄榄枝"。北周权臣宇文护知道陈朝的陈霸先侄子陈蒨即位了，立即放归陈霸先的唯一嫡子陈昌回国。妄图挑动陈昌与陈蒨两兄弟争夺帝位，制造陈朝内乱。北周就好坐收"渔翁之利"。

陈昌自恃是陈霸先嫡子，在归途中给堂兄陈蒨写信，言辞非常不客气，要堂兄让位。陈文帝看信后很不高兴，他对侯安都说："太子快回来了，我只好找个地方当藩王去养老。"

心腹大臣侯安都说："自古岂有被代天子?"侯安都主动要求去迎接陈昌。结果，渡江时，船到江心，陈昌落水淹死。虽然此处存疑，但史书就是这样记载的。（以笔者的研究，陈昌并没有上船，而是带着怀孕的夫人，潜回了老家吴兴，隐居了起来。《上虞陈氏宗谱》有载。以侯安都的文武全才和陈昌的聪明，他们完全有智慧处理这件关系国家大局的事情。陈昌的隐居，既消除了北周对他的刺杀，也消除了国内不安定的因素。）

由于陈朝对外宣布陈昌在江中因船坏溺亡，令北周的如意算盘落空。北周权臣宇文护心想，既然阴谋不行，那就直接来阳谋吧。宇文护干脆于天嘉元年（560）派遣贺若敦、独孤盛率水、陆两军攻打陈朝。

陈文帝毫不示弱，诏令侯瑱率军抵抗。陈军打败北周水师独孤盛，逼退了北周步军贺若敦，陈朝收复了巴、湘失地。接着，陈文帝又平定了南方叛乱，完成了南方的统一。

当初，江陵沦陷时，毛喜跟着安成王陈顼、陈昌，一起陷没在长安。后来与陈昌一起回来，毛喜向陈文帝进献了与北周人和睦亲善的计策。

陈文帝便派侍中周弘正去和北周修通友好。北周也想全力对付北齐的扩张，也想与陈朝改善关系。于是，天嘉二年（辛巳，561）六月，乙酉（十一日），北周派御正殷不害来陈朝聘问。

殷不害本来就是梁朝旧臣。江陵城破，梁元帝被杀，他也被押往长安。此次能重回江南，与陈朝修好关系，殷不害是乐于效力。于是，北周为了表达善意，答应送回安成王陈顼，派司会上士杜杲到陈朝聘问。陈文帝很高兴，马上派使者去回报，并赠送黔中地区及鲁山郡给北周。

于是，天嘉三年（562）三月丙子（初七），在北周派的使臣杜杲的护送下，安成王陈顼到达建康，陈文帝下诏封陈顼为中书监、中卫将军。

陈文帝对北周使臣杜杲说："我弟弟现在承蒙你们以礼相待送回来了，这实在是周朝的恩惠，然而，我们要是不奉送鲁山城，你们恐怕也不会这样做的。"杜杲回答说："安成王，不过是长安的一个布衣百姓，但却是陈朝皇帝的弟弟，他的价值岂止一座城池而已！我们周朝一向和亲族和睦相处，推己及人地讲求忠恕之道，上遵太祖之遗旨，下思永远和好人信义，因此才把安成王送回南方。现在您却说是用寻常的土地换回了骨肉至亲，这可不是我所能同意的。"

陈文帝听了很觉惭愧，只好自我解嘲地说："刚才说的是玩笑话。"陈朝接待杜杲的礼节超过了常规。

当时，陈顼的妃子柳氏和儿子陈叔宝、陈叔陵还滞留在穰城，陈文帝又派毛喜到北周去请求放还，北周也把他们都送回来了。

陈顼的回归，使陈朝孱弱的宗室力量得到加强，巩固了陈朝的统治。陈朝与北周的关系修好，数十年内，两国都没有发生大的战争。

王琳败逃北齐后，北齐仍把王琳当作一支骚扰陈朝的力量。北齐皇帝高洋死后，北齐武成帝上位。北齐委任王琳为扬州刺史行台。王琳多次想向南陈进犯，尚书卢潜认为时机未到，不可轻举妄动。

天嘉三年（562）春季正月，陈文帝派人送书信到寿阳，想与北齐修好两国关系。卢潜把信呈奏了北齐，仍然启请武成帝高湛允许息兵，武成帝同意两国休兵，并把陈昙朗的遗体还给陈朝。随后，高湛派散骑常侍崔瞻来陈朝聘问。

陈朝与北齐的关系重新修好，得亏了卢潜和崔瞻两人的努力。但是，王琳恼怒卢潜修复了陈朝的关系，于是，从此对卢潜产生了嫌隙，相互之间总是争执不已。齐武成帝高湛征召王琳到京城邺城去，任命卢潜为扬州刺史，领行台尚书。据《北齐书卷四十二·列传第三十四》记载：卢潜于天保初年（550）任中书舍人，因为奏事触犯了皇上的旨意被免官。不久又任左民郎中，由于议论指责《魏书》，和王松年、李庶等人一起被拘禁。当时清河王高岳准备救援江陵，特地赦免了卢潜并任命为高岳行台郎。回来后，升任中书侍郎，不久又改黄门侍郎。黄门郑子默向皇上告发说，卢

潜跟着清河王高岳讨伐南方时，命他去游说梁将侯瑱，大受贿赂，回来时也不向皇上报告。显祖把卢潜杖打100，截断胡须，贬为魏尹丞。

不久卢潜任司州别驾，出任江州刺史，他管辖之地都能治理得好。高演任丞相时，任命卢潜为扬州道行台左丞。早先，王琳被陈朝军队打败，与萧庄逃到北齐的寿阳，北齐朝廷任命王琳为扬州刺史，令卢潜和王琳为南讨经略。王琳部下的亲朋故旧很多都在扬州和陈接壤。卢潜安抚内外，百姓和乐相处。陈朝的秦州、谯州刺史王奉国、合州刺史周令珍先后攻打北齐，都被卢潜击退，卢潜因战功加散骑常侍，享受彭城郡干禄。后，北齐朝廷改任卢潜为合州刺史，左丞依旧。又任王琳的行台尚书，不久授仪同三司。

由于卢潜先前启奏北齐武成帝同意与陈朝休兵，并送还被北齐高洋杀死的南梁人质陈昙朗的遗体。随后，北齐武成帝下诏，令散骑常侍崔瞻到陈国访问，并把南康愍王陈昙朗的遗体送还给陈朝（见《北齐书卷七·帝纪第七·武成帝》："诏散骑常侍崔瞻聘于陈。"之记载）。

崔瞻，字彦通。据史载：聪明好学，有文学，仪容举止美好，神采奕奕，言不妄发。年15，刺史高昂召为署主簿，清河公岳辟举为开府西阁祭酒。崔暹为中尉，上书朝廷，请除御史，是由于崔瞻的能力名望，并非崔暹喜欢他。

魏孝静帝登云龙门楼，崔瞻的父亲崔鶠侍宴，帝使崔瞻坐在御座旁边。他也作过应诏诗。帝问邢邵等人："这诗像他父亲作的吗？"人们都说："鶠博雅弘丽，瞻气调清新，全是诗人之首。"宴会结束，共嗟叹称誉："今天的宴会，崔瞻父子出尽了风头。"

天保初，崔瞻兼任并省吏部郎中。不久，其父病故，后起复为司徒属。杨愔想推荐崔瞻为中书侍郎。时卢思道值中书省，杨愔便问卢思道说："我这些日子很忙，没有看见崔瞻的文章，你同他家关系密切，应该熟悉。"思道回答说："崔瞻文辞华美，确实首屈一指，但是整个社会看重的是他的风流，这样也就埋没了他的才华。"杨愔说："你讲的有道理。"于是，杨愔就上书朝廷请求用崔瞻。后，崔瞻做了中书侍郎。杨愔又说："裴瓒晋时做中书郎，神情高迈，每当他出入宫殿大门时，宿卫的兵士便会肃然起敬。崔生堂堂仪表，便不会在裴子之下。"

皇建元年（560），除给事黄门侍郎。崔瞻与赵郡李概为莫逆之交。李概准备回家，崔瞻给他写信说："仗气使酒，我之不足；诋诃指斥，在卿最甚。足下告归之后，我将要到何处听人讲我的过失？"崔瞻有气喘病，加上是个慢性子，虽居处在二省中，却不堪敷奏。朝廷加崔瞻征虏将军，除清河邑中正。肃宗践祚，皇太子需要师傅授业，便诏除崔瞻为太子中庶子，征赴晋阳。帝令他专在东宫，将调护讲读以及进退礼仪，都委托给了他。太子纳妃斛律氏，帝敕崔瞻与鸿胪崔吉力撰写婚礼仪注。帝还单独提醒说："虽有旧事，恐未尽善，可以认真地制定此仪，作为后代的法式。"

崔瞻轻忽怠慢，以才能、声望自矜，和他打交道的，都是一时的名流。在御史台，常让家里送来吃食，全是山珍海味，一个人单独享用，丝毫不让人染指。有一河东人士姓裴，也是御史，等崔瞻吃饭时，就去拜访。崔瞻不同他说话，也不给他勺筷。裴坐在旁边看着崔瞻吃完才起身告退。第二天，裴自带匕首，来到崔瞻吃饭的地方，大口大口地吃崔瞻家里送来的饭菜。崔瞻对裴说："我开始不请你吃，也不搭理你，但你却不拘小节，往昔刘毅在京口，冒昧地要求吃烤鹅，你的行为难道与他有区别？你一定会成为名士的。"自此之后，两人总在一块吃饭。

据《北史卷二十四·列传第十二》记载：崔瞻于大宁元年（561），除卫尉少卿。寻兼散骑常侍，聘陈使主。行过彭城之时，崔瞻读道路旁的碑文，还没读完，崔瞻就昏倒于地。崔瞻的随从远远地看到，以为中了邪恶之事。原来，此碑是崔瞻的父亲在徐州任职之时所立。崔瞻此时读碑而感到哀伤怀念之故也。

崔瞻词韵温雅，南方士人极其钦佩，还说："常侍与梁朝通好的时候，为什么没来？"人们就是这样的看重他。崔瞻回朝，除太常少卿，加冠军将军，转尚书吏部郎中。因病请假 10 多天。旧的规定，百日不办公者免官。吏部尚书尉瑾性格急躁，认为崔瞻举止迟缓，处理不好繁杂的事务，便派人快马上报皇帝，所以崔瞻的位置就被人顶替了。崔瞻被免掉了吏部郎中之官，返回乡里。天统年末，加崔瞻为骠骑大将军，在家拜为银青光禄大夫。武平三年（572）死，时年 54 岁。北齐朝廷赠崔瞻使持节、都督济州军事、大理卿、刺史，谥号文。

　　天嘉三年，北齐武成帝高湛派散骑常侍崔瞻来陈朝聘问，并把南康愍王陈昙朗的遗体送还给陈朝。陈文帝闻讯，立即派使臣接回南康王陈昙朗的遗体，隆重安葬。自此后，陈朝与北齐使者相互来往，两国关系修好。

　　北齐的武成帝，名湛。是高欢的第九个儿子，生于537年，568年病死。他是孝昭帝高演的同母弟。文宣帝高洋在位时，高湛被封为长广王，拜尚书令；废帝高殷时，封太尉、大司马、并省禄尚书事。孝昭帝高演夺位时，曾答应即位后立高湛为皇太弟，将来接替他的皇位，可是高演即位后，却立自己的儿子高百年为太子，没立高湛为皇太弟。对此，高湛心中愤愤不平。高演死时在晋阳，高湛守邺城。当高湛接到让他当皇帝的诏书之时，他还不敢相信。因为高演的儿子早立为太子，高湛自己做梦也没想到这么快就当上皇帝。高湛害怕其中有阴谋，有诈，便派人去晋阳以证虚实。证实后，高湛狂喜不已，立即赶往晋阳，于561年11月11日在南宫即位，是为武成帝。

　　北齐武成帝高湛于天嘉三年四月，又派使者到陈朝聘问，表示两国修好。作为礼节上的往来，陈文帝于秋季七月丁酉（二十九日）派使者到齐国聘问。十一月丁丑（十一日），北齐派兼散骑常侍封孝琰到陈朝聘问。

　　天嘉四年（癸未，563）四月辛卯（初三），北齐武成帝派兼散骑常侍皇甫亮来陈朝聘问。由于这个时候，北齐与北周争战的阴云笼罩，北齐武成帝又于五月乙卯（二十三日）派兼散骑常侍崔子武来陈朝聘问。

　　紧接着，北周也派来使者出访陈朝。北周武帝宇文邕派使者到陈朝聘问。因北周与北齐两国发生战争，他们争相来陈朝做一些拉拢工作，顺便探听一下陈朝的虚实。

　　这段时间里，北周的局势，也发生了变化。北周的建立，是宇文护的功劳。557年，宇文护逼迫西魏恭帝拓跋廓将皇位禅让给宇文觉。宇文觉称帝后，军政大权实际上全部掌握在大司马宇文护手中。

　　宇文觉联络李植、孙恒、乙弗凤等大臣，准备借宴请公卿的机会捕杀宇文护。

　　宇文护发觉，并没有大开杀戒，只是把为主的两人从宇文觉身边调离，贬到地方做官。侥幸留下来的乙弗凤并未死心，他加紧谋划，准备由宇文觉设御宴招待群臣，趁机杀掉宇文护。此事又被宇文护获知，他将乙弗凤等人捕杀后，逼迫宇文觉退位，封他为略阳公。一个月后，宇文护又派人暗杀了宇文觉（谥号孝闵皇帝）。扶立宇文泰的长子宇文毓为新帝。

宇文毓即位后，励精图治，政绩显著，深受百姓爱戴。他为人宽容，君臣关系相对融洽，对外又打退了吐谷浑的侵犯，威望与日俱增。但是，兵权还是牢牢掌握在宇文护的手里，宇文护见宇文毓难以控制，便暗中使人下毒，害死宇文毓。

公元560年5月，宇文毓崩于延寿殿，时年26岁，宇文毓临终前，当着群臣的面，用最后的力气大声口传遗诏：传位于自己的四弟宇文邕。

宇文邕，字祢罗突，是宇文泰的第四子。543年，宇文邕出生于同州，自幼孝顺，聪明有才识，其父宇文泰曾说："能够继承我的大业的人，必定是宇文邕。"

宇文邕登基，史称周武帝。他力展宏图，誓灭北齐，统一北方。当时的北齐已是江河日下，不管是经济上还是军事上都难以与北周抗衡。宇文邕在位期间，诛杀权臣宇文护，摆脱鲜卑旧俗，整顿吏治，使北周政治清明，百姓生活安定，国势强盛，是北周时期的一代明君。

天嘉四年（563）北周与陈朝时常进行外交往来。北周武帝宇文邕联合突厥出征北齐，攻占北齐20余城。后来，不知为何突厥突然撤军。北周孤军奋战，但最后还是以失败告终。

这次失败，让宇文邕对北周的国力有了清醒的认识。为了实现统一北方的目标，他决定继续发展和增强北周的国力。但当时大权仍然掌握在宇文护的手中，为了扫清亲政的障碍，宇文邕决定先除掉与之有杀兄之仇的宇文护。

572年，宇文邕设计在太后宫中铲除了宇文护，随后将其儿子、兄弟及亲信斩尽杀绝。杀了北周权臣宇文护，北周武帝宇文邕才真正开始亲政。

宇文邕578年死，他的儿子宇文赟即位。北周政局不稳，"内外恐惧，人不自安"。杨忠的儿子杨坚，这才开始趁机阴谋夺权。直到580年，杨坚才独揽北周大权。这是后话。

由于北周与北齐的战争正在进行中，这两大北方的鲜卑强敌轮番到陈朝来交好关系。

天嘉五年（甲申，564）秋八月戊戌（十四日）齐主高湛又派遣兼散骑常侍刘逖来陈朝聘问。次年四月，北齐武成帝派太宰段韶手持符节捧着皇帝的玉玺和绶带，传位给太子高纬。太子在晋阳宫即皇帝位，大赦全国，改年号为天统。又下诏封太子的妃子斛律氏为皇后。公侯们进奉武成帝以太上皇帝的尊号，军国大事都向他报告。

北齐换了新君，于是，天嘉六年（565）六月己巳（十八日），北齐国主派兼散骑常侍王季高来陈朝访问。

随后，北周也于天康元年（丙戌，566）春正月庚子（二十三日）派小载师杜杲来陈朝聘问。

由于陈文帝和陈朝君臣的智慧，使北方两个强大的鲜卑政权北周、北齐，争相与陈朝结好。虽然是表面的外交活动，但至少，在陈文帝执政的后期，北周、北齐都没有再对陈朝兴兵南侵。使陈朝集中精力，先后平定国内的留异、陈宝应、周迪等豪强割据，赢得了难得的发展经济、文化、科技的和平环境。

由此可见，陈文帝的外交政策，是非常成功的。他没有辜负陈武帝的期望，在陈武帝铺就的基础上，陈文帝收复巴、湘失地，平定国内割据，完成了统一江南，巩固了陈朝政权。与北齐、北周两国的政局相比，陈朝是当时"三国"鼎立中，政局最稳定、经济最繁荣、文化最兴盛的王朝。陈文帝的"天嘉之治"，使陈朝的政治、经济、外交、文化、科技进入了一个蓬勃繁荣的发展时期。

可惜的是，陈文帝勤勉朝政，过度地透支体力。45 岁的陈文帝不幸于天康元年（566）病逝。如果，陈文帝能多活十年，以他的天纵英才，以他的文治武功，以他经天纬地之宏图大略，可以毫不夸张地说：

在陈朝与北周、北齐争雄的时代，在杨坚还没有掌握北周政权的时候，陈文帝有足够的政治、军事、经济、文化科技的实力，横扫北齐，荡平北周，统一全国。

第二十九章　南陈明君文帝崩

天嘉六年（565）春，正月十一日，陈朝皇太子陈伯宗加元服，王公以下赐帛各有等差，孝悌力田及为父后者各赐爵一级，鳏寡孤独不能自养者给每人五斛谷。

加元服，古称行冠礼。又称元服之礼。颜师古注称："元，首也；冠者。首之所著，故曰元服。"汉族男子在成年时会行成年礼即"冠礼"。从这一天起，冠者便被社会承认为已成年。

汉族的成年礼，为男子冠礼，女子笄礼。据经书记载：古代冠礼在宗庙内举行，日期为二月，冠前十天内，受冠者要先卜筮吉日，十日内无吉日，则筮选下一旬的吉日。然后将吉日告知亲友。及冠礼前三日，又用筮法选择主持冠礼的大宾，并选一位"赞冠"者协助冠礼仪式。

行礼时，主人（一般是受冠者之父）、大宾及受冠者都穿礼服。先加缁布冠，次授以皮弁，最后授以爵弁。每次加冠毕，皆由大宾对受冠者读祝词。

祝词大意为：在这美好吉祥的日子，给你加上成年人的服饰；请放弃你少年儿童的志趣，造就成年人的情操；保持威仪，培养美德；祝你万寿无疆，大福大禄。

然后，受礼者拜见其母。再由大宾为他取字，通常取字称为"伯某甫"（伯、仲、叔、季，视排行而定）。然后主人送大宾至庙门外，敬酒，同时以束帛俪皮（帛五匹、鹿皮两张）作报酬，另外再馈赠牲肉。

受冠者则改服礼帽礼服去拜见君亲，又执礼赞（野雉等）拜见乡大夫等。若父亲已殁，受冠者则需向父亲神主祭祀，表示在父亲前完成冠礼。祭后拜见伯、叔，然后飨食。

此加冠、取字、拜见君长之礼，后世因时因地而有变化，民间自 15 岁至 20 岁举行，各地不一。

南北朝时，中原完全陷入五胡乱华的空前动荡之中，冠礼一度废而不行。南朝宫廷还有一些皇家冠礼。

对于帝王而言，冠礼具有特殊的意义。周代实行嫡长子继承制，在位之王去世，嫡长子无论年长或年幼都可以即位，但若未成年行冠礼则不可亲政。

周成王幼年继武王之位，但周公摄政直至其成年。嬴政 13 岁即秦王位，但也是直到 22 岁，"冠，带剑"，方才亲政。从天子至士庶，冠礼都是"成人之资"，未行冠礼，"不可治人也"。

由此可知，陈朝给太子陈伯宗加元服（行成人冠礼），其意义多么明显！特别是在陈文帝染病期间，对太子的成人礼，是直接向天下臣民昭示，从即日起，当朝太子有继位之资。

当时，皇太子陈伯宗究竟有多大呢？据史载，陈伯宗是承圣三年（554）出生的。而在 565 年加元服，那他才 11 岁。

这里有一个问题，据《陈书·废帝纪》载："太建二年四月薨，时年十九。"这个时间就不对了！太建二年是 570 年，陈伯宗时年应该 16 岁。说明史载有误。

如果倒推 19 年，那陈伯宗应该是承圣元年（552）出生，而不是承圣三年（554）出生的。承圣年号，梁元帝萧绎仅使用了两年。承圣三年（554）西魏攻破江陵，梁元帝萧绎就被杀死。

由此可知，陈伯宗出生于 552 年，他加元服之时，年 13 岁，这才是正确的。

陈朝以领军将军杜棱为翊左将军、丹阳尹，丹阳尹袁枢为吏部尚书，卫尉卿沈钦为中领军。又征召韩子高为右卫将军，至京师，镇守领军府。在陈文帝病重期间，韩子高入内侍奉医药。

陈文帝在病重期间，仍然操劳国事，关心民众疾苦。于三月十三日颁《许建安等郡流民还本》诏曰："侯景以来，遭乱移在建安晋安义安郡者，并许还本土，其被略为奴婢者，释为良民。"（《陈书·文帝纪》）诏令侯景之乱以来移居建安、晋安、义安郡的流民，一并允许回本土，其中被掠为奴婢的，释放为良民。

这个诏令对保障民众的人身自由，解放社会的生产力，促进农业、商业、手工业（桑蚕、纺织、丝绸、锦绣、印染）等经济的发展，起到很大的促进作用。

为了加强皇族宗室的力量，陈文帝于四月初二，以侍中、中书监、中卫将军、骠骑将军、开府仪同三司、扬州刺史安成王陈顼为司空。

之后，又先后立皇子陈伯固为新安郡王，陈伯恭为晋安王，陈伯任为庐陵王，陈伯义为江夏王，陈伯礼为武陵王。

士族豪门势力一直绵延在南朝160多年了，有着深厚的政治基础。宋齐梁陈这四个朝代的开国之君都是武将出身，南朝的皇权不再如东晋一样，被士族任意拿捏。但，皇权与士族的对抗依然存在。

为了巩固皇权，陈文帝一方面要拉拢寒门武将和文士，在朝中做官；另一方面就是加强皇族宗室的力量。于是，陈顼及宗亲王爷们，成为凭借血缘关系崛起的另一支势力。

这一年的天象不利，出现彗星、老人星，白天还出现了太白星。太白金星，在古代它是一颗让人恐惧的行星，当它出现在不该出现的轨道或时间点上，解释星相的官员便认为灾祸将降临人间。在出现彗星的那天，刚巧，北周派来使臣访问陈朝。

这一年的七月，也发生过很多怪异的事：初三，大风从西南方吹起，宽100余步，吹倒灵台候楼。初四，仪贤堂无故自坏。陈朝廷修缮仪贤堂，从而也触发了一些大臣建议修缮境内的忠烈坟茔。陈文帝乐意行善积德，于是颁下《修治古忠烈坟冢诏》诏令。

天嘉六年八月丁丑日，陈文帝下诏曰："梁室多故，祸乱相寻，兵甲纷纭，十年不解，不逞之徒虐流生气，无赖之属暴及徂魂。江左肇基，王者攸宅，金行水位之主，木运火德之君，时更四代，岁逾二百。若其经纶王业，缙绅民望，忠臣孝子，何世无才，而零落山丘，变移陵谷，或皆剪伐，莫不侵残。玉杯得于民间，漆简传于世载，无复五株之树，罕见千年之表。自大祚光启，恭惟揖让，爰暨朕躬，聿修祖武，虽复旂旗服色，犹

行杞、宋之邦，每车驾巡游，眇瞻河、雒之路，故乔山之祀，苹藻弗亏，骊山之坟，松柏恒守。唯戚藩旧垄，士子故茔，掩殪未周，樵牧犹众。或亲属流隶，负土无期，子孙冥灭，手植何寄。汉高留连于无忌，宋祖惆怅于子房，丘墓生哀，性灵共恻者也。朕所以兴言永日，思慰幽泉。维前代王侯，自古忠烈，坟冢被发绝无后者，可检行修治，墓中树木，勿得樵采，庶幽显咸畅，称朕意焉。"

转眼到了年底，十二月初九，陈朝调整了以下将领：

以镇前将军、开府仪同三司章昭达为镇南将军、江州刺史。

镇南大将军、江州刺史黄法氍为中卫大将军。

中护军程灵洗为宣毅将军、郢州刺史。

军师将军、郢州刺史沈恪为中护军。

镇东将军、吴兴太守吴明彻为中领军。

东中郎将、吴郡太守鄱阳王陈伯山为平北将军、南徐州刺史。

南北朝时的领军将军、中领军、中护军，是掌管宫廷禁卫，銮驾出入，督摄仗卫的重要职位。一般来说，这些重要职位都是任用皇帝的亲信将领的。

但从以上职位调整，可以看到，没有皇室宗亲担任以上重要职务，都是一些老成持重的陈朝将领担任这些宫殿禁卫之职。

中领军吴明彻，此前已有介绍。中护军沈恪，是陈武帝时的忠心将领。现在，根据史料，来介绍一下。

沈恪，字子恭，吴兴武康人。性格深沉，办事能力强。梁朝新渝侯萧暎任郡将，召他任主簿。萧暎迁调北徐州，沈恪随他去镇守。萧暎迁调广州，以沈恪兼任府中兵参军，经常带兵讨伐俚洞。卢子略反叛，沈恪抗战立有战功，授职为中兵参军。陈霸先和沈恪同郡，私交很深，萧暎死后，陈霸先向南讨伐越帝李贲，派妻子儿女依附沈恪回乡。不久沈恪任东宫直后，因为在岭南的功劳被授职为员外散骑侍郎，命令他召集同族叔伯兄弟为朝廷所用。

陈霸先称帝后，任命沈恪为吴兴太守。永定二年（558），调任督管会稽郡。适逢余孝顷图谋响应王琳，出兵临川攻打周迪，于是以沈恪为壮武将军，率军越岭来救周迪。余孝顷听说沈恪抵达，退走。三年，沈恪迁任使持节、通直散骑常侍、智武将军、吴州刺史，抄近道去鄱阳。不久有诏令追他回来，兼管会稽郡事务。同年，任散骑常侍、忠武将军、会稽太守。

陈文帝继位，晋升为都督会稽、东阳、新安、临海、永嘉、建安、晋安、新宁、信安九郡诸军事，将军、太守等职和从前一样。天嘉元年（560），增加食邑500户。二年，征召为左卫将军。不久出任都督郢州、武州、巴州、定州诸军事，军师将军，郢州刺史。六年，征召为中护军。不久迁任护军将军。

由此可见，陈文帝任人唯贤，胸襟宽博大度。对大臣和军将给予充分的信任！此前，天嘉元年，大破王琳之后，有王琳的重要将领孙玚举州来降，陈文帝欣然接受，并诏孙玚任职中领军，以示恩宠。而孙玚内心不安，改求另职。最后，陈文帝改任孙玚为成州刺史。

陈文帝十分重视国家吏治，包括官讼审讯的公正，尽量不冤屈于民。陈文帝于天嘉六年十二月十五日颁《曲赦京师》诏：

"朕自从担当治国之重任，位居王公之上，只是愚昧无能，有碍于治国之道。加上上朝不勤，事务多至积压，冤案不能申雪，屈枉不能鉴察。念及系狱之犯人，颇有出民于水火之心，然而恩泽未能广布，连月天旱，到了岁序之末，元日快到，想让狱中之人，一同享受春阳之气，可特赦京师。"

国家法典，在于规范、教化于人民。上至高官下至草民，奉公守法，一律平等公正。有些人或系冤屈，或系失足初犯，陈朝尽量给予宽恕。自汉至南朝历代在年底或新年之初都有特赦之例，意在使人重新改过的机会。如果屡教不改，必定重惩难饶。

天嘉七年（566）春正月，天气仍十分的寒冷。初二，有日食。日食又叫作天狗食日，古代科学不发达，普遍认为日食是不吉利的。似乎特别关系国王的福祉和生存。

新年开始，北周于正月庚子（二十三日）就派小载师杜杲来陈朝聘问。在《周书卷五·帝纪第五·武帝上》有记载。北周的职务小载师，是

"掌任土之法，以物地事，授地职而待其政令，属地官"。载师的职权范围比较广。"辩夫家田里之数，会六畜车乘之稽，审赋役敛弛之节，制畿疆修广之役，颁施惠之要，审牧产之政"。杜杲往返南朝多次，已经是南朝的好友了。受到陈文帝、安成王陈顼的热情接待。

受到日食的传言影响，也是鉴于陈文帝旧病迁延未愈，身体状况不太好，陈朝决定大赦天下，改元。以期化解日食所带来的消极影响。

天康元年（566）春二月丙子（二十九日），陈文帝下《改元大赦诏》，诏曰：

朕以寡德，篡承洪绪，日昃劬劳，思弘景业，而政道多昧，黎庶未康，兼疹患淹时，亢阳累月，百姓何咎，实由朕躬；念兹在兹，痛如疾首，可大赦天下，改天嘉七年为天康元年。（见《陈书·文帝纪》）

陈朝改年号为"天康"，意思很明显，就是期望上天降福，使陈文帝病体早愈，身体健康。

天康元年三月初三，以骠骑将军、开府仪同三司、扬州刺史、司空安成王顼为尚书令。

尚书令，是中国古代的官名，始于秦，至南朝陈，一直沿用此官职。尚书令为尚书省长官，宰相职。尚书权力很大。魏晋南北朝时，尚书台改称尚书省，尚书令日益尊贵。事无大小，皆归尚书令。据《通典》载："尚书令主赞奏事，总领纪纲，无所不统。与司隶校尉、御史中丞朝会皆专席而坐。"

陈文帝生病，台阁等官署的事情，令尚书仆射到仲举、五兵尚书孔奂共同决定。孔奂是孔之的曾孙。陈文帝病重，孔奂、到仲举和司空及尚书令扬州刺史安成王陈顼、吏部尚书袁枢、中书舍人刘师知进宫侍候医病服药。

久病不愈的陈文帝，开始考虑后事了。由于太子陈伯宗懦弱，陈文帝担心他不能守住皇位，便对安成王陈顼说："我要像太伯那样把天下让给你。"

陈顼流泪拜伏在地，坚决推辞。文帝又对到仲举、孔奂说："现在三方鼎立对峙，天下的事情繁重，需要有个年纪较大的君主。近的，朕准备效法晋成帝，远的，遵照殷朝的法则，把皇位传给弟弟，你们要按朕的意思去做。"

孔奂流着泪回答说："陛下因为饮食不当，所以身体欠安，不用很久就能康复。皇太子正在盛年，威德一天比一天高。安成王贵为陛下的弟弟，足以承担周公旦那样的责任。陛下如果有废立的想法，我们虽然愚笨，实在不敢听到这样的诏命。"

陈文帝听了孔奂的回话，似乎放心了，对孔奂说："古代直道而行的遗风，在你们身上表现出来了。"于是任命孔奂为太子詹事。

孔奂说这些话，可能主要是安慰陈文帝而已。孔奂也知道，如果安成王陈顼真的要取代帝位，仅凭他孔奂和几位大臣的力量，也是无法阻挡的。

后世的司马光对孔奂进行了严厉的批评：作为臣子服事君主，应该顺随他做得对的好事，以匡正补救他做得不对的坏事。

孔奂在陈朝，负有心腹大臣的重任，决定国家的大计，假如认为陈文帝的话不是真心实意，就应当像窦婴那样当面辩论，像袁盎那样在朝廷上力争，在错误或坏事萌芽的时候及时制止，不使它发展，杜绝非分企图之心。

如果认为真心实意，就应当请皇帝明下诏书，向中外宣布，可以使陈文帝有宋宣公舍子立弟的美德，陈宣帝无楚灵王杀兄自立的恶行。

不然，说太子是嫡系王位继承人，不能动摇，要辅佐他，使他没有危险，就应当尽忠全节，像晋国的荀息、赵国的肥义那样。

奈何在君主活着时，预先猜度他的想法而迎合他；等到君主死后，权臣篡国而不能挽救，继位的君主失位时而不能殉节去死！这就是奸诈奉承到了极点的人，而世祖说他们有古代直道而行的遗风，托付他们辅助未成年而继位的君主，岂不荒谬！

司马光直人说直话，但现实生活中，直人有时也还真的难以说直话。孔奂是什么人呢？据史载：

孔奂字休文，会稽山阴人。其曾祖父孔琇之，是齐朝左民尚书，吴兴郡太守。祖父孔至存担任过太子舍人、尚书三公郎，父亲孔稚孙，是梁宁

远枝江公主簿、无锡县令。

孔奂年幼丧父，由叔父孔虔孙收养。他好学，擅长写文章，经文史籍，诸子百家，无不通览。沛国刘显当时在学府最有名气，每次和孔奂一起讨论，很是佩服，于是拉着孔奂的手说："从前蔡伯喈在读书做人方面都要与王仲宣看齐，我应该向蔡伯喈看齐，足下可与王氏媲美。"刘显不久把所藏书籍送给孔奂。

州里选举秀才，孔奂金榜题名。起初授职为扬州主簿、宣惠湘东王行参军，他都未就职。后来任镇西湘东王外兵参军，入任尚书仓部郎中，迁任仪曹侍郎。那时左民郎沈炯遭匿名信毁谤，将受重刑，事情牵连台阁，人人忧心忡忡，孔奂在朝廷据理以争，全部澄清。当时丹阳尹何敬容认为孔奂刚正不阿，请求补任功曹史。不久孔奂又将出任南昌侯相，时值侯景之乱，没去就职。

京城陷落后，朝中官员都被拘禁，有人向贼帅侯子鉴推荐孔奂，于是侯子鉴下令解其镣铐，用厚礼待他，让他执掌书记之职。当时侯景的士兵都放荡不羁，凶威四溢，侯子鉴是侯景的心腹，又身居高职，朝中官员看见他，都卑躬屈膝，只有孔奂傲慢自如，毫不屈服。那时有人规劝孔奂说："当今乱世，人人都想苟且偷生，加上獯羯又蛮横无理，你岂能跟他们讲礼义？"孔奂却说："我性命还在，虽不能以死相拼，但岂能卑躬屈膝讨好贼寇，来保全自身呢？"当时贼寇掠夺百姓，拘禁豪门庶族，孔奂总是保护他们，得到他帮助的人很多。

不久孔奂的母亲去世，他伤心过度超过了哀礼。当时天下丧乱，都不能服三年的丧期，只有孔奂和吴国张种，在乱世中遵守法度，他们以行孝道而闻名。

侯景之乱平定后，司徒王僧辩先下征召令，任孔奂为左西曹掾，不久又命他任丹阳尹丞。梁元帝在荆州继位后，诏令孔奂和沈炯一起西上江陵，王僧辩多次奏请留下他们。元帝亲自写诏令给王僧辩说："孔奂、沈炯二人，今暂且借给你。"可见朝廷重视孔奂之一斑。不久孔奂任太尉从事中郎。王僧辩任扬州刺史时，孔奂又补任扬州治中从事史。那时侯景之乱刚刚平定，百废待兴，典章制度，都不复存在，孔奂博识多知，甄别典故，所问的没有不知道的，当时的礼节制度，奏章文书，都出自孔奂之手。

高祖（陈霸先）任宰相时，任孔奂为司徒右长史，迁任给事黄门侍郎。北齐派东方老、萧轨等人前来进犯，寇军抵达后湖，都城动荡不安，加之四面阻塞不通，粮饷运输跟不上，三军的给养，全靠京师，于是任孔奂为贞威将军、建安县令。当时因多年兵荒马乱，人口流散，强敌突然入侵，供给毫无来源，陈霸先限定日期决战，便命孔奂多做些饭食。幸亏陈蒨及时运来3000石粮食和1000只鸭子，孔奂令人用荷叶包着，一夜之间，得到数万包，士兵早上吃完，丢掉多余的，便去决战，终于大破北齐贼寇。

陈霸先即位，孔奂任太子中庶子。永定二年（558），又任晋陵太守。晋陵自宋、齐以来，一直是大郡，虽经贼寇骚扰，但还是较富裕。历任太守多搜刮民财，只有孔奂清廉自守，他的妻儿都不去官府，只有孔奂乘独舟舸去郡，他所得的薪俸，随即分给孤儿寡母，郡内百姓非常高兴，称他为"神君"。曲阿富人殷绮，见孔奂住所朴素俭约，便送给他一套衣服，一床毡被。孔奂说："太守本身有很高的薪俸，办这些轻而易举，只是老百姓无救济，容不得我独享温饱罢了。谢谢你的好意，希望不给你添麻烦。"

当初，世祖（陈蒨）在吴中，听说孔奂擅长理政。陈文帝继位后，诏命孔奂为御史中丞，兼扬州大中正。孔奂品性刚直，善于治理，多次上奏弹劾，朝廷官员很敬畏他。孔奂甚通治国之术，每次撰写的奏章，皇上无不称好，各官署滞留的事务，都交给孔奂处理。不久迁任散骑常侍，兼步兵校尉，中书舍人，掌诏诰，扬州、东扬州大中正。天嘉四年（563），孔奂再次担任御史中丞，不久任五兵尚书，常侍、中正职务不变。当时陈文帝患病，朝内诸事，都交给仆射到仲举和孔奂共同处理。

天康元年（566），又任孔奂为太子詹事，二州中正职务不变。

按说人间四月天，是比较温和的。可这年的天气异常闷热。

四月初九，皇孙陈至泽出生。陈文帝非常高兴，赐给朝中在位的文武百官以丝绢，为父为母者赐爵一级。

据《隋书二十一·志第十六·天文下》所载：566年四月甲子，"日有交晕，白虹贯之。"就是说太阳出现交错的光晕，在太阳周围出现光环。

四月癸酉（二十七日），陈文帝病重，崩于有觉殿。弥留之际，遗诏曰：

朕疾苦弥留，遂至不救，修短有命，夫复何言。但王业艰难，频岁军旅，生民多弊，无忘愧惕；今方隅乃定，俗教未弘，便及大渐，以为遗恨。社稷任重，太子可即君临，王侯将相，善相辅翊，内外协和，勿违朕意。山陵务存俭速，大敛竟，群臣三日一临，公除之制，率依旧典。（《陈书·文帝纪》）

陈文帝起于艰难困苦之中，深知民间疾苦。临命终时，遗诏里还在挂念百姓：王业艰难，战事连年，百姓多至疲敝，愧疚之心无时或忘。今四境已经安定，风俗教化未弘大，我便长辞人世，遗憾九泉。崇尚节俭的陈文帝在遗诏里，还强调：葬礼务必从俭。

陈文帝的病逝，令群臣痛惜不已！徐陵含泪写出了南朝名篇《陈文皇帝哀册文》：

维天康元年太岁丙戌四月丁未朔二十七日癸酉，大行皇帝崩于有觉殿，殡于太极之西阶，粤六月丙寅，将迁于永宁陵，礼也。宫车晚驾，帷殿晨张，旌铭具列，灵悼成行，哀子嗣皇帝讳，辟辱辂于丹陛，攀龙帷于紫庭，趋过穷于屏阙，拜恸感于明灵，东京飞其瑞露，北陆翔其祥星，乃诏云台之史，稽采咸池之曲，叶大雅于鸣金，同藏书于群玉。其辞曰：

若水傅帝，薰风衔民。重光所集，世载于陈。赫矣高祖，愍哉上帝，蝉联宝霄，晖焕天地，我皇诞圣，应此家庆。道主衢樽，神凝悬镜。洛书天表，河纪灵命。纳揆驰芳，宾门流咏。稽阴克伐，震野勤王。亳道增构，豳风会昌。言瞻少昊，实状高阳，效驾轸葛，清宫未央。欢覃兆庶，德洎遐荒。穆齐高寝，上膳长乐。肃肃承颜，哀哀荐酌。悼园恭俭，章陵谦约。大宝崇明，无间改作。缵武升历，遗忧实繁。三湘九派，雾气云昏。力折天桂，才倾地门。甘泉夜照，细柳朝屯。谷魅山鬼，横流塞源。赫赫英暮，赳赳雄断。遍行天讨，无遗神算。郁扫江淮，长驱巴汉。九夷百越，雷随风涣。北俘昆邪，西戡伊干。荷负皇极，劬劳庶几。勤民听政，旰食宵衣。服贲绛皂，风移闾闳。唐山罢奏，濮水韬徽。访采狂狷，搜扬仄微，也感中孚，民惟大畜。外户无闭，高垣奕筑。降情儒雅，疑怀庠塾。御庑为欢，临雍弥肃。礼兼三代，乐备九成。天资武德，地照文明。墨履斯在，葛巾自清。连珠合璧，曜爽流精。兽舞时豫，禽歌颂平。帝载维远，王灵维大。候雨占风，荒中海外。憬彼恩泽，咸承冠带。是曰君临，斯为交泰。白环已贡。玄圭克贞，东河仁揖，北狄思征。钺斧将或，璁珩未鸣。星淫去楚，日沴悲荆。亿兆何营，穹苍遽倾。呜呼哀哉！大禹胼胝，重华居腊。仰惟劳务，同斯违怿。吉梦无徵，昭祈奕益。

听茂陵之钟鼓，抱乔阳之剑舄。虽仿佛于宸仪，终缠绵以号辨。呜呼哀哉！三占已吉，四海同奔。列赠天宇，崩号帝阍。千门启于闾阖，万乘警于灵山。槐风悲于辇道，松雨思于郊原。銮旆动而虚晔，宿卫静而空尊。呜呼哀哉！毕陌平夷，流山蟠固。纪无迁市，唐有通树。经白社之长途，回青门之广路。思沛邑以东临，怀周京以西顾。呜呼哀哉！机神不测，性道难称，充穷靡寄，孺慕奚凭。唯封云亭之与禅父，肃玉牒之与金绳。扬英声而永久，共日月而俱升。呜呼哀哉！（徐陵《艺文类聚》卷十四，《文苑英华》卷八百三十五）

在《陈文帝哀册文》中，徐陵写道：陈文帝"勤民听政，旰衣宵食"。认为陈文帝处理朝政十分勤奋，每天天不亮就穿起衣来，到了夜晚了才吃饭。为处理国事而辛勤地操劳。这也是成语"宵衣旰食"的来历。

的确，从史料上来看，陈文帝在位时期，励精图治，整顿吏治，注重农桑，兴修水利，使江南经济得到了一定的恢复。这时陈朝政治清明，百姓富裕，国势比较强盛。是南朝历代皇帝中难得一见的贤明之君。

《南史》载：文帝是从平民起家，知道百姓的疾苦，国家费用开支，务必讲究节俭。他能够巧妙地识别真伪，眼里容不得奸邪。一夜之中房内进行批示传发外部明判大事的情况，前后不断。每当报晓的鸡人等漏壶到点向殿中传签的时候，都让他们把签扔到台阶的石头上，叮当作响，他说："我虽然睡着，也要惊醒。"他就是这样地自强不息。

《资治通鉴》载：陈文帝出身于艰苦困难之中，知道民间的疾苦。他生性目光敏锐、节俭朴实，每晚从宫中小门送来处理公文、分判事情的

人，前后接连不断。他下令传送更签到殿中的人，一定要把签投在石阶上，使它发出清脆的声音，说："我虽然睡着了，响声也可以让我惊醒觉察。"

《陈书》载陈文帝："世祖起自艰难，知百姓疾苦。国家资用，务从俭约。常所调敛，事不获已者，必咨嗟改色，若在诸身。主者奏决，妙识真伪，下不容奸，人知自励矣。一夜内刺闺取外事分判者，前后相续。每鸡人伺漏，传更签于殿中，乃敕送者必投签于阶石之上，令锵然有声，云'吾虽眠，亦令惊觉也'。始终梗概，若此者多焉。"

修史者姚察称赞陈文帝："加以崇尚儒术，爱悦文义，见善如弗及，用人如由己，恭俭以御身，勤劳以济物。"

从陈文帝在位期间颁布的禁奢丽诏、种麦诏等也可看出他务实、仁爱的治国理念。近代、现代的史学家称赞："陈文帝不愧是南朝难得一见的有为明君！"

天康元年（566）四月二十七日，陈文帝驾崩的当天，年仅15岁的太子陈伯宗在太极前殿名正言顺地继承大统，登上帝位。史称废帝。并颁诏曰：

"上天降祸，大行皇帝奄弃万国，攀号靡及，五内崩殒。朕以寡德，嗣膺宝命，茕茕在疚，惧甚缀旒，方赖宰辅，匡其不逮。可大赦天下。"又诏内外文武，各复其职，远方悉停奔赴。（《陈书卷四·本纪第四·废帝纪》）

新皇陈伯宗，字奉业，乳名药王，是陈文帝的嫡长子。梁承圣三年（554）五月初五生。永定二年（558）二月初五，拜为临川王嗣子。三年陈蒨即位，八月二十六日，立为皇太子。自从梁室遭遇多灾多难，东宫烧烬，太子居于永福省。

废帝即位后，五月己卯（初三），废帝尊称章皇太后为太皇太后，沈皇后为皇太后。

太皇太后章要儿，前文已有介绍，在此就不多说了。沈皇太后，是陈文帝的皇后。姓沈，名妙容，吴兴武康人。其父沈法深，是梁代安前中录事参军。沈皇后十几岁时，在梁代大同年间嫁给陈蒨。陈霸先前去讨伐侯景，陈蒨当时正在吴兴，侯景派人俘获了陈蒨和沈妙容。侯景之乱平定后，才得以释放。

高祖（陈霸先）称帝，永定元年（557），沈妙容被封为临川王妃。世祖（陈蒨）即位后，立她为皇后。追授她的父亲沈法深为光禄大夫，加戴金质图章紫色丝带，封为建城县侯，食邑500户，谥号恭，追授皇后的母亲高氏为绥安县君，谥号定。

五月十四日，以骠骑将军、司空、扬州刺史、新任尚书令安成王陈顼为骠骑大将军，晋位司徒、录尚书、都督中外诸军事。

原先在宫中担任陈文帝护卫的韩子高，迁为散骑常侍，右卫如故，移屯于新安寺。随后，陈朝任命、封赏了以下大臣和将军：

中军大将军、开府仪同三司徐度晋位司空；

镇南将军、开府仪同三司、江州刺史章昭达为侍中，晋号征南将军；

镇东将军、东扬州刺史、始兴王陈伯茂晋号征东将军、开府仪同三司；

平北将军、南徐州刺史、鄱阳王陈伯山晋号镇北将军；

吏部尚书袁枢为尚书左仆射；

云麾将军、吴兴太守沈钦为尚书右仆射；

新任中领军吴明彻为领军将军；

新任中护军沈恪为护军将军；

平南将军、湘州刺史华皎晋号安南将军；

散骑常侍、御史中丞徐陵为吏部尚书。

一代明君陈文帝，英年病逝，着实令人惋惜！在中国历史上，最有能力改变历史的三位英年早逝的皇帝，陈文帝是其中之一。

陈霸先代梁立陈，江山初定，还没来得及重整山河就匆匆去世了。把这千钧重担压在了侄子陈蒨的肩上。陈文帝在位时期，励精图治，整顿吏治，注重农桑，兴修水利，使江南经济、文化得到了迅速的恢复，创造了被后世的史学家赞誉为"天嘉之治"的时代。

当时在北周、北齐与陈朝的三国鼎立中，陈朝的政局稳定、经济繁荣、文化兴盛、外交成功，陈朝是当时"三国"当中最有影响力的王朝。

不仅高句丽、百济、新罗、干陁利等国先后来朝拜，就连北方两大强敌北周、北齐都争先来陈朝聘问。

如果，陈文帝能多活十年，那时的杨坚还没趁乱夺取北周的政权。而雄视天下，能够荡平北齐、横扫北周，统一天下者，非陈文帝莫属！

陈文帝注定是要名垂青史的！他亲手创造了南朝 170 多年唯一成功的政治清明、经济发展、文化繁荣的时代；"天嘉之治"的成功因他而有；"旰衣宵食"的成语因他而来；"荷叶包饭"的美食因他流传至今……

第三十章　陈朝宫变除政敌

光大元年（丁亥，567）正月癸酉朔（初一），出现日食。

古时认为日食不吉祥。恰巧这一天，陈朝尚书左仆射袁枢去世。众人更加认为这一年必有灾祸。

尚书仆射为尚书省的长官，居宰相之任。尚书左仆射为朝廷首相。据《陈书卷十七·列传第十一》介绍袁枢：

袁枢，字践言，是梁朝吴郡太守袁君正的儿子。有美好的容貌仪表，性情沉稳安静，爱好读书，手中始终不离开书卷。他家世代显达富贵，资财产业非常多，然而袁枢独自居住的地方简单朴素，不与旁人交往，端坐在一室之中，不是公事不曾出门和人交往，荣誉利欲之心淡薄。

袁枢以出任梁朝秘书郎起家，做过太子舍人，轻车河东王主簿，以及安前邵陵王、中军宣城王两个府第的功曹史。

侯景叛乱的时候，袁枢前往吴郡看望父亲，因而遭遇父亲之丧。当时四方骚扰战乱，人们但求苟生免死，袁枢在服丧期间以非常尽孝而闻名于世。王僧辩平定侯景叛乱后，镇守京城，士大夫们争着前往求见，袁枢独自闭门静居，不求显达。

绍泰元年（555），征调袁枢进朝廷任命为给事黄门侍郎。未就任，任命为员外散骑常侍，兼任侍中。

绍泰二年（556），袁枢兼任吏部尚书。这年调出朝廷任吴兴太守。

永定二年（558），袁枢征召为左民尚书。尚未到达，改任侍中，掌管全国选拔人才的事务。

永定三年（559），袁枢升任都官尚书，掌管选拔人才之事依然如故。

袁枢见闻广博强于记忆，明了熟悉从前的典章制度。起初，陈霸先的

长女永世公主先是嫁给陈留太守钱蔵，生下儿子钱岊，公主和钱岊在梁朝的时候都去世了。陈霸先登上帝位后，仅对公主追加封号。到将要安葬公主时，担任尚书主客的官员请求详细计议，认为应加封钱蔵驸马都尉，并且赠给钱蔵官衔。

袁枢发表意见说："从前帝王之女下嫁，必须嫁给诸侯，同姓的诸侯才能主婚帝王之女，于《公羊》中可知，对主婚者不必赐给车和章服，而是显扬于诗人的篇章之中。汉朝刘氏政权刚建立，列侯娶帝王之女，自那时以后，帝王之女下嫁普通氏族。驸马都尉由汉武帝设置，或者封给功臣，或者加封给亲属，所以魏国的曹擅上书说明驸马、奉车两种封号旨趣上是相同的。《齐职仪》中说，凡是娶公主的人必须授给驸马都尉，魏、晋以来，因此成为人们认识的标准。因为帝王之女身份的尊贵，平民姓氏身份的轻微，如果不给娶帝王之女的人加封等级，岂可在婚礼上喝交杯酒，所以给予驸马的地位，乃是为了尊崇帝王之女。现在公主早薨，配偶关系已不存在，既然没有礼仪的等级问题导致疑难，何须授予驸马之位？查考杜预娶晋宣帝第二个女儿高陵宣公主，晋武帝登位，而公主已经去世，泰始年中追赠公主封号，元凯却没有再给予驸马的封号。梁文帝的女儿新安穆公主早薨，天监初年公主的丈夫王茂璋没有追授驸马的事。远近两个事例，足以做依据说明不必授予钱蔵驸马都尉。公主生的儿子钱岊，既然没有长大到 20 岁行成人之礼，就不必烦劳授给他官衔了，现在可赠给他亭侯的爵位。"当时以袁枢的议论为最有道理。

天嘉元年（560），袁枢署理吏部尚书。天嘉三年（562），授以袁枢吏部尚书的实职。不久领右军将军，又领丹阳尹，本来的官职依然担任。天嘉五年（564），袁枢因为要给父亲下葬，上书朝廷自己请求解除职务，皇上发布命令赐给他绢布 50 匹，钱 10 万，令他在下葬之事完成后留在自己宅第中治理郡中政事，服丧期满，恢复本来的职务。这年因为任职期限到了，解除丹阳尹职务，加官散骑常侍，将军、尚书的职务都依旧担任。这时，仆射到仲举虽然参与掌管选拔人才之事，衡量任用，都出自袁枢的主意，他举荐的人，大多符合皇帝的旨意。袁枢为人处世谨慎周密，清白自居，文武官员，很少有出入其门和他交往的。

废帝登位，袁枢升任尚书左仆射。光大元年（废帝天康二年正月癸酉初一，567 年 1 月 26 日），袁枢去世，时 51 岁。赠给侍中、左光禄大夫的官衔，谥号简懿。有著作 10 卷流行于世。

新年正月初一，又是日食，又是死了朝廷的首相。朝野臣民均议论纷纷，都认为大不吉利！

于是，陈朝大赦天下，改年号为光大。少帝陈伯宗于正月初三颁诏书：

昔昊天成命，降集宝图，二后重光，九区咸乂。闵余冲薄，王道未昭，荷兹神器，如涉灵海，庶亲贤并建，牧伯惟良，天下雍熙，缅同刑措。今三元改历，万国充庭，清庙无追，具僚斯在，言瞻宁位，触感崩心。思播遗恩，俾覃黎献。可大赦天下。改天康二年为光大元年。孝悌力田赐爵一级。（见《陈书卷四·本纪第四·废帝》）

然后，少帝于初七颁诏，以领军将军吴明彻为丹阳尹。接着，按着皇家每年新春的常规日程，陈朝的少帝伯宗于正月十九日到南郊祭祀。

天康元年（566）五月丁酉二十一日，徐陵调任吏部尚书，领大著作。陈文帝去世后，徐陵给朝廷百官写了封公开信。他认为自梁朝后期以来，选拔授官大多宽滥，于是整理列举国家主要法典，综合审核才智资历是否同所任职官相一致。当时有冒进求官喧闹竞争没完没了的，徐陵在公开信中说：

自古吏部尚书一职，在于评论人物，选拔才士，探寻他的门第，依据情况，评估他应授的官爵品位。梁元帝继承了侯景叛乱后的残破局面，王太尉（僧辩）接受了荆州被攻破后的灾难衰败（江陵被西魏攻陷），那时节因为战乱，不再有健全的典章制度，所以造成官职制度的极其混乱复杂。永定年间（高祖陈霸先受禅初元也），我朝由于刚刚创建，战争尚未休止，也没有条理，府库空虚，缺少赏赐物品，白银难以获得，授予官职的文书却容易求取，暂且用官阶代替赏赐的钱币绢帛，意义在于存恤抚养，不能计较多少。致使员外、常侍路上比肩接踵；谘议、参军街市中无法统计，难道朝廷的典章制度本该这样吗？朝廷的衣冠服饰、典章制度，

一天天完善起来，怎能还可以根据以往这种章法违反常理和民望？这不是于理所应当的。现在见到各位仁君，官职待遇大多超过了应有的，还说受了莫大委屈，未能显示坦荡的胸怀。假若问到梁朝领军朱异也做了卿相，这不超过他的本分吗？这是出自皇上的赏拔，不关吏部按等第选授的事。梁武帝说"世间人说有偏爱，我特不偏爱范悌"。宋文帝也说"人世难道没有命运，每有好官缺，就想羊玄保"。这些都是地位尊贵职司重要，不由吏部选拔的。秦朝有车府令赵高直做到丞相，汉朝有个高庙令田千秋也做了丞相，这些能再作为例规吗？既然我辱居简选人才的职分，自应做些有裨益的事情。希望各位贤达，深明我浅陋的意见。

满朝文武都很佩服徐陵，当时的世人，把徐陵比作毛蚧。其实，徐陵提出的这个问题，根本意思还是想沿袭六朝以来的士族门阀制度。由于徐陵思想上的局限，还是把东晋沿袭到南梁的以"考究门第"来选拔人才的"门阀"恶习，延伸到陈朝。这是一种落后、倒退的用人制度。门阀士族制度已经成为造成六朝动荡的根源！

徐陵由于出身于士族，所以对寒门阶层以军功、文艺、学术取得的社会地位，有着强烈的抵触情绪。由于豪门士族堵死了寒门之士的上升之路，只有在改朝换代的战争中，寒门阶层才有可能依靠军功和文才，取得一官半职，逐渐步入社会上层。如果按徐陵所说的执行，社会阶层进一步固化，寒门之士的上进通道关闭，势必会激化矛盾，导致社会动荡。

且说陈朝年仅15岁的新皇陈伯宗即位后，有中书舍人刘师知、扬州刺史安成王陈顼、尚书仆射到仲举一起受先皇陈文帝的遗诏辅政。刘师知、到仲举常常住在宫里，参与决定许多朝廷的重大事情。

陈顼带着300多名身边的亲信，进驻尚书省，主持朝政的日常事务。刘师知看到陈顼权势威压君臣，非常担心地对到仲举说："安成不出，少主恐无自安之理。"

到仲举听后，默默点头，认为刘师知说到害处了。于是刘师知、到仲举私下里与右丞王暹、舍人殷不佞、右卫将军韩子高商量。如果安成王久住宫中，担心危及新皇亲政，众人策划把安成王陈顼排挤出尚书省。

韩子高向来受陈文帝的重视，历任朝廷和军中的重要职务，拜为右卫将军，统领军府，在诸将中兵精粮足，武器装备最好，士马最盛。他受恩于陈文帝，愿意为陈文帝的继承人即现在的新皇报效。因此，韩子高与到仲举商量，共同谋划抑制陈顼的势力，化解对新皇产生的压力。他们几个人商量着要把陈顼外调。

东宫通事舍人殷不佞，一贯以维护名望气节为己任，加上在东宫任职，是皇帝亲自任命的。于是，他到尚书省假传圣旨，对陈顼说："现在天下无事，安成王可以回自己的东府管理州务。"

陈顼听了，感到惊愕！他正准备令随从亲信离开尚书省，中记室毛喜急忙劝阻，道："陈有天下日浅，国祸继臻，中外危惧。太后深惟至计，令王入省，共康庶绩。今日之言，必非太后之意。宗社之重，愿王三思。须更闻奏，无使奸人得肆其谋。今出外即受制于人，譬如曹爽，愿做富家翁，其可得耶？"

陈顼本来就是半信半疑，听了毛喜的分析，深感有理，便派毛喜去征询领军将军吴明彻的意见。因为领军将军是掌管宫廷禁卫军的。也就是说吴明彻是禁卫军的最高统帅。

吴明彻回答说："嗣君谅暗，万机多阙。殿下亲实周、召，当辅安社稷，愿留中勿疑。"吴明彻的意思是说，继位的国君正在居丧，日常纷繁的政务很多还没有着手。殿下（安成王）亲如周公、召公，应当辅助皇上安定国家，希望殿下留在尚书省，不必疑虑。

毛喜回告陈顼，于是，陈顼假装生病，请刘师知来，留住他，与刘师知谈话。同时，陈顼派毛喜进宫向沈妙容皇太后禀告此事。沈皇太后说："现在皇帝年幼，政事都委托给二郎陈顼。殷不佞所说的不是我的意思。"

毛喜又去向新皇帝陈伯宗说这件事。新皇说："这是刘师知等人所为，朕并不知道。"

毛喜把这些情况汇报给陈顼。陈顼立即命令把刘师知囚禁起来。然后亲自入宫谒见太后和皇帝，极力陈述刘师知的罪行。陈顼自己拿起御笔，起草了诏命，请新皇帝陈伯宗御批，把刘师知交给廷尉审讯治罪。

当天夜里，在牢狱中，把刘师知赐死。任命到仲举为金紫光禄大夫。并把参与同谋的王暹、殷不佞一同交送有司治罪。

据史载：刘师知，学识广博擅长文学，熟悉朝仪礼制，陈武帝是梁敬帝的丞相时，任用刘师知为中书舍人。据史载：刘师知，沛国相人。其家世代为寒族，祖父刘奚之，为齐晋安王谘议参军、淮南太守，刘奚之善于治政，齐武帝亲手写诏多次褒赏他。父亲刘景彦，为梁尚书左丞、司农卿。

刘师知好学，有当世之才。他博览典籍，工于写文章，通晓仪礼，朝廷掌故，大多详悉，在梁朝刘师知任王府参军。绍泰初年，高祖辅佐朝政，任刘师知为中书舍人，掌管诏诰。那时战乱之后，礼仪大多散失，高祖任丞相以及加九锡连同受禅，所有的礼节制度都由刘师知制定。高祖受天命即位，刘师知仍任舍人。师知天性随便，与周围的人多不合，虽职位不曾升迁，然而委任甚重，他的诤言劝谏，皆大有裨益。

高祖（陈武帝）崩，六日后着成服，朝臣共商议大行皇帝守灵人所穿衣服的吉凶之制，博士沈文阿建议，应穿吉服，刘师知建议说："既然穿着成服，应该具备丧礼的礼仪，灵筵和衣服器物都应该简朴。现在虽然没有大行皇帝的守灵人，但以前梁朝昭明太子过世，守灵人都穿缞斩，只有盔甲依旧，可以作参考。我认为六天成服的守灵人要穿缞斩。"

中书舍人蔡景历也说："虽然不完全准确，按葬埋山陵之礼有吉凶羽仪，而成服只有凶无吉，文武侍官，不允许只身佩带鸣玉珥貂，考虑到礼仪，理应着丧服。"

中书舍人江德藻、谢岐等人都赞同刘师知的建议。文阿又建议说："查晋、宋《山陵仪》：'灵车梓棺放置殿内，各待中书省处理。'又《成服仪》称：'灵车梓棺需要设卫士官和陈放香几。'又查《灵舆梓宫进止仪》称：'守灵位着吉服，在吉卤簿中。'又说：'守梓棺着缞斩，在凶卤簿中。'所以在殿内有着吉凶二服的侠御官。"当时因有两种不同的意见，便启报左丞徐陵决断。

徐陵说："梓棺袝葬山陵，灵座袝葬宗庙，有这种分别，便可以验证有吉凶之差别。按《山陵卤簿》吉部伍中，公卿以下导路者，以及虎贲、鼓吹、执盖、奉车，都着吉服，岂能容允侠御独着丧服呢？这是很清楚的。如果说公卿、小官也穿丧服，那么和梓宫队列有何差别？若说礼乐用吉礼，官吏却用凶礼，怎可能容许坐华盖穿丧服，戴麻布却坐在玉辂呢？我认同博士的意见。”

刘师知又建议说：“左丞导引梓棺祔葬山陵，灵位祔葬宗庙，必有吉凶二部，成服不允许有吉凶之别，博士还持前断，最终还是说葬礼。若龙柩起驾，銮舆兼备，吉凶之仪，历来具备，只是以成服为准，愚觉得不够妥。丧礼之制，由天子颁布。按王文宪《丧服明记》说：‘官品第三，侍灵人二十。官品第四，下至士礼，侍灵人数，都为十人。一律着白布裤褶，戴白绢帽。内丧女侍人数与外丧同，而且都着齐缞。有人问内外丧侍灵人数同，何以会在着缞服上有差别？回答道，如若按君臣之礼，则地方官着斩服，京官着齐服。近年来多变故，礼制随之有所删省。诸侯以下，所属官吏很少，至于侍奉，多出于义附，君臣之礼不健全，制丧服丧帽的费用实在匮乏，所以着便服，只是变帽而已。妇人侍者，皆为卑隶，主与姜之界线很鲜明，服饰等级因而完备。’本朝之礼，还是不一样，以此类推，服斩很明确了。侍灵与侠御大同小异，既然戴了白帽，理应不服彤服。并且梁昭明《仪注》，现还保存，二文相印证，几乎就成了标准。况且礼出自人情，能够增减。普通人有丧，如果设灵位、灵帐及灵屏，就与常礼不同，用芦席竹帘住草庐，就成凶礼。厅堂之内，亲人朋友都来，穿着齐斩麻缌，轮流哭丧，着戴玄冠不让吊丧，除非着白色丧服。怎么能见役吏属官，身着薄纱而来，左边姬妾右边美女，红紫相杂其间呢？况且皇帝崩驾，普天之下同哀，三军缟素，着服之制要统一。遂使千门万户早上开门，不是在红门上涂白色，百官临哭，不是变朱为凶服，而金革玉带、鸣玉还在，扪心自问，是不能令人满意的，拿礼经考察，绝无前例。岂能拿成服之仪，来与山陵之礼相比？丧葬既然有始有终，所以有吉凶之礼，所谓成服，本来是为丧礼而成，朝廷内外百官，一概更变吉容，如果侠御独独不改，怎能称成服呢？若说不用守灵之侠御就罢了，若有则必当着缞服。”谢岐建议说：“灵位祔葬宗庙，梓棺祔葬山陵，实如左丞议，只是山陵卤簿，吉凶兼备，随灵车者仪服不变，随梓棺者都着苴缞。延及士礼，都同此制，只是山陵之仪礼，与成服无关。今谓梓棺灵位，同在西室，论到成服，亦无卤簿之载，只是上至王公，直至小吏，普天之下，必备缞

经。考察梁昭明太子薨，差不多算是先例，怎么能允许凡夫俗子，一概服丧服，而侍中武卫，尤其是皇上身边侍官，反倒佩带鸣玉纡青，与平常吉服无差别呢？左丞既以山陵之事加以推断，我想也许与成服有差别。像近日所说的侠御，文武无别，只是侍灵之人，主书、宣传、齐干、应来力，一概不变。"

蔡景历又说："侠御之官，数量500，近来准备丧服住进灵庐，仍居本省，导引皇上之灵柩登殿，岂能着丧服佩带貂玉呢？如果另外再辅助其他官吏，用来充实显贵，则近日就有不着成服者。山陵之礼自古就有吉凶二议，成服有凶无吉，还是同意前议，赞同刘舍人。"

德藻又说："我认为奠祭送葬之时，有始有终，达官贵人有追赠，必须显现受皇帝恩宠的荣耀，有吉卤簿，恐怕由此义衍生而来，私家仿效，因而成俗，变吉服为凶服，按理不应再穿纨绮。刘舍人引王卫军《丧仪》以及考察梁昭明旧例，此乃明证已很清楚，博士、左丞已各自表达了自己的看法，既然没有结果，需要再行商讨，咨问八座、詹事、太常、中丞及中庶诸通袁枢、张种、周弘正、弘让、沈炯、孔奂。"当时八座以下，一同请示："按照群臣的意见，再考虑旧仪，梁昭明太子《丧成服仪注》，明确的文字记载现还保存，足以为准。成服之日，侍官按理不允许还从吉礼。其葬礼有吉制，自是山陵之时，并不是成服之日。我认为刘舍人的意见，按实情来说最为公正。"

徐陵又回答说："我年老病重，不能多说，古人争议太多，多积怨恨，傅玄见责于晋代，王商受诬于汉朝，这里最好少说为佳，恭谨地服从上边的旨命。若万一不死，还会陈述，希望与朝中众贤再加以商榷。"文阿坚持己见，众议不能决断，便备录二议上奏，同意刘师知的意见。

刘师知以知识渊博，不久迁任鸿胪卿，舍人职务不变。天嘉元年（560），因事免职。当初，世祖（陈文帝）敕令刘师知撰《起居注》，他从永定二年（558）秋到天嘉元年（560）冬，共写了10卷，又起用为中书舍人，再掌诏诰。

天康元年（566）陈文帝病，刘师知与尚书仆射到仲举等人入侍医药。陈文帝驾崩，预先受遗诏。陈顼任尚书令时，刘师知辅佐朝政。

光大元年（567），刘师知和到仲举等人派舍人殷不佞伪制诏命，令陈顼回东府，事情泄露，于北狱赐死。

而殷不佞就幸运多了！他只是免官，活了一条命。据史载：殷不佞，字季卿，陈郡长平（今河南西华）人，南朝齐豫章王行参军殷汪的孙子，南朝梁尚书中兵郎殷高明幼子，南朝陈晋陵太守殷不害弟，是南朝著名的大孝子。官至尚书右丞、通直散骑常侍。

殷不佞少年时，树立名节，居父丧而以极孝为人称道。喜好读书，尤其擅长吏术，初任南朝梁尚书中兵郎，很有能力。梁元帝萧绎承制，授予他戎昭将军、武陵王谘议参军。承圣元年（552），梁元帝即位，改任殷不佞为武康县令。当时兵荒马乱饥荒遍地，百姓流离失所，殷不佞巡抚招集，以布包小儿负之于背而来的人数以千计。

殷不佞的第四兄殷不齐刚到江陵，迎母亲丧棺归葬。殷不佞居处的礼节，仍如开始听闻丧讯时一样，这样又过了三年。殷不佞亲身负土，亲手植种松柏，每年夏天伏日、冬天腊日，必定三天不吃东西。

殷不佞的三兄殷不疑，四兄长殷不占，五兄殷不齐，都很早去世。殷不佞在家中排行最小，侍奉第二寡嫂张氏十分恭谨，所得俸禄，不入自己私室。他的长子殷梵童，官至尚书金部郎。

承圣三年（554），西魏攻陷江陵，殷不佞的母亲蔡氏去世，道路隔绝，殷不佞很久不能奔赴，四年之中，日夜号哭，居处饮食，常守居丧的礼节。

永定元年（557），陈武帝陈霸先受禅登基，建立南朝陈政权，起用殷不佞为戎昭将军、娄县县令。

永定三年（559），陈文帝陈蒨即位，任命殷不佞为尚书左民郎，殷不佞没有就任，后为始兴王陈伯茂的谘议参军，兼任尚书右丞，后改任为东宫通事舍人。

天康元年（566），陈文帝去世，其子陈废帝陈伯宗即位，以其叔父陈顼为太傅，录尚书辅政，很为朝廷众望所归。殷不佞一向以名节自立，又受委任于东宫，便与仆射到仲举、中书舍人刘师知、尚书右丞王暹等，谋划假造诏书让陈顼出朝任职。众人犹豫不决，没人敢先发，殷不佞便驰马

到相府，当面宣读假诏令，命令相王陈顼回府第。事情败露后，王暹、到仲举等人都被杀。

殷不佞少年时对父母很孝顺，陈顼平素很看重他，所以唯独他没有被处死，只是被罢官而已。

据唐代的《南朝秘史》《陈书》中说，担心陈顼势大，排挤陈顼出宫，或许是沈皇太后主使。陈顼大权独揽，新皇陈伯宗和他的母亲沈太后感到芒刺在背，于是与外臣联合想要诛杀陈顼。沈皇太后担心计谋传不出去，就悄悄贿赂宦官蒋裕，命令他引诱建安人张安国，使他占据辖郡谋反，希望借此图谋陈顼。张安国事情败露，并且被陈顼杀掉。当时沈皇太后身边的近侍对此事非常清楚，沈皇太后害怕牵涉到谋反党羽之中，就把他们都杀了。

如果此事是真，那毛喜说的有理：即使陈顼不动手铲除政敌，陈顼也会被沈皇太后剪除。毕竟安成王权势过大，树大招风。当初，陈文帝大力提拔胞弟陈顼，是要借助宗室的力量来对抗死灰复燃的士族势力，稳固陈氏江山。

本来，从东晋、宋、齐、梁沿袭以来的士族腐朽的门阀势力，阻挡了寒门子弟们的上进通道。经过侯景之乱，沿袭150多年的腐朽的士族门阀势力土崩瓦解。陈武帝所代表的寒士阶层的官员，才正式走上历史的舞台。

经过陈武帝、陈文帝的精心治理，陈朝的经济迅速恢复，文化也繁荣起来。曾经溃败的士族阶层，士族豪门的门阀观念，也渐渐抬头了。陈文帝为了广大寒门的利益，也是为了巩固陈朝对南中国的统治，才重用陈顼，授予朝廷重要职权，以制衡士族门阀势力。

其实，刘师知、王暹、殷不佞、到仲举等人也是一片忠君之心，没想到落得个杀的杀、免的免。他们比孔奂强多了！孔奂在陈文帝病逝前，信誓旦旦地向陈文帝表忠心，而此时，却不见孔奂有半点履行誓言的行动。

安成王陈顼以霹雳手段，迅速杀了刘师知、王暹之后，国家大政都归于陈顼。此举令那些忠于陈文帝的大臣们，心里无底，惴惴不安！不知陈顼对新皇陈伯宗以及忠心辅佐的大臣们，还会有哪些动作……

陈顼要铲除的政敌，下一个是谁？

第三十一章　子高被诛惊朝野

　　且说刘师知下狱后，被连夜赐死，引起朝中大臣们的许多疑惑。

　　最为心惊的是到仲举。他被免职后回到住所，心里很不平静。他的儿子到郁，娶文帝的妹妹信义长公主为妻，官至中书侍郎，出任宣城太守，文帝拨给他一些兵马。同年迁为南康内史，因为正逢国丧，还没有去赴任。

　　到仲举与儿子到郁都感到危险即将来临，两人心中惴惴不安。或许是到仲举认为韩子高和他一样，都是忠于文帝的旧臣，便让到郁去找韩子高商议解除陈顼兵权，或者诛杀安成王，辅佐先帝幼子陈伯宗坐稳江山。为了不让人发现，到郁常常乘坐小车，蒙着妇人的衣服，化了装去见韩子高，与韩子高共同策划。

　　当时，右卫将军韩子高坐镇领军府，在建康的诸多将领中，他部下的兵马最为强盛。安成王陈顼辅政，势力很大。韩子高心知自己手握兵权，必被猜忌，主动向陈顼请求离京去镇守衡、广等州。可是陈顼不予理睬。

　　陈顼含而不露的态度，越发使到仲举、韩子高坐卧不安。就在这个时候，前上虞县令陆昉和韩子高的部将举报到郁和韩子高谋反。

　　毛喜却请陈顼选派士兵马匹配备给韩子高，并赐给韩子高一些铁和木炭，供他修治兵器盔甲。陈顼感到很惊讶，说："韩子高参与谋反，我正要把他抓起来，你为什么反倒这样？"

　　毛喜说："先帝的山陵刚修建完毕，边境的盗寇还很多，韩子高受前朝的委用，号称凭倚之材。如果立即抓他，恐怕不能斩杀，或许还会变成祸患。应当对他推心置腹安抚诱导，使他不产生怀疑，等到有机会再对付他，只要一个壮士的力量就够了。"陈顼非常同意他的计谋。

由此可见，陈顼对到仲举、韩子高两人秘密商议的行踪已有掌握，并有针对性的预案。

据史载：到仲举，字德言，彭城武原人。祖父到坦，齐中书侍郎。父到洽，梁侍中。

到仲举没有什么学业可言，然而，为人处事刚强正直。初官著作佐郎、太子舍人、王府主簿。出任为长城令，为政号称廉明公正。

陈蒨当时居于乡里，曾去到仲举处，时值天阴下雨，仲举独坐于斋内，听见城外有箫鼓声，不一会陈蒨到了。仲举十分惊奇，便着意结交依托。

陈蒨又曾因饮酒过度，夜里睡在仲举帐中，忽然间有五色神光照于屋内。从此，仲举专心侍奉陈蒨，更为恭谨。

侯景之乱时，仲举依附于陈蒨。等到侯景乱平，陈蒨为吴兴郡守，以仲举为郡丞，与颍川人庾持同为陈蒨的宾客。陈蒨为宣毅将军，以仲举为长史，不久兼任山阴县令。

陈文帝继位后，授到仲举为侍中，参掌选事。天嘉元年（560），暂摄都官尚书，封宝安县侯，食邑 500 户。天嘉三年任都官尚书。同年，迁到仲举任尚书右仆射、丹阳尹，参掌均如故。不久改封到仲举为建昌县侯。仲举既然没什么学识，处理朝廷典章并非他的特长，铨选官吏、引荐任用之事的处理，均出自袁枢。

仲举生性随便，不干涉事务，与朝臣不曾过分亲近，只是聚敛财物、饮酒取乐而已。天嘉六年，任职期满，解去丹阳尹职。

这时期，文帝长年卧病，不亲自处理政务，尚书省中大事，都让到仲举自己断决。天康元年（566）迁任侍中、尚书仆射，参掌职如故。

文帝病重，入内侍候医药。文帝驾崩后，陈顼受遗诏为尚书令入宫辅佐少帝陈伯宗，仲举与左丞王暹、中书舍人刘师知、殷不佞等，担心陈顼势大，逼压幼帝，便派殷不佞矫诏宣旨请陈顼出宫回自己的东府。

这件假传圣旨的事被揭发，刘师知下北狱赐死，王暹、殷不佞一并交有司治罪。刘师知的死，引起到仲举的不安，使儿子到郁去串联手握兵权的韩子高。

韩子高不仅人长得美如女人，而且，英勇善战，多立军功！韩子高出于对文帝的旧忠，他和到仲举一样的担心陈顼位高权重，会欺压幼主，甚至取而代之。于是，他与到仲举一拍即合。两人有联手驱除陈顼之意。

光大元年（567）二月，前上虞令陆昉和韩子高的部将举报韩子高和到仲举谋反。陈顼在尚书省，经过充分的谋划，托言议立皇太子之事，召集文武百官在位者入宫商议。清晨，到仲举、韩子高进入尚书省，才发觉只有他们两人到此。还没来得及反抗，就被壮士抓了起来，连同到郁一并押送廷尉论处。

随后，少帝陈伯宗颁下诏书。诏曰："到仲举平庸下劣，才能低微，徒然忝居显贵之位，受先帝之重任，恩宠备至，隆兴显赫，为父的参与国家大政，为子的占据大邦藩国，礼遇超越皇亲，权势不逊外戚。然而放肆地骄横迷蔽，侵凌倨傲百官，国哀之初，擅自摆布朝政，排斥皇亲，欺侮蔑视台辅。韩子高渺小低微，从卑位提升上来，让他入宫，派他掌握禁卫军，把他当作心腹之人加以委任，谁知恶物虽小，也能害人，胆敢背叛朝廷。仲举与子高互相呼应，暗中拟定奸邪之计谋，秘密地策划不轨之图谋。

安成王乃朕之叔父，再没有比他更亲的人了，受遗命加以启发引导，秉承先帝之旨，为顾命大臣，以朕年当幼弱，正须护卫佑助。家国之安危，大事归属于宰辅，伊尹、周公之位重，众人皆无异议，将相旧臣，都知道推崇景仰。

然而到、韩二人，聚集凶恶之徒众，想要加以突袭，占据东城，进逼崇礼寺。推戴到仲举，以执掌国政。欺凌指斥司徒，意在专擅朝政；暗结党羽，将要危及社稷。

仰赖祖宗之神灵，奸谋终于败露了。前上虞县令陆昉等人详细呈告其事，实情都得到了验证。并预定本月初七，实施其凶险之谋划。领军将军吴明彻，左卫将军、卫尉卿周宝安及诸公等人，也尽知其事。有几多罪恶之迹象，于朝野暴露无遗。违反正道，背弃恩德，所作所为真是骇人听闻。

现下首恶伏诛，罪人得到了应有的下场，可一并收捕交付廷尉处理，

以端正刑法之治。追究犯罪只及到仲举父子及韩子高3人，其余一概从宽论处，全都不再追问。"

当晚，韩子高、到仲举、到郁3人一同在狱中被赐死。仲举时年51岁。到郁的子女，均因为是帝甥而得到宽宥。

韩子高于前一夜，梦见离世多年的情人红霞，向他招手，说："郎君，从今以后，我们可以共住在一起了。"子高觉得此梦不吉祥。不久，就接到去尚书省商议立皇太子的通知。子高对家人说："此行吉凶难保了。"后来，果然被赐死。子高死时，年30岁。父韩延庆及子侄辈一并赦免。延庆因子高之得宠，官至给事中、山阴县令。

毛喜在此次帮助陈顼铲除政敌中立有大功。此前，毛喜跟随前皇太子陈昌从北周回来，陈昌在渡江中因船坏而"溺亡"，对于这件事情里面的隐情，可能毛喜最为清楚。现在，他帮助陈顼诛杀陈文帝的忠臣，很是卖力，不知后世做何感想？

据史载：毛喜，字伯武。他年少时好学，善写草书隶书。陈武帝一向赏识他。当年陈霸先镇守京口时，南梁湘 东王萧绎令陈霸先子陈昌、侄陈顼到江陵任职，陈霸先安排徐度和陈昌、毛喜和陈顼前往江陵，且敕令陈顼有事可向毛喜请教。后来，梁元帝萧绎即位，以陈顼担任领直，毛喜任尚书侍郎。西魏攻陷江陵后，毛喜和陈顼被西魏兵一同迁往长安。

陈文帝即位后，毛喜跟随皇太子陈昌从北周回来，陈昌"溺亡"后，毛喜向陈文帝进献两国和好的策略，陈朝于是派周弘正等人前去北周修好两国关系。因此，羁押在北周的陈顼才得以回国。后来，陈文帝又派毛喜出使北周，请求释放陈顼的家属。周冢宰宇文护握住毛喜的手说："能结成两国友好关系的，是你啊。"

陈文帝曾对胞弟陈顼说："我的每个儿子都用'伯'作为名字，你的每个儿子应用'叔'作为名号。"宣帝拿这事询问毛喜，毛喜立即列举杜叔英、虞叔卿等20多位古代名人贤士上奏，陈文帝阅后称好。

陈文帝驾崩，废帝年幼无知，陈顼录尚书辅佐政事，仆射到仲举等人假托太后的命令，遣陈顼回东府，当时群臣心存疑虑恐惧，但没有谁敢置问一词。

毛喜立即驱马入朝，对陈顼说："今天所下的命令，一定不是太后的意思，事关国家兴亡，望三思而行。"陈顼也半信半疑，听从了毛喜的计策。

陈顼（陈宣帝）即位后，授任毛喜给事黄门侍郎，兼佐中书舍人，主管军队和国家的机密。陈宣帝计议北侵，敕令毛喜撰写军中制度十三条，下诏颁布天下，因文字太多不予录载。毛喜为母亲服丧而离职，诏封毛喜的母亲庾氏为东昌国太夫人，派遣员外散骑常侍杜缅绘制她的墓田图，皇上亲自和杜缅依照图画给予指点，毛喜就是如此被重视。

等到"太建北伐"时，陈朝大军夺得淮南之地后，毛喜陈述安定边境的策略，宣帝采纳了，当天就实行。宣帝又想出兵彭、汴，拿这事询问毛喜，毛喜认为："淮左新近平定，边民还没有安定，很难和它争锋，不如安定边民守卫边境，这是长久的计策。"

皇上不听从。结果吴明彻（陈朝北伐军统帅）被周俘获。自从吴明彻失败后，宣帝深深后悔没听毛喜的话，对袁宪说："不听毛喜的计策，导致到这个地步，是我的过错啊。"

至德元年，授予毛喜永嘉内史。毛喜到达郡城后，不受俸禄，政治宽弘清明，官吏百姓全都安居乐业。遭遇丰州刺史章大宝起兵谋反，永嘉郡与丰州接壤，但一向没有防备，毛喜于是修筑城壕，修理器械，又派兵增援建安。贼人平定之后，授任毛喜南安内史。祯明元年，征入朝廷任光禄大夫，领左骁骑将军，在入京途中去世。

毛喜帮助陈顼铲除政敌，刘师知、到仲举相继被杀，而韩子高的被杀，当时引起朝野极大的震惊！

与到仲举不同，韩子高是凭军功征战打出来的陈朝著名的将领。众所周知，韩子高是陈文帝最为恩宠的朋友和将领。陈文帝即位之前，当年在吴兴结识的章昭达、韩子高两人，都成为陈文帝终身最亲密、最能依仗的朋友。一个是章昭达常年带兵征战于外；一个是韩子高带兵镇守领军府。一个在宫外征战；一个在宫内护卫。陈文帝临终之时，众臣和亲人都令回避，只允韩子高一人送茶送药，伺候在陈文帝的身边。韩子高对文帝的忠心和对陈朝的忠诚，是毫无疑问的！

可是，韩子高连夜被杀，令所有忠于陈文帝的旧臣们，人人自危！余孝顷、华皎、欧阳纥、张安国、华皎妻吕氏、副帅侯法喜等人、副帅孙泰等人先后叛乱。

这从光大二年（568）十一月二十三日，慈训太后召集群臣到朝堂，下令废除新帝陈伯宗，立陈顼为帝的敕令中，可以看到：

……然而先帝尸骨未寒，伯宗（陈文帝长子，当朝幼帝）迫不及待，也不等丧满，便派刘师知、殷不佞等人来加以诋毁。韩子高等轻佻小人，倚仗皇帝的信任，阴谋制造祸乱，危害宗室。良臣尽管想要扶助安成王，只是要除去君王身边的小人。

又以余孝顷离京师很近，便加以征召，制造祸乱咎由自取，凶徒自然要遭到捕获，仰赖宗社之神灵，妖氛得以扫灭。

这时密诏华皎，于上游起兵，国运悠悠忽忽，几乎落到贼子手中。乃至于要召集远近党羽，巴、湘协力，贼党四处骚扰，劫掠黟、歙一带。

又令欧阳纥等人进逼衡州，岭南一带纷乱不堪，几乎延续半个月。岂止是罪恶比汉之刘濞还大，岂止是名声比成汉的李贽还坏。只是贼党皆亡，妖徒已散，初时还希望他们能够悔改，仍然未加重罚，他们就是妄弃道德，本性不改，甘心于造祸，在邪恶的路上越走越远。

张安国奸狡小人，势穷已成小盗，仍然遣使者绕道离开上京，即置行台，分选凶党为官。

贼臣华皎妻吕氏，蠢蠢之徒也来效力，纳娶自奚官，藏之于宫内，让她结交亲朋旧友，谋划变乱大事。

副帅侯法喜等人，本是太傅麾下，常出没于朝廷之下，以利诱人，谋划肇乱于萧墙之下。

恰巧又和副帅孙泰等人暗自交往，大肆勾结，兵力强盛，约期发动叛乱。

皇家有福，国运长久，天遂人愿，阴谋一同败露。这种种文字证据，现在拿出来给各位看。（见《陈书·本纪·卷四》）

陈朝当时至少有两派势力：一派是忠心于先帝（陈文帝）的旧臣，想辅佐少主陈伯宗坐稳江山；另一派是安成王陈顼的势力。相比之下，陈顼依仗陈文帝生前的重用和提拔，已经是权倾朝野，势大根深。从能力上讲，陈顼年长，无论是治国理政，还是军事战略，肯定比年仅 15 岁的陈伯宗强得多了！

以陈文帝的英明智慧，早就看到了这点。所以，陈文帝在临终之前，就想把大位传给胞弟陈顼。只是已经立了太子，又不能坏了规矩。加上孔奂等人的一番表示忠心的假话，陈文帝这才放心地闭上了眼睛。事后，当朝中两派斗争的时候，却不见那位表过忠心的孔奂踪影。孔奂到哪去了呢？据史载：废帝继位，任孔奂为散骑将军、国子祭酒。光大二年（568），孔奂出任信武将军、南中郎康乐侯长史、浔阳太守，代理江州事务。原来，孔奂已离开了朝廷中枢，到了江州任职。

不过，从陈朝的政治、经济、文化和外交等有利于长远发展来讲，选择陈顼执政，无疑是正确的！后来的事实也证明了这一点。

只是，韩子高卷入了皇室内的争斗，做了牺牲品，实在是可惜了！

后世的无聊之人，以韩之高的美丽容颜，胡编乱扯一些香艳的戏曲故事。露骨地将其和陈文帝二人描绘成同性间的情爱关系，以迎合一些人的低俗趣味。

第一，陈文帝从小就深受儒家教育，成年后信仰佛教，并受戒为佛家弟子。无论是儒家的道德规范，还是佛家受戒弟子，都断灭了他离经叛道的起心动念。

第二，陈文帝起于艰难，作为一代明君，他处处以身作则，为天下垂范。如有一点违背常理或越界的事，不仅他身边的亲友，就连朝中那些老臣直言犯君者如徐陵之流，都会上奏弹劾。陈文帝哪敢越雷池半步？

第三，陈文帝为人处事极其谨慎。他决不会在没有即位之前，对韩子高说什么"人言吾有帝王相，审尔，当册汝为后，但恐同性致嫌耳"。当时敢说这种话，足够杀头灭家！这完全是后世之人胡乱编造出来的。

第四，陈文帝一生有儿子 13 人（2 人早亡），女信义公主、富阳公主。陈文帝仅 45 岁就英年病逝，还能生育 15 位儿女，这足够说明他的后宫生活是很规范很正常的。世间有谁听说过同性恋者，还能生育这么多的儿女？

再看韩子高，他绝非仅有漂亮脸蛋。他两臂修长，善于骑射，形体俊美，肌肤诱人，实英武异常，令人痴迷而能自拔。而且，他勇武善战，足智多谋。陈蒨率军平定张彪时，史书载："文帝占据了州城，周文育镇守北郭香岩寺，张彪自剡县乘夜回军偷袭城池，文帝从北门逃出，事起仓促，又值黄昏天暗，军人纷纷扰扰，文育也不知文帝在哪里，只有韩子高在身边。文帝便派子高从乱军中前往见周文育，复命酬答，在昏暗中又赶去慰劳众军。文帝稍稍拢合一些游散之兵，又由子高引导进入文育军营中，因此一道建立了寨栅。"

侯安都率军讨伐留异之时，韩子高"随侯安都屯于桃支岭岩下。当时子高兵强马壮，装备精良，另外统率一营人马，单马冲入敌阵，伤了左颈，头上发髻也被削掉一半"。（见《陈书·韩子高传》）

章昭达率军平陈宝应时，"章昭达等从临川征讨晋安，子高从安泉岭出发与他会师于建安，在诸将中人马号称最为强盛。晋安乱平，以功迁任通直散骑常侍，晋爵为伯，增加邑户连同旧邑共四百户"。（见《陈书·韩子高传》）

韩子高出生入死，积功累封为右军将军、文招县子、员外散骑常侍、壮武将军、成州刺史、假节、贞毅将军、东阳太守、通直散骑常侍，进爵为伯。成为陈文帝最信任的人，手握重兵，权倾天下。

而且在文帝病逝后，韩子高还一片忠心，辅佐和保护文帝的长子少帝而遭到政敌的谋杀，他自己身陷牢狱被赐死。这么英武、忠勇、有血性的男儿，怎么可能是同性恋者？

后世无聊的文人墨客，编造一些离奇的香艳故事，不惜借一代明君、名将的影响力，来迎合某些阶层阴暗的心理，吸引一些人低俗的趣味。这样的文人墨客，不仅下流可耻，而且据佛教之义是自造罪业，堕落地狱！

韩子高被杀，惊恼了一些忠心于先帝（陈文帝）的旧臣，他们相继扯旗造反，引发了一阵阵滔天巨浪……

第三十二章　余孝顷谋反被诛

　　光大元年（567）新春不久，陈朝政坛发生了巨大震荡！

　　权倾朝野的安成王陈顼以闪电般的速度，把刘师知、王暹赐死，免去殷不佞之职。陈朝大权，完全落入陈顼的手中。随后，又以谋反罪，杀了到仲举、韩子高。

　　刘师知、韩子高是陈朝重量级的人物。刘师知是陈武帝时的老臣，知识渊博，文才蜚声海内外；而韩子高是陈文帝的宠臣，以军功卓著而声名远扬。连这样重量级的人物，陈顼也说杀就杀了，令朝野为之震惊！

　　安成王陈顼仅仅只是仗着是陈文帝胞弟的身份，受到陈文帝的提携和重用而身居高位，权势炙天。但陈顼至此对国家对民众对朝廷，毫无建树，手无寸功。

　　无功于天下的陈顼，只凭着自己的权势，竟敢杀了军功卓著的韩子高，以及高祖陈霸先、世祖陈文帝的两代重臣，这无论如何都不能服众！在当时的陈朝，引起了滔天巨浪！

　　二月，"辛亥（初十），南豫州刺史余孝顷坐谋反诛。"（《资治通鉴·陈纪四》）

　　现在，没有任何详细的史料，来说明余孝顷的谋反，与韩子高的被杀有任何的因果联系。但是，韩子高多次随从余孝顷平定陈宝应、周迪叛乱，累立战功。可以判断，余孝顷与韩子高的关系，应该比较要好。

　　此后，在陈武帝章皇后废黜少帝陈伯宗的令文中，找到了这一句："又以余孝顷密迩京师，便相征召，殃愆之咎，凶徒自擒，宗社之灵，祅氛是灭。"（见《陈书·本纪·卷四》）就是说余孝顷离京师很近，少帝陈伯宗便征召他制造祸乱。

从时间上看，二月初，陈顼杀了韩子高。二月初十，余孝顷即起兵"反叛"。时间非常紧迫和仓促。也就是说，余孝顷的起兵反叛，是因为陈顼杀了韩子高，少帝陈伯宗的"征诏"。

据史载：余孝顷，梁新吴人（今江西奉新县会埠车坪余城），新吴洞主、南川酋豪之一，是当时新吴县最有影响力的地方人物。梁太清二年（548），梁朝大将军、南豫州牧侯景起兵谋反，于太清三年（549）囚禁梁朝皇帝萧衍，将其活活饿死。萧衍第七子湘东王萧绎树起平叛大旗，余孝顷在新吴举数千兵马响应，被湘东王任命为豫章太守。侯景派部将于庆攻打余孝顷，反被余孝顷派兵打走。

梁天正元年（552），侯景战败被杀，叛乱平定。但此时梁王朝已是风雨飘摇，手下大将和地方官员大都拥兵自重，不服调遣。梁太平元年（556），梁朝派兵攻打拥兵自重、不肯入朝的豫州刺史侯瑱，当时侯瑱兵力强盛，想邀余孝顷入伙，余孝顷不肯归附，带兵退回新吴县城（此时的新吴县城尚在会埠故县），并在距新吴县城约8千米的一险要山头筑五步立栅防守，侯瑱派军全力进攻，但从夏天攻到冬天，侯瑱始终未攻克五步城。

太平元年底，侯瑱因内部纷争被逐，其势力遂告瓦解。而此时梁交州刺史陈霸先在平定侯景之乱中实力日渐强盛，成为梁朝丞相，都督梁朝"中外军事"大权。太平二年（557）梁晋州刺史萧勃以讨伐陈霸先为名，起兵广州，时任梁南江州刺史的余孝顷举兵响应。余孝顷留下弟弟余孝劢防守郡城，自己带兵占据赣江中的石头津。萧勃派儿子萧孜带兵与余孝顷会合，派大将傅泰占领江口城，先锋欧阳頠屯兵苦竹滩，与据石头津的余孝顷结成掎角之势，封锁赣江，抗拒陈霸先的大将周文育。当时，周文育缺少渡赣江的舰船，而余孝顷有舴艋船300艘，舰百余艘在上牢，周文育就派人偷袭上牢，将余孝顷的舰船"悉取而归"，全部缴获。周文育用这些船载兵沿赣江而上，占据豫章（今南昌），安营扎寨。周文育到豫章后，军中粮草用尽，便心生一计，派人偷偷从小道运来粮草，对外却说军中粮草用尽，准备退兵，然后自毁营寨，指派一些老弱病残的士兵乘船装作撤退。萧勃、余孝顷信以为真，放松了防守，周文育却趁机插入萧勃、余孝顷两军的中间，并展开进攻。这一仗萧勃兵败被杀，余孝顷和萧孜（萧勃之子）驻防的石头津被周文育放火烧毁，萧孜投降，余孝顷又退回新吴，重新在五步城立栅拒守。

太平二年（557）末，陈霸先正式受禅称帝，改国号陈，改年号为永定元年（557）。在此之前，梁湘州刺史王琳起兵伐陈。永定二年（558）传闻孝顷又自新吴举兵响应王琳，王琳派手下大将带8000人马来帮余孝顷，余孝顷统领他们屯兵临川，随后又率2万兵马进驻工塘，占据八城。陈霸先急令大将周迪带兵围剿。周迪截断临川江口，将余孝顷团团围住，此战余孝顷兵败被擒，被送到陈国都城建康（今南京）。其时，余孝顷的儿子余公飏、弟弟孝劢、余孝猷仍然拒守新吴县，但终因兵力相差悬殊，也告失败。余孝顷被俘后，归顺了陈朝政权，先后被任命为陈益州刺史和南豫州刺史。

光大元年（567），陈废帝即位，以谋反罪将余孝顷诛杀。（关于余孝顷为什么反叛，又如何被杀的情况，找不到任何更详细的史料。但仅从章皇后的令文中，大致得知，余孝顷的"反叛"是在陈顼杀了韩子高之后，受少帝陈伯宗的"征诏"而起兵的。当时少帝陈伯宗是合法的皇帝。因此，余孝顷的"反叛"之名，并不能成立。）

余孝顷死后归葬新吴，墓地在现在的奉新县会埠乡东田村蛇形山。其"立城栅自守"的五步城被称作余城，在现在的奉新县赤岸乡中湖井村西，遗址尚存。

陈顼在接连诛杀了陈朝名将韩子高、余孝顷之后，不仅朝中大臣恐慌，可能更恐慌的是少帝陈伯宗和沈太后了。

于是，陈顼回身来安抚少帝和沈太后了。二月，"癸丑（十二日），以东扬州刺史始兴王伯茂为中卫大将军、开府仪同三司。伯茂，帝之母弟也，刘师知、韩子高之谋，伯茂皆预之；司徒顼恐煽动中外，故以为中卫，专使之居禁中，与帝游处。"（见《资治通鉴·陈纪四》）

这意思就是说，陈顼担心少帝陈伯宗的二弟陈伯茂在朝内外煽惑，所以令陈伯茂担任宫中的禁卫，专门住在宫里陪伴少帝陈伯宗玩乐。因为，刘师知、韩子高的阴谋，陈伯茂都曾参与。

《资治通鉴》里的这句话，非同小可。从中可以看到：刘师知、韩子高等人的行动，可能都是来自少帝陈伯宗和沈太后的旨意！

在《陈书卷二十八·列传第二十二》中，也可以看到："废帝即位，时伯茂在都，刘师知等矫诏出高宗（陈顼）也，伯茂劝成之。师知等诛后，高宗恐伯茂煽动朝廷，光大元年，乃进号中卫将军，令入居禁中，专与废帝游处。"这段史料，更确切地说明：刘师知等假造诏书要使陈顼（高宗）出朝，是陈伯茂从中劝成的。

《陈书·世祖沈皇后传》里，也有一段记载："自是政无大小，尽归高宗。后忧闷，计无所出，乃密赂宦者蒋裕，令诱建安人张安国，使据郡反，冀因此以图高宗。安国事觉，并为高宗所诛。时后左右近侍颇知其事，后恐连逮党与，并杀之。高宗即位，以后（沈皇后）为文皇后。"这也就是说，自从陈顼杀了刘师知、韩子高之后，陈顼完全掌握了朝政大权。少帝陈伯宗和沈太后非常忧闷！就通过宦官蒋裕去劝诱张安国占据辖郡谋反，借此来图谋陈顼。结果，张安国事情败露，被陈顼杀掉了。当时，沈皇后身边的近侍都知此事，她害怕被牵连，就把身边知情的人都杀了。

但，司马光没有把《陈书》里的这条史料收入《资治通鉴》中。司马光认为如果沈太后果真参与了张安国的叛乱预谋，陈顼不会让她活着。

笔者认为，少帝陈伯宗和沈太后不仅参与了张安国的反叛策划，还参与了刘师知、韩子高等一系列的排挤陈顼的预谋活动。因为没有成功，所以叫"叛乱"。如果成功了，那就叫维护正义和正统。

后世史家们不信，可以看看章太皇太后章要儿，于光大二年（568）冬十一月二十三日，召集群臣到朝堂，颁下废黜少帝陈伯宗的懿令曰：

中军仪同、镇北仪同、镇右将军、护军将军、八座卿士：昔梁运季末，海内沸腾，天下苍生，殆无遗噍。高祖武皇帝拨乱反正，膺图御箓，重悬三象，还补二仪；世祖文皇帝克嗣洪基，光宣宝业，惠养中国，绥宁外荒；并战战兢兢，勤劳缔构，庶几鼎运，方隆殷夏。伯宗昔在储宫，本无令问，及居崇极，遂骋凶淫。居处谅闇，固不哀戚，嫔嫱弗隔，就馆相仍，岂但衣车所纳，是讥宗正，衰绖生子，得诮右师。七百之祚何凭，三千之罪为大。且费引金帛，令充椒闱，内府中藏，军备国储，未盈期稔，皆已空竭。太傅亲承顾托，镇守宫闱，遗诰绸缪，义深垣屏，而攒涂未御，翌日无淹，仍遣刘师知、殷不佞等显言排斥。韩子高小竖轻佻，推心委仗，阴谋祸乱，决起萧墙。元相虽持，但除君侧。又以余孝顷密迩京师，便相征召，殃衅之咎，凶徒自擒，宗社之灵，祅氛是灭。于是密诏华皎，称兵上流，国祚忧惶，几移丑类。乃至要招远近，叶力巴、湘，支党纵横，寇扰黔、歙。又别敕欧阳纥等攻逼衡州，岭表纷纭，殊淹弦望。岂止罪浮于昌邑，非唯声丑于太和。但贼竖皆亡，妖徒已散，日望惩改，犹加掩抑，而悖礼忘德，情性不悛，乐祸思乱，昏愬无已。张安国蕞尔凶狡，穷为小盗，仍遣使人蒋裕钩出上京，即置行台，分选凶党。贼皎妻吕，春徒为戮，纳自奚官，藏诸永巷，使其结引亲旧，规图戕祸。荡主侯法喜等，太傅麾下，恒游府朝，啖以深利，谋兴肘腋。适又荡主孙泰等潜相联结，大有交通，兵力殊强，指期挺乱。皇家有庆，历数遐长，天诱其衷，同然开发。此诸文迹，今以相示，是而可忍，谁则不容？祖宗基业，将惧倾陨，岂可复肃恭禋祀，临御兆民？式稽故实，宜在流放，今可特降为临海郡王，送还藩邸。太傅安成王固天生德，齐圣广深，二后钟心，三灵仁眷。自前朝不念，任总邦家，威惠相宣，刑礼兼设，指挥啸咤，湘、郢廓清，辟地开疆，荆、益风靡，若太戊之承殷历，中都之奉汉家，校以功名，曾何仿佛。且地彰灵玺，天表长彗，布新除旧，祯祥咸显。文皇知子之鉴，事甚帝尧，传弟之怀，又符太伯。今可还申曩志，崇立贤君，方固宗祧，载贞辰象。中外宜依旧典，奉迎舆驾。未亡人不幸属此殷忧，不有崇替，容危社稷，何以拜祠高寝，归祔武园？揽笔潸然，兼怀悲庆。
（见《陈书·本纪·卷四》）

从以上令文中，可以清楚地看到，章太皇太后严厉地指责少帝陈伯宗：

迫不及待，也不等丧满，便派刘师知、殷不佞等人来加以诋毁（陈顼）。韩子高等轻佻小人，倚仗皇帝的信任，阴谋制造祸乱，危害宗室。

又以余孝顷离京师很近，便加以征召，制造祸乱咎由自取，凶徒自然要遭到捕获，仰赖宗社之神灵，妖氛得以扫灭。

密诏华皎，于上游起兵，国运悠悠忽忽，几乎落到贼子手中。

又令欧阳纥等人进逼衡州，岭南一带纷乱不堪，几乎延续半个月。

张安国奸狡小人，势穷已成小盗，仍然遣使者绕道离开上京，即置行台，分选凶党为官。

贼臣华皎妻吕氏，蠢蠢之徒也来效力，纳娶自奚官，藏之于宫内，让她结交亲朋旧友，谋划变乱大事。

副帅侯法喜等人，本是太傅麾下，常出没于朝廷之下，以利诱人，谋划肇乱于萧墙之下。

恰巧又和副帅孙泰等人暗自交往，大肆勾结，兵力强盛，约期发动叛乱。

在章太皇太后的这份令书中，提到欧阳纥的反叛。欧阳纥可是大有来头。据《陈书卷九·列传第三》有记载："（欧阳）纥字奉圣，颇有干略。天嘉中，除黄门侍郎、员外散骑常侍。累迁安远将军、衡州刺史。袭封阳山郡公，都督交、广等十九州诸军事、广州刺史。在州十余年，威惠著于百越，进号轻车将军。光大中，上流蕃镇并多怀贰，高宗以纥久在南服，颇疑之。"

以上史料，只能说陈顼很疑心于欧阳纥，才征召他为左卫将军。欧阳纥感到恐惧，部下都劝他反叛朝廷，于是发兵攻打衡州刺史钱道戢。

陈顼（宣帝）派中书侍郎徐俭持皇帝的符节和谕旨去见他。欧阳纥初见徐俭时，布置了很多兵器和卫士，说话很不恭敬。徐俭对他说："汉武帝时吕嘉的故事，已经很远了，您将军唯独看不到周迪、陈宝应不久前因为反叛而被杀的事情！转祸为福，时间还不晚。"欧阳纥听后沉默不回答。欧阳纥担心徐俭使自己的部众颓丧，不准徐俭入城，把徐俭安置在孤园寺，派人守卫，几十天不放徐俭回朝。

徐俭，是徐陵的长子。据史载：徐俭又名众，从小修养成立，勤奋好学志行操守好，汝南周弘正看重他的为人，嫁女给他为妻。梁太清初年，出仕为豫章王府行参军。侯景作乱时，徐陵出使魏未回朝，徐俭当时21岁，携老带幼到江陵避难。梁元帝听说他的名声，召他任尚书金部郎中。他曾经陪从元帝宴会而赋诗，元帝赞赏说"徐家的孩子，又是有文才的"。

江陵沦陷，徐俭又回到建康。永定初年，陈武帝诏任为太子洗马，升迁为镇东从事中郎，天嘉三年，调任中书侍郎。太建初年，广州刺史欧阳纥起兵反叛，高宗命令徐俭持带信节宣读圣旨。欧阳纥先是把徐俭关押在孤园寺，经过徐俭的争取，欧阳纥于是打发徐俭从小路骑马奔回朝廷。陈顼（高宗）于是就命章昭达率领部众讨伐欧阳纥，还因为徐俭熟悉那里的形势，诏令徐俭担任章昭达部队的监军。欧阳纥的叛乱被平定后，陈顼嘉奖徐俭，赏赐奴婢 10 人，米 500 斛，授镇北部鄱阳王谘议参军，兼中书舍人。徐俭积累年资而升任国子博士、大匠卿，其余任职照旧。不久升任黄门侍郎，转太子中庶子，加通直散骑常侍，兼尚书左丞。后因公事免职。不久又起用为中卫始兴王限外谘议参军，兼中书舍人。又为太子中庶子，迁贞威将军、太子左卫率，中书舍人照旧兼任。陈后主即位，授和戎将军、宣惠晋熙王长史，行丹阳郡国事。随后因父丧（徐陵）去职。不久起用为和戎将军，再调至浔阳内史。为政严明，盗贼不兴。升任散骑常侍，袭封建昌侯，入朝为御史中丞。徐俭秉性公正平和，不阿谀奉承，尚书令江总声威重极一时，也被徐俭纠察弹劾，后主对他非常信任。又领右军。祯明二年逝世。

当时，欧阳纥把徐俭关押在孤园寺。欧阳纥曾经出城，到孤园寺去看徐俭。徐俭对他说："将军已经行动了，我还要回去向天子报告。我的性命，虽然在将军手里，但是将军的成败，不在于我徐俭，希望你不要扣留我。"于是欧阳纥放徐俭回去。

欧阳纥是欧阳頠的儿子，又是唐代大书法家欧阳询的父亲。都是著名的人物。少帝陈伯宗年仅 16 岁，他果真能做出这么多的事情？那些手握兵权的将领真的会听从少帝的"征诏"？这背后必定有陈文帝皇后沈妙容（皇太后）的谋划和指挥。

后来，少帝陈伯宗被废黜。估计沈妙容皇太后的日子也不好过。陈顼纵然不杀她，也会派人软禁她于深宫之中。

从当时陈顼的处境看，也是非常危险的！由于陈顼位高权重，已经成了少帝陈伯宗和沈太后忌惮的人物。陈顼稍有不慎，就有可能被忠于文帝的旧臣们擒而杀之！假使陈顼急流勇退，卸下所有兵权和朝政大权，退居

二线，仍然会遭到少帝陈伯宗和沈太后的猜忌和佞臣的蛊惑，陈顼也断然不会有善终。

更何况，以当时的情势，于国于家于己，陈顼根本不可能退居二线。陈朝的政治、经济、军事、外交等大事都得陈顼来处理。毕竟，年仅16岁的少帝，其见识和担当都比较有限。

陈顼从当时自身的处境，从安全的角度来考虑，他必须采取果断行动，确保自身的安全和国家的稳定。这也就是为什么陈顼以闪电般的速度，杀了忠于文帝而想辅佐少帝的旧臣刘师知、韩子高等人。不给朝臣们有任何"求人情""走后门""拉关系"的机会。

这种情形，就跟北齐的高演、高湛杀杨愔、燕子献、郑子默等旧臣辅佐北齐幼帝高殷的宫廷政变是一样的！所幸的是，南陈朝廷的陈顼是以最少的牺牲和流血事件，达到了稳定国家、维护自己身家性命的目的。

为了安抚惊慌中的皇太后沈妙容，陈顼把她哥哥沈钦的副首相之职，升为正首相。"三月，甲午，以尚书右仆射沈钦为侍中、左仆射。"（《资治通鉴·陈纪四》）尚书右仆射兼中书侍郎行中书令事，为次相。尚书左仆射兼门下侍郎行侍中事，地位相当于首相。

沈钦，陈文帝沈皇后兄。随文帝征伐，以功累迁至贞威将军、安州刺史。文帝即位，袭爵建城侯。废帝时，官至尚书左仆射。沈钦无才能，以外戚得至高位。正因为沈钦没什么才能，陈顼才敢把他放到"首相"这么高的虚职上去。让他去做些迎来送往、招待国宾之类的事。

转眼就进入夏季了，四月癸丑（十三日），北齐派散骑常侍司马幼之到陈朝聘问。

韩子高被杀的事，还在陈朝将领中不断发酵……

陈朝的湘州刺史华皎听说韩子高被处死，内心忐忑不安，便修造盔甲聚集徒众，并派使者暗中引来北周军队，准备反叛……

第三十三章　文帝旧臣华皎反

韩子高被杀的消息在陈国掀起轩然大波！

据守长沙的湘州刺史华皎，与韩子高一样是文帝嫡系。因韩子高被杀，而心不自安。又加上陈顼多次命令华皎上缴大舰金翅等，华皎借故迁延不给。因为湘州出产杉木舟，陈文帝生前曾密诏使华皎营造大舰金翅等200余艘，以及各种水战之用具，想借此进军汉水流域及峡州一带。

陈顼此时催华皎上缴金翅大舰，华皎越发忐忑不安，时刻提防朝廷对他不利。光大元年（567），华皎秘密启奏幼主皇帝陈伯宗，以求调任广州，以窥测朝廷的意思。

陈顼看出华皎的用意，假装答应了他的要求，却扣住改调他的诏书迟迟不发。华皎为求自保，加紧修造盔甲，安抚部下，秘密招兵买马，并派使者暗中与北周和荆州后梁政权接触，奉后梁皇帝萧岿为主，以自己的儿子华玄响作为人质，取得两方的支持。

陈顼想讨伐华皎，又担心攻克不了。因此向吴明彻问计。吴明彻说："王爷自从执掌朝政以来，未尝立有大功。华皎虽然勾结外国有了强大援军，但军心不一，其势容易摧毁他们。王爷亲率大军攻击，定可荡平寇贼。如此则立下大功，民众拥戴王爷的心志更加坚定。"

陈顼听了吴明彻的话，非常同意。便让少帝陈伯宗下诏令以吴明彻为湘州刺史，实际上是想以轻兵偷袭华皎。

当时，陈顼担心华皎先发制人，便先派吴明彻率众3万，乘金翅舰直趋郢州，又派抚军大将军淳于量率众5万，乘大舰随后而至，又令假节、冠武将军杨文通另从安成（今江西安福西）步道出师茶陵，又令巴山太守黄法氍另从宜阳（今江西宜春）出师澧陵，前往偷袭，出其不意。另外，

又下令江州刺史章昭达、郢州刺史程灵洗等参与谋划讨贼。

任命司空徐度为车骑将军，统领建康的军队，从陆路进兵湘州。徐度总督十几万大军，对华皎发动空前巨大的围剿。

面对陈顼咄咄逼人的攻势，华皎心里着实发怵！华皎是什么人呢？他其实就是一个小吏，并无军事指挥才能。据史载：

华皎，晋陵暨阳人。世代为小吏。华皎在梁为尚书比部令史。侯景之乱时，他投靠侯景党人王伟。陈霸先兴兵讨伐侯景时，陈昌、陈蒨、陈顼等家属被侯景所囚禁。华皎待陈蒨很友善。侯景之乱平定后，陈蒨为吴兴太守，以华皎为都录事，军府粮草钱帛之事，多委任于他。

华皎聪明敏慧，于文书账册之事十分卖力。及至陈蒨平定杜龛，便配给他兵马武器，仍为都录事。华皎管理下属磊落分明，善于爱护体恤。时值兵荒之后，百姓饥馑，华皎与众人同甘共苦，不管多少一律与大家均分，于是，逐渐累次提升为暨阳、山阴二县县令。陈文帝即位，授职为开远将军、左军将军。天嘉元年（560），封为怀仁县伯，食邑400户。

王琳引大军攻击陈朝之时，华皎随陈朝太尉侯瑱率兵阻击王琳军众。王琳大败，诏华皎镇守湓城，主持江州事务。当时南陈各州的郡守大多是乡里的豪强头子，不遵守朝廷法典。陈文帝让华皎想办法驾驭他们。华皎恩威并施，使王琳手下败逃溃散的将卒多依附于华皎。

天嘉三年（562），华皎任假节、通直散骑常侍、仁武将军、新州刺史，监江州。不久诏令督领浔阳、太原、高唐、南、北新蔡五郡诸军事、浔阳太守、假节、将军、州资、监如故。周迪谋反，派遣他兄长的儿子率兵卒埋伏于船中，诈称为商贾，想在湓城偷袭华皎。结果，被华皎所察觉，派兵攻击，全数缴获了周迪的船只和武器。同年，华皎随都督吴明彻征讨周迪。平定周迪之乱后，以军功授职为散骑常侍、平南将军、临川太守，晋爵为侯，增加封邑连同旧邑共500户。未拜官，入朝，又授华皎职为使持节、都督湘巴等四州诸军事、湘州刺史，常侍、将军如故。华皎自此，成一方诸侯。

废帝即位，晋号华皎为安南将军，改封重安县侯，食邑1500户。本来，华皎也想平安养老。谁知，陈顼势大，把陈文帝的忠臣刘师知、到仲举、韩子高相继铲除。刘师知、到仲举赐死也就罢了，而韩子高却是军功卓著的陈朝将领，于国家有大功，是陈文帝特别恩宠的人。连韩子高都连夜赐死，那忠于文帝的华皎，也是在劫难逃！

于是，华皎派使者去劝诱章昭达，被章昭达捉住送到建康。又派使者去劝诱程灵洗，反被程灵洗杀死。因为武州是华皎的心腹要地，他派使者去劝诱武州都督陆子隆，陆子隆不肯听从。华皎派军队去进攻，也没有攻克。

没有办法了，华皎只有奋起反抗。巴州刺史戴僧朔等人原本就隶属华皎，长沙太守曹庆等人，原先也是华皎的部下，因此都为华皎效命。

戴僧朔，吴郡钱塘人。颇有蛮力，勇敢善战，族兄右将军戴僧锡很喜欢他。僧锡年老，征讨时总是让僧朔领兵。平王琳时立过功。僧锡去世，僧朔袭职代为南丹阳太守，镇守采石。从大军征讨留异，侯安都在岩下出战，为贼人砍伤，戴僧朔持单刀徒步援救侯安都，才得回营。以军功授职为壮武将军、北江州刺史，兼南陵太守。又从大军征周迪有功，迁任巴州刺史，假节、将军如故。

曹庆本为王琳部将，萧庄伪署左卫将军、吴州刺史，所部仅次于潘纯陀。王琳兵败，陈文帝将他调拨给华皎所部，官至长沙太守。

华皎只有戴僧朔、曹庆这两员大将，与陈朝十几万大军相比，力量还是很悬殊。他急忙向后梁、北周求援。

陈顼担心长江上游一带的郡守地方官，受到华皎的煽惑而归附他，便让少帝陈伯宗下了诏书：

贼人华皎出身低贱，只因遇到破格提拔，才得以担任高官，正当恩宠备至，身肩重任之时，背叛了造就、化育他的朝廷，心怀奸谋诡计，想要扶立萧氏，私下所订之盟约已然败露，存心凶毒之极，想要颠覆社稷，煽动勾结边将，驱迫士民，像蚂蚁那样聚集于巴、湘，像野猪那样狂奔于鄢、郢，悖逆天地，人神共愤。征南将军淳于量、安南将军吴明彻、郢州刺史程灵洗，受命专事征伐，备尽心力，抚慰各路英雄，水陆齐进。义勇忠烈之士，争先杀敌，凶徒终将崩陷殒灭。获取胜利是指日可待，层层妖气将一扫而清。说及此我心中也哀怜罪人，但愿能让他们重新做人。可特

赦湘、巴二州：所有为叛贼所逼迫挟制，以及加入叛党之人，一概不予追究；至于贼军主将及偏裨，一并开恩特许自首，全都从宽论处。

诏令特别赦免了湘、巴二州的官员和民众士卒，并下令把华皎留在京城的家属全部处死。

光大元年九月乙巳（初七），诏曰："逆败华皎，极恶穷凶，遂树立萧岿谋危社稷，弃亲即雠，人神愤惋。王师电速，水陆争前，枭夐之期，匪朝伊暮。其家口在北里，尚方宜从诛戮，用明国宪。"（《陈书·废帝纪》诛华皎家口诏）

华皎又气又恨，虽然自己的军力强弱悬殊，但事到如今，只有奋起搏击！他急派使者首先向后梁求救。

后梁第一任皇帝萧詧已经去世，他的儿子萧岿即位。萧岿早就想攻击陈朝，这真是千载难逢的机会，正是上天帮助他实现一统江南的梦想之时，他欣然接受了华皎的归降书，后梁皇帝萧岿任命华皎为司空，令巴州刺史戴僧朔、衡阳内史任蛮奴、巴陵内史潘智虔、岳阳太守章昭裕、桂阳太守曹宣、湘东太守钱明全都隶属于华皎指挥。又派遣柱国王操率2万水军与华皎会合。

接着，华皎派遣的使者快马加鞭到了长安，同时，萧岿也向后梁的大靠山鲜卑北周皇帝上书说明情况，请求北周派军队支援。

北周皇帝认为与陈朝修好五年了，都没有矛盾。现在突然出兵，实在是师出无名。北周众位大臣经过朝议，同意出兵。可是司会崔猷也不同意出兵，说：

"我们前年东征洛阳，军队死伤过半。近来虽然加以安抚，但遭受的创伤还没有平复。现在陈朝保境安民，和我们睦邻友好，在这种情况下，怎么能贪图它的土地，接纳它的叛臣，违背和对方盟约的信义，出动无名之师呢？"

但是，北周权臣宇文护早就对陈朝不满了！——当初放归陈昌，想以离间计搅动陈朝内讧，却被陈朝君臣轻松化解了。后来放归陈顼全家，也没能带来更多的好处。

宇文护想出兵，理由总是很多的。比如说华皎总共兵力不足1万，陈项为何出动十几万的军队？陈朝大举十几万军队，名义上是讨伐华皎，实是威胁、攻击北周扶植的代理人后梁政权。虽然北周国内大臣们反对出兵的声音也很多，但谁能保证，陈朝十几万大军，在剿灭了华皎之后，不会趁势收拾了后梁？

既然没有哪个大臣敢担保陈朝不会趁势灭了后梁，那宇文护就可以名正言顺地发兵了。宇文护派遣以周武帝的胞弟、卫国公宇文直为总督，大将军权景宣和元定分别率领水军和陆军南下，援助华皎。

于是，北周、后梁和华皎本部兵马以水、陆两路迎战陈朝军队。水军由华皎统领，包括权景宣的北周水军与王操的后梁水军，顺流而下，屯兵长江上的白螺矶（今湖北监利东南）；陆军驻扎在鲁山，由宇文直总辖水、陆两军，指挥作战。并派元定的几千北周步兵、骑兵包围了郢州。

南陈的军队在吴明彻的率领下，溯江而上，与华皎的队伍相持，淳于量率领的南陈步军则驻军夏口，截断了北周将领元定的退路。

吴明彻此前有介绍，而南陈主将之一的淳于量，在这里也首次作一介绍。据《陈书》记载：淳于量，字思明。祖先是济北人，世代居住在京师。父亲淳于文成，在梁朝官至将帅，当过光烈将军、梁州刺史。

淳于量年轻时修缮自己的住处，身材高大，容貌英俊，有才干和谋略，熟悉射箭骑马。梁元帝任荆州刺史时，淳于文成分给淳于量一路人马，吩咐他前去侍奉。初任湘东王常侍，兼任西中郎府中兵参军。先后迁任府佐、中兵、直兵，兼任中兵、直兵 10 多年，在府中聚集了很多武器、士兵。

荆州、雍州交界地带，蛮族多次反叛，山大王文道期积蓄为边境祸患，中兵王僧辩征讨，连续打了几仗都不顺利，派淳于量援助王僧辩。淳于量抵达，和王僧辩联合，大败文道期，杀了蛮族酋长，俘虏了上万人。按照功劳封淳于量为广晋县男，食邑 300 户，授职为涪陵太守。历任新兴、武宁二郡太守。

侯景之乱，湘东王梁绎一共派了五支军队去援救京师，淳于量参与其中的一支。台城陷落，淳于量回到荆州。萧绎秉承皇帝旨意以淳于量为假节、通直散骑常侍、都督巴州诸军事、信威将军、巴州刺史。侯景西进攻

打巴州，萧绎派都督王僧辩去占据巴陵。淳于量和王僧辩联合抵抗侯景，大败侯景的部队，生擒侯景的部将任约。进攻郢州，活捉了宋子仙。又随王僧辩打败了侯景。承圣元年（552），按照功劳任淳于量为左卫将军，封为谢沐县侯，食邑500户。不久淳于量出任持节，都督桂州、定州、东宁州、西宁州诸军事，信威将军，安远护军，桂州刺史。

西魏兵袭荆州，梁元帝陷没，淳于量退守桂州。王琳割据湘州、郢州，多次派使者征召淳于量，淳于量表面上虽然和王琳来往，但暗地里派使者抄小路归依陈霸先。高祖陈霸先受禅称帝，任命淳于量为持节、散骑常侍、平西大将军，送给他一部鼓吹，都督、刺史等职全部不变。不久晋号为镇南将军。又任命为都督、镇西大将军、开府仪同三司。世祖继位，晋号为征南大将军。

陈武帝驾崩后，陈文帝即位。王琳率大军进攻陈朝。陈文帝令侯瑱等人打败了王琳大军和北齐援军。王琳逃奔于北齐。陈文帝多次诏令淳于量入朝。天嘉五年（564），征召淳于量为中抚大将军，常侍、仪同、鼓吹等职和待遇全部不变。淳于量手下将帅，大多怀恋本土，都想逃进山谷，不愿入朝。

陈文帝派湘州刺史华皎征讨衡州境内的黄洞，并且派兵迎接淳于量。天康元年（566），淳于量抵达京都，因为在路上滞留，被有司奏知皇上，免除其仪同之职，其他不变。光大元年（567），送给他一部鼓吹。华皎反叛，派淳于量为使持节、征南大将军、西讨大都督，统率大舰，从郢州、樊浦拒敌。

陈文帝又派遣司空徐度与杨文通等将领，从安成郡的陆路翻越山岭出湘东，直奔湘州，从后面偷袭。把华皎留在湘州的军士家属全部俘虏。

一时间，北周、后梁、华皎、南陈四个方面的军队，纵横驰骋，旌旗招展，军角相闻，热闹非凡。

华皎得到了强大的援军，信心倍增。他率水军船队从巴陵浩浩荡荡地出发，顺流乘风，很快就在郢州附近的沌口与吴明彻等人的陈军相遇，一场惊心动魄的大规模水战开始了。

当时华皎布阵于巴州之白螺，排列舟舰，与陈军师相持不下。及至听说徐度直捣湘州，便率兵从巴、郢乘着顺风沿江而下，前来挑战。

华皎的金翅大舰，体形庞大，船上置有拍杆，令陈军难以靠近。所谓拍杆，实际上是一种大船上配备的重型武器，一般的形式是：在船上竖起桅杆，每根桅杆上固定一道粗壮的横杆（类似巨型投石机的杆臂），一头悬上大石，伸出船外，另一头用绳索连接辘轳，由多名士兵控制，一旦敌船行驶到攻击距离内，就驱动拍杆砸下大石，将其击碎。拍杆作为水战利器，最初出现在晋代，到了南北朝后期使用逐渐频繁起来。陈军船上也有拍杆，但数量和威力远不及周梁联军。

陈军将领淳于量、吴明彻募集了军队中的小船，赏给很多金银，要他们先行出发，驾驶多艘小船冲向华皎的船队，不断进行骚扰。来抵挡北周、后梁的水军大船上拍杆的攻击。等对方船上拍杆的石块都发射完了，淳于量便用大船上的拍杆向对方进攻。结果北周、后梁的大船失去威力，华皎的大船没有石块反击对方，都被拍杆击破，沉没在沌口中游。

北周、后梁的军队又用船装载了干柴，想借风力纵火引向对方，但没多久风向转变，火反而烧到了自己，北周、后梁的军队大败。华皎和戴僧朔乘一只船逃走，路过巴陵，不敢靠岸，直奔江陵，宇文直也向江陵方向奔窜。

北周将领长胡公拓跋定（元定）成了一支孤军，无船可渡，进退无路。他们砍断竹子开出道路，且战且退，想退到巴陵。这时巴陵已经被陈军的徐度所占领，拓跋定等人便赶往湘州。到了水口，无法渡河，粮草也差不多罄尽了，徐度派使者假意和元定结盟，并答允放他回北周。元定相信了，解除了武装归顺徐度。

徐度捉住拓跋元定，并俘虏了他的全部军队，还擒获了后梁的大将军李广。元定被送到建康，愤怒发病而死。

此仗，陈军大胜。华皎、戴僧朔乘船逃奔江陵，陈军活捉了北周将领长胡公拓跋定（元定），俘获万余人，马4000余匹，送到陈朝京师。华皎党羽曹庆、钱明、潘智虔、鲁闲、席慧略等40余人一并伏诛，仅有任蛮奴、章昭裕、曹宣、刘广来得免一死。

钱明，本为陈武帝手下主帅，后历任湘州诸郡太守。随陈武帝征战，建康保卫战，截断北齐粮道。多有军功。

潘智虔，潘纯陀之子，少年时很有志向和气量，20岁时当了巴陵内史。

鲁闲，吴郡钱塘人。本为张彪手下主帅，降陈文帝。

席慧略，安定人。原是王琳部下，官至郡守。都由陈文帝调拨给华皎。

以上华皎的余党40多人，全都服罪被杀。只有岳阳太守章昭裕因为是章昭达的弟弟，桂阳太守曹宣是陈武帝的老臣，衡阳内史任蛮奴曾向朝廷上过密奏，因此这三人被宽恕免罪。

吴明彻乘胜追击，一举攻克后梁的河东郡（今湖北松滋一带）。此次大战，以北周、后梁大败而告终。宇文直、权景宣也因这次战败而免官。据《周书》记载：权景宣，字晖远，天水显亲人。父亲权昙腾，曾任魏国陇西郡守，追赠秦州刺史。

权景宣自幼聪明颖悟，任气行侠，族人都很惊奇叹服。17岁时，魏国行台萧宝夤见到他，认为他是个奇才，推荐他担任轻车将军。萧宝夤失败以后，权景宣回到故乡。太祖宇文泰平定陇西，提拔他担任行台郎中。魏孝武帝西迁后，授镇远将军、步兵校尉，加平西将军、秦州大中正衔。

大统初年，转任祠部郎中。权景宣通晓兵法，有谋略。跟随宇文泰攻克弘农、沙苑，都是率先冲入敌阵。转任外兵郎中。跟随于谨援救洛阳，权景宣督办粮草，军队得到接济。

当时刚刚收复洛阳，准备修建宫殿，权景宣率领3000名服役的人，先出去开采运输。适逢东魏兵到，司州牧元季海等人由于兵少而退，所属各城全部反叛，道路堵塞。权景宣率领20名骑兵，边战边退。随从骑兵几乎全部战死，权景宣轻装骑马突围，杀死数人，急驰而出，投奔民家躲藏。他认为久藏不是办法，于是伪作宇文泰来信，招募500余人，据守宜阳，扬言大军将至。东魏将领段琛等人率军抵达九曲，害怕权景宣，不敢进兵。权景宣担心段琛探知虚实，于是带上亲信，假称迎接大军，趁机西逃，与仪同李延孙相会，进攻孔城。洛阳以南，随即也来归附。宇文泰就留下权景宣守卫张白坞，指挥东南义军。东魏将领王元轨入据洛阳，权景宣与李延孙等人将其击退，以战功授大行台右丞。进据宜阳，攻克襄城，活捉郡守王洪显，俘虏、斩杀 500 余人。宇文泰嘉许，调他入朝。记录前后功劳，封显亲县男，食邑 300 户。授南阳郡守。

该郡与敌国边境相邻，过去的制度，是征发百姓守卫 35 处哨所，导致废弛农桑，而坏人仍然作乱。权景宣来到这里以后，废除旧制，只修起城楼，多备兵器战具，盗贼不再出现，百姓得以从事生产。百姓称赞他，树碑称颂他的功德。宇文泰特地赏赐粟帛，以表彰他的才能。升任广州刺史。

侯景举黄河以南前来归附，权景宣跟随仆射王思政率军接应。不久，侯景叛变，投靠南梁，西魏担心东魏收复这个地区，任命权景宣为大都督、豫州刺史，镇守乐口。东魏也派张伯德担任刺史。张伯德命令部将刘贵平率领部下及山中蛮族，多次前来进攻。权景宣部下不足 1000 人，因时制宜，奋力作战，先后俘虏、斩杀 3000 余人，刘贵平才退走。升任使持节、车骑大将军、仪同三司。

颍川沦陷后，宇文泰祖认为乐口诸城道路断绝，命令全部退军返回，襄州刺史杞秀因仓促退兵而被治罪。权景宣号令严明，军容整齐，部下全部撤回，单独得到优厚赏赐。留下镇守荆州，把鹃南事务委托给他。

当初，梁国岳阳王萧詧准备以襄阳归附魏朝，指挥军队在江陵进攻梁元帝。萧詧的叛将杜岸乘虚偷袭他。权景宣率领 3000 骑兵，帮助萧詧击败杜岸。萧詧因此把妻子王氏、儿子萧嶚送到西魏京师当作人质。

权景宣又与开府杨忠击败梁国将领柳仲礼，攻克安陆、随郡。过了很久，随州城内百姓吴士英等人杀死刺史黄道玉，趁机聚众为盗。权景宣认为吴士英等人不过是小贼，可以用计智取，如果公开声讨他的罪状，担心追随他的人会更多。于是写信给吴士英，假称黄道玉凶恶残暴，吴士英等此举立功。吴士英果然相信，相继前来。权景宣捉住吴士英，把他杀掉，又遣散他的党羽。进攻应城，将其占领，活捉夏侯珍洽。于是应、礼、安、随一带全部平定。由于权景宣威名震慑南疆，授他并、安、肆、郢、新、应六州诸军事、并州刺史。随即升任骠骑大将军、开府仪同三司，加侍中衔，兼督江北司二州诸军事，晋封伯爵，食邑 500 户。

唐州蛮族田鲁嘉自称豫州伯，引来齐兵，成为百姓大害。权景宣将其击败，活捉田鲁嘉，在该地设郡。转任安州刺史。

梁国定州刺史李洪远先降后叛，权景宣恨其怀有二心，偷偷袭击，将其打败，俘虏他的家人和部属。李洪远逃得性命。从此，蛮族首领畏惧他的威势而屈服，没有人再敢叛变。

燕公于谨征伐江陵时，权景宣在涢水击败梁国司空陆法和、司马羊亮。又派将帅攻占鲁山。多造战船，多树旗帜，兵临长江，佯装欲渡，以此恐吓梁人。

梁国将领王琳在湘州，权景宣给他写信，说清利害关系。王琳派遣长史席壑赴权景宣处请求举州归附。

孝闵帝登基，调他入朝，授司宪中大夫，不久，任命他为基、郜、硖、平四州五防诸军事、江陵防主，加大将军衔。

保定四年（564），晋公宇文护东征，权景宣另外讨伐黄河以南。齐国的豫州刺史王士良、永州刺史萧世怡都以城降服。权景宣令开府谢彻守永州，开府郭彦守豫州，让王士良、萧世怡及降兵1000人归还京师。不久，洛阳失守，于是放弃二州，率领将士返回。到昌州时，罗阳蛮族反叛，权景宣回军进攻，斩杀千人，俘虏2000人、各种牲畜1000头，送到京师。又回军驻扎灞上，晋公宇文护亲自迎接慰劳。天和初年，授荆州总管、十七州诸军事、荆州刺史，晋封千金郡公。

陈国湘州刺史华皎举州归附，上表请求援兵。诏命权景宣率领水军与华皎一起沿长江而下。权景宣到夏口时，陈军已经赶到。而权景宣由于位居高官，所遇隆重，就骄傲放纵，居功自傲，又接受贿赂；指挥军队，朝令夕改。将士愤怒，不肯效力。水军刚一交战，立即败逃，战船兵器，几乎丢个精光。

当时卫公宇文直总督各军，由于权景宣而承担败军之名，打算以军法处置。

北周武帝宇文邕不忍心治罪，派遣使者到军中，赦免权景宣。不久，权景宣染病去世。追赠河、渭、鄯三州刺史，谥号为“恭”。

而宇文直呢？因为此次战败，被宇文护免官，因此产生怨恨，竟然与北周武帝宇文邕一起，图谋杀死权臣宇文护……

第三十四章　华皎败北周剧变

北周经过此次战败，一下子激化了许多矛盾，引发了北周朝政的震荡！

真没想到，南陈华皎的反叛，竟然引发北周朝廷一系列的剧烈变化。不仅北周高官免职的免职，被杀的被杀……连权倾朝野的宇文护，也被杀身亡！

北周当初出兵帮助华皎，正如宇文护出兵前所说的一样，陈朝军队着实勇猛，趁势攻取了后梁的河东郡，还围攻后梁京都江陵。因此，北周虽然败退，但北周的大臣们也无可指责，反而佩服宇文护的卓越见识和果断出兵。

但是，因为宇文直这次战败被免官，于是，怨恨宇文护，于是联合宇文邕一起图谋宇文护。北周武帝宇文邕早就有诛杀宇文护之意。据《周书》载：

卫剌王宇文直，字豆罗突。魏恭帝三年（556），封秦郡公，食邑1000户。武成初年，外出镇守蒲州，任大将军，晋封卫国公，食邑1万户。保定初年，任雍州牧，随即升任柱国，转任大司空，出任襄州总管。

天和年间，陈国湘州刺史华皎举州前来归附，诏命宇文直督率绥德公陆通、大将军田弘、权景宣、元定等出兵支援，在沌口与陈国将领淳于量、吴明彻等人作战。宇文直失利，元定投奔长江以南。宇文直论罪免官。

宇文直是北周高祖宇文邕的同母弟弟，为人浮薄诡诈，贪狠无赖。由于晋公宇文护执政，就亲近宇文护，而对帝怀有二心。从沌口回来后，宇文直因免官而恼怒，又请求皇帝授官，希望得到职位。皇帝宇文邕早就有

处死宇文护的意思，于是与宇文直谋划。

宇文护呢？他性情宽和，然而不识大局。他依仗有功，久处要职。他所委任的人，没有称职的。他的儿子们也都个个贪婪，放纵部下，仗恃着宇文护的声威权势，没有不败坏政事、残害百姓的。他们欺上蒙下，毫无顾忌。

由于宇文护狂暴傲慢，北周武帝宇文邕秘密地与卫王宇文直策划对付宇文护的办法。天和七年三月十八日，宇文护从同州回来。帝驾临文安殿，见过宇文护后，领他进入含仁殿拜见皇太后。

从前，帝在宫禁中见到宇文护，常行家人之礼。宇文护拜谒皇太后时，皇太后一定赐他坐下，帝站在一边侍候。宇文护将入含仁殿时，帝对他说：

"太后年事已高，很爱喝酒。不是亲近的人，有时就不准拜见。时喜时怒，脾气有点反常。过去虽然劝告过多次，但她听不进去。今天既然是兄长拜见，希望您再劝劝太后。"

帝趁机从怀中拿出《酒诰》交给宇文护。当初，帝曾设法对付宇文护，王轨、宇文神举、宇文孝伯曾参与策划。这一天，王轨等人都在外地，更是没有一个人知道。

杀了宇文护以后，帝召见宫伯长孙览等人，告诉他们这件事，立即下令逮捕宇文护之子柱国谭国公宇文会、大将军莒国公宇文至、崇业公宇文静、正平公宇文乾嘉，以及宇文乾基、宇文乾光、宇文乾蔚、宇文乾祖、宇文乾威等人，并逮捕柱国侯伏侯龙恩、龙恩之弟大将军万寿、大将军刘勇、中外府司录尹公正、袁杰、膳部下大夫李安等人，在殿中杀掉。

齐王宇文宪对皇帝宇文邕说："李安出身奴隶，只掌管庖厨之事，既然不参与政事，也就不至于死罪。"帝说："你不知道啊，世宗（宇文毓食物中毒）驾崩，就是李安干的！"

宇文护长子宇文训任蒲州刺史。当天夜里，派柱国、越国公宇文盛乘驿车前往蒲州，征调宇文训赶赴京师，到同州时赐他自尽。

处死宇文护后，皇帝宇文邕却任命齐王宇文宪为大冢宰。宇文直很失望，又请求授为大司马，打算总领兵马，独揽威权。

皇帝猜到他的心意，就对他说："你们兄弟长幼有序，难道让你反居下列吗？"于是任命宇文直为大司徒。建德三年（574），晋封为王。

当初，高祖宇文邕把宇文直的宅第改为东宫，让宇文直自己选择住所。宇文直看遍各处官署，没有中意的，到废弃的陟岵佛寺，打算住进去。

齐王宇文宪对他说："兄弟的儿女们成长，按理说住处应当宽大一些，这个寺院太狭小，不宜居住。"

宇文直说："我这一个身子尚且容不下，还用说儿女们！"

宇文宪感到奇怪，也有点怀疑。

宇文直曾经跟从皇帝宇文邕围猎，在队伍里乱跑，皇帝发怒，当众鞭打他。宇文直从此更加怨恨。等到皇帝驾幸云阳宫时，宇文直留在京师，起兵反叛，进攻肃章门。司武尉迟运关门抵抗，宇文直无法进入。

宇文直逃走，在荆州被追上捉住，废为平民，囚禁在另一处宫殿里。不久又图谋反叛，被处死。

当年陈文帝通过毛喜修好的北周和陈朝的两国关系，就此破裂，双方互相仇视。由于沔州处于边境，事资守备，于是北周再次任命裴宽为沔州刺史。然而沔州城地势低下又狭窄，兵器又少，裴宽知道难以守卫，很是忧虑。又怕秋水暴涨，陈军能利用水势进攻州城。

于是，裴宽告诉襄州总管，请求增兵守卫沔州，并请求将州城迁移到羊蹄山，以避开水势。总管府答应派援军帮助守卫，但不许裴宽迁移州城。裴宽于是量度河水的水位，在岸边竖大木，以防备船通行。从襄州派遣的援军还没到达，陈军将领程灵洗已率军来到沔州城下。陈军分布战舰，四面攻城。当时水势还小，程灵洗未能靠近城墙。裴宽招募骁勇的士兵，趁夜袭击陈军，屡次挫败陈军的兵锋。两军相持数十日，程灵洗无可奈何。

不久河水暴涨，水位超过所竖的大木，船都能通行。程灵洗于是用大舰逼近城墙，拍杆击打城楼，拍中的地方都被击碎，陈军弓弩矢石齐发，昼夜攻城。裴宽苦战30余日，死伤过半。女垣城墙都崩坏了，陈军得以登上城墙。裴宽还率领军队用短兵器奋力抵抗。两军短兵相拒，又交战了

两天。北周的沔州城外无援军，裴宽力尽。沔州城被攻陷后，水势便退去。程灵洗才擒住裴宽。

据《周书》记载：裴宽，字长宽，河东闻喜人。祖父裴德欢，北魏中书郎、河内郡守。父裴静虑，银青光禄大夫，赠汾州刺史。宽状貌魁梧，博览群书，未成年就被州里所称赞。与二弟裴汉、裴尼都知名于世。亲人去世后，裴宽因抚养弟弟很深厚而闻名。裴宽13岁时，被选用为孝明帝的挽郎，初任员外散骑侍郎。孝武帝末年，裴宽拜广陵王府直兵参军，加宁朔将军、员外散骑常侍。后来孝武帝西入关中，裴宽对其诸弟说："当今权臣专权，皇帝流亡，战争刚刚开始，我们应当何以自处？"诸弟都不知如何作答，裴宽说："君臣之间顺从和逆反，谁是正义的已经很明显了。现在皇帝西奔，我们没有道理往东，如此会亏损为臣的气节。"于是裴宽带领家属到大石岩避难。等到西魏独孤信镇守洛阳，裴宽才出来投奔独孤信。

西魏大统五年，朝廷授裴宽都督、同轨防长史，加征虏将军。十三年，东魏将领侯景叛东魏投降西魏，裴宽随从防主韦祐进军颍川，解救迎接侯景。然而当时侯景已图谋投奔南梁，侯景军中很多人都知道。但侯景因投奔南梁的计划还未谋划好，对外展示自己并无异心，侯景往来诸军间，携带的侍从都很少。军中名将，侯景必定亲自造访，而且侯景特别亲附韦祐。裴宽对韦祐说："侯景狡猾，必不肯西入关中。虽然他表面向你投诚，恐怕不可信。若我们埋伏士兵斩杀了他，也是良计。如果不那么做，我们就必须严加戒备，不能听信他的欺骗和诱惑，以免后悔。"韦祐采纳裴宽的意见，然而也没法杀死侯景，只能严加防备而已。

西魏大统十四年，裴宽与东魏将领彭乐、乐恂在新城交战，裴宽受伤被俘。裴宽被押送到河阴，见到高澄。裴宽举止安详温雅，善于对答，高澄很欣赏他。对裴宽说："你三代为官，才能与见识高远，我必使你富贵。关中贫困狭隘，何以依靠，在我这里你不要怀有异心了。"于是解除裴宽的绳索把他安置在馆舍中，厚加礼待。裴宽于是剪裁毡子做绳索，晚上缒楼逃走，因而得以逃回西魏，面见宇文泰。宇文泰对众人说："被坚执锐，或许有这样的人，疾风中的劲草，到寒冬才能验证。裴长宽受到高澄如此厚重的礼遇，还能冒死回到我这里。自古以来竹帛记载的人和事，还有谁能超过他呢!"于是宇文泰手书签署裴宽的名字，授裴宽持节、帅都督，封夏阳县男，邑300户，并赐马一匹、衣一袭，又拜孔城城主。

西魏大统十六年，裴宽迁河南郡守，仍然镇守孔城。不久加抚军、大都督、通直散骑常侍。魏废帝元年，裴宽进使持节、车骑大将军、仪同三司、散骑常侍。孝闵帝登基建立北周后，裴宽晋爵为子。裴宽镇守孔城13年，与北齐洛州刺史独孤永业相对峙。独孤永业有计谋，谲诡狡诈，有时声言春天出兵，但到了秋天才出兵，而且隐藏出兵的消息，快速杀奔而来。裴宽每次都探知独孤永业的军情，率兵拦截，每次都击败他的兵锋。独孤永业常常告诫所部说："要小心裴宽，其他人不足为虑。"独孤永业畏惧裴宽就像这样。北齐伊川郡守梁鲆，时常在边境劫掠。宇文泰以此为患，令裴宽经略。后来梁鲆路过妻家，杀牛宴饮，梁鲆喝醉之后，不再防备。裴宽探知情况，派兵袭击，斩杀了梁鲆。宇文泰嘉奖裴宽。赐给裴宽奴婢、金带、粟帛等。

北周禅代西魏后，武成二年，朝廷征拜裴宽司土中大夫。保定元年，裴宽出任沔州刺史。不久转鲁山防主。保定四年，加骠骑大将军、开府仪同三司。天和二年，行复州事。三年，任温州刺史。

原先南陈与北周通和，互相通好。自从华皎归附北周后，南陈开始进攻北周边境。程灵洗攻破城池，活捉了裴宽。

陈军押送裴宽到扬州，很快裴宽又被押送到南岭以外。数年后，裴宽回建康，在南陈朝去世。时年67岁。

光大元年冬十月十四日，陈朝赦免湘、巴二州因华皎叛逆一事被牵连者。少帝陈伯宗下《曲赦湘巴二郡诏》书：

贼皎舆皂微贱，特逢奖擢，任据藩牧，属当宠寄，背斯造育，兴构奸谋，树立萧氏，盟约彰露，鸩毒存心，志危宗社，扇结边境，驱逼士庶，蚁聚巴湘，豕突鄢郢，逆天反地，人神忿嫉。征南将军量、安南将军明彻、郢州刺史灵洗，受律专征，备尽心力，抚劳骁雄，舟师俱进，义烈争奋，凶恶奔殄，献捷相望，重氛载廓，言念泣罪，思与惟新，可曲赦湘巴二州，凡厥为贼所逼制，预在凶党，悉皆不问。其贼主帅节相，并许开恩

出首，一同旷荡。（《陈书·华皎传》）

光大二年正月庚子，少帝陈伯宗又下《恤死事军人诏》书："讨华皎军人死王事者，并给棺椁，送还本乡，仍复其家。"（《陈书·废帝纪》）

陈朝与北周之间既然不存在"友好关系"了，那就不再有任何顾忌。吴明彻率军又在第二年（光大二年，568）兵临江陵，引水灌城。后梁国主萧岿出走皇宫，屯驻在纪南（今湖北江陵北）躲避大水。

据史载：萧岿，字仁远，西梁宣帝萧詧第三子。机敏善辩而有文采。善于安抚驾驭部下，能得到部下的欢心。西魏恭帝元年（554），其父萧詧在西魏扶植下称帝，年号大定，史称西梁，册立萧岿为皇太子。大定四年（558），萧詧派萧岿前往北周京师朝见。

大定八年（562）二月，萧詧去世，时年44岁。北周武帝宇文邕于是命太子萧岿继位，以次年为天保元年。萧岿尊奉其祖母龚太后为太皇太后，嫡母王皇后为皇太后，生母曹贵嫔为皇太妃。同年五月，太皇太后去世，谥号元太后。九月，皇太妃又去世，谥号孝皇太妃。天保二年（564），皇太后去世，谥号宣静皇后。

后来，陈国的湘州刺史华皎、巴州刺史戴僧朔同来归附。华皎将儿子华玄响送到萧岿处当作人质，请求出兵讨伐陈国。

萧岿向北周报告情况，北周武帝宇文邕诏令卫国公宇文直率领荆州总管权景宣、大将军元定等出兵。萧岿也派柱国王操率领水军2万，在巴陵与华皎会合。接着与陈国将领吴明彻等在沌口交战，宇文直失利，元定逃亡。萧岿的大将军李广等人也被陈国俘虏，长沙、巴陵均被陈国攻陷。

长沙郡，最先设于秦朝，为直属朝廷管辖的36郡（一级行政区划）之一。其最高行政长官为郡守，并设有郡尉管军事，监御史掌监察。郡下设县，行政长官为县令（万户以下的县称县长），又设有县尉掌军事和治安，县丞掌司法和税务。县以下设乡、亭、里等社会基层行政单位，有三老、亭长、里正等职，以秉承郡县的命令实施对社会的统治。

西晋改长沙郡为湘州，西晋，析荆州、江州的长沙郡等八郡置湘州，州治临湘县。东晋初改回长沙国，后又改长沙郡，刘宋时改湘州，以临湘治长沙郡。

境内属于长衡丘陵盆地的北部，地处幕阜山、连云山与大龙山余脉的南端，株洲隆起带的北缘。龙华、乌川诸山雄峙于东，陶家排、炭盆坡横亘于南，影珠、明月两座大山蜿蜒于西北，兴云、飘峰两山耸立于北。北山镇域内的明月山为县内最高峰。地势由北、东、南三面逐渐向中西部倾斜，呈不规则"畚箕"形状。境内以岗地、平原、山地、丘陵、水面五类地貌，以岗地平原为主。

长沙郡内，有著名的陶公庙，又名昭显灵应宫，位于湖南省长沙市，濒临浏阳河，枕靠临湘山，始建于南朝梁天监四年（505），有"六朝遗庙，千年名山"之称，主祀晋名道陶淡与其侄陶渊明，为中国道教全真道龙门派宫观。南朝梁天监四年（505），士民仰陶淡、陶渊明清名盛德，立庙祀之。

陶淡，东晋时期名将陶侃之孙，陶夏之子。史载：陶淡，字处静，太尉侃之孙也。父夏，以无行被废。淡幼孤，好导养之术，谓仙道可祈。年十五六，便服食绝谷，不婚娶。家累千金，僮客百数，淡终日端拱，曾不营问。颇好读《易》善卜筮。于长沙临湘山中结庐居之，养一白鹿以自偶。亲故有候之者，辄移渡涧水，莫得近之。州举秀才，淡闻，遂转逃罗县埤山中，终身不返，莫知所终。

陶淡的侄子是东晋末至南朝宋初期伟大的诗人、辞赋家陶渊明。陶渊明（约365—427），字元亮，晚年更名潜，字渊明。别号五柳先生，私谥靖节，世称靖节先生。浔阳柴桑（今江西省九江市）人；东晋末到刘宋初杰出的诗人、辞赋家、散文家。被誉为"隐逸诗人之宗""田园诗派之鼻祖"；曾任江州祭酒、建威参军、镇军参军、彭泽县令等职，末仕为彭泽县令，80多天便弃职而去，从此归隐田园，是中国第一位田园诗人，被称为"古今隐逸诗人"之宗，著《陶渊明集》一部。

陶公庙由山门、古戏楼、石级、正殿和偏殿等建筑构成，山门为五间七柱三门三开砖砌牌楼，正脊置琉璃幡龙宝顶，两侧列琉璃八仙，两档鳌鱼收尾，檐下层层堆塑，中门门额悬有汉白玉阴刻贴金竖书"临湘山"一匾，侧门联云："山中宰相，陆地神仙"，左右分别横嵌"紫府""丹邱"门额，并嵌有"立德不朽，有仙则名"和"六朝遗庙，千年名山"楹联；

两侧成直角延伸成围墙，左侧门署"康衢"，署联鸦林滴翠，狮岭流丹，右侧门署"道岸"，署联竹林春霭；朗水波深。

过山门后紧接门屋，正中为一戏楼，大门自台下可入内庭，戏楼左右为天井，其外为东西两间明屋，均为单檐硬山拉弓式建筑。陶公庙是长沙郡较大的道教建筑群和道教文化传播中心。

巴陵郡，是晋惠帝元康元年（290）设置的，郡治设在巴陵县。南朝宋元嘉十六年（439）分长沙、江夏两郡置。治巴陵县（今湖南岳阳市）。属湘州。辖境相当今湖南省岳阳、临湘等市，湖北省嘉鱼县和陆水流域。孝建元年（454）改属郢州，辖境略有变化，有今湖南省岳阳、临湘和湖北省通城、监利、洪湖等市县。梁、陈为巴州治，辖境缩小。

巴陵郡有著名的胜景岳阳楼。此楼位于洞庭湖南边，它是岳阳城的西门——水城门，门上大书"岳阳门"——城楼，据传是三国时代吴国鲁肃检阅水师的地方。面对一望无际、浩瀚开阔的水面，似见当年樯桅林立，旌旗翻滚，战云奔腾；似闻当年画角呜咽，战鼓催人，马嘶人啸，真感到"金戈铁马，气吞万里如虎"的磅礴气势。岳阳楼楼高三层，因近年多有修复，名楼风范依然：青瓦素墙掩不住雕梁画栋，苍松翠竹更凸显飞檐塔顶。

岳阳楼北边，据传说是小乔的衣冠冢，东南一公里处有鲁肃墓，一个是绝代佳人，一个是忠厚长者，都是三国有名人物，都与赤壁之战休戚相关。杜牧有"赤壁"诗："折戟沉沙铁未销，自将磨洗认前朝。东风不与周郎便，铜雀春深锁二乔"，堪称古今绝唱。

陈朝夺得了长沙、巴陵郡。宇文直把战败的责任都推给萧岿的柱国殷亮。萧岿虽然认为退败的责任不应当由殷亮一个人承担，可是不敢违抗北周的命令，只得将殷亮处死。

吴明彻乘胜攻占萧岿的河东郡，俘虏了萧岿的守将许孝敬。次年（568），吴明彻进攻江陵，引长江水灌城。萧岿出逃纪南，避其锋锐。江陵副总管高琳及尚书仆射王操昼夜守卫江陵三城，日夜拒战达100余天。后梁将领马武、吉彻攻击吴明彻，终于把吴明彻打败。吴明彻见后梁的北周援军强大，就势退保公安。

据《周书》记载：当时，华皎、戴僧朔随宇文直被陈国的军将打败，率领部下数百人逃归江陵，依附萧岿。萧岿任命华皎为司空，封江夏郡公。任命戴僧朔为车骑将军，封吴兴县侯。

572年，华皎来到襄阳。襄阳城的城墙位于襄阳市襄城区境内，起初筑于汉初，略呈正方形。城垣用土层夯筑，外用大块青砖垒砌。襄阳城的前身是楚北津戍，是一个大型军事渡口，自建城就打上了军事文化的烙印。据史料记载，历史上曾有172次有名的战争发生在襄阳。其中，宋元大战旷日持久，长达六年，使"铁打的襄阳"名噪海内外。"以天下言之，则重在襄阳""兵家必争之地，天下之腰膂"，描述了襄阳军事战略地位的重要。

顾祖禹在《读史方舆纪要》中这样评价襄阳："夫襄阳者，天下之腰膂（lǔ）也。中原有之，可以并东南，东南得之，亦可以图西北者也。"襄阳除了有岘山和汉江两道天然屏障，还有坚实的城墙和宽广的护城河，当然，更少不了重兵防守。

襄阳上承汉末，下启魏晋，在近百年群雄争战、风云际会的三国时期。刘备三顾茅庐、诸葛亮精准分析时局、提出《隆中对》，使襄阳成为三国鼎立格局形成的源头；以羊祜镇守襄阳、杜预上表灭吴方略为标志，襄阳成为晋灭吴、完成统一大业的策源地。

襄阳自古即为交通要塞，素有"南船北马、七省通衢"之称，历为南北通商和文化交流的通道。区位优越，交通便捷。襄阳西接川陕，东临江汉，南通湘粤，北达中原，是鄂、豫、渝、陕四省市毗邻地区的交通枢纽。长江最大的支流汉江，穿境而过。汉江襄阳码头历史悠久，早在东周春秋时期就开始营运。西汉时期，襄阳码头已成为汉水中游的重要港口。

古有"江河淮汉"之说，汉水流域是中华民族发祥地之一。襄阳踞汉水中游，东西交汇、南北贯通，"汉晋以来，代为重镇"，是汉水流域最重要的城市。特殊的地理位置，使襄阳成为历史上的区域性经济、政治、文化中心，成为汉水文化中具有重要影响和代表性的区域。主要体现在商业文明历史悠久。汉水是中国古代内河最便捷、最畅达、最繁忙的"黄金水道"。襄阳素有"南船北马、七省通衢"之称，是汉水流域最重要的水陆

码头，商业文明绵延 2000 多年。汉代襄阳"南援三州，北集京都，上控陇坻，下接江湖，导财运货，懋迁有无"；唐代襄阳"往来行舟，夹岸停泊，千帆所聚，万商云集"；明清时期的襄阳"商贾连樯，列肆殷盛，客至如林"，建有 20 多个商业会馆、30 多个码头，商业辐射到黄河上下、长江南北。

襄阳是荆楚文化的发祥地，孕育了楚赋开山鼻祖宋玉，"下里巴人""阳春白雪""曲高和寡"等典故流传至今。留下了穿天节、端公舞、牵钩戏、唢呐巫音、苞茅缩酒等楚风遗俗，留下了西周邓城、宜城楚皇城、南漳楚寨群、枣阳九连墩等楚文化遗址。

东汉末年，北方战乱，刘表领荆州牧（190—209），"爱民养士，从容自保"，把襄阳治理得经济繁荣、社会安定，成为乱世中一片安宁的"绿洲"，数以千计的士人纷纷来到襄阳，诸葛亮、司马徽、庞德公、庞统、徐庶、崔州平等一批谋略精英，经学家宋忠、文学家王粲、书法家梁鹄、音乐家杜夔等一批杰出人物汇聚襄阳。东晋史学家习凿齿著《汉晋春秋》《襄阳耆旧记》等，对中国史学发展影响深远。

东晋高僧释道安在襄阳长达 15 年之久，研究佛学，讲经弘法，统一佛教姓释，确立僧律戒规，首创中国僧制，编撰中国第一部佛经目录，奠定了印传佛教中国化的基础，对中国文化儒释道格局的形成乃至整个汉传佛教的发展做出了重大贡献，使襄阳一度成为全国的佛教传播中心。

襄阳是"中国三国文化之乡"，三国文化遗产丰富，《三国志》86 卷中有 18 卷写到襄阳，《三国演义》120 回中有 32 回故事发生在襄阳，现存有 50 余处三国历史文化遗址、遗迹，司马荐贤、三顾茅庐、马跃檀溪、水淹七军、刮骨疗毒等发生在襄阳的三国故事。孕育了诸葛亮"静以修身，俭以养德""淡泊明志，宁静致远""鞠躬尽瘁，死而后已"的精神和品格。

襄阳是汉水文化的源头。中国文学的两大源头《诗经》《楚辞》均发源和交汇于汉水流域，《诗经·汉广》描写的汉水女神是中国文学史上最早、影响最深远的江河女神形象。历经千百年流传，汉水女神形象成了千万汉水女儿美丽、善良、聪慧、高贵的象征，寄托了汉水流域人民在不同时期、不同文化背景下对美的追求、善的推崇和情的向往。襄阳人宋玉和王逸是《楚辞》的主要作者，宋玉推动了楚辞向楚赋的转变，王逸编撰了《楚辞章句》。

华皎向宇文直请求道："梁主已失江南诸郡，民少国贫。复兴衰亡败灭的朝廷，理应给予财物援助，难道使齐桓公、楚庄王独占救助卫国、复兴陈国的美名吗？希望借给数州，用来帮助梁国。"

宇文直认为此言有理，就派使者把情况上报周武帝宇文邕。北周武帝允许，诏令把基、平、都三州划归萧岿。

萧岿在鲜卑北周政权的扶植下，才得以继续维持他的后梁傀儡政权。

第三十五章 大权旁落少帝懑

陈顼平定了华皎的叛乱，扫除了忠于陈文帝的势力。

此前可以说，陈顼无功于天下。而在平定华皎之战后，则是功高盖世，无人可及！朝中大臣奏请晋位安成王陈顼以太傅、领司徒之职位的呼声更加强烈！

可是，少帝陈伯宗却似乎愈来愈烦闷！他下了一道圣旨，据《陈书卷四·本纪第四·废帝》记载："冬十月辛巳（十四），赦湘、巴二州为皎所诖误者。"就是说，凡是湘、巴二州的人，因华皎叛逆一事被牵连者，朝廷均赦免。

然后，少帝就去太庙祭拜。"甲申（十七），舆驾亲祠太庙。"到了冬十一月己未（二十二），根据陈顼的意思，把老臣沈恪也调出了宫禁。"以护军将军沈恪为平西将军、荆州刺史。"（见《陈书卷四·本纪第四·废帝》）沈恪是很早就跟随陈武帝打天下，是陈武帝信任的老臣。陈霸先讨伐王僧辩之前，沈恪参与了谋划。当时王僧辩的女婿杜龛镇守吴兴，陈霸先于是派陈蒨回到长城，立栅栏防备杜龛，又派沈恪回到武康，召集人马。王僧辩被剪除，杜龛果然派副将杜泰在长城袭击陈蒨驻防的长城县。当时沈恪已率军离开武康去剪除杜龛的党羽，陈霸先随后又派周文育前来援救长城，周文育抵达，杜泰败逃。陈蒨又和周文育率军去攻杜龛的老巢吴兴郡，沈恪的部队也赶到，驻扎在郡南面。平定杜龛后，陈蒨袭击东扬州刺史张彪，由沈恪督管吴兴郡。从这可以看到，沈恪不仅忠于陈武帝，对陈蒨（后来即位的陈文帝）的战事配合也很默契。

太平元年（556），沈恪任宣威将军、交州刺史。同年迁任永嘉太守。他不接受任命，陈武帝于是又命令他督管吴兴郡。沈恪从吴兴入朝。陈霸先接受梁敬帝的禅让，派中书舍人刘师知招来沈恪，命令他率兵进入宫廷，护送梁敬帝到别宫。沈恪于是撞开门来见陈武帝，叩头推辞说："我沈恪是为侍奉萧家而来，今日不忍心看到这样的事情，甘愿受死罢了，决不遵从命令。"沈恪敢这样说话，证明了他的忠心，又反映出陈武帝与他的交情很深！陈武帝赞许他的忠心，于是改用荡主王僧志替代了他。

陈霸先称帝后，任命沈恪为吴兴太守。永定二年（558），调任沈恪督管会稽郡。适逢余孝顷图谋响应王琳，出兵临川攻打周迪，陈武帝以沈恪为壮武将军，率军越岭来救周迪。余孝顷听说沈恪抵达，退走。永定三年，沈恪迁任使持节、通直散骑常侍、智武将军、吴州刺史，抄近道去鄱阳。不久有诏令追他回来，兼管会稽郡事务。同年，沈恪任散骑常侍、忠武将军、会稽太守。

陈文帝继位后，晋升沈恪为都督会稽、东阳、新安、临海、永嘉、建安、晋安、新宁、信安九郡诸军事，将军、太守等职和从前一样。天嘉元年（560），增加食邑 500 户。天嘉二年，征召为左卫将军。不久出任都督郢州、武州、巴州、定州诸军事，军师将军，郢州刺史。天嘉六年，征召为中护军。不久迁任护军将军。

光大二年（568），迁任使持节，都督荆州、武州、佑州诸军事，平西将军，荆州刺史。尚未去镇守，改任护军将军。

护军将军是干啥的呢？据史料得知，护军将军包括护军、中护军，都是杂号将军之一。与中领军同时设置，同时执掌朝廷宫殿的禁卫兵。从东汉末年到东吴、东晋及南朝宋、齐、梁、陈国都是高级将军的名号。

没过几天，陈朝的宰相级别的重要大臣，士族豪门大家的王冲老先生逝世了。王冲是重量级的人物，他是当时整个士族阶层的代表人物。"甲子（二十七日），侍中、中权将军、开府仪同三司、特进、左光禄大夫王冲薨。"据《南史卷二十一·列传第十一》记载：

王冲，字长深，琅琊临沂人。祖父王僧衍，在齐朝任侍中。父亲王茂璋，在梁朝任给事黄门侍郎。王冲的母亲，是梁武帝的妹妹新安穆公主，在齐朝的时候就去世了，梁武帝因为王冲早年丧母而孤单，十分钟爱他。

王冲 18 岁时，以任梁朝秘书郎起家。接着任永嘉太守。进入朝廷任

太子舍人，因父亲去世而离职服丧。服丧期满，任命为太尉临川王府外兵参军、东宫领直。连续升任太子洗马、中舍人。调出朝廷任招远将军、衡阳内史。升任武威将军、安成嗣王萧秀的长史、长沙内史，将军一职依然担任。安成嗣王薨于湘州（武帝天监十七年二月癸巳初七，518年3月4日），仍然用王冲监理湘州政事。进入朝廷任太子庶子。升任给事黄门侍郎。

大同三年（537），王冲以皇帝外甥的资格赐给安东亭侯的爵位，食邑150户。历任明威将军、南郡太守、太子中庶子、侍中。调出朝廷监理吴郡政事，满一年后授以实职。征调为通直散骑常侍，兼任左民尚书。调出朝廷任明威将军、轻车当阳公府长史、江夏太守，管理郢州政事。升任平西邵陵王长史。转任骠骑庐陵王萧续长史、南郡太守。庐陵王薨（武帝中大同二年正月壬寅初四，547年2月9日），管理州府政事。

梁元帝萧绎镇守荆州，王冲任镇西长史，将军、太守的职务依然担任。

王冲性情温和驯顺，侍奉君主谨慎严肃，熟悉法令，政事秉公处理，辅佐藩王对待部属，很少有不合道德的地方，虽然没有显赫的声誉，时间长了而能被人思念，因此得到推崇尊重，连续位居2000石的官职。又通晓音乐，熟悉歌舞，善于和人交往，在上层人士的交游之中，声名很大。

侯景叛乱的时候，梁元帝在荆州秉承武帝旨意，王冲请求解除自己担任的南郡太守职务，以让位给王僧辩，并且献女妓10人，以助军中观赏。元帝任命王冲为持节、督衡、桂、成、合四州诸军事、云麾将军、衡州刺史。元帝第四个儿子萧元良（萧方矩）为湘州刺史，仍用王冲管理湘州的政事，领长沙内史。侯景叛乱被平定后，任命王冲为翊左将军、丹阳尹。

武陵王萧纪率领军队到峡口，王琳的偏将陆纳等占据湘州接应他［简文帝（元帝）太清六年十月庚戌十六，552年11月17日］，王冲被陆纳所拘禁。陆纳投降后，重新任命王冲为侍中、中权将军，允许他酌情设置属吏，丹阳尹一职依然担任。

江陵失陷时［湘东王承圣三年（554）十二月］，敬帝（萧方智）为太宰，秉承皇帝的旨意用王冲为左长史。

绍泰年间，王冲连续升任左光禄大夫、尚书右仆射。升任左仆射、开府仪同三司，侍中、将军二职依旧担任（敬帝太平元年九月壬寅初一，556年10月19日）。接着又领丹阳尹、南徐州大中正，给予扶持之人。

高祖陈霸先接受禅让后，解除了王冲丹阳尹的职务，以原来的官职领左光禄大夫（武帝永定元年十月辛卯二十六，557年12月2日）。未就任，改为领太子少傅（武帝永定二年正月乙未初一，558年2月4日）。

文帝继位，解除了王少傅职务，加官特进、左光禄大夫（武帝永定三年七月辛酉初六，559年8月24日）。接着又以原来的官职领丹阳尹，参与制订法律政令（文帝天嘉二年九月丙辰十三，561年10月7日）。

废帝登上帝位后，赐给王冲亲信10人。因为王冲是前代的老臣，文帝登位后，更加尊重，王冲曾跟从文帝亲临司空徐度家。在宴会的座席上，赐给王冲小桌子，极其看重他。

光大元年（十一月甲子二十七，568年1月12日），王冲薨，当时年纪76岁。赠给侍中、司空的官职，谥号叫元简。

王冲有儿子30人，都官至通官一级。第12个儿子名王瑒，另外立有传记（见《陈书卷二十三·列传第十七》）。王冲在陈朝位居高位，对稳定社会士族阶层有着一定的意义。

稳定社会各个阶层，确实是一件很高的政治艺术。陈朝于十二月庚寅（二十四日），册封兼从事中郎孔英哲（孔子32代嫡长孙，孔长孙之子）为奉圣亭侯，继奉孔子之祀。

孔子是儒家文化的开创者，也是华夏文明的重要代表。"中华之文明，实基于孔子之道德。……孔孟之道，极为世人所崇拜，固有万古不灭的价值，即西方传教士，亦深信孔道可驾乎近代一切宗教而上之。……以世界之眼光观之，可断定虽历千百年后，孔子伦理仍当保存，苟或轻蔑叛离，则中国文化早已扫地无余矣！"（《士清全集·孔子伦理与万国修身大会之关系》）

"孔子者，中国文化之中心也。无孔子则无中国文化。自孔子以前数千年之文化，赖孔子而传，自孔子以后数千年之文化，赖孔子而开。"（《中国文化史》）

陈朝尊礼祭孔，是代表华夏文明的正朔，仍顽强地在南中国的这片土地上繁衍。也向世人表明，陈朝是南中国唯一正统的华夏汉文明的政权。

转眼就到了568年（光大二年）的春节。在欢庆新年的时候，陈朝大臣们也没闲着，接二连三地向少帝陈伯宗奏请晋位安成王为太傅，加领司徒的事。少帝拗不过大臣们的奏请，只好准奏。

光大二年（568）正月初三，陈朝下诏，以侍中、都督中外诸军事、骠骑大将军、司徒、录尚书、扬州刺史、安成王陈顼进位太傅，领司徒，加特殊的礼遇，可以佩剑穿履上殿。

同时，对平定华皎之乱有功的将军，晋升职位如下：

侍中、征南将军、开府仪同三司、江州刺史章昭达晋号征南大将军；

中抚大将军、新任征南大将军淳于量为侍中、中军大将军、开府仪同三司；

安南将军、湘州刺史吴明彻即本号开府仪同三司，晋号镇南将军；

云麾将军、郢州刺史程灵洗晋号安西将军。

次日（初四）诏令给征讨华皎而阵亡的士兵以棺材，送还本乡，再免除其家人的赋税徭役。

说来也很奇怪，在平定华皎之战中，徐度也是立有大功的，却没见朝廷晋升。反而过不了几天，徐度却死了。《陈书·本纪·卷四》只有一句话："二十八日，撤销吴州，把鄱阳郡还属江州。侍中、司空、车骑将军徐度薨。"

要知道，徐度可是陈高祖的老臣，又是文帝依仗的重臣。在文帝病逝时，还受太子的诏令，带兵50名进入禁内，以防不测。

据《南史》《陈书》记载：徐度，字孝节，安陆人。世世代代住在京师。青年时期就卓越不俗，不拘小节。到长大成人后，姿容相貌奇伟，喜欢饮酒爱好博戏，经常派童仆专门从事屠宰和卖酒。梁朝始兴内史萧介到了郡里，徐度跟着他，带领士卒，征讨各个山洞，以骁勇而闻名。高祖陈霸先征讨交阯，用隆重的礼节招揽他，徐度才表示归顺。

侯景作乱之时，高祖平定广州，削平了蔡路养，打垮了李迁仕，这些计策谋划大多出于徐度。徐度兼带统领士兵，每次战斗都有功劳。回到白茅湾，梁元帝萧绎任命他为宁朔将军、合州刺史。侯景之乱平息以后［武帝（元帝）太清六年四月乙卯十八，552 年 5 月 26 日］，对他前前后后的战功计写入册，加任通直散骑常侍，封广德县侯，食邑 500 户。又升任为散骑常侍。

高祖镇守硃方时，任命徐度为信武将军、兰陵太守。高祖派衡阳献王陈昌去荆州，徐度率领所部随同。江陵失陷后，徐度从小路向东潜回。

高祖平定王僧辩时（贞阳侯天成元年九月壬寅二十五，555 年 10 月 25 日），徐度与侯安都率领水军。

绍泰元年（555），高祖东征讨伐杜龛，拥奉敬帝萧方智到京时，派徐度统率宿卫部队，并且主持留守府事务。徐嗣徽、任约等来犯［北齐文宣帝天保六年（南梁敬帝绍泰元年）十一月己卯初二，555 年 12 月 1 日］，高祖与敬帝回到都城。这时贼寇已经占据石头城，市集上的平民百姓，都集中在南路，距离朝廷禁省很远，都害怕被贼寇骚扰，高祖就派徐度率兵在冶城寺镇守，构筑城垒将百姓隔离开来。贼寇倾尽全力进攻，没能攻下来。紧接着高祖也前来救援，打败了任约等人。

第二年，徐嗣徽等又勾引齐寇渡江南侵，徐度随从各路军兵在北郊坛打败了他们。因有战功被任命为信威将军、郢州刺史，兼领吴兴太守。《梁书卷六·本纪第六·敬帝》："（敬帝太平二年五月）丙午（初八，557 年 6 月 20 日），以镇军将军徐度为南豫州刺史。"

不久徐度升任镇右将军、领军将军、徐州缘江诸军事、镇北将军、南徐州刺史，赏给鼓吹乐一部（武帝永定元年十一月丙辰二十一，557 年 12 月 27 日）。

周文育、侯安都等向西进军征讨王琳，结果全军大败，他们也被王琳拘囚不还，高祖就任命徐度为前军都督，镇守在南陵（今安徽省池州市贵池市，武帝永定二年六月己巳初七，558 年 7 月 8 日）。

世祖陈文帝嗣位，徐度迁侍中、中抚军将军、开府仪同三司，晋爵为公（武帝永定三年七月辛酉初六，559 年 8 月 24 日）。没有赴任，又调出京城担任使持节、散骑常侍、镇东将军、吴郡太守。

天嘉元年，增赐徐度食邑 1000 户。因为平定王琳有功，改封徐度为

湘东郡公，食邑 4000 户。任期满后，调入朝廷担任侍中、中军将军。又调出京城担任使持节、都督会稽（今浙江省绍兴市）、东阳（今浙江省金华市）、临海（今浙江省台州市西北章安镇）、永嘉（今浙江省温州市）、新安（今浙江省淳安县）、新宁（今安徽省歙县）、信安（今浙江省衢州市）、晋安（今福建省福州市）、建安（今福建省建瓯市）九郡诸军事、镇东将军、会稽太守（文帝天嘉元年六月丁酉十七，560 年 7 月 25 日）。

徐度还没有启程赴任，太尉侯瑱在湘州去世，于是，陈朝就以徐度代替侯瑱担任都督湘（今湖南省长沙市）、沅（今湖南省沅陵县）、武（今湖南省常德市）、巴（今湖南省岳阳市）、郢（今湖北省武汉市）、桂（今广西桂林市）六州诸军事、镇南将军、湘州刺史。

徐度任期满后，徐度调入朝廷担任侍中、中军大将军，仪同、鼓吹乐的封赏一起仍旧（文帝天嘉四年三月辛未初七，563 年 4 月 15 日）。

陈文帝去世时，徐度参与听受辅佐太子的遗诏而为顾命大臣，带 50 名甲士进入殿省。少帝陈伯宗即位后，提升徐度的官职为司空（文帝天康元年五月丁酉二十一，566 年 6 月 24 日）。由此看来，徐度是忠心于文帝和少帝陈伯宗的。

华皎占据湘州反叛，勾引周兵东下到沌口，与陈朝大军相抗，废帝就加任徐度为使持节、车骑将军（废帝光大元年六月壬寅初三，567 年 6 月 24 日），总领陆军，从安成郡通过五岭的山路出兵到湘东，以袭击湘州，俘获了华皎留在后方的全部军人家属然后回师（通鉴云："元定孤军，进退无路，斫竹开径，且战且引，欲趣巴陵。巴陵已为徐度等所据，度等遣使伪与结盟，许纵之还国；定信之，解仗就度，度执之，尽俘其众，并擒梁大将军李广。定愤恚而卒。（元定的孤军，进退无路，砍断竹子开出道路，且战且退，想退到巴陵。这时巴陵已经被徐度等所占领，徐度等派使者假装愿意和他结盟，答允放他回北周；元定相信了，解除了武装归顺徐度，徐度捉住他，并俘虏了元定的全部军队，还擒获了后梁的大将军李广。元定愤怒而死。"）

废帝光大二年（568）正月，徐度去世，这年 60 岁。追赠为太尉，赏赐班剑仪仗 20 人，谥号是忠肃。太建四年，配享在高祖祭庙。其子徐敬成袭封。

徐度一生历陈高祖、世祖和废帝三朝，功劳无数，在人生落幕之前的平定华皎一战中，徐度突袭华皎的后方，擒捉了华皎的家人；又诱使北周将领元定降而擒之。虽然手段似乎不太光明正大，但毕竟是立有战功的。却不见朝廷的任何封赏和晋升。

一代名将，就此谢世。留下无尽的疑团，任后人破解。

光大二年（568）五月丙辰（二十二日）南陈太傅安成王陈顼献玉玺一枚。这其实就是历代权臣想要更高位置的一个信号。

六月丁卯（初四），彗星见。在《南史》《陈书》的568年有多次彗星现的记载：六月丁亥（二十四），彗星见。《周书》也有载：六月甲戌（初十），彗星在东井宿（即井宿。二十八宿之一。南方七宿之第一宿，共八星，今属双子座）出现，长一丈，上白下赤而锐，渐东行，至七月癸卯（初十，568年8月18日），在鬼宿北八寸所乃灭。占曰："为兵，国政崩坏。"又曰："将军死，大臣诛。"

这年的秋季，七月壬寅（初九）北周柱国、随国公杨忠去世（62岁）。儿子杨坚（28岁）继承爵位。

杨坚是开府仪同三司、小宫伯，晋公宇文护想用杨坚作为自己的心腹。杨坚曾把这件事告诉父亲杨忠，杨忠说："两个婆婆之间的媳妇最难当，你不能去！"杨坚便推辞了。

由于这个杨坚，后来阴谋夺得了北周的皇权，建立了隋朝，灭了陈朝。因此《资治通鉴卷第一百七十·陈纪四·陈临海王光大二年》有载杨忠之死，杨坚承袭之句。

每次灾星出现，皇上都要按古时的规矩，去太庙祭拜。秋七月十三日，皇上陈伯宗亲临太庙祭祖，祈求国泰民安。

接着，少帝陈伯宗接待先后到陈国来朝贡的外国使臣。据《陈书卷四·本纪第四·废帝》记载，先后有新罗、林邑、狼牙修国来朝拜、进贡。

据《南史》《梁书》等记载：

林邑国，本是汉朝日南郡象林县，古越裳国的地界。伏波将军马援开

发南部边境，设置此县。其地方纵横大约 600 里。城离海 120 里，离日南郡南部边界 400 多里，北接九德郡。其南部边界，沿道路有河流 200 余里，界外有西图夷也称王。马援在那里栽了两根铜柱，以标志汉朝的国界。林邑国有金山，石头都是红色，其中生金子。金子夜间从石头里飞出来，样子像萤火。又出产璓珸、贝齿、古贝、沉木香。古贝是一种树的名字，花开时好像鹅绒，抽出它的丝可以纺成布，和麻布没什么两样。也能染成五色，织成花布。沉木香，是土人把树砍断，放上几年，树干朽烂而树心不烂，放在水里就会下沉，所以叫沉香，不沉不浮的叫栈香。

汉末大乱，功曹区连杀县令，自立为王。过了几代，后来的王无子嗣，外甥范熊代立。范熊死，儿子范逸继位。晋成帝咸康三年（337），范逸死，一个叫文的奴仆篡位。文本是日南郡西卷县夷人头领范幼的家奴，曾经在山涧里放牛，抓到两条鱼，变成了铁，用它来打刀，刀打成后，文对着石头祝祷说："如果能把石头砍破，我就该做本国之王。"于是挥刀断石，竟像砍枯草一样，文心里感到奇异。

范幼曾派他到林邑经商，于是他在那儿教林邑王建宫室造兵车器械，王宠爱信任他。后来他在王子中间散布谗言，结果王子们都逃奔到别国去了。等到国王死后无嗣，文假说到邻国去迎王子回来，把浆中下毒，毒死了王子，胁迫国人立他为王。

当时交州刺史姜庄派他的亲信韩戢、谢幼前后监管日南郡，二人都贪婪残暴，各国都厌恨他们。晋穆帝永和三年（347），朝廷派夏侯览为太守，对民众欺压刻剥更厉害。林邑历来没什么耕地，贪图日南郡土地肥沃，常想夺为己有。这时文趁着人们怨恨情绪，袭杀了夏侯览，用他的尸体祭天。林邑人留在日南郡三年，才回归林邑。

交州刺史朱藩后来派督护刘雄驻防日南，文又把他消灭，进犯九德郡，杀害官吏百姓。文派使者告诉朱藩，愿以日南郡北境横山为界，朱藩不答应。文回到林邑，不久又屯兵日南。文死后，儿子佛继位，仍旧驻军日南。征西将军桓温派遣都护滕畯、九真太守灌邃讨伐他，追到林邑，佛才请求投降。晋安帝隆安三年（399），佛的孙子须达又连年进犯日南、九德诸郡，杀伤了很多人，交州变得虚弱了。

须达死，儿子敌真继位，其弟敌铠带着母亲出逃。敌真追悔自己不能容母亲弟弟，就舍弃国家到天竺去了，把王位让给自己的外甥。国相臧骒一再劝说敌真也不听。他外甥为王后杀了臧骒，臧骒的儿子又攻杀了他，立敌铠的同母异父弟文敌为王。文敌又被扶南王的儿子当根纯杀死。大臣范诸农平定动乱，自立为王。诸农死后，其子阳迈继位。阳迈还没生下来时，他母亲梦见生儿子，有人用金席给她铺上，色彩光亮华丽。夷人把金子的上品叫作阳迈，就像中国的紫磨，于是就把他起名叫阳迈。

南朝宋永初二年（421），派使臣来朝贡，宋朝便册封阳迈为林邑王。阳迈死，儿子咄继位，因仰慕自己的父亲就也取名阳迈。

林邑国的风俗，把居住的房屋叫作干阑。门户都向北开。把树叶作为纸张书写。男女都用横幅木棉布缠在腰以下，叫作干漫，也叫都漫。耳朵上穿洞挂小环，贵人穿皮鞋，贫贱人光脚走路。自林邑、扶南以南各国都是这样。他们的王者披袈裟，上挂璎珞，如佛像的衣饰一样。出门乘坐大象，吹螺号击鼓，罩木棉布伞，用木棉布作旗帜。国家不设刑法，有罪者用象踩死。国内的高门大姓称为婆罗门。嫁娶必定要在八月，女的先向男的求婚，因为贱男贵女。同姓之间相互结亲。让婆罗门领着女婿去见媳妇，拉着手交付给她，祝祷说"吉利吉利"，就算是完婚。死去的人在野地里烧掉，叫作火葬。寡妇一个人过日子，一直到老都披散着头发。国王信奉尼乾道，铸造高大的金银人像。

元嘉初年，阳迈侵犯日南、九德诸郡。交州刺史杜弘文打算兴兵讨伐，听说就要有继任来替换他便作罢。元嘉八年（431），又进犯九德郡，进入四会浦口。交州刺史阮弥之派队主相道生率兵去讨伐，攻区栗城不下，就引兵退回。十二年、十五年、十六年、十八年，阳迈都派使者来进贡，所贡物品粗劣不值钱，却总是侵犯掠夺不止。宋文帝恼恨他桀骜不驯，二十三年，派交州刺史檀和之、振武将军宗悫讨伐它。檀和之遣派司马萧景宪为前锋，阳迈听说后害怕，打算献出金子1万斤、银子10万斤、铜30万斤，并归还掠夺来的日南郡人口。他的大臣苇僧达劝阻，于是，他派遣大帅范扶龙防守北界的区栗城。萧景宪攻克城池。乘胜拿下林邑国，阳迈父子都脱身逃走。宋军缴获他们的珍异物品，都是叫不上名字的

宝贝。又把他们的金人熔化，得到黄金数十万斤。

檀和之是高平金乡人，檀凭之的儿子。因功封云杜县子。孝建三年（456），任南兖州刺史，因为酗酒，贪污受贿，奸污女犯人，被免官并不准再任用。后来病死，死前看见胡神作祟。被追赠左将军，谥为"襄子"。

宋孝武帝孝建二年（455），林邑国又派遣长史范龙跋出使朝贡，朝廷封龙跋为扬武将军。大明二年（458），林邑王范神成又遣长史范流拜表献金银器、香、布等东西。明帝泰豫元年（472），又派使者进献地方土产。齐永明年间，范文赞屡次派使者朝贡。梁天监九年（510），文赞的儿子天凯奉献白猴，朝廷下诏加封持节、督沿海诸军事、威南将军、林邑王。天凯死，儿子弼毳跋摩继位，拜表朝贡。普通七年（526），林邑王高成胜铠遣使臣贡献地方物产，朝廷下诏封持节、督沿海诸军事、绥南将军、林邑王。大通元年（527），又派使节进贡。中大通二年（530），林邑王高成律陁罗跋摩派使臣朝贡，下诏封他为持节、督缘海诸军事、绥南将军、林邑王。六年（534），又派使者贡献地方物产。

广州附近山中都是狸人獠人，种类繁多，从古至今屡屡侵犯地方，成为历代的忧患。宋孝武帝大明年间，合浦大帅陈檀归顺，被拜为龙骧将军。陈檀请官军去征讨那些没有归附者。于是任命他为高兴郡太守，派前朱提郡太守费沈、龙骧将军武期南伐，并打通朱崖的道路，都未能成功。他们私自杀了陈檀回兵，费沈被下狱死去。

狼牙修国，在南海中。其国土从东至西要走 30 天，从南至北要走 20 天，离广州 2.4 万里。当地的气候物产，与扶南大体相同，只是多产檀香、沉香、婆律香等。其俗男女均袒露而披发，以吉贝为腰裙。其王及重臣才加穿云霞布遮盖肩胛，以金绳为络带兜头，以金环穿耳。女子则披布，以璎珞绕身。其国垒砖为城，楼阁为重门。王出外乘象，有饰羽之幡、幢、旗、鼓，上罩白盖，多设护卫兵。

国人说，立国以来已有 400 余年，王之后嗣衰弱，王族中有贤者，国人归附之。王听说后，便加以拘囚，其镣铐无故自断，王以为他是神灵，便不敢加害，于是将他驱逐出境。他便逃奔天竺。天竺国王将长女嫁给他。不久狼牙王死，大臣迎他回国为王。20 余年后死去，其子婆伽达多继位。

南梁天监十四年（515），派使者阿撒多上表说："大吉天子足下：远离淫怒痴，哀怜众生，慈爱之心无边无量。端庄严肃，待人友善，身放光明，朗彻照人，如水中之月，普照十方。眉间生白毫，其白如雪，其色泽光芒，也如月光之照人。诸天善神之所供奉，以传示佛家教义和经典，清净除欲之行，为众生增福，为都邑大添庄严之色。城阁高耸，宛如乾山。楼阁寺观鳞次栉比，道路平整。人民兴旺繁盛，快乐安适。穿着各式服装，好比神仙着服。在一切国度之中，您的国家乃是最为尊贵的。天王怜悯众生，使百姓安乐，仁慈之心深广无比，律法仪礼清净无烦，以正道教化天下致治，供奉佛法僧三宝，您声名远扬，布满世界，百姓对您的热爱，犹如仰望初升之新月。您有如梵王，为世界之主，人间天上万物，无不归依于您。恭敬拜上大吉天子足下，就像您在我眼前一般亲切，我辱承先王之业，希望福泽无边。今派遣使者问讯，毋嫌疏慢。想要亲自前来，又惧怕大海风波之险恶，难以到达。今奉上薄礼，愿皇上您能曲身垂爱受纳之。"

陈朝代梁之后，为中华之正朔。狼牙修国按旧律来访。

光大二年（568）九月"戊午（二十六日），太白昼见"。（见《陈书卷四·本纪第四·废帝》）太白金星在大白天出现，是一种反常的天象。金星是武神，掌管战争之事，主杀伐。如果太阳升起后白天也能见到金星，就叫太白昼见，就象征着要爆发革命或政府变异的前兆，代表要发生大事了。主兆人君懦弱失势，女主强，外夷入侵，战争等。

冬十月初九，听从朝臣的建言，少帝陈伯宗再去太庙祭祖。少帝满腹的郁闷！自从平定华皎之后，群臣争相上表，以安成王陈顼之功，应该进位、加殊礼。少帝也只能照办。于是，安成王的朝权更大了。群臣只是围着安成王转。军国大事都向安成王请示，而少帝似乎成了一个摆设。国中只知有安成王，而不知有少帝。

少帝陈伯宗的胞弟始兴王陈伯茂，因为安成王陈顼专政，心中打抱不平，经常口出恶言。少帝和沈太后也是无可奈何。

光大二年（568）十一月，按照安成王陈顼的意思，陈伯宗又下诏任

命了如下将领：丙午（十五日），南陈以前平西将军、荆州刺史沈恪为护军将军。壬子（二十一日），南陈以前镇北将军、开府仪同三司、南徐州刺史黄法氍为镇西将军、郢州刺史；新任中军大将军、开府仪同三司淳于量为镇北将军、南徐州刺史。

大权旁落的少帝陈伯宗，无力回天。

第三十六章　黜废帝陈顼登基

陈顼身边的重要谋士毛喜，时常劝陈顼早正大位，以应人心。

而在清除了忠于文帝的旧臣之后，满朝文武大臣也多劝陈顼早日登基。到这个时候，即使陈顼不想上位，也不可能了。在近臣的策划下，陈顼开始行动了。

光大二年（568）十一月，由于少帝伯宗的胞弟始兴王陈伯茂，对安成王陈顼专政，心中不平，口出恶言。陈顼忍无可忍地向太皇太后章要儿控告少帝陈伯宗、始兴王陈伯茂兄弟俩勾结刘师知、韩子高、华皎等人互通共谋，杀害安成王自己事小，给国家带来危害却是大罪！

安成王陈顼还说：本来，伯宗个性太软弱，难以当大任。文皇帝对儿子的审察，也不想传位给他，这事相当于唐尧那样，传位给弟弟的胸怀，又像泰伯那样。现在应当重申文皇帝以前的意向，另立一个贤明的君主。

章太皇太后当然明白陈顼的意思。出于对国家大局的考虑，陈朝也的确需要一位年富力强的君主当政。于是，二十三日，慈训太后章要儿以陈武帝高祖皇后的特殊身份，召集群臣到朝堂，下令曰：

中军仪同、镇北将军、镇右将军、护军将军、八座卿士：昔梁朝末年，海内骚动，天下苍生百姓，已近乎没有留下多少活着的人。高祖武皇帝拨乱反正，顺应天命御统天下，重新确定了天地五星人间万象之秩序；世祖文皇帝承继王位，弘大帝业，养育万民，安宁八方；都是小心谨慎勤勤恳恳地治理国家，希望能使国家太平昌盛，确立像殷、夏那样兴盛的大业。

伯宗昔在东宫，本无什么好名声，等到继承帝位后，更加放纵。居丧期间，毫无哀伤之情，仍与嫔妃住在一起，频繁地去逛妓馆，岂止是以衣

蒙车纳妇，为宗正责备，还在居丧期间生子，为右师谴责，王朝怎么能运祚绵长，国家的刑罚怎么能实施。并且私藏金帛，以充后宫，国库及军需储备，未满一年，皆已空竭。

太傅安成王（陈顼）亲承遗托，镇守宫闱，先皇遗诏中已预有说明，真是洞察秋毫，然而先帝尸骨未寒，伯宗迫不及待，也不等丧满，便派刘师知、殷不佞等人来加以诋毁。韩子高等轻佻小人，倚仗皇帝的信任，阴谋制造祸乱，危害宗室。良臣尽管想要扶助安成王，只是要除去君王身边的小人。又以余孝顷离京师很近，便加以征召，制造祸乱咎由自取，凶徒自然要遭到捕获，仰赖宗社之神灵，妖氛得以扫灭。这时密诏华皎，于上游起兵，国运悠悠忽忽，几乎落到贼子手中。乃至于要招集远近党羽，巴、湘协力，贼党四处骚扰，劫掠黔、歙一带。又令欧阳纥等人进逼衡州，岭南一带纷乱不堪，几乎延续半个月。岂止是罪恶比汉之刘濞还大，岂只是名声比成汉的李贽还坏。只是贼党皆亡，妖徒已散，初时还希望他们能够悔改，仍然未加重惩罚，他们就是妄弃道德，本性不改，甘心于造祸，在邪恶的路上越走越远。张安国奸狡小人，势穷已成小盗，仍然遣使者绕道离开上京，即置行台，分选凶党为官。贼臣华皎妻吕氏，蠢蠢之徒也来效力，纳娶自奚官，藏之于宫内，让她结交亲朋旧友，谋划变乱大事。副帅侯法喜等人，本是太傅麾下，常出没于朝廷之下，以利诱人，谋划肇乱于萧墙之下。恰巧又和副帅孙泰等人暗自交往，大肆勾结，兵力强盛，约期发动叛乱。皇家有福，国运长久，天遂人愿，阴谋一同败露。这种种文字证据，现在拿出来给各位看，是可忍，孰不可忍？祖宗基业，差点倾覆，怎么可能再去恭敬地祭祀，统治万民呢？依照旧例，宜在流放之列，现今可特降为临海郡王，送还府第。

太傅安成王天赐其德，与圣人一样有深广的智慧，两位皇后钟心于他，天地人三灵眷顾于他。自从前朝不虞，将重任委托给高祖，我朝开国之君恩威并重，刑礼兼设，指挥若定，扫清湘、郢之乱，开疆拓土，荆、益一带相继归顺，好比太戊中兴殷商，刘秀中兴汉室，以高祖之功名与他们相比，何其相似。况且从地神那里得到灵玺，上天又显彗星表示要改朝换代，除旧布新，祥瑞之兆都已显现出来。文皇有知子之鉴识，其心胜过帝尧之知丹朱，传位给弟弟的胸怀，又像太伯那样，现在应当重申文皇帝以前的意向，另立一个贤明的君主，方可巩固社稷，以光大与天同光之大业。朝廷内外应依照旧典，奉迎新皇。未亡人不幸遭此忧哀，只要我还没死，就不容有人危害社稷，不然的话，我以何面目见高祖，将来祔葬于武帝陵呢？提笔潸然泪下，心中悲喜交加。

这一天，是光大二年（568）十一月甲寅（二十三日）。慈训太后下令，以安成王陈顼入继皇帝位。把少帝陈伯宗废为临海王。当日，废帝陈伯宗出居私第。

慈训太后又下令把陈伯茂贬为温麻侯，安置在王室成员举行婚礼的别馆里。据《南史》载：始兴王陈伯茂，字郁之，世祖陈蒨的第二个儿子（沈皇后沈妙容所生）。当初，高祖陈霸先的哥哥始兴昭烈王陈道谈（陈道谭）在梁朝任官，为东宫直阁将军，侯景作乱时，他率领弓箭手2000人支援台城，在城中被流箭射中而死。太平二年（正月丁未初七，557年2月21日），被追赠侍中、使持节、都督南兖州诸军事、南兖州刺史，封长城县公，谥号昭烈。

高祖陈霸先受禅，又赠陈道谭为骠骑大将军、太傅、扬州牧，改封始兴郡王，食邑2000户（武帝永定元年十月癸巳二十八，557年12月4日）。

昭烈王陈道谭生世祖（文帝陈蒨）与高宗（宣帝陈顼）。陈顼在梁朝承圣末年移迁关右，此时高祖陈霸先远以陈顼袭封始兴嗣王，以奉昭烈王祀。

永定三年六月（丙午二十一，559年8月9日），高祖陈霸先去世，此月世祖陈蒨入宫继承帝位。其时陈顼仍押在北周未回还，世祖陈文帝以本宗缺乏祭祀，在当年十月（八月戊戌十四，559年9月30日），下诏书道：

往日皇基始建，分封各亲戚，我亲使土地长远存在，特开启大邦。弟陈顼继承门祀，虽然土宇开建，然祭祀无由。又加上遭到家庭不测，遇到凶事宿怨，皇太子远隔，车驾没回。我以渺小身份，荣受此大命，因循帝位，须虚怀若谷。如今既然已入奉大宗，应事绝于藩邦祭礼，始兴国庙祭

祀无主，瞻言之高洁，感而悲恸。改封嗣王陈顼为安成王，封第二个儿子陈伯茂为始兴王，以奉昭烈王祀。赐天下为父后者爵一级。藉以申发无尽之情，永保山河之运。

按旧制，诸王受封，没有加戎号者，不设置佐史，于是尚书八座上奏道："增加崇尚徽号，装饰外表车服，目的在于彰显他的德行，对下改变民间声望。皇帝（陈文帝）的第二个儿子陈伯茂，新封始兴王，体自至尊，神采姿态聪敏，正当玉映佩鲷之俊年，兰花芬芳之佳岁，清晖美誉，如日茂月升，道德可蕴平、河，声望可超衮、植。皇情追感，圣性天深，由于本宗缺乏继业者，就让他继承藩邦后嗣，虽然珪器与社宫已受，但是戎章未袭，这哪里是光崇贤哲宠立皇室子弟的做法呢。臣等参议，宜加伯茂宁远将军，置佐史。"

陈文帝下诏道："可。"不久陈伯茂任使持节、都督南琅琊彭城二郡诸军事、彭城太守。天嘉二年（正月辛亥初四，561年2月4日），陈伯茂进号宣惠将军、扬州刺史。

陈伯茂生性聪敏，好学，对下士谦恭有礼，又是太子的同母之弟，世祖对他非常爱重。此时征讨北方的军人在丹徒盗窃晋郗昙墓，盗得大批晋右将军王羲之的书法作品与当时不少名贤的遗迹。事情被发觉，这些书法手迹一并被县官没收，藏于秘府之中，世祖因为陈伯茂喜好古物，多予赐赠，由此陈伯茂得以工于草隶，颇得王右军书法之神髓。

天嘉三年（六月丙辰十八，562年8月3日），陈伯茂任镇东将军、开府仪同三司、东扬州刺史。

废帝登位，此时陈伯茂在京城，刘师知等假造诏书要使高宗陈顼出朝，陈伯茂从中劝成。刘师知等被杀后，高宗恐怕陈伯茂在朝内外煽惑，光大元年（二月癸丑十二，567年3月7日），便给他进号中卫将军，命令他住在宫里，陪伴废帝出游居住。

平定华皎之战后，此时，朝野的声望都已归向安成王陈顼，陈伯茂深感不平，朝夕愤怒，屡出恶言。陈顼认为他并无能力，则不以为意。到建安人蒋裕与韩子高等谋反，陈伯茂同时暗地参与其事。光大二年十一月（甲寅二十三，568年12月17日），皇太后章要儿命令罢黜废帝陈伯宗为临海王，当日又下令道：

伯茂轻薄，从幼时起，就辜负了皇上严训，后来越加放肆凶狠狡猾。常以为自己位居太子之弟，应该秉承国权，不约束自己的年岁德行，愈加狂妄急躁，图谋引祸作乱，煽动宫廷，招惹凶险，怨望台阁，继位君主丧失道德，由此祸端，凡凶德之事，他都做谋主。按理应交付司法官，照刑法处置，念他是皇族之一，尚怀悲痛，可特予降为温麻侯，对他的行为加以禁止，另遣派地方居住。此实出于无奈，言而倍增悲叹。

此时六门之外有别馆，是诸王加冠婚娶场所，名为婚第，慈训太后命陈伯茂出宫居住。中途遇强盗，死于车中，其时18岁。（史书有错。陈伯茂于568年被杀，时年18岁，而废帝陈伯宗570年死，时年19岁。难道弟比兄的年岁还大2岁？）

有人怀疑是陈顼唆使强盗在路上将陈伯茂截住，把他杀死在车里。陈顼令官府追索盗贼，三天也没抓到。废帝陈伯宗听了，大怒，于是，不再与安成王陈顼相见。

光大二年（568）十一月甲寅（二十三日），陈顼入继大统。诏授毛喜封给事黄门侍郎，兼中书舍人，典掌军国机密。不久改任太子右卫率、右卫将军。因定策有功，封为东昌县侯，邑500户。又以本官职行江夏、武陵、桂阳三王府国事。

太建元年（569）春正月甲午（初四），南陈安成王（陈顼，40岁）在太极前殿正式即皇帝位，史称陈宣帝，下诏曰：

夫圣人受命，王者中兴，并由懿德，方作元后。高祖武皇帝揖拜尧图，经纶禹迹，配天之业，光辰象而利贞，格地之功，侔川岳而长远。世祖文皇帝体上圣之姿，当下武之运，筑宫示俭，所务唯德，定鼎初基，厥谋斯在。朕以寡薄，才非圣贤，夙荷前规，方传景祚。虽复亲承训诲，志守藩维，咏季子之高风，思城阳之远托，自元储绍国，正位君临，无道非几，伫闻刑措。岂图王室不造，频谋乱阶，天步艰难，将倾宝历，仰惟嘉命，爰集朕躬。我心贞确，坚誓苍昊，而群辟启请，相喧渭桥，文母尊严，悬心长乐，对扬玺绶，非止殷汤之三辞，履涉春冬，何但代王之五让。今便肃奉天策，钦承介主。若据沧溟，逾增兢业。思所以云行雨施，

品物咸亨，当与黔黎，普同斯庆。可改光大三年为太建元年。大赦天下。在位文武赐位一阶，孝悌力田及为父后者赐爵一级，异等殊才，并加策序。鳏寡孤独不能自存者，人赐谷五斛。

恢复陈武帝皇后章要儿太皇太后的尊号为皇太后，立妃子柳氏为皇后，世子叔宝为皇太子，皇子南中郎将、江州刺史康乐侯叔陵为始兴王，承继昭烈王（陈顼父亲陈道谭）的祠庙祭祀。本来，陈文帝以子伯茂奉始兴昭烈王祀。陈顼既已杀伯茂，便以叔陵奉祀。

正月初五，南陈宣帝拜谒太庙。随后，南陈朝廷分派各路大使巡视全国，观察了解各地风俗民情。接着，晋升和调整如下朝臣职务：

南陈征南大将军、开府仪同三司、新任中抚大将军章昭达进号为车骑大将军；

新任中军大将军、开府仪同三司、南徐州刺史淳于量为征北大将军；

镇北将军、开府仪同三司、南徐州刺史、新任镇西将军、郢州刺史黄法氍进号为征西大将军；

新任安南将军、开府仪同三司、湘州刺史吴明彻进号为镇南将军；

镇东将军、扬州刺史、鄱阳王陈伯山进号为中卫将军；

护军将军沈恪任镇南将军、广州刺史；

尚书仆射沈钦任尚书左仆射；

度支尚书王劢任尚书右仆射；

皇子建安侯陈叔英为宣惠将军、东扬州刺史，改封为豫章王；

丰城侯陈叔坚改封为长沙王；

明威将军周弘正为特进。

陈宣帝按照皇室旧例，去南郊祭天，到太庙祭祀祖先。接着，皇后柳敬言、太子陈叔宝拜谒太庙。每年新春，历代皇帝必须要做的一件事，就是为了鼓励农耕，历年旧例到藉田举行耕种仪式。太建元年（569）二月，乙亥（十五日），陈宣帝到藉田举行耕种仪式。

皇太后章要儿于太建二年三月十三日死于紫极殿，时年65岁。临终下旨给陈顼，自己要和武帝合葬，一应丧仪务从节俭，陈顼全都照做。并为叔母上谥号为"宣皇后"，宣这个字极为特殊，她是中国历史上第一位太后芈八子的谥号，也是魏武帝曹操的妻子卞氏的谥号，陈顼以此为谥，足见对叔母的尊崇和感激。

同年（570）四月，陈伯宗死去，年仅19岁。史称陈废帝。葬于今南京西善桥。史官对陈废帝的评价很简短："临海虽继体之重，仁厚懦弱，混一是非，不惊得丧，盖帝挚、汉惠之流也。世祖知神器之重，谅难负荷，深鉴尧旨，弗传宝祚焉。"

1960年南京博物院的专家们在宫山发现了一座南朝大墓，经过研究认为宫山大墓即为陈废帝陵。

平心而论，陈文帝对胞弟陈顼情意深重，提携任用，权高位重！而陈顼并没有辅佐文帝之子陈伯宗坐稳江山，却废了少帝，自立为帝。而且废帝死时年仅19岁。从兄弟感情来说，陈顼确实有负于文帝陈蒨！司马光评价陈顼"德不逮文，智不及武"（功德不及陈文帝，智谋不及陈武帝）。但是从国家长治久安来讲，陈顼也不得不这样做！陈顼若顾念私情，那些忠于文帝的旧臣为辅佐少帝而排挤陈顼，很有可能置陈顼于死地。不仅陈顼的身家性命难保，也连带着陈朝的江山难保！陈顼以最少的流血代价，实现了政权更替，也是陈朝精英们最明智的抉择。

陈顼的上位，代表着陈文帝时代的彻底结束！但，陈文帝注定是要名垂青史的！

附录　陈文帝大事纪年

520 年（南梁普通元年）　陈蒨出生于吴兴长城（今浙江省长兴县）。本名陈昙蒨，字子华，号荃菁，陈道谭长子。陈顼长兄。

548 年（太清元年）　侯景之乱时，其父陈道谭出任梁朝的官员，官至东宫直阁将军。

548 年（太清元年）十月　侯景围攻京城，陈道谭领弓弩手 2000 驰援台城（位于建康城内），在石头城中流矢而亡。

548 年（太清元年）　世祖梦见两个太阳斗焰，一大一小，结果大太阳光焰泯减坠地，呈正黄颜色，有斗一样大，于是世祖取下三分之一揣于怀中。

550 年（大宝元年）　陈霸先举兵后，侯景派人收捕陈蒨和陈霸先之子陈昌，陈蒨便在袖中密藏利刃，想在入见时刺杀侯景，因为面见他们的是侯景的属员，所以没有采取行动。

552 年（大宝三年）　陈霸先大军围攻石头城，摧毁侯景主力，侯景兵败而逃，陈蒨才得以赶到陈霸先军营中。

553 年（承圣二年）　梁廷授任陈蒨为信武将军，监管南徐州（今江苏省镇江市）。

554 年（承圣三年）　陈霸先北征广陵（今江苏省扬州市），任命陈蒨为前军，陈蒨每战必胜。

555 年（承圣四年）九月　王僧辩被北齐军势所慑，屈事北齐，迎立北齐扶植傀儡贞阳侯萧渊明为梁帝，陈霸先苦劝无效。陈霸先与徐度、侯安都、周文育等袭杀王僧辩，废黜萧渊明，拥立萧方智为帝，是为梁敬帝。

陈霸先将要讨伐王僧辩时，先召陈蒨一起商议。当时王僧辩的女婿杜龛占据吴兴（今浙江省湖州市），兵势很强盛，陈霸先密令陈蒨返回长城县，立起寨栅来防备杜龛。

555 年（绍泰元年）十月 震州刺史杜龛因王僧辩被杀而起兵。杜龛遣杜泰率精兵 5000 攻长城县（今浙江长兴东）。陈蒨招的兵仅几百人，军械装备又少，但陈蒨谈笑自如，部署更加精明，于是众人心里才安定下来。杜泰了解到寨内兵少，日夜猛攻，陈蒨激励将士坚守待援。他亲自上阵，指挥众人与敌相持了几十天，杜泰兵卒攻不下，又闻周文育率军来援助，杜泰兵才退走。周文育带兵讨伐杜龛，陈蒨和他一起进军吴兴。

555 年（绍泰元年） 佐周文育平定杜龛、张彪。授会稽太守。当时杜龛兵众很多，占据要路，水军和步兵阵连着阵，陈蒨命将军刘澄、蒋元举领兵进攻杜龛，杜龛军大败，走投无路，只好请降。

东扬州刺史张彪起兵围攻临海太守王怀振，王怀振派人来求救，陈蒨与周文育率领轻兵在会稽（今浙江省绍兴市）奔袭张彪。后来张彪的部将沈泰开门迎入陈蒨，陈蒨把张彪的私兵和家财全部收缴，张彪又回军来救，被陈蒨击败逃走。若邪村的百姓杀了张彪，送来他的首级。

陈蒨因功被授为持节、都督会稽等十郡诸军事、宣毅将军、会稽太守。山越一带是深山老林，环境险恶，还没有归附南方朝廷，不时外出侵扰。陈蒨便分兵出击，将山越各部全部平定。从此，陈蒨威名和德声大振。

556 年（绍泰二年）三月 北齐不顾讲和之信，派大都督萧轨率兵 10 万围攻梁朝都城建康。陈霸先早有防备，侯安都、周铁虎打败齐军。随着齐军主力陆续到达，陈霸先在兵力上处于劣势。陈霸先收缩兵力，且战且退，不断用游骑骚扰齐军的补给线。陈霸先立即召还梁山各军，在建康做好防御准备。由此，空前激烈的建康保卫战打响了。过了不久，陈霸先就发现自己到了退无可退的境地，南、北、东三面都出现了敌军，建康被包围了，形势十分危急。但天无绝人之路，此时江南的梅雨季节来临，连日大雨不断，城外的齐军一来没有熟的东西可吃，再者要时刻提防陈霸先偷袭，士兵得不到休息，整日站在水中，脚趾都泡烂了，精神上更是疲惫不

堪。而城内陈霸先军队在高处，又经常调换，得到了很好的休整。梅雨一停，南方梁朝军队就要与北齐军决战了。

556 年（太平元年）六月　北齐大军兵围梁都建康，陈霸先想动员士兵，鼓舞士气。然而士兵个个饥饿不堪，根本无法出战。就在陈霸先一筹莫展的时候，陈蒨奇迹般地送来了 3000 斛米、1000 只鸭。陈霸先大喜过望，立即命令煮饭烹鸭，发给每个人一包用荷叶裹的饭，中间夹着几块鸭肉。士兵们填饱了肚子，振作精神，拼死一搏。最终，这场力量悬殊的战争以南方政权的获胜而告终，南方战士们竟然在一块鸭肉的鼓舞之下战胜了南下的鲜卑北齐的铁骑。以少胜多的战例在军事史上多见，但是用一块鸭肉鼓舞士气的事例却仅此一例。

557 年（太平二年）十月辛未（初六）　梁敬帝把皇位禅让给了陈王。陈霸先称帝，建立陈朝，是为陈武帝。

557 年（太平二年）十月　周文育、侯安都在沌口战败时，陈武帝诏命陈蒨入都护驾，军队储备和警戒事务，都交给他掌管。

557 年（太平二年）十一月　陈武帝封陈蒨为临川郡王，食邑 2000 户，拜为侍中、安东将军。

557 年（陈永定元年）十一月丙申（初一）　陈武帝立其兄的儿子陈蒨为临川王，陈顼为始兴王，其弟陈休先的儿子陈昙朗已经死去，但武帝还不知道，立他为康王。

558 年（永定二年）八月辛未（初十）　陈武帝下诏临川王陈蒨西讨，从京师发水军 5 万，陈武帝亲自到冶城寺为陈蒨送行。

559 年（永定三年）六月　熊昙朗杀周文育，陈武帝下诏让临川王陈蒨在南皖口设立城堡。

559 年（永定三年）六月丙午（二十一日）　武帝病逝。当时皇子陈昌被俘在长安，陈朝国内没有嫡亲的皇位继承人，国外又有强大的敌人，有经验的老将都带兵在外头，朝廷里也没有重臣。只有领军杜棱掌管宫廷宿卫军还在建康。章皇后召杜棱和中书侍郎蔡景历进入宫禁之中商量主意，决定秘不发丧，紧急从南皖召临川王陈蒨回朝。

侯安都的军队回朝，正好到达南皖，听到陈武帝驾崩的消息，立即和临川王陈蒨一起回到朝廷。

559 年（永定三年）六月甲寅（二十九日） 临川王到了建康，入朝后住在中书省。侯安都与各位大臣商量，决定拥戴临川王继承皇帝位，临川王表示谦让不敢接受。

皇后因为皇子陈昌还活着的缘故，也不肯下这个命令，大臣们议论纷纷，犹豫着不能做出决定。侯安都说："现在四方都不安定，哪有工夫想得那么远！临川王平定东土，为国家立有大功，我们必须共同拥立他为国主。今天之事，迟疑而不立即答应的人一律斩首。"于是手执剑把走上宫殿，要求皇后拿出玉玺，又亲手解开陈蒨的头发，推他站到了丧事中皇位继承人应该站的位置上，并把棺材迁到太极殿西阶，隆重地为陈武帝发丧。皇后这才下了命令，让陈蒨继承皇帝位，当天，陈蒨就即位，颁布了大赦天下令。

七月丙辰（初一）：尊奉皇后为皇太后。

七月辛酉（初六）：任命侯瑱为太尉，侯安都为司空。

八月：陈朝葬陈武帝于万安陵，庙号为高祖。

八月二十六日：封皇子陈伯茂为始兴王，继奉为始兴昭烈王陈道谭后嗣。改封始兴嗣王陈顼为安成王。

九月初七日：立皇子陈伯宗为皇太子，王公以下赐帛各有等差。

九月二十一日：立妃沈妙容为皇后。

十一月初二：王琳进攻陈朝的大雷，诏命派太尉侯瑱、司空侯安都、仪同徐度率众兵阻击。

560 年（天嘉元年）正月癸丑朔（初一） 陈朝大赦天下，改换年号为天嘉。

560 年（天嘉元年）二月 王琳闻陈武帝病逝，即起大兵攻陈。北齐派将领刘伯球率 1 万多兵马援助王琳。陈文帝令太尉侯瑱率军抵抗。侯瑱在梁山大败王琳，而且在博望（今安徽省马鞍山市）击败了入侵的北齐军队，生擒北齐将领刘伯球等人。全部截获北齐兵的船舰和物资，俘获了数以万计的敌军士兵，王琳和萧庄北逃齐国。

560 年（天嘉元年）二月庚戌（二十八日） 任命陈昌为骠骑将军、

湘州牧，封他为衡阳王。

当初，江陵陷落的时候，长城公的世子陈昌及中书侍郎陈顼都陷落在长安。陈武帝即皇位后，多次请求北周把他们放回来，北周口头上答应，却不放人。陈武帝去世后，北周才把陈昌放回来了，但是因为王琳占据长江中流，挑起战端，通往建康的路受阻，陈昌只好暂住安陆。王琳兵败后，陈昌从安陆出发，将要渡江时，写了一封信给陈文帝，信里言辞颇傲慢不逊。文帝看了很不高兴，把侯安都叫来，从容不迫地对他说："太子将要回来就位了，我得另外求得一块封国作为归老的地方。"侯安都说："自古以来，哪有被代替的天子！臣下很愚昧，不敢接受这个诏令。"于是请求自己去迎接陈昌。于是群臣们联名上表，请求文帝给陈昌封爵并任命。

560 年（天嘉元年）三月　陈朝对王琳和萧庄大战的胜利，导致萧庄所属的郢州刺史孙玚举州归附陈朝。

560 年（天嘉元年）三月丁巳（初六）　熊昙朗的首级被传送到建康，他的家族全部被斩。

当王琳兵船东下的时候，陈文帝下令征召南川的军队抵抗，江州刺史周迪、高州刺史黄法氍率领水军将要赴敌。熊昙朗占据豫章城池，排开军舰，堵塞了周迪等人的进军路线。周迪等人与周敷一起把熊昙朗包围起来。王琳兵败，熊昙朗的部众人心涣散，周迪乘势攻下了豫章城，俘虏男女人口 1 万多人。熊昙朗逃入村庄之中，村民把他杀了。

560 年（天嘉元年）三月戊午（初七）　北齐的军队原先据守鲁山，弃城逃跑了，陈文帝下诏派南豫州刺史程灵洗去守该城。

560 年（天嘉元年）三月甲戌（二十三日）　衡阳献王陈昌进入陈朝境内，陈文帝诏令主书、舍人们在道路旁迎接等候。

560 年（天嘉元年）三月丙子（二十五日）　陈昌渡长江，但船到江中就被害死了，使者报告说是船到江心船坏，陈昌淹死了。侯安都因为杀陈昌之功晋爵，为清远公。

当初，陈武帝派荥阳人毛喜跟着安成王陈顼到江陵去，梁元帝任命毛喜为侍郎，也陷没在长安，后来与陈昌一起回来，就向朝廷进献了与北周和睦亲善的计策。陈文帝便派侍中周弘正去和北周修通友好。

四月丁亥（初六）：陈朝立皇子陈伯信为衡阳王，让他承奉献王陈昌的祭祀。

六月壬辰（十二日）：陈文帝诏令把梁元帝埋葬在江宁，丧事中的车旗礼仪全部采用梁朝旧制。

九月乙卯（初七）：北周将领独孤盛率水军和贺若敦一起挺进。

九月辛酉（十三日）：陈朝派仪同三司徐度带兵在巴丘和侯瑱会合。正赶上秋水泛滥，淹没了道路，独孤盛和贺若敦的粮援被切断，只好分散军队去到处抢掠，以供应军队的资费。

十月癸巳（十五日）：陈朝太尉侯瑱在杨叶洲打败了独孤盛的军队。独孤盛收拢败兵登上江岸，修筑城垣以自保。

丁酉（十九日）：陈朝下诏命令司空侯安都率领军队去和侯瑱会合，向南征讨。

十二月己亥（二十二日）：北周巴陵城主尉迟宪来投降，陈朝派巴州刺史侯安鼎去守卫巴陵。

十二月庚子（二十三日）：独孤盛带着残兵从杨叶洲悄悄地逃跑了。

561 年（天嘉二年）

正月：合州刺史裴景徽叛逃投奔北齐。

正月辛未（二十四日）：北周湘州城主殷亮投降陈朝，湘州被平定。

侯瑱与贺若敦两军相持时日越来越长，侯瑱不能取胜，于是就借了一些船只，说是要送贺若敦他们渡过长江回去。贺若敦担心其中有诈，派人回答侯瑱说："湘州原是我们的地域，现在遭到你们的侵略威逼；如果要我退兵回去，你们先离开我军100里之外。"侯瑱把借来的船留在江岸，自己带兵退走了。贺若敦这才自己拔营北归，军士中病死的有十分之五六。

武陵、天门、南平、义阳、河东、宜都郡都被陈朝平定了。

六月乙酉（十一日）：北周派御正殷不害来陈朝聘问。

十月乙巳：霍州的西山蛮率领部落归属陈朝。

十一月十三日：高句丽国遣使向陈朝贡献方物，表示对陈朝正统地位的肯定。

十一月二十二日：陈文帝以武昌、国川两地归属竟陵郡，以安定流民。

十一月：北周答应送回安成王陈顼，派司会上士杜杲到陈朝聘问。陈文帝很高兴，马上派使者去回报，并赠送黔中地区及鲁山郡给北周。

十二月：陈朝太子中庶子余姚人虞荔、御史中丞孔奂，因为国家财政紧张，启奏设立征收煮海盐的赋税和设立官府专利卖酒的机构。文帝下诏实施。

十二月丙午（十五）：陈文帝下诏派司空、南徐州刺史侯安都去讨伐留异。

当初，陈武帝把陈文帝的女儿丰安公主嫁给留异的儿子留贞臣为妻，征召留异为南徐州刺史，留异拖延着不去就任。陈文帝即位之后，又任命留异为缙州刺史，兼东阳太守。留异多次派他的长史王澌入朝探听情况，王澌常说朝廷其实很虚弱。留异相信了，外表上虽然显示出当臣子的本分，但常常怀有二心，便和王琳相勾结，经由鄱阳信安岭的一条秘密通路，暗地里常有使者来往。王琳兵败后，文帝派左卫将军沈恪去取代留异之职，实际上是用兵力去袭击他。留异把军队开到下淮去抵抗沈恪。沈恪与留异交战兵败，退回钱塘。留异这才又上表给朝廷表示谢罪。当时陈朝的军队正用在湘、郢战场上，于是只好降诏书给留异，对他加以慰抚晓谕，暂且牵制笼络着他。留异知道朝廷一腾出兵力，终究会来讨伐他，于是就派兵戍守下淮以及建德，控制住钱塘江的通路。

562 年（天嘉三年）

正月丁未（初六）：北周任命安成王陈顼为柱国大将军，派杜杲送他回南方。

正月辛亥（初十）：陈文帝在南郊祭天，同时也配祭胡公。

正月甲子（二十四日）：改铸五铢钱，一枚五铢钱可兑换十枚鹅眼钱。

二月丙子：安成王陈顼至建康，陈文帝下诏封他为中书监、中卫将军。

二月丁丑（初八）：陈朝任命安右将军吴明彻为江州刺史，指挥高州刺史黄法氍、豫章太守周敷一起去讨伐周迪。

陈文帝征召江州刺史周迪出镇溢城，又征召他的儿子进朝廷。周迪趑趄观望，父子两人都不肯动身。其余南江的各位酋长，都私自代理地方官，也大多不接受朝廷征召，朝廷腾不出手来讨伐，只是对他们采取笼络安抚政策。豫章太守周敷率先受召进朝，朝廷便给了他一个安西将军的封号，给了他一队鼓吹乐队，还赐给他艺妓、金帛，让他还回豫章去。周迪因为周敷一直比自己地位低，而现在受封，所以深感不平，于是暗地里和留异相勾结，派他弟弟周方兴带兵去攻打周敷，周敷与之交战，把周方兴打败了。周迪又派他哥哥的儿子埋伏兵士于船中，假称是商人，想袭击溢城。但还没动手，事情就暴露了，浔阳太守监江州事晋陵人华皎派兵去迎击，把周迪方面的船只兵器全缴获了。

二月甲申（十五日）：陈朝大赦天下。

留异开头认为朝廷军队一定会从钱塘江溯江而上，后来侯安都却从陆路经由诸暨兵发永康，留异大吃一惊，奔逃到桃枝岭，在山谷的入口处竖起栅栏进行防御。侯安都在进攻时被飞箭射中，鲜血一直流到脚踝处，但他坐在车子上指挥士兵，神色举止一点也不变。侯安都又依着山势，贴着山根修起了石堰，正好赶上下大雨，雨水涨满了堰坝，侯安都把船只开入堰内，造成楼房式的高层船舰，和留异修的城垣一般高，坐在船上的士兵使用攻坚器械，击碎了留异城上的墙堞。留异和他的儿子留忠臣脱身而逃，到晋安去投靠了陈宝应。侯安都俘获了留异的妻子和其余的儿子，把他的铠甲兵器尽数收缴，得胜回朝。

陈文帝任命闽州刺史陈宝应的父亲为光禄大夫，陈宝应的子女也都封爵，而且命令宗正把他们的名字编入官府名册。但陈宝应娶了留异的女儿为妻，因此暗地里和留异合作。

四月乙巳（初六）：北齐派使者到陈朝聘问。

北齐扬州刺史行台王琳多次想向南进犯，尚书卢潜认为时机未到，不可轻举妄动。陈文帝派人送书信到寿阳，想与北齐和好亲近。卢潜把信呈奏了北齐，仍然启请武成帝允许息兵，武成帝同意了，派散骑常侍崔瞻来陈朝聘问，并把南康愍王陈昙朗的遗体送还给陈朝。

七月丁酉（二十九日）：陈文帝派使者到齐国。商谈迎回陈昙朗遗体，

并请北齐放归陈昙朗的两个儿子方华、方旷。

九月丁亥（二十日）：陈文帝下诏让安成王陈顼去代替他。吴明彻到临川去攻打周迪，不能取胜。文帝令他以原封号回朝。

十月戊戌（初二）：陈文帝诏令，由于军费开支浩大，老百姓很穷困，所以凡是皇上的车轿饮食衣服以及宫中的日常费用，一概削减。至于朝廷各部门，也应该想到节约。

丁丑（十一日）：北齐派兼散骑常侍封孝琰到陈朝聘问。

563 年（天嘉四年）

正月甲申（十九日）：割据临川郡的周迪在陈朝的打击下弃城而逃，逃到了闽州刺史陈宝应处，官军攻下临州，俘虏了周迪的妻儿。临川郡的叛乱被陈文帝平定。

四月初八：陈朝设无碍大会于太极前殿。

四月二十二日：以侍中、中书监、中卫将军、骠骑将军、扬州刺史安成王陈顼为开府仪同三司。

六月初一：太白星昼现。司空侯安都被赐死。

文帝招侯安都到嘉德殿宴饮，又召集侯安都部下的将帅到尚书省的大厅见面，于是逮捕了侯安都，把他囚禁在嘉德西省，又逮捕了侯安都的将帅，没收了他们的马匹兵器后予以释放。还拿出蔡景历所上的奏报，向朝中的官员们出示，随即下诏公布了侯安都的罪恶，第二天，赐他自尽，宽恕了他的妻儿，拨款给他们办丧事。

六月乙卯（二十三日）：北齐武成帝派兼散骑常侍崔子武来陈朝聘问。

九月辛未（初十）：诏命护军章昭达率领军队去讨伐。周迪卷土重来，再次兴兵攻打临川。

十一月：章昭达大破周迪的军队，将其党羽全部擒拿，唯独周迪一人逃出重围。

十二月：陈文帝宣布大赦天下。诏护军将军章昭达进军建安，讨伐闽州刺史陈宝应。

章昭达进军，经过东兴岭，向建安急进，讨伐陈宝应，文帝诏命益州刺史余孝顷督率会稽、东阳、临海、永嘉等地军队从东路来会合。

564 年（天嘉五年）

四月辛卯（初三）：北齐武成帝派兼散骑常侍皇甫亮来陈朝聘问。

四月庚子（十二日）：北周武帝派使者来陈朝聘问。

十一月己丑（初五）：章昭达在建安（今福建省建瓯市）大破陈宝应的军队，生擒陈宝应和东阳郡（今浙江省金华市）叛匪留异，擒送京师。晋安郡被平定。

565 年（天嘉六年）

正月十一日：皇太子加元服，王公以下赐帛各有等差，孝悌力田及为父后者各赐爵一级，鳏寡孤独不能自养者给每人五斛谷。

三月十三日：诏令侯景之乱以来移居建安、晋安、义安郡的流民，一并允许回本土，其中被掠为奴婢的，释放为良民。

四月初二：以侍中、中书监、中卫将军、骠骑将军、开府仪同三司、扬州刺史安成王陈顼为司空。

陈顼因为是陈文帝的弟弟而显赫，势力压倒在朝在野的一切人，直兵鲍僧睿依仗陈顼的势力横行不法，御史中丞徐陵上奏章弹劾他，跟随御史台官员的引导经过批阅章奏的几案进入朝廷。文帝见他身穿礼服十分严肃，脸色也严肃起来，端正地坐好。徐陵手持奏版读了奏章，当时陈顼正站在殿上侍候文帝，抬头看着文帝，惊慌得脸上流汗变色。

徐陵叫殿中御史领陈顼下殿。文帝因此免去陈顼担任的侍中、中书监的官职。朝廷中对徐陵肃然起敬。

七月丙戌（初六）：临川太守骆文牙斩杀孤身逃走的叛匪首领周迪，传首京师。

八月：文帝开始册封皇子们为王，立陈伯固为新安王，陈伯恭为晋安王，陈伯仁为庐陵王，陈伯义为江夏王。

十二月十五日颁诏曰："朕自从担当治国之重任，位居王公之上，只是愚昧无能，有碍于治国之道。加上上朝不勤，事务多至积压，冤案不能申雪，屈枉不能鉴察。念及系狱之犯人，颇有出民于水火之心，然而恩泽未能广布，连月天旱，到了岁序之末，元日快到，想让狱中之人，一同享受春阳之气，可特赦京师。"

379

566 年（天康元年）

二月丙子（二十九日）：陈朝大赦全国，改年号为天康。

三月己卯（初三）：册封骠骑将军、开府仪同三司、扬州刺史、司空安成王陈顼为尚书令。

陈文帝屡次授予陈顼重权，导致他死后安城王陈顼擅政，为篡夺少帝陈伯宗的皇位埋下了伏笔。

四月初九：皇孙陈至泽出生，在位文武百官赐绢各有等差，为父后者赐爵一级。

癸酉（二十七日）：陈文帝病重，当日在有觉殿去世，时年45岁，遗诏皇太子陈伯宗承继大统，登上帝位。

六月十九日：群臣为陈文帝上谥号为文皇帝。

六月丙寅（二十一日）：陈朝把文帝葬在永宁陵，庙号世祖。

参考文献

1. （唐）李大师、李延寿：《南史》，现代教育出版社 2012 年 5 月第 1 版。

2. （唐）李大师、李延寿：《北史》，汉语大词典出版社 2004 年 8 月第 1 版。

3. （唐）姚思廉：《梁书》，中华书局 1973 年 5 月第 1 版。

4. （唐）姚思廉：《陈书》，上海古籍出版社 1986 年 12 月第 1 版。

5. （宋）司马光：《资治通鉴》，岳麓书社 2006 年 1 月第 3 版。

6. 卞孝萱：《陈武帝"汉高、魏武之亚"、"无惭权、备"驳议》。

7. 卞孝萱：《陈王朝与天台宗——为"帝乡佛国"作》，《南京晓庄学院学报》2006 年第 3 期。

8. 澄澄：《南陈：文化巅峰，南朝绝响》，《东方文化周刊》2018 年第 10 期。

9. 李天石：《六朝文化概论》，南京出版社 2004 年版。

10. 李天石、来琳玲：《南朝文化》，南京出版社 2005 年版。

11. 李建国：《南冠之思与南冠之诗——以陈亡入隋文人群体及创作为中心》。

12. 余方德：《陈朝五帝与陈朝兴亡》，浙江人民出版社 2013 年版。

13. 《从南陈政权的建立看南方人兴起的历史成因》，《山东教育学院学报》2005 年第 5 期。

14. 史仲文、胡晓琳：《中国全史百卷本魏晋南北朝政治史》，人民出版社 1994 年版。

15. 张静：《魏晋南北朝时期妇女地位研究》，安徽师范大学 2002 年。